LA CHINE
S'EST ÉVEILLÉE

DU MÊME AUTEUR

Rue d'Ulm, chroniques de la vie normalienne, 1946 (nouvelles éditions, 1964, 1978 et 1994).
Le Sentiment de confiance, essai, 1947.
Les Roseaux froissés, roman, 1948 (nouvelle édition, 1978 ; édition de poche, 1985).
Le Mythe de Pénélope, essai, 1949 (nouvelle édition, 1977).
Faut-il partager l'Algérie ?, essai, 1961.
Quand la Chine s'éveillera... le monde tremblera, essai, 1973 (nouvelles éditions, 1980 et 1990 ; éditions de poche, 1975, 1979, 1991).
Le Mal français, essai, 1976 (édition de poche, 1978 ; nouvelles éditions, 1979, 1996).
Discours de réception à l'Académie française et Réponse de Claude Lévi-Strauss, 1977.
Les Chevaux du lac Ladoga — la justice entre les extrêmes, essai, 1981 (édition de poche, 1982 ; nouvelle édition, 1996).
Quand la rose se fanera, essai, 1982 (édition de poche, 1984).
Chine immuable et changeante, album (texte de l'auteur, photographies de Michel Piquemal), 1984.
Encore un effort, Monsieur le Président..., essai, 1985 (édition de poche, 1986).
Réponse au discours de réception à l'Académie française de Georges Duby, 1988.
L'Empire immobile ou le Choc des mondes, récit historique, 1989.
Discours de remise du prix Tocqueville à Octavio Paz, 1990.
La Tragédie chinoise, essai, 1990 (édition de poche, 1992).
Réponse au discours de réception à l'Académie française de Jacqueline de Romilly, 1990.
Images de l'Empire immobile, album (reproductions d'aquarelles de William Alexander et des Pères Castiglione et Attiret, ainsi que de peintures chinoises anonymes sur soie ; textes de l'auteur), 1990.
La France en désarroi, 1992 (édition de poche, 1994 ; nouvelle édition, 1996).
Réponse au discours de réception à l'Académie française de Jean-François Deniau, 1993.
C'était de Gaulle *, 1994.
Du « miracle » en économie, Leçons au Collège de France, 1995.
La Société de confiance, essai sur les origines et la nature du développement, 1995.

DIRECTION D'OUVRAGES COLLECTIFS

Qu'est-ce que la participation ? (auditions de François Bloch-Lainé, José Bidegain, François Ceyrac, Eugène Descamps..., avec une introduction et des commentaires de l'auteur), 1969.
La Drogue (exposés du Pr Jean Delay, du Pr Deniker, du Pr Lebovici, du Dr Olievenstein..., introduits et commentés par l'auteur), 1970.
Décentraliser les responsabilités. Pourquoi ? Comment ? (rapports d'enquêtes de Michel Crozier et Jean-Claude Thœnig, d'Octave Gélinier, d'Élie Sultan, présentés par l'auteur), 1976 (édition de poche, 1979).
Réponses à la violence. Rapport au président de la République du Comité d'études sur la violence, la délinquance et la criminalité, présidé par l'auteur, 1977 (édition de poche, 1977).
L'Aventure du XXe siècle, 1986 (nouvelles éditions, 1987, 1988, 1989, 1990, 1991, 1992, 1993, 1994, 1995).
Un choc de cultures, * La vision des Chinois, 1991 ; nouvelle édition, 1992.
Yingshi Magaerni fang Hua dang'an shiliao huibian, Recueil des documents des Archives impériales sur l'ambassade Macartney en Chine, réalisé sous la direction de Xu Yipu et de l'auteur, Pékin, 1996.

À PARAÎTRE

C'était de Gaulle **.

ALAIN PEYREFITTE
de l'Académie française

LA CHINE
S'EST ÉVEILLÉE

*Carnets de route
de l'ère Deng Xiaoping*

FAYARD

© 1996, Librairie Arthème Fayard.

« *Que les châtiments punissent les fautes les plus vénielles et ils deviennent inutiles pour les fautes les plus graves*[1].
    SHANG YANG (IVe siècle avant notre ère).

« *Un jour viendra où Marx, Engels et Lénine paraîtront un peu ridicules.* »
    MAO ZEDONG, 1965[2].

AVANT-PROPOS
Un quart de siècle entre deux enfants

Sur la couverture du présent livre, un jeune garçon manipule un ordinateur en se jouant. Il montre à des adultes comment accéder à *Internet* — ou plutôt à *Chinanet*, réseau contrôlé par le ministère chinois des Postes et télécommunications, et qui assure une sélection d'*Internet*. La scène se passe à Pékin, dans « la Cité des amateurs d'informatique » — *Computer Lovers' City* — qui vient de s'ouvrir et, déjà, attire les foules.

Cette photo, prise dans l'été 1996, répond à celle, prise dans l'été 1971, qui ornait la couverture de *Quand la Chine s'éveillera...* Marc Riboud, qui nous accompagnait, avait fixé sur la pellicule une image révélatrice. Tandis que déferlaient sur la Chine les violences, épurations, rééducations forcées, déportations de la Révolution culturelle, un autre jeune garçon, entouré de ses camarades sagement rangés derrière leurs pupitres, lisait à haute voix les sentences de la pensée-maozedong ; puis tous, refermant le *Petit Livre Rouge*, les répétaient aussitôt par cœur et en chœur.

La juxtaposition de ces images fait contraster les raideurs dogmatiques d'hier et la modernité débrouillarde d'aujourd'hui. Comment mieux montrer combien la Chine a changé dans ces vingt-cinq ans ?

Chacune de ces deux images entre en résonance avec l'autre. Elles se superposent autant qu'elles s'opposent. Chacune dit quelque chose de particulier sur la Chine, et pourtant la densité chinoise se retrouve tout entière en chacune : une Chine et des Chinois ballottés en tout sens par leur propre histoire, et bondissant d'un coup du Moyen Age au XXIe siècle.

Aujourd'hui, les enfants vivent déjà dans le troisième millénaire et enseignent à leurs aînés comment s'y adapter. Ils ont sauté des étapes intermédiaires. Comme spontanément, ils effectuent la synthèse entre la culture des siècles derniers et celle du siècle prochain.

Les dix termes de l'équation chinoise

Au-delà de ce qui sépare les deux garçons de 1971 et de 1996, dont l'un pourrait être le père de l'autre, on relève aussi des invariances.

Au regard d'un voyageur familier de la Chine, quelques constatations fondamentales s'imposent avec force :

1. *Beaucoup d'hommes* : deux fois et demie plus d'habitants qu'en Europe ; presqu'un quart de l'humanité, entassés sur un quinzième des terres cultivables dans le monde. Cette surpopulation relègue au second plan, pour le pouvoir qui en a la charge, toute autre question que celle de la subsistance, tout autre droit que celui de survivre.

2. *Beaucoup d'étendue* : à peu près la même superficie que « l'Europe de l'Atlantique à l'Oural ». Cet espace éclate, pour peu que faiblisse l'autorité centrale. Montesquieu démontrait, sur l'exemple chinois, qu'« un grand empire suppose une autorité despotique ».

3. *Beaucoup de contrastes ethniques* : cinquante-six nationalités recensées, dont seul un régime fort peut contenir les tensions, toujours prêtes à s'enflammer.

4. *Beaucoup de temps* : cinq mille ans de culture raffinée ; la plus ancienne des civilisations vivantes ; la seule qui n'ait jamais été interrompue sur une aussi longue période ; quatre mille ans d'histoire chronologiquement connue — avec une curieuse aptitude à se répéter sans fin. Tout drame y prend l'allure d'une simple péripétie — qui s'intégrera plus tard dans un rituel.

5. *Beaucoup d'extrêmes* dans le climat, dans le relief, dans la nature, sujette aux cataclysmes ; dans le comportement collectif, une tendance à passer d'un extrême à l'autre, de l'extrême de la politesse à l'extrême de la violence.

6. *Beaucoup de soumission* : au groupe, à la hiérarchie qui a reçu mandat de le gouverner, au père, aux ancêtres, à l'ordre établi, aux traditions ; l'obéissance ordinaire ne s'interrompant que pour des rébellions extraordinaires.

7. *Beaucoup de paysans* : sur dix habitants, huit ruraux, à mille lieues des remous de la ville, bien qu'ils connaissent leurs propres malaises.

8. *Beaucoup d'inégalités* : après trente ans de cheminement à marches forcées vers un égalitarisme — plus absolu, du reste, en paroles qu'en réalité —, des inégalités se sont recréées ou aggravées depuis 1979, moins criantes qu'avant 1949, mais désormais peut-être plus insupportables, du fait du climat égalitaire que le maoïsme a engendré ; la plus intolérable provenant de la corruption — dans un parti dont la victoire avait été acquise par la dénonciation d'un Guomindang corrompu.

9. *Beaucoup d'influence* sur les voisins et sur le monde. Les voisins — Japon, Corée... et même le Vietnam jusqu'au XIXe siècle — ont adopté, depuis l'aube de notre ère, l'écriture singulière dont les Chinois font l'âme de leur civilisation. Et les inventions chinoises ont fécondé le monde : la boussole et le gouvernail d'étambot, qui ont permis les grandes navigations ; l'imprimerie et le papier, qui ont provoqué l'explosion de la « galaxie Gutenberg » ; la poudre à canon et les armes à feu, qui ont changé l'âme des combats... Il en est resté un orgueil collectif, qui est un des ingrédients de la tragédie chinoise.

10. *Beaucoup de méfiance* à l'égard des voisins et du monde. Car c'est à partir de ces trouvailles chinoises que l'Occident, depuis cinq siècles, a assuré sa suprématie... et ensuite profité de celle-ci pour piller la Chine. Il a déclenché les guerres de l'Opium, puis ses autres expéditions coloniales, parce que son commerce avec la Chine était lourdement déficitaire — preuve que l'attirance de l'Europe pour la civilisation chinoise l'emportait de beaucoup sur l'attirance de la Chine pour l'Europe. Et c'est encore de l'Occident que vient aujourd'hui le danger de subversion de l'ordre chinois (ou, selon d'autres, son salut). Contrairement au Japon, la Chine est restée, jusqu'à une date toute récente, instinctivement rebelle aux emprunts à la civilisation occidentale (si l'on ne considère pas le marxisme-léninisme comme occidental).

C'est Deng Xiaoping qui, le premier, à partir de 1978, a essayé de l'arracher à cette obstinée résistance — et y a durablement réussi. Mais il n'a jamais cessé de mesurer les risques de sa démarche, de mettre en garde ses compatriotes contre la « pollution spirituelle » et la « démocratie bourgeoise », de prévenir qu'« à la moindre déviation, l'État interviendrait vigoureusement pour remettre de l'ordre[1] ». Curieusement, beaucoup de dirigeants et même de « spécialistes » occidentaux avaient tout bonnement oublié de le lire. Ils ont commis, *mutatis mutandis*, une erreur intellectuelle analogue à celle des dirigeants et germanistes français qui avaient négligé, dans les années 1930, de lire *Mein Kampf*, où Hitler annonçait pourtant tout ce qu'il allait faire. (On a compris que cette comparaison ne portait nullement sur Hitler et Deng, situés aux antipodes, mais sur deux aveuglements, à un demi-siècle de distance.)

De même qu'un seul cercle passe par trois points donnés, un seul pays — la Chine — s'inscrit dans cette combinatoire à dix termes[2]. Si simplifiée qu'elle soit, elle définit une originalité intransposable.

Telle est la sempiternelle équation de la Chine, comme aussi le principal défi lancé au reste de l'humanité : comment « intégrer » un ensemble aussi original et aussi rétif aux influences extérieures ?

INTRODUCTION

Il est temps de renouveler notre investigation sur la Chine contemporaine et d'en élargir l'horizon.

En 1973, paraissait la première édition de *Quand la Chine s'éveillera... le monde tremblera*, rapport d'enquête sur l'état de la Chine dans l'été 1971, au beau milieu de la Révolution culturelle, mais après ses pires excès.

En 1989, *L'Empire immobile* faisait revivre, d'après les sources chinoises et non plus seulement anglaises, un rude choc culturel, survenu deux siècles plus tôt, entre la mission Macartney, envoyée par le pays alors à la pointe de la révolution industrielle, et la plus brillante des civilisations coutumières, immuable dans son enfermement ; ce voyage initiatique dans la Chine de toujours montrait, par des comparaisons en forme de clins d'œil avec la Chine d'aujourd'hui, la stupéfiante permanence des mentalités et des comportements collectifs.

En 1990, *La Tragédie chinoise* analysait les causes, le déroulement, la répression brutale et les conséquences du « Printemps de Pékin » de 1989. Ce livre retraçait un moment précis, celui où creva l'abcès d'un malentendu entre un régime qui s'était laissé gagner par la corruption, et une partie de ceux qui avaient eu foi dans la grande ouverture décrétée en 1978.

1989 : épisode clos ?

Quand j'interrogeais, en 1989, presque sur le vif, maints acteurs ou témoins du drame, je n'imaginais pas avec quelle vitesse cet événement allait s'estomper. Aujourd'hui, l'épisode est-il clos ?

Oui, pour beaucoup de Chinois qui, s'ils ont « marché », sont bien revenus de cette courte marche. Oui, pour la plupart des étrangers dont l'intérêt, ou les intérêts, accompagnent le parcours chinois.

Non, pour des intellectuels qui n'en parlent guère, mais y pensent toujours ; à leurs yeux, le gouvernement s'est alors discrédité comme lors de la lutte contre les « droitiers » en 1957, lors du Grand Bond en avant de 1958, lors de la répression sur la même place Tiananmen le 5 avril 1976. Non, pour des sinologues qui estiment que le 4 juin 1989 est une date aussi importante que le 4 mai 1919 : la prise de conscience annonciatrice d'une révolte.

Cette comparaison me paraît bancale. La manifestation contre le traité de Versailles, rudement réprimée, était la double réaction du sentiment national : contre une atteinte aux droits de la nation, par le transfert au Japon des droits allemands dans la province du Shandong ; et contre un régime anarchique, incapable de défendre le pays. Le régime de Deng, après celui de Mao, s'est précisément attiré la reconnaissance des Chinois en restituant sa grandeur à la Chine et en surmontant l'anarchie qui sans cesse la menace. Si la signification du 4 juin 1989 demeure, c'est plutôt comme un repère : le long d'une route qu'il n'a ni ouverte ni fermée, il a placé une glissière de sécurité — la limite à ne pas transgresser.

Ce moment ne sépare pas deux époques. L'avant-89 et l'après-89 forment une continuité. La période inaugurée par Deng Xiaoping en 1978 se poursuit de nos jours, sans déviation de ligne ni perte de dynamisme. Cette crise sanglante de Tiananmen, on ne la comprendrait pas si on ne la situait pas dans le cours d'une histoire complexe et mal connue, celle de l'ère Deng Xiaoping.

Demi-tour idéologique

Onze ans auparavant, en décembre 1978, Deng Xiaoping avait fait effectuer au Parti communiste chinois un demi-tour idéologique. Pour réussir les Quatre Modernisations, déjà annoncées quatre ans plus tôt par son ami Zhou Enlai, il avait invité les Chinois à changer de méthode du tout au tout et à se changer eux-mêmes. Il avait rompu le mariage entre le communisme et l'économie, martelant l'idée que celle-ci ne pouvait progresser qu'à condition de s'ouvrir à la modernité — c'est-à-dire à l'Occident. Les Chinois devaient comprendre que l'étranger n'était plus un « Barbare » : « Il faut inviter les experts étrangers à la construction de nos ouvrages clés. Dans le passé, nous avons pensé plus souvent à leur offrir des banquets qu'à leur demander de nous aider pour notre travail... »

De cette révolution mentale, le Printemps de Pékin put paraître la suite logique. Les manifestants rejetaient la démarcation tracée par Deng entre la liberté économique et la liberté politique, lorsqu'il poussait ses compatriotes à la première, tout en leur refusant catégoriquement la seconde.

Quand le rideau retomba sur Tiananmen déserte, les pronostiqueurs d'Occident, façonnés par une civilisation qui ne sépare pas ces deux libertés, crurent à peu près tous que la Chine se refermait ; que Deng, affolé ou manipulé à cause de son grand âge, avait trahi ses propres idées ; que la répression de 1989 annulait l'ouverture de 1978. Les uns espéraient que cette réaction n'aurait qu'un temps et que, sous une forme ou sous une autre, le mouvement de Pékin reprendrait bientôt, emportant cette fois le groupe hagard de gérontes dépassés. Les autres craignaient que leur dictature ne réussît que trop bien à se maintenir, et trop longtemps, en refermant toutes les portes et en bloquant tous les verrous.

Or, la ligne définie par Deng n'a pas changé jusqu'à présent et ne semble pas sur le point de le faire. Pendant quatre ans encore, c'est lui qui a continué à en contrôler l'application. Bien que la Chine demeure le plus vigilant des régimes autoritaires, elle n'a pas cessé d'ouvrir son économie à tous les vents du changement. Le Parti communiste chinois, à travers mille ramifications, exerce le pouvoir politique, tout en orientant à grands traits la politique économique. Mais l'économie, et à sa suite la société, sont de plus en plus pétries de liberté. Consommation, confort, inégalités, délinquance, progrès, hausse du niveau de vie, luxe, profit : pêle-mêle, tous les concepts, les forces, les faiblesses d'une économie et d'une société à l'occidentale ont pénétré dans la vie et l'esprit de tous. Et pourtant, par mille autres aspects, la Chine demeure la Chine éternelle des réflexes, des croyances, des conduites familiales et collectives ; une Chine modernisée, mais profondément imbue de la fierté nationale que Mao a su lui rendre.

Et sa fierté n'a pas à souffrir. Deng a permis aux Chinois d'accomplir une volte-face sans perdre la face. Sept ans après la dramatique péripétie, force est de constater la réalité flagrante de l'essor qu'annonçait *Quand la Chine s'éveillera...*

L'économie chinoise progresse à un rythme tout extrême-oriental. La vitesse du Grand Dragon a rejoint celle des « Petits Dragons » — Corée du Sud, Taiwan, Hongkong, Singapour —, bien qu'il soit trente, soixante, deux cents, quatre cents fois plus lourd qu'eux. La Chine, qui ne rougit pas d'avoir été — d'être encore, par tant de côtés — « arriérée », a cessé de faire partie du tiers monde. La nation la plus peuplée du globe est fondée à espérer qu'elle en sera, dans cinquante ans, peut-être moins, la première puissance économique. La Chine s'est éveillée. Et cet éveil concerne directement le quart de l'humanité.

Cependant, l'Occident ne semble pas s'en aviser. Comme s'il répugnait à l'admettre. Il en est resté à 1989, à l'image de l'étudiant solitaire défiant un char et le forçant à s'arrêter. Splendide image, pour les uns, qui rappelle les chars russes dans Prague et symbolise la conscience individuelle contre la force aveugle de l'État. Preuve évidente, pour les autres, que les autorités avaient donné ordre d'épargner les vies humaines ; sans quoi un jeune homme seul n'eût pas été en mesure de stopper une colonne blindée.

En France particulièrement, cette date de « 89 » est demeurée symbolique. La plupart des *media* ont alors vivement soutenu la réaction passionnée de François Mitterrand. Nous avons estimé devoir couper les ponts avec ce régime répressif. Certains ont même cru que notre raideur puritaine pourrait influer sur les dirigeants de Pékin. Le seul résultat a été de nous faire perdre la place déjà médiocre que nous occupions en Chine ; tandis que nos concurrents allemands, italiens, japonais ou américains s'installaient en se partageant nos parts de marché perdues. De surcroît, ils se donnaient bonne conscience, à tort ou à raison, en se persuadant que leur contribution à l'essor chinois était une façon d'y faire progresser aussi la liberté politique.

Souhaitant que cet ouvrage rende le lecteur sensible à l'unité de l'ère Deng Xiaoping, j'ai repris de *La Tragédie chinoise* mes carnets de route et d'entretiens sur le début de ce renversement historique, pour les réunir ici à ceux qui décrivent comment, sous nos yeux, il est en train de propulser la Chine à la tête des puissances de la planète.

Ainsi, *La Chine s'est éveillée* prolonge les perspectives esquissées par *Quand la Chine s'éveillera...*

Depuis 1971, où la Chine était toute malmenée et courbatue par la Révolution culturelle, je n'ai cessé de revenir dans ce pays — une quinzaine de voyages, le dernier en août-septembre 1996 — et d'en suivre les évolutions. Ce n'est pas ici un livre d'histoire, mais de choses vues, et plus encore de Chinois entendus. J'ai tenté de comprendre leurs craintes et leurs attentes. J'ai voulu retracer le chemin parcouru en un quart de siècle par le quart de l'humanité.

La « Longue Marche » avait conduit les troupes de Mao du sud-est au nord-ouest de la Chine, pour sauver avec elles le ferment de la Révolution. Mao avait cru pouvoir ainsi régénérer son pays. Mais il l'avait aussi enfermé sur lui-même. Était-il raisonnable, en 1971, de croire que la Chine pourrait s'éveiller ? Pourtant, derrière les fanatismes idéologiques, les illusions volontaristes et la pensée magique, on sentait, dans ce peuple immense, la vibration d'un irrépressible vouloir-être. Oui, la Chine s'éveillerait, mais comment ? Il est émouvant que, derrière Deng, ce soient les héros survivants de la première Longue Marche qui aient su apporter la bonne réponse et donner le signal d'une seconde Longue Marche, qui entraîne la Chine hors de chez elle, à la rencontre du monde, désormais assurée d'y retrouver son rang sans y perdre son génie.

Longue, en effet : c'est un quart de siècle qu'embrasse *La Chine s'est éveillée* — quart de siècle décisif, aussi important pour la Chine que l'ère Meiji pour le Japon au siècle dernier, mais avec un enjeu mondial beaucoup plus important.

Qui peut augurer du quart de siècle à venir ? « Il ne faut pas faire de prophéties, dit un plaisant proverbe chinois, *surtout* quand elles concernent l'avenir. » Sans s'y aventurer, on peut dire avec confiance que, si la Chine poursuit son parcours sur l'erre que Deng a tracée, elle ne cessera plus d'étonner le monde, sans forcément le faire trembler.

PREMIÈRE PARTIE

LE TÊTE-A-QUEUE

CHAPITRE PREMIER
Le retour de Deng
1973-1976

> *Le monde des mandarins est comme une scène de théâtre.*
>
> PROVERBE[1]

Un petit homme vif et discret apparaît, un beau jour d'avril 1973, dans un banquet officiel, devant le Tout-Pékin diplomatique médusé. Stupéfaction compréhensible : cet homme à l'air dégagé, c'est Deng Xiaoping ; et on le présente comme vice-Premier ministre.

Mao se fait de plus en plus épisodique. À mesure que ses forces l'abandonnent, il ne joue plus qu'un rôle virtuel : la réalité du pouvoir est détenue par le cercle restreint de ses familiers. Zhou Enlai, atteint pour la première fois par la maladie, est contraint de se limiter à l'essentiel. Le commandement opérationnel de la Chine quotidienne souffre d'un vide dangereux. La question de la succession devient lancinante : l'« après-Mao » et, peut-être plus encore, l'« après-Zhou ». Mao et Zhou mettent en place un héritier présomptif.

Deng, le troisième homme, est un revenant politique : espèce rarissime dans les régimes révolutionnaires ; mais espèce courante en Chine, depuis toujours.

La légitimité reçue du Père fondateur

Les démocraties fournissent mille exemples de sorties qu'on croyait définitives et que suivent des rentrées triomphantes : Clemenceau ou Poincaré, Churchill ou de Gaulle. En revanche, les révolutions ont tendance à donner un caractère irréversible aux disparitions politiques. Seulement, la révolution chinoise n'est pas une révolution comme les autres. Elle reste chinoise. Malgré ses violences et ses purges, elle croit aux vertus du rachat : pendant leur rééducation, les victimes, devenues élèves, ont au moins le temps d'attendre que le vent de l'histoire souffle à nouveau vers elles.

Deng était secrétaire général du Comité central du Parti quand survint la Révolution culturelle. « Bombardez les états-majors », a dit Mao aux gardes rouges. Deng est le chef d'état-major du Parti. Il est le premier bombardé, après le président de la République. On l'accuse d'avoir laissé s'affadir l'énergie révolutionnaire, d'avoir mis le Parti au service d'un « économisme » à courte vue. Et cette vertu révolutionnaire, la pratique-t-il bien lui-même ? N'a-t-il point trop de goût pour l'opéra traditionnel et pour le bridge occidental ? Quand le président Liu Shaoqi tombe pour avoir « suivi la voie capitaliste », Deng ne tarde guère à tomber. Le 23 octobre 1966, il fait son autocritique publique ; puis on n'entend plus parler de lui.

Il racontera, vingt ans plus tard : « Beaucoup de cadres vétérans furent persécutés ; je le fus moi-même. J'étais le numéro deux des "responsables engagés sur la voie du capitalisme", après Liu Shaoqi. Il était le "capitaine" ; moi, le "capitaine en second". Pendant dix ans, on vit des choses tout à fait étranges. On encourageait les gens à s'installer dans la pauvreté, en prétendant que mieux valait une pauvreté socialiste qu'une richesse capitaliste. C'étaient les théories de la bande des Quatre[2]. »

Mais si ce nabot à tête carrée a tenu bon sous la tempête, comme Zhou Enlai, il n'a pas non plus, à l'inverse de Liu Shaoqi, tenté de se rebeller contre celui qui la faisait souffler — Mao. Il n'a pas commis l'irréparable. En acceptant de s'humilier, en s'accusant, Deng a signé sa soumission à Mao. Par conviction ou par tactique, il n'a cessé de se réclamer du camarade Mao Zedong : « Il fut un grand dirigeant ; c'est sous sa direction que la révolution chinoise a triomphé. » Au fil des propos de Deng, Mao apparaît toujours comme le second père de la Patrie, après Sun Yatsen.

Il peut réapparaître sept ans plus tard comme vice-Premier ministre : il n'a pas besoin d'être réhabilité. Ainsi, l'une des plus illustres victimes de la Révolution culturelle va, en moins de deux ans, devenir le pivot de l'équipe dirigeante chargée de stabiliser les acquis de cette même Révolution culturelle. Surprenant pays.

Mai 1975.
Je rencontre Deng pour la première fois, à l'Élysée. Il est venu en France avec le titre de « premier vice-Premier ministre ». Le président Giscard d'Estaing a déroulé le tapis rouge. Sans doute a-t-il épuisé, au cours du dîner, les sujets de conversation ; quand nous passons au salon, il m'installe d'autorité sur un canapé à côté de son hôte et m'invite à lui tenir compagnie.

Comment engager le dialogue avec ce petit bonhomme ridé, souriant, énigmatique ? Je crois bien faire en lui disant mon admiration pour Zhou Enlai et en me réjouissant que le Premier ministre l'ait fait revenir auprès de lui.

Quelle gaffe ! Deng réagit vivement : « Ce n'est pas Zhou Enlai qui m'a fait entrer au gouvernement, c'est le président Mao ! » Saura-t-on jamais le vrai sentiment de Deng sur Zhou ? En tout cas le message est clair : Deng entend tirer sa légitimité du Père fondateur lui-même. Comment, trois ans après, l'Occident allait-il croire comme un seul homme que Deng, arrivé au pouvoir suprême, n'aurait rien de plus pressé que de « démaoïser » ?

L'insubmersible

Mao a dit un jour que, tant qu'il serait là, la Chine serait gouvernée par les survivants de la Longue Marche. Alors s'est forgé un compagnonnage à toute épreuve : Mao n'a vraiment eu confiance que dans ce réseau-là. Seulement, en 1975, les fidèles ont tous entre soixante-dix et quatre-vingt-dix ans et, parmi eux, les hommes assez compétents pour maîtriser la conduite d'un milliard de Chinois se comptent sur les doigts de la main. Deng Xiaoping est de ceux-là. Si Mao et Zhou l'ont sorti de l'oubli, c'est que, par son caractère, son intelligence, sa foi communiste et son expérience, il est l'un des meilleurs, sinon le meilleur. Il est redevenu indispensable. Il était, il reste insubmersible.

Il connaissait et connaît toujours le Parti mieux que personne — et l'on est revenu à la thèse léniniste classique : c'est le Parti qui commande aux fusils, et donc à tout le reste. Il reprend pied, derrière Mao, dans les organes dirigeants du Parti.

Il était admiré dans l'Armée rouge, parce qu'il dirigeait en second, comme « commissaire politique », la IIe armée qui battit Jiang Jieshi (Chiang Kai-shek) dans le Centre-Ouest. Or, bien que les militaires doivent être soumis au Parti, ils jouent le rôle principal dès qu'une crise surgit, comme on l'a vu sous la Révolution culturelle, dès 1967, et comme on le verra en juin 1989. Le voici donc, auprès d'un vieux maréchal-ministre, chef d'état-major général.

Comme Zhou Enlai, et à la différence de presque tous les autres dirigeants chinois, il connaît le monde extérieur. Tout jeune, il a passé quatre années en France — un peu étudiant, un peu ouvrier, en tout cas observateur. En mars 1928, il est licencié des usines Hutchinson. Motif : « refuse de travailler ». Sans doute a-t-il mieux à faire que de confectionner des bottes de caoutchouc. Plus tard, il sera responsable des relations sino-soviétiques, et conduira leur rupture. Quand il dit : « On ne peut appliquer directement chez soi le modèle d'un autre pays », il sait de quoi il parle.

Son expérience est précieuse. Il devient donc, derrière Zhou, vice-Premier ministre.

Ce retour de l'exilé n'est pas encore une revanche : en Chine, plus que partout ailleurs, la vengeance est un plat qui se mange froid. Deng doit composer, dans une équipe où figurent des animateurs de la Révolution culturelle comme Zhang Chunqiao, future figure de proue des nombreux « ultra-gauchistes » qu'on désignera, par abréviation, sous le nom de « bande des Quatre ». Il est placé sous l'autorité de Zhou Enlai, garant de la continuité, et qui apparaît bien, quoi que m'en ait dit Deng, comme le grand maître d'œuvre de toute cette opération. Mais l'équilibre recherché ne sera jamais atteint.

Car les trois années qui suivent son retour — 1973-1976 — seront dominées par un conflit fondamental, celui qui oppose le réalisme et l'utopie. Si Deng incarne la première tendance, la seconde est représentée par ceux que l'on allait désigner, dès leur chute, sous le nom de « bande des Quatre ».

Réhabilitation d'un tyran

Les Quatre, c'est trois plus un. Trois intellectuels, un ouvrier d'usine. Ce dernier, Wang Hongwen, est un vrai météore politique. Il parcourt le *cursus honorum* à une vitesse qui n'a guère d'exemple dans un pays communiste. Il devient, au Xe Congrès d'août 1973, le numéro trois du Parti. Jeune, fougueux, il apparaît comme une créature du Grand Timonier.

Les trois intellectuels de la bande, ce sont deux journalistes et une ancienne actrice. Les deux journalistes, Zhang Chunqiao et Yao Wenyuan, ont des profils assez semblables. Possédant à fond les techniques complexes de la propagande officielle et officieuse, prêts à tout pour faire triompher leurs convictions, ce sont des idéologues durs.

L'actrice, c'est naturellement Mme Mao, Jiang Qing de son pseudonyme. Épouse du Grand Timonier depuis 1937, elle tire de ce lien matrimonial — pourtant de plus en plus distendu — un prestige et un pouvoir dont elle ne craint pas d'user et d'abuser. C'est la plus pittoresque et aussi la plus haïe des Quatre. Depuis sa chute, maintes anecdotes ont circulé à Pékin, trop nombreuses pour être toutes fausses. Elles campent une femme capricieuse, orgueilleuse, dépravée (au regard de l'austérité que l'on prête au régime maoïste*), despotique et cruelle, fantasque enfin. Il est sûr

---

* Avant d'apprendre les mœurs de Mao, longtemps après leur mort à tous deux[3].

que, durant dix ans au moins, tout ce qui est « culturel » dépendit directement de son bon plaisir — ou de son mauvais vouloir.

Les Quatre ne sont ni des Saint-Just ni des Robespierre chinois. Leur pouvoir ne tenait qu'à une fragile coalition, non à leur idéal ou à leur poids personnel. Ils allaient vite se heurter à Deng.

1974 ne fut que l'année des campagnes journalistiques : contre la musique occidentale, contre Confucius, contre Lin Biao, pour la réhabilitation de Qin Shihuangdi, etc. Dans ce domaine, les Quatre ont l'initiative ; ils disposent à discrétion de la presse.

Qin Shihuangdi ? Voilà un réhabilité qui revenait de loin ! Constructeur de la Grande Muraille, il avait traduit en actes les préceptes totalitaires de l'École des Lois, hostile à l'École confucéenne. Entre 246 et 221 avant Jésus-Christ, il avait unifié la Chine, au prix d'une lutte inexpiable contre les six autres princes qui se partageaient jusqu'alors le territoire habité par le peuple han. Insensible au sang et aux larmes, il avait bâti d'estoc et de taille un régime centralisé et autoritaire.

On croit rêver, quand on songe, dans les temps où nous vivons, que Pékin a pu juger nécessaire de tresser des couronnes à un tyran qui vivait à l'époque où Rome était encore une bourgade ; un tyran voué, depuis vingt-trois siècles, à l'exécration des lettrés, pour avoir ordonné de brûler tous les livres... Imagine-t-on la réhabilitation de Néron ou de Caligula ?

La glorification de Qin Shihuangdi, présenté jusque-là comme un despote sanguinaire, peut s'interpréter comme un plaidoyer en faveur de la centralisation autoritaire et de l'abolition des privilèges accordés précédemment aux dirigeants locaux. C'est surtout l'éloge d'un souverain sans pareil : avant Mao, il avait déjà pétri dans ses rudes mains une Chine qui était une civilisation, mais qui se révélait impuissante à demeurer par elle-même une nation.

Gardez-vous à droite, gardez-vous à gauche

La plus importante des campagnes de 1974, c'est assurément celle qui a été dirigée conjointement contre Confucius et Lin Biao.

Lin Biao, successeur désigné de Mao depuis 1969, chef d'orchestre de la Révolution culturelle, est-il mort dans un accident d'avion le 13 septembre 1971, alors qu'il « fuyait vers l'U.R.S.S. » ? Telle est du moins la version officielle, jamais démentie, jamais confirmée. Son éviction, et peut-être son assassinat, furent-ils le résultat d'un brusque virage à droite ? On le crut trop vite.

Car dans le même temps, comme pour équilibrer, fut lancée la campagne contre Confucius. En cette fin 1973, quelle furieuse pulsion philosophique pouvait bien déchaîner les masses chinoises contre ce sage vingt-cinq fois centenaire, qui vivait un siècle avant Périclès ? Sans doute, c'est le rappel que la Chine, pour survivre, doit savoir sacrifier les individus : les « larges masses » doivent passer *avant* ou *sur* les intellectuels, les mandarins, lettrés, bureaucrates de la société confucéenne — dussent-elles les écraser, tel un rouleau compresseur.

Mais derrière Confucius, on croit deviner aussi les traits de Zhou Enlai et de Deng Xiaoping. Les Quatre veulent, à la fois, briser dans la Chine nouvelle le respect sentimental des plus anciennes valeurs, et abîmer l'image de Zhou, lettré à l'ancienne mode. Il faut s'être entretenu à perte d'haleine avec des intellectuels chinois pour comprendre comment l'érudition historique, le plus désincarné des savoirs à nos yeux d'Occidentaux, peut là-bas servir d'arme meurtrière aux passions politiques.

C'est la féroce lutte *pi Lin pi Kong*, contre Lin Biao et contre Confucius, version chinoise de notre : « Père gardez-vous à droite, Père gardez-vous à gauche ». Le plus dangereux des deux n'est nullement celui qui vient de mourir (Lin), mais celui qui est mort il y a deux mille cinq cents ans (Kong). Car celui-ci n'est qu'une figurine, derrière laquelle ce sont des vivants qu'il faut abattre. *Pi Kong,* en réalité, c'est *pi* Deng et *pi* Zhou.

Dans un premier temps, Zhou Enlai a été la principale cible de la campagne anti-Confucius, lancée par des milieux proches de Mao. Dans un deuxième temps, avec son art consommé de saisir l'événement pour le retourner, Zhou reprend cette campagne à son compte et se met à sa tête. Dans un troisième temps, il précise que la campagne vise *à la fois* Confucius et Lin Biao. Dans un quatrième temps, il fait en sorte qu'elle vise *essentiellement* Lin Biao et *accessoirement* Confucius. Déplacements d'accents, légers et rapides comme le dard de la guêpe... *Blanc* ou *noir*, *vrai* ou *faux*, la logique binaire est étrangère à la logique chinoise.

Celui qui détient les meilleurs atouts

Ces campagnes idéologiques avaient un but politique : l'installation durable au pouvoir d'une des tendances. Il s'agissait de se prémunir pour l'avenir. L'affrontement décisif n'était pas envisageable, tant que vivaient Mao et Zhou.

Il était en effet impossible de s'attaquer de front à l'un ou à l'autre. Ce n'est pas qu'ils aient toujours été d'accord. Mais ils ne permirent jamais que leurs différends fussent exploités par les factions.

En 1974-1975, l'un et l'autre, gravement malades, sont fort diminués. Quelle est leur position dans la lutte idéologique ? On peut conjecturer que Mao est plus proche des Quatre, tandis que Zhou a plus d'affinités avec Deng. Celui-ci gravit un à un tous les échelons. Il a bientôt la haute main sur les trois forces qui contrôlent le peuple chinois : la bureaucratie d'État, l'armée, le Parti. Testament vivant de Zhou, il s'est installé, avec l'assentiment de Mao, aux trois postes de commande.

Les Quatre bénéficient de l'appui supposé de Mao ; Jiang Qing est son épouse. Le « groupe de Shanghai », qui fait partie de leur réseau, a pour lui d'être maître d'une ville de plus de dix millions d'habitants. Tous quatre ont, surtout, la mainmise sur la presse. Dans un régime idéocratique, quel pouvoir que le monopole de l'information !

Deng a pour lui l'appui bien réel de Zhou Enlai. Il a pour lui les innombrables cadres qu'ils ont tous deux relevés de leur indignité politique, en les appelant à des postes de responsabilité. Il a pour lui la plus grande partie de l'armée. Il a pour lui tous ceux qui aspirent à une vie meilleure. Il a enfin pour lui d'avoir compris que le temps de la Révolution culturelle est passé, et que les Chinois veulent autre chose. Il détient les meilleurs atouts.

Les trois Rapports

Les Quatre et Deng n'ont pas cessé de cohabiter : ils n'avaient pas le choix. Mais autant les Quatre eurent l'initiative idéologique et polémique en 1974, autant, en 1975, Deng a su manœuvrer, s'assurant des appuis parmi les techniciens et les vieux cadres, et se faisant connaître en Chine et à l'étranger comme un homme de rigueur, façon Zhou Enlai.

En Chine, les affrontements n'ont presque jamais lieu en direct. Quand Zhou Enlai, en janvier 1975, lance avec vigueur le mot d'ordre des Quatre Modernisations (« Modernisons l'agriculture, l'industrie, la recherche scientifique et technique, la défense »), c'est évidemment au « révolutionnarisme » des Quatre qu'il s'en prend — sans les nommer. Dialectique par ricochet, comme au billard.

D'un côté, Zhou et Deng réhabilitent des victimes de la Révolution culturelle. De l'autre, les Quatre réactivent le thème central de la Révolution culturelle : plutôt l'idéologie que l'efficacité. Un mot célèbre, attribué à Jiang Qing, résume cette position : « Mieux vaut un train socialiste en retard qu'un train capitaliste à l'heure. » Il répond, en écho inversé, aux formules tout aussi célèbres de Deng, qui glorifiait l'efficacité contre l'idéologie.

Les Quatre sont d'ailleurs tous membres du Bureau politique. Sur le plan idéologique, ils ont donc l'avantage, car ils ont pour eux la possibilité permanente d'*offensive*.

Mais c'est finalement leur seul avantage réel. Durant ces deux années, et malgré tous leurs efforts, ils ne réussissent pas à acquérir (sauf dans la municipalité de Shanghai) un vrai pouvoir de décision et d'administration. En 1975, sur vingt-neuf ministres, trois seulement se réclament de leur ligne politique : Zhang Chunqiao, l'un des Quatre, vice-Premier ministre parmi douze, et les ministres des Sports et de la Culture. C'est peu : les secteurs essentiels de l'État leur échappent.

L'année 1975 est néfaste pour les Quatre. Une nouvelle Constitution confirme certaines des idées « économistes », « réalistes » ou « révisionnistes » de Deng. Celui-ci établit trois importants *Rapports*, « L'accélération du développement de l'industrie », « Le travail du Parti et du pays », « La réforme de l'éducation et de la recherche ». Hu Yaobang, second de Deng, a été chargé de les rédiger. Denses, brefs, ces textes-programmes sont critiqués par les journaux (aux mains de l'ultra-gauche) et dénoncés poétiquement comme « trois grandes herbes vénéneuses ».

Vénéneuses ou non, les herbes vont plier sous la bourrasque, avant de se redresser en 1977. Ces idées inspirent encore aujourd'hui, longtemps après le retrait progressif de Deng au profit de Jiang Zemin, l'action du gouvernement chinois. Caviardés par les Quatre, ces *Rapports* tournent autour de quelques idées-forces : la stabilité plutôt que la contestation, l'unité plutôt que la lutte, la recherche plutôt que l'idéologie, l'« expert » plutôt que le « cœur rouge », en un mot *la production plutôt que la révolution*. De plus, ces *Rapports* préconisent une amélioration du niveau de vie des masses.

Les Quatre réussissent à écraser les *Rapports* sous le poids de leur propagande. Mais, comme l'Hydre aux cent têtes, Deng se multiplie.

Il « place » le maximum de cadres partageant ses analyses, notamment dans le haut commandement militaire. À la fin de l'année, il est de toute évidence l'homme fort de la Chine.

La doctrine qui, encore floue, lui avait valu l'exil dès le début de la Révolution culturelle, est maintenant au point. Il n'en démordra pas jusqu'au Printemps 1989 — ni après.

CHAPITRE 2
« Insolentes provocations de l'Occident »
1974

> « *Pays historiquement prédominant dans la région — et dans le monde connu d'elle —, la Chine s'irriterait profondément de toutes les tentatives visant à lui dicter ce qu'elle doit faire chez elle. Le regard qu'elle porte sur l'ingérence de l'Occident dans son histoire vient encore accentuer cette susceptibilité générale. Depuis que les guerres de l'opium du XIXe siècle ont contraint le pays à s'ouvrir, les Chinois ont considéré l'Occident comme l'agent d'une interminable succession d'humiliations. Pour leurs dirigeants, le refus farouche de s'incliner devant les prescriptions de l'étranger est un impératif moral.* »
>
> Henry KISSINGER[1], 1996

1974 : par une curieuse coïncidence, en cette année d'âpre combat idéologique, sortent en Occident deux films où la Chine se voit, ou se croit, mise en cause. Ils dévoilent les réactions des Chinois aux regards que l'Occident a portés sur eux.

L'un et l'autre de ces films ont connu le succès chez nous, avant d'être violemment critiqués là-bas. Dans les images colorées de *Chung Kuo, La Chine*, de Michelangelo Antonioni, et des *Chinois à Paris*, de Jean Yanne, la Chine ne s'est pas reconnue. Elle s'en est même montrée indignée (en tout cas, la Chine officielle et médiatique). Pourquoi ?

L'éloge erroné

On pouvait penser qu'Antonioni (que l'on ne saurait assurément considérer comme un homme de droite) aurait la faveur des

Chinois. Or, les critiques de la presse chinoise (unanime, bien entendu), notamment de l'organe du Parti, *Le Quotidien du peuple*[2], ont dénoncé dans le lancement de ce film « un grave incident antichinois et une insolente provocation contre le peuple chinois ».

On accuse Antonioni, tout simplement, de diffamation. Il ne montre pas les nouveaux chantiers navals où se construisent des cargos de dix mille tonnes ; il ne donne à voir que « de petites embarcations, des vues disparates d'équipements rudimentaires du siècle dernier et de travaux effectués à la main ». La Chine de la fin du XXe siècle, celle dont sont fiers les Chinois, est absente ; et cette absence est ressentie comme injurieuse.

La sensibilité de l'épiderme chinois peut surprendre. On a du mal à croire qu'en ne donnant aucune vue générale, en forme de carte postale, de la place Tiananmen, et en attachant son objectif sur des groupes divers, Antonioni ait « délibérément présenté la Chine comme une foire en pleine pagaille », et donc commis un affront volontaire. En choisissant un éclairage sombre, en montrant « les eaux du Huangpu comme recouvertes d'une brume épaisse, les rues de Pékin comme tamisées de lumière grise », Antonioni a-t-il vraiment voulu « donner une impression de misère, de désolation, de tristesse, de froideur » ?

Cette impression, en tout cas, est celle qu'a éprouvée le commentateur chinois, ou qui lui a été dictée par ordre supérieur. Elle signale moins une susceptibilité exacerbée, qu'une volonté d'être reconnu et apprécié à sa valeur. L'effort accompli par la Chine mérite d'être salué : pour les Chinois, ce n'est que justice. C'est donc une « omission scandaleuse », si, « tout au long de ce film, on ne voit ni une machine neuve, ni un tracteur, ni une école convenable... ». L'exaspération de l'éditorialiste fait un peu penser à celle que nous aurions devant un documentaire sur la France, où l'on verrait les naturels du pays portant tous le béret basque ou la coiffe bretonne, mangeant des grenouilles et buvant un pastis à la terrasse d'un bistrot délabré. Et pourtant, ces images auraient bien été prises sur place ; et le cinéaste aurait bien le droit de les préférer aux encombrements du périphérique ou aux cheminées de nos centrales nucléaires.

À vrai dire, on pouvait s'attendre à cette réaction des Chinois, révélatrice à l'égal d'une psychanalyse. Ils se scandalisent que leur projet révolutionnaire soit passé sous silence.

On est là au cœur de l'incompréhension des Occidentaux et des Chinois. Antonioni semble sincèrement avoir cru faire un film à la louange de la Chine dont il a montré, en les choisissant bien, des scènes d'un charme étrange ; et les Chinois l'ont ressenti comme une agression[3]. À la cour des Fils du Ciel, un éloge erroné n'était pas moins puni qu'une injuste critique.

30

Des canards gavés automatiquement

Les Han s'estimaient depuis des millénaires supérieurs aux autres peuples. Comment supporter leurs échecs successifs depuis les guerres de l'Opium ? Un douloureux complexe d'infériorité a remplacé ce complexe de supériorité. La xénophobie s'est substituée à l'autosuffisance aveugle. Mao, comme les empereurs manchous, ne voit guère dans les Occidentaux que des ennemis en puissance.

Il arrive sûrement que les Chinois exagèrent une réalité qui les blesse.

Les Occidentaux de Shanghai avaient-ils vraiment interdit les squares de leurs concessions « aux chiens et aux Chinois » ? Il semble plutôt qu'un propagandiste génial ait transposé à l'usage des Chinois, après la victoire des communistes, la formule célèbre appliquée par l'Allemagne hitlérienne : «Interdit aux chiens et aux Juifs ».

La Chine nous est si profondément étrangère (en elle-même, et parce qu'elle a longtemps empêché que son étrangeté même nous devînt familière) que le pouvoir de celui qui la présente est presque sans contrôle. Antonioni n'a pas fait de la Chine un prétexte ; il n'y a pas choisi quelque facette qui entrât dans son souci du moment, comme il l'avait fait pour le Londres de *Blow up* ou les États-Unis de *Zabriskie Point*. Il nous livre la Chine brute, dans une forme raffinée.

L'image impose constamment son évidence et sa puissance. Le regard, tantôt amusé, tantôt fasciné, toujours bienveillant, est celui de quelqu'un qui a de la tendresse pour les hommes et place toujours leur réalité au-delà de leurs idéologies. Ce film fait aimer les Chinois, bien qu'il soit aussi peu chinois que possible.

La vérité d'Antonioni est celle d'un artiste, d'un amoureux des couleurs et des gestes, d'un homme auquel les plus humbles apparences font signe. Mystérieuse élégance du cycliste qui, tout en roulant, abandonne le guidon de sa machine pour faire des mouvements de gymnastique lente, celle du *tai jiquan*. Harmonie des lutteurs qui décomposent les gestes de leur violence. Jusqu'à la longue séquence d'une césarienne, où la sécurité de la femme (qui, sous acupuncture, reste éveillée, sourit, s'entretient avec les chirurgiens, mange des fruits) annule la cruauté de la sanglante incision ; où la beauté l'emporte sur l'horreur.

La révolution passée sous silence

Quant au commentaire, il fait fi des explications que les Chinois proposent. Dieu sait qu'il n'y a guère de société plus consciente du travail volontaire qu'elle opère sur elle-même, ni plus soumise aux mythes qu'elle s'est construits. « Un peuple, est-il écrit dans le *Lun Yu — Les Entretiens* de Confucius —, ne peut survivre s'il n'a foi en son souverain. » Présenter la Chine en deux heures, en pleine époque de délire maoïste, sans mentionner le nom de Mao, ange gardien universel, sans faire allusion à la dévotion dont il est l'objet et qui seule rend insensibles les sacrifices demandés à ce peuple, sans dire un mot de la Révolution culturelle et sans même évoquer le rôle du Parti, c'est un joli tour de force ; c'est aussi et surtout un violent camouflet à la Chine d'aujourd'hui.

Antonioni ne traduit pas le climat d'intensité qui fait que la Chine est sans doute le seul pays où le mot de révolution ait été, dans les quarante dernières années, plus qu'un mot ou qu'un prétexte. Il met la révolution entre parenthèses, se contente de voir comment ces hommes vivent, sourient, regardent, et nous propose de juger à travers ces gestes la société qu'ils se sont faite.

Cette colonne d'ouvriers ou de paysans qui se rendent au travail, le pas rythmé par un sifflet à roulette, ces visages souriants qui crient des slogans, que nous disent-ils ? La joie de l'effort collectif ? La relativité de l'embrigadement ? Un comportement héréditaire ? Les canards qu'Antonioni nous montre gavés automatiquement par une machine sont-ils des symboles du peuple chinois, ou simplement l'objet de son amusement cruel ? Ces marionnettes musiciennes exécutant, pour un finale hallucinant, l'hymne *L'Orient est rouge*, sont-elles aussi porteuses d'ironie ? À chacun sa vérité.

L'incommunicabilité demeure le thème favori d'Antonioni. Son film y gagne de donner ce sentiment d'étrangeté qui écrase le voyageur occidental, et de permettre aux spectateurs de pénétrer l'impénétrable épaisseur chinoise. Mais Antonioni a donné l'impression aux Chinois qu'il niait leur révolution nationale, dans ce qu'elle a de révolutionnaire et dans ce qu'elle a de national.

Comme il est difficile de présenter la Chine à des non-Chinois, quand on n'est pas soi-même Chinois, sans irriter les Chinois ! La fureur soulevée par le film d'Antonioni est bien celle de la fierté blessée, celle d'un peuple qui a certes voulu rompre avec son passé, mais qui, face à l'étranger, préfère l'assumer, fût-ce dans ses hontes. Les Chinois estiment être seuls en droit de juger la Chine.

En tout cas, il y a bien de la présomption à vouloir se mêler des affaires d'autrui. Le « droit d'ingérence » peut être ressenti comme une injure ; le préjugé universaliste n'est pas toujours le meilleur instrument pour préluder au concert des nations.

Une bouffonnerie qui ne fait pas rire

Avec *Les Chinois à Paris*[4], bouffonnerie sur écran, les Chinois ont éprouvé d'une autre manière la surprise des miroirs déformants, et fort mal supporté une caricature plus proche de la farce que de la comédie de mœurs ou de caractères. Le problème était différent, puisqu'il s'agissait d'histoire-fiction et non d'un reportage. Les Chinois, selon le scénario, ont envahi l'Europe. Paris est à nouveau occupé et les phénomènes de l'occupation se répètent : collaborateurs, profiteurs du marché noir, résistants réapparaissent. À l'évidence, les facultés d'invention de l'auteur étaient rétrospectives ; l'occupant *feldgrau* de 1940-1944 fournissait le modèle de l'occupant rouge des années 2000.

Le metteur en scène français s'est contenté de broder sur ce thème, sans considérer la révolution chinoise autrement que comme un prétexte à variations ingénieuses sur les éternelles relations occupant-occupé. Le gouvernement chinois aurait pu préférer l'abstention. Il a tenu au contraire à faire connaître publiquement sa brutale réprobation. « L'armée populaire chinoise est ridiculisée, calomniée... Le parallèle entre la Chine socialiste et l'Allemagne fasciste est intolérable[5]. » Là encore, la Chine s'est sentie diffamée, comme si la tension dans laquelle vivent les Chinois ne supportait pas le sourire.

Les journaux français — réagissant selon les réflexes naturels d'une presse occidentale — ont surtout vu dans la protestation chinoise une atteinte à la liberté d'expression. Mais pour des Chinois impliqués dans la révolution, celle-ci exige le respect, tellement y est engagée la vie de tout un peuple qui s'y est adonné.

Tous les peuples sont susceptibles. Des Français peuvent rire de bon cœur quand un Français se moque des Français. Mais ils n'accepteraient pas aussi facilement qu'un étranger se moquât d'eux. Aux quolibets sur la longueur de son nez, Cyrano répondait :

> « *Je me les sers moi-même avec assez de verve,*
> *Mais je ne permets pas qu'un autre me les serve.* »

Le « péril jaune »

Il y a davantage. Les Chinois, pendant cent dix ans, ont été envahis, colonisés, gouvernés par d'autres. Tous les Chinois se souviennent d'avoir été niés collectivement comme nation : comment n'auraient-ils pas la fierté nationale à fleur de peau ?

De surcroît, cette résurrection d'un vieux mythe, celui du « péril jaune », ne pouvait que les choquer. Les Chinois ont certes un sentiment de supériorité, mais ont-ils jamais cherché à conquérir le monde ? Peut-être pensaient-ils que c'était déjà fait — par le rayonnement de leur civilisation. En quatre ou cinq mille ans d'histoire, ils ne se sont jamais hasardés au-delà de ce qu'ils considéraient comme l'aire naturelle de leur civilisation (en y incluant, bien sûr, Vietnam, Corée, Tibet, Mongolie et Turkestan, ce qui n'était pas nécessairement du goût des populations qui y habitent).

Le péril jaune, si l'on applique cette expression aux Chinois, tient de la mystification, pour ne pas dire du canular. En 1900, le Kaiser Guillaume II, passant en revue ses troupes en partance pour la Chine, aurait déclaré : « Pékin devra être rasé jusqu'au sol. C'est le combat de l'Europe entière, que vous allez protéger du péril jaune. Pas de grâce, pas de prisonniers. » Les malheureux Chinois étaient bien incapables de représenter un péril pour qui que ce fût — incapables même de se défendre contre l'arrivée des soldats des Huit puissances alliées.

En fait de péril jaune, la Chine en a été elle-même la victime plus qu'aucun pays occidental. Les Xiongnu, les Mongols, les Mandchous, les Japonais, successivement, ont attaqué et occupé la Chine. Zhou Enlai pouvait bien me dire : « Il n'y a pas un seul soldat chinois qui stationne en dehors du territoire national », et ajouter avec un sourire : « On ne peut pas en dire autant de tout le monde. » Le pacifisme militant des Chinois, les épreuves qu'ils ont subies, leur ont acquis quelque droit à prendre mal de telles plaisanteries.

Et pourtant, on ne peut s'empêcher de ressentir un léger malaise, chaque fois que des interlocuteurs officiels rappellent le terrifiant effectif du peuple chinois. Comment ne pas voir dans ce constant *leitmotiv* comme une menace voilée ? Comment ne pas y lire la certitude de lui-même qu'éprouve un peuple conquérant ?

Et comment ne demeurerait-il pas quelque crainte, hors la Chine, devant cette tragédie qui la fait osciller sans cesse entre dictature et anarchie ? Tout pouvoir tyrannique peut céder à la tentation d'une fuite en avant. Inversement, tout chaos présente un danger de contagion.

Pendant la Révolution culturelle, les Soviétiques avaient-ils tort de redouter qu'elle se répandît au-delà de l'Oussouri ? Ils ont été à deux doigts de lancer une bombe atomique sur les installations nucléaires du Xinjiang. Menace à laquelle Mao répondait : « Une bombe atomique est sans importance pour la Chine, elle y survivra. » Seule de toutes les puissances nucléaires, la Chine pouvait opposer cette flegmatique certitude.

Une nostalgie de vertu

Un peuple peut-il, après quarante ou cinquante siècles de civilisation glorieuse et un siècle d'humiliations, ressentir une immixtion occidentale, fût-elle seulement intellectuelle ou médiatique, autrement que comme une nouvelle effraction ?

Par un retournement qui est peut-être le plus surprenant de ce siècle où pourtant l'Histoire s'inverse souvent, les Occidentaux ont commencé, depuis le début des années 1960, à se sentir victimes d'une ingérence chinoise si subtile, qu'elle se produisait, elle, sans effraction.

Pourquoi la Chine de la Révolution culturelle a-t-elle exercé un pareil envoûtement sur tant de « chrétiens de gauche » en Occident ? Les Chinois font penser à une communauté monastique, observant, sans le savoir, les trois vœux de pauvreté, chasteté, obéissance, pratiquant l'égalité dans le travail, la sobriété, le désintéressement, le dévouement au bien public, l'oubli de soi au profit des autres. Ils paraissent y parvenir par un endoctrinement constant, par l'incantation d'une piété savamment entretenue, par une idolâtrie collective, par quelques mécanismes finalement très simples.

On ne peut pas ne pas être frappé de la parenté de ces techniques avec l'ascèse chrétienne. La société chinoise semble se macérer, comme des religieux se macèrent en mortifiant leur corps par des jeûnes et des travaux qui l'exténuent, en réprimant leur concupiscence sous une surveillance réciproque, au moyen des exercices de la pénitence, minutieusement mis au point pour rendre les désirs dociles et la volonté incapable de résister aux ordres reçus. Et si la révolution chinoise, par la hauteur de ses ambitions et la profondeur de son cheminement, voulait être, elle aussi, une sorte de conversion collective, renversant le sens des mots « libération » et « aliénation » ?

Quel paradoxe !

Voici que l'Occident, si longtemps évangélisé, est devenu consommateur, érotomane, à la fois âpre au gain et gaspilleur. Et voilà que cette Chine non évangélisée (et sévère aux évangélisateurs) rejette et dénonce notre frénésie, professe les vertus ascétiques, donne naissance à une humanité austère et communautaire.

Un peuple officiellement matérialiste administrait (peut-être malgré lui) une singulière leçon de détachement envers les biens matériels, à des pays qui se sont réclamés d'au moins deux mille ans d'une civilisation spiritualiste, mais dont la conduite et les modes de vie trahissent le plus vif attachement à ces mêmes biens matériels. (Et n'est-ce pas là aussi ce qui expliquera, une dizaine d'années plus tard, le renouveau islamique ?)

De cette étrange époque de la Révolution culturelle, nous est restée une nostalgie de vertu. Certes, la Chine de Deng, à partir de 1978, a tourné le dos à la voie maoïste de développement — la pauvreté égalitaire — en s'engageant résolument dans la voie des inégalités, créatrices de richesses. Mais elle a gardé la même hostilité farouche à notre penchant individualiste et jouisseur. Elle pourchasse par des campagnes répétées — et ponctuées d'innombrables emprisonnements ou exécutions capitales — la « pollution spirituelle » et le « libéralisme bourgeois ». Comme si Savonarole régnait là-bas et Tartuffe chez nous.

Deng ne cesse de demander qu'on enseigne, avant tout, les « trois honnêtetés » : « Se conduire, s'exprimer, agir en toute honnêteté vis-à-vis de la cause révolutionnaire » ; et les « quatre sévérités » : « Dans le travail, formuler des exigences sévères, s'organiser soigneusement, avoir une attitude sérieuse et respecter rigoureusement la discipline[6]. »

Mais probablement, ces campagnes n'ont-elles eu lieu que parce que la population rejette le carcan de l'ascèse, de la sobriété, du désintéressement — destiné à sauvegarder la pureté de son « être ». Ces Chinois deviennent d'autant plus acharnés à obtenir tous les plaisirs de l'« avoir », qu'ils en ont été longuement privés. À leur tour, ils se lanceront dans un individualisme exacerbé ; phénomène lourd de conséquences pour l'avenir de la Chine.

Hommage de la vertu au vice

En tout cas, ce paradoxe, si décalé soit-il par rapport aux réalités, explique sans doute pourquoi nous avons vécu en 1968, et depuis lors, ce que l'on pourrait appeler, à la manière de Paul Hazard, une *crise chinoise de la conscience européenne.*

Les livres, relations, études sur la Chine, qui se sont succédé à un rythme jamais atteint, ne témoignent pas seulement de la curiosité qu'elle suscite. La fascination devient trop brûlante pour ne pas traduire un vrai trouble. Quand nous regardons vivre la Chine, nous nous interrogeons sur nous-mêmes. Comme au XVIIIe siècle, mais plus encore, la Chine a servi de référence dans une inquiète mise en question par l'Occident lui-même de ses propres valeurs. Elle s'est offerte en exemple, par rapport auquel il fallait prendre position.

Elle a insinué en Occident un sentiment de culpabilité — revendiqué par quelques-uns, insidieux chez beaucoup ; et même, si largement partagé, que nous lui en avons voulu, quand elle a abandonné cette posture exemplaire. Quand elle s'est ouverte à l'Occident, nous avons pris cette décision pour un hommage de la vertu au vice.

Que reproche-t-on aux gouvernants chinois, sinon d'avoir saccagé l'idéalisation exotique que nous avions faite de la Chine ? D'avoir brisé le miroir purificateur qu'interrogeait inlassablement la mauvaise conscience européenne ?

CHAPITRE 3
Mort de deux géants
1976

Une croyance populaire veut qu'une série d'épreuves s'abatte sur le pays au cours des années néfastes où le 8e mois lunaire est intercalaire. Les faits semblent confirmer cette régularité mathématique du malheur. Ce fut le cas en 1914 : la Première Guerre mondiale et, conséquence pour la Chine, l'occupation du Shandong par le Japon. En 1926 : Chiang Kai-shek part à l'assaut des « seigneurs de la guerre » dans le Nord, la guerre civile commence. En 1938 : les Japonais s'emparent de la Chine du Nord et de l'Est. En 1950 : la guerre de Corée éclate, tandis que les « ennemis du peuple » et autres opposants, après la victoire de 1949, sont éliminés sans pitié. En 1962 : le « Grand Bond en avant » a dramatiquement échoué ; après trois années de famine, Mao relance la Révolution...

L'année terrible arrivera en 1976 : la 8e lune vient s'intercaler dans le calendrier.

1976 peut se résumer en quatre dates, où deux décès engendrent deux complots. 8 janvier, mort de Zhou Enlai ; 7 avril, destitution de Deng ; 9 septembre, mort de Mao ; 6 octobre, chute de la bande des Quatre. Chacun de ces événements aurait suffi à remplir une année de l'histoire de la Chine.

À ces convulsions où le destin s'entrelace avec l'intrigue, s'ajoute une catastrophe : le 28 juillet, un tremblement de terre détruit la ville industrielle de Tangshan, à 160 kilomètres à l'est de Pékin : de 150 000 à 700 000 morts, on ne saura jamais au juste. Comment ne pas se souvenir que, dans les croyances populaires, la mort de l'Empereur était régulièrement annoncée par un séisme — et suivie par la mise à l'écart de sa veuve et de ses favoris ? Peut-être, si la disparition de Mao fut reçue sans trop de troubles, est-ce grâce à sa rassurante conformité aux vieilles superstitions de la Chine.

Un homme qui aura détourné le fleuve de l'Histoire

Le premier à partir fut Zhou. Le respect qui a entouré ses dernières années et sa mort a quelque chose d'impressionnant. Le monde avait fini par reconnaître en lui ce phénomène si rare dans l'histoire des hommes : un détenteur de la toute-puissance qui puisse être respecté.

Je revois sa silhouette presque diaphane dans le soir tombé, ce geste d'adieu du haut des marches du Palais du Peuple*. J'étais resté sous le charme de cet homme dont la conversation avançait comme la toile d'un peintre : par petites touches, apparemment incoordonnées, mais qui composent peu à peu un paysage cohérent. Il égrenait les mots derrière son éventail, ou les murmurait en avançant de son étrange pas glissé le long d'immenses couloirs, tandis que l'interprète, derrière nous, trottinait comme une ombre.

Il était là, fragile et inébranlable à la fois — un homme qui aura détourné le cours de quelques grands fleuves de l'Histoire, ce qu'on ne pourra pas dire de beaucoup d'autres en ce siècle.

Cet homme courtois, soucieux de dire son opinion sans blesser celle d'autrui, à peine pouvait-on imaginer qu'il avait, entre l'adolescence et le pouvoir, passé de longues années dans la clandestinité, les maquis, mille formes d'une lutte féroce.

Il était capable de remporter les batailles sans les livrer, gagnant le temps qu'il faut pour que le vent tourne, déplaçant le pion qui change la partie. Il est survenu, félin discret, à tous les tournants de l'histoire chinoise depuis cinquante ans. Il a su tracer son chemin au milieu des clans et y faire passer la révolution chinoise, comme s'il était le point d'équilibre des forces qui d'abord la déchiraient, puis, grâce à son jeu subtil, la composaient.

Le génie politique existe : Zhou en avait. Le sien reposait essentiellement sur l'intelligence des situations. Ce mélange d'obstination et d'habileté, si caractéristique des grands hommes d'État, et qui leur donne la capacité de trouver leur voie à travers les circonstances en les tournant à leur avantage, il le possédait au plus haut degré.

« La révolution dévore ses enfants » ? Peut-être ; mais pas ses pères, en Chine du moins : Liu Shaoqi, Lin Biao, Peng Dehuai n'étaient pas ses pères, tout au plus des oncles ou des beaux-frères. Depuis un demi-siècle, le couple indissoluble Mao-Zhou la conduisait et la relançait sans cesse ; depuis plus d'un quart de siècle, Zhou était Premier ministre inamovible. À bien peu, l'histoire aura concédé un pareil bail. Richelieu lui-même ne resta au pouvoir que dix-neuf ans.

---

* Voir *Quand la Chine s'éveillera...*, chapitre 3.

Même le navire de la révolution a besoin, dans les tempêtes, d'un chef mécanicien qui connaisse à fond la chambre des machines — mieux que le Grand Timonier. Mais à trop souligner les irremplaçables compétences de Zhou, on risque d'oublier la passion politique qui couvait en cet homme. Sa vie fut celle d'un combattant politique. Attentif et intense, flexible et obstiné, connaissant tout du détail et voyant net l'ensemble, tel était ce révolutionnaire raffiné, venu de l'ancienne société pour servir la nouvelle.

Sur Tiananmen, le carnage oublié

Tant que Zhou Enlai avait été en mesure de lutter contre les excès de Jiang Qing, Mao avait bénéficié d'un contrepoids. La disparition de Zhou offre aux Quatre un atout inespéré. Plus rien ne pourra faire obstacle à leur influence auprès de Mao. Aussi minimisent-ils l'événement. *Le Quotidien du peuple* qui annonce la mort du Premier ministre n'est même pas bordé de noir ! Pire : les Quatre font éparpiller au-dessus du fleuve Jaune, après crémation, les cendres de Zhou Enlai, prétendant exécuter rigoureusement les dernières volontés du défunt. Sans doute craignaient-ils de voir se développer un culte du disparu — des pèlerinages sur le lieu de sa sépulture, comme au mausolée de Sun Yatsen...

Les Quatre entreprennent d'effacer jusqu'au souvenir de Zhou — et en même temps d'éliminer leur bête noire, Deng Xiaoping : celui-ci, bien que toujours premier vice-Premier ministre, disparaît des cérémonies officielles et des journaux. Le testament de Zhou est déchiré.

Ils espèrent que la place de Zhou reviendra à l'un d'entre eux. Mais, le 7 février, Mao désigne Hua Guofeng, presque inconnu en Chine et totalement à l'étranger. Les Quatre décident de s'attaquer de plus en plus durement à Deng, en menaçant, dans la presse, les cadres « engagés dans la voie du révisionnisme ».

Un slogan, en février-mars 1976, est lancé, qui proclame : « Il souffle un vent déviationniste de droite. » L'Éole de ce vent de droite, c'est évidemment Deng.

Bientôt, à la lutte des slogans, se substitue un affrontement armé sur Tiananmen. Cet épisode important reste mal expliqué. Les tendances successivement parvenues aux commandes ont tour à tour essayé de le récupérer. Mais saura-t-on jamais ce qui s'est vraiment passé sur la place de la Paix Céleste, le 5 avril 1976 ?

Ce jour-là, les Chinois honorent leurs morts — leur Toussaint, en quelque sorte. Le 4 avril, veille de cette fête, des dizaines de milliers de Pékinois viennent déposer au pied du monument aux Héros du Peuple, au centre de Tiananmen, des monceaux de fleurs, billets, couronnes en papier. Ils entendent ainsi honorer la mémoire de Zhou Enlai, puisqu'il n'a pas eu droit à une tombe.

Sans doute veulent-ils aussi encourager Deng, l'héritier politique de Zhou. Dans la nuit du 4 au 5, fleurs et couronnes sont retirées précipitamment, d'ordre des autorités. Ce geste choque : une puissante manifestation se déroule le 5. Elle est durement réprimée — comme d'ordinaire : dans le sang. On parlera de centaines de morts. On en parlera en Chine. Car le massacre passe complètement inaperçu en Occident. Mais le communisme n'y est-il pas encore, pour beaucoup, « l'avenir de l'homme » ? Alors, ne désespérons pas Billancourt.

Déjà, Tiananmen. Déjà, un carnage. Déjà, Deng est au centre de l'affaire. Mais cette fois-là, les manifestants le soutiennent. Et ce sont ses adversaires gauchistes qui commandent à la police de donner l'assaut.

Deng destitué et protégé

Les Quatre exploitent le drame. La manifestation du 5 (comme plus tard le mouvement de mai et juin 1989) est dénoncée comme « contre-révolutionnaire ». Deng est accusé de l'avoir télécommandée. Le 7, le Bureau politique, dominé par les Quatre, décharge Deng « de toutes ses fonctions à l'intérieur et à l'extérieur du Parti », dont il reste toutefois membre « pour voir comment il se comportera dans l'avenir ». Comme, treize ans plus tard, Zhao Ziyang. Éternel retour.

De nouvelles manifestations, organisées par les « ultra-gauchistes », saluent cette seconde chute de Deng, à peine dix ans après la première. Avec la virulence dont ils sont coutumiers, les journaux se déchaînent contre le vaincu. Toutes ses déclarations « productivistes » lui sont imputées à crime : « Si les universités ne produisent que des ouvriers et des paysans, il faut les fermer. » « Je suis entièrement d'accord pour les opéras modèles à thèmes révolutionnaires, à une seule condition : ne pas être obligé d'y assister. » « Espérons qu'un jour nos médecins aux pieds nus parviendront au stade des sandales de paille. » Le franc-parler d'un pareil homme empêchait qu'il eût seulement des amis. On lui reproche surtout sa formule la plus célèbre : « Peu importe qu'un chat soit blanc ou noir, ce qui compte c'est qu'il attrape les souris. » Ce mot date de 1962, mais traduit bien la pensée constante de Deng : « efficacité d'abord ».

La campagne contre Deng dure tout l'été. En Union soviétique, du temps de Staline, il aurait été promptement supprimé. En Chine, il parvient à se mettre à l'abri. Le général commandant les troupes de la province de Canton le prend sous sa protection et fait savoir qu'il ne tolérera pas qu'on touche un cheveu de sa tête. Telle est la Chine.

Telle est, en tout cas, l'armée chinoise. « Le Parti commande aux fusils. » Mais il ne peut s'en faire obéir que s'il est lui-même commandé par ceux dont les fusils veulent bien. L'Armée populaire de libération a refusé le commandement des Quatre. Ce sera d'ailleurs un militaire respecté, le maréchal Ye Jianying, qui prendra l'initiative de la chute des Quatre.

Hua, pour sa part, prend en main les leviers de commande. Mao, le 30 avril, lui remet une tablette où il a écrit : « C'est toi qui diriges les affaires, alors je suis tranquille. » Cette légitimité maoïste de Hua, les Quatre n'en ont jamais contesté l'authenticité. Mao était devenu presque complètement aphasique. On pense à Trajan, reculant sans cesse, dans ses derniers jours, la désignation de son successeur et ne nommant Hadrien qu'à la dernière extrémité... Les empereurs de Chine ne désignaient du reste leurs successeurs que *in extremis*, de peur que des coteries ne se forment autour de l'héritier présomptif et ne combattent l'autorité de l'empereur encore régnant et de son entourage direct. Aussitôt après la mort de Mao, sera abondamment reproduit un tableau où l'on verra le Grand Timonier remettant à Hua la tablette magique.

Le legs de la fierté

9 septembre 1976.
Mao s'est éteint.

Venus trop tôt, comme ce fut le cas pour Alexandre, César ou Lénine, les derniers instants laissent la victoire incertaine, l'œuvre inachevée. Venus trop tard, comme pour Louis XIV, Napoléon ou Pétain, ils laissent le temps ternir la gloire qu'on s'était acquise. Mao est le dernier des hommes auxquels les bouleversements de la Seconde Guerre mondiale avaient permis de déployer toute leur taille : Staline, Roosevelt, Churchill, de Gaulle, Gandhi. N'est-il pas mort trop tard, beaucoup trop tard ?

On connaît la terrible « Histoire extraordinaire » contée par Edgar Poe : l'âme de M. Valdemar est artificiellement maintenue en vie, quand son corps est déjà inerte. Au moment où l'âme meurt aussi, le corps tombe brusquement en poussière : il avait pourri sans qu'on s'en fût aperçu.

La mort de Mao, c'est l'inverse. Son esprit avait fui et son rêve était déjà défait depuis longtemps, mais la survie de son corps empêchait qu'on s'en rendît compte.

L'œuvre de Mao ne se réduit pas à un grand rêve. Lui dont la vie a bouleversé celle d'un quart de l'humanité, il a obtenu que sa mort ne déclenchât pas de séisme. Lui, si universellement présent à ses compatriotes, il les a préparés à son absence. Peu à peu, il avait spiritualisé son pouvoir. Il s'était enveloppé d'ombre. Le « Grand Enseignant » s'était effacé devant son propre enseignement. Mao disparu, sa « pensée », qui marie le marxisme-léninisme à la pensée chinoise traditionnelle, subsistera, bien qu'à une place plus modeste.

Comme tous les Chinois qui ont grandi avec le siècle, il n'avait hérité que d'un cauchemar. La Chine de son enfance était un nom sans substance. La réalité, c'était une société mi-figée, mi-décomposée, des pouvoirs sans légitimité, des richesses concédées, une culture volatilisée ; une multitude misérable livrée à une nature sans frein, à des étrangers sans scrupules, à des chefs sans lois.

À la mort de Mao, la Chine porte fièrement son nom. Indépendante, maîtresse de son sol. Maîtresse aussi de ses revenus, et les exploitant sans ingérence étrangère. Pauvre, mais on hésite déjà à la classer dans le tiers monde. Entrée par surprise dans le « club atomique ». Glorieuse d'avoir brisé trois fois à ses portes l'étau américain : en Corée, à Taiwan, au Vietnam. Débarrassée des fléaux millénaires. Forte, enfin, d'une robuste foi en elle-même.

Mao-Zhou : un couple sans exemple

Dans le « despote oriental » décrit par Montesquieu et Hegel, on reconnaît évidemment Staline. Reconnaît-on aussi Mao ? Il ne fut jamais un tyran solitaire. Il eut toujours à ses côtés ses compagnons de la Longue Marche et, parmi eux, les dominant d'une tête, Zhou Enlai.

Qui n'a connu de ces très vieux couples qui, après une si longue vie commune, font mort commune, l'un entraînant l'autre à quelques mois, quelques semaines d'intervalle ? Ainsi le très vieux couple que formaient Mao et Zhou.

Les relations des deux hommes resteront mystérieuses. L'extraordinaire est qu'ils ne se soient pas opposés, mais conjugués, et que cette union ait duré plus d'un demi-siècle, vingt-cinq années d'infatigable cheminement vers le pouvoir et vingt-huit années d'un exercice mouvementé de ce pouvoir.

On a beau chercher dans l'Histoire, on n'y trouve guère d'exemples d'un semblable couple. Elle en compte bien quelques-uns, qui rassemblent, pour un temps, une incarnation de la légitimité et un homme de gouvernement : Louis XIII et Richelieu, Louis XIV et Colbert, Guillaume Ier et Bismarck, Victor-Emmanuel II et Cavour ; des hommes qui ne sont pas sur le même plan et ne sont donc pas en situation de rivalité. Mais jamais deux hommes sortis du même combat, parvenus ensemble à ce niveau suprême du pouvoir, où il est si facile de confondre itinéraire personnel et intérêt collectif.

Mao a agi par grandes poussées, suivies de demi-reculades : son abandon de la présidence de la République après l'échec dramatique du Grand Bond en avant ; la Révolution culturelle, bientôt confisquée par Lin Biao ; puis l'offensive contre ce dernier.

Zhou est toujours intervenu pour limiter ces mouvements de balancier, et en particulier pour protéger Mao du choc en retour de ses propres outrances. Lors de la « conférence des sept mille », en 1962, il conserve à Mao la présidence du Parti, alors que Liu Shaoqi lui a enlevé celle de la République en 1959. Apaisant personnellement les émeutes de Wuhan en 1967, il empêche la Révolution culturelle de sombrer complètement dans l'anarchie et d'entraîner Mao. Puis il protège Mao de Lin Biao, suspect de vider l'*homme* Mao de tout pouvoir en gonflant le pouvoir du *mythe* Mao... Son soutien à Deng, c'est encore une façon de protéger l'œuvre de Mao.

Mao et Zhou n'étaient pas interchangeables, mais complémentaires. Leurs tempéraments et leurs politiques se sont tressés sans trop de heurts. Cette fusion entre le visionnaire Mao et le gestionnaire Zhou a fait la trame de la révolution chinoise.

Sur l'échine du dragon

En Chine, le communisme n'a pas été responsable de la destruction de l'ordre ancien. En 1921, quand douze camarades, dont Mao, fondent à Shanghai le Parti communiste chinois, c'est au milieu des ruines : alors, selon la formule de Mao Dun, « un chien abandonné n'aurait pas voulu échanger sa vie contre celle d'un Chinois ». Mais ce qui distingue ce noyau des « douze » de tous les Chinois qui, à la même époque, se demandent « comment en sortir », « comment sauver le pays », c'est qu'il ne veut pas rebâtir les ruines sur le même plan.

Mao, dès 1925, sait que la reconstruction — il dit la révolution — ne se réalisera pas à partir du prolétariat industriel, qui est composé d'un petit nombre d'hommes déracinés ; mais avec les « larges masses paysannes » accrochées à leur sol nourricier.

La fondation d'un nouveau pouvoir en Chine, capable de se faire obéir d'un bout à l'autre du territoire, c'est la réussite de Mao : un choix stratégique défini d'emblée, des forces peu à peu rassemblées, des décisions calculées — sur le moment où il faut se replier, attendre, guetter, et sur celui où il faut frapper.

Il a toujours administré un territoire, si réduit fût-il — mais, à vrai dire, toujours rural ; sans aucune expérience des grandes villes, de l'industrie et du développement, domaines pour lesquels il suffirait de faire appel aux Soviétiques... Dans les monts Jinggang, dans le Jiangxi, premières bases communistes et point de départ de la « Longue Marche » et surtout dans le Shaanxi, il a cherché des bancs d'essai. Après 1949, il put diriger la Chine avec des méthodes longuement éprouvées — sans perdre pour autant l'influx révolutionnaire. Deng pourra proclamer encore en 1984 : « Le peuple chinois est debout, mais depuis quand ? Depuis 1949, grâce au Parti et à Mao[1]. »

Mao a su créer un mode d'existence politique qui était en harmonie avec le legs impérial : à la limite du social et du religieux. Une société mise à vif ; transparente, parce que niant toute intimité personnelle ; totalitaire, absolument, mais autour de valeurs qui ne sont point basses. Ce mode, il l'a maintenu à force de relances, de campagnes d'exaltation, hystériques à nos yeux d'Occidentaux, mais destinées sans doute, dans son esprit, à faire progresser la conscience collective.

À aucun moment, ce vieil homme n'a eu la tentation de figer l'Histoire. Il a continué d'éperonner le dragon qu'il chevauchait depuis un demi-siècle — et qui ne l'a jamais désarçonné au point de l'empêcher de remonter sur l'échine.

CHAPITRE 4

Le Capitole et la roche Tarpéienne
1976-1977

> « *Celui qui gagne devient roi, celui qui perd devient bandit.* »
>
> PROVERBE[1].

Le 18 septembre 1976, un million de Chinois massés place Tiananmen pleurent le Grand Timonier. *Pleurent*, au sens propre. À l'infini, dans le quadrilatère sacré, des visages baignés de larmes. Comment un peuple, dira-t-on, peut-il être aussi profondément peiné de la mort d'un despote sanglant, alors qu'il devrait la ressentir comme une libération ? Mais c'est peut-être raisonner en Occidentaux, rompus à l'exercice de la démocratie pluraliste. Les Chinois, eux, en tout cas ces Chinois-là, voyaient dans la figure du Père fondateur le symbole du lien national. Ils pleuraient leur protecteur ; ils pleuraient sur eux-mêmes. Il est vrai qu'au même moment, d'autres, loin de pleurer, voyaient dans cette mort une délivrance.

La décision est prise en octobre d'accélérer la publication des *Œuvres* du défunt, et de lui dédier un mausolée. La dépouille de Mao sera momifiée, comme l'avait été celle de Lénine. Deng a dit drôlement que « ces décisions étaient contraires aux volontés du défunt Mao. Mais tout ce que l'on a fait après l'écrasement de la bande des Quatre partait de l'idée qu'il fallait une situation stable[2] ». Immortaliser la dépouille de Mao devait donc concourir à la stabilité du régime.

On ne s'est pas assez interrogé sur l'étrange rapport qu'entretiennent les communistes avec le corps de leur fondateur. Parler à ce sujet d'attitude « religieuse » est probablement exact, mais insuffisant. Est-ce pour mieux manipuler la pensée, que le corps est ainsi préservé de la corruption ? N'est-ce pas plutôt l'aveu d'un *refus de l'Histoire*, essentiel à ce type de régime, par la négation de la mort du père ? Une façon, pour les Soviétiques et les Chinois, qui contemplent les traits à jamais cireux de leur homme providentiel, de se sentir éternellement ses contemporains ? Comment ne pas penser qu'en exposant les momies de Lénine et de Mao, communistes soviétiques et chinois proclamaient symboliquement que leur vérité était dans la *volonté*, désormais intemporelle, de l'initiateur de leur régime, et non dans la *réalité* de leur société ?

Les Quatre jouent et perdent

Dès la mi-septembre, s'engage la lutte pour le pouvoir. Il ne s'agit pas seulement là d'ambitions personnelles. Les Quatre avaient déclenché une logique de l'affrontement total, où ils devaient vaincre ou être vaincus. Mao mort, on pouvait en effet penser que la ligne qui allait triompher l'emporterait pour longtemps.

Le combat entre Hua et les Quatre a été de courte durée, à proportion inverse de son importance : trois semaines. Il n'est pas exclu que les Quatre aient envisagé une sorte de putsch, avec le concours de la milice de Shanghai et d'une partie de l'armée. La rapidité de la chute des Quatre est de nature à confirmer ces hypothèses*. Elle ne fut pas précédée d'une campagne idéologique ; ils furent purement et simplement arrêtés, le 6 octobre, probablement par la garde personnelle de Mao, sur laquelle ils pensaient pouvoir compter**.

Ainsi tomba Jiang Qing, quatre semaines après la mort de son mari. Pendant qu'on élevait à Mao un mausolée, on préparait le procès de son épouse. Condamnée « à mort avec sursis », c'est-à-dire à la prison à vie, elle allait survivre quinze ans à sa chute — tandis que, par millions, les Chinois défileraient devant la momie de l'homme dont elle avait partagé le destin.

---

* Il est cependant vraisemblable que l'arrestation des Quatre n'a pas été due à Hua Guofeng lui-même, mais à l'armée. La décision semble avoir été prise par le maréchal Ye Jianying. Dès lors, Hua lui-même était en sursis. Une enquête que j'ai effectuée à Shanghai en septembre 1984 a montré le bien-fondé de ces suppositions[3].

** Wang Dongxing, chef de cette garde, passait pour être un fidèle de Jiang Qing. Il est devenu ensuite membre du Comité permanent du Bureau politique du P.C.C. ; de ce fait, avec Ye Jianying, Li Xiannian et Deng Xiaoping, l'un des quatre adjoints directs de Hua Guofeng.

Le suicide de Mme Mao

4 juin 1991.
Après quinze ans, Jiang Qing s'est suicidée.
On ne parle jamais en Chine des suicides de détenus. Parce que Mme Mao était le plus illustre des condamnés chinois, la nouvelle de sa mort a fini pourtant par percer les murs du silence. Le plus illustre... Mais peu de dirigeants, en un demi-siècle de luttes pour le pouvoir, ont été aussi détestés.
Le magazine *Time*, qui a donné l'information, a émis en même temps l'opinion que des troubles risquaient de s'ensuivre. Pourtant, il était peu probable que les étudiants et intellectuels clament leur affection pour celle qui restait à leurs yeux « la vieille sorcière ». Aucun soulèvement, à Tiananmen ou ailleurs, n'avait la moindre chance de se propager en son honneur, à la différence de ce qui s'était passé en avril 1989 en l'honneur de Hu Yaobang, l'idole des étudiants.
Mais les autorités chinoises ont cruellement appris, à leurs dépens et surtout à ceux du peuple de Pékin, ce qu'il en coûtait de flotter. Elles ne laissent plus rien au hasard. Il n'est pas étonnant qu'elles aient attendu le 4 juin 1991, deuxième anniversaire de la répression du mouvement de Tiananmen, pour confirmer un suicide qui remontait à trois semaines : rien désormais ne pouvait plus se passer. On avait enterré discrètement la veuve du Grand Timonier avant qu'aucun cortège pût se former.

Les Chinois ont dû se souvenir en aparté que Mme Mao avait pris le « pouvoir idéologique » dès 1964. Ils savaient que, pendant les dix ans et demi qu'a duré la Révolution culturelle, elle en fut l'âme. Nul n'ignorait que la bande des Quatre, dont elle était le chef, sut entraîner une partie prépondérante de la jeunesse — et une bonne part de Mao lui-même — dans ce long accès de folie collective.
Elle avait profité hardiment de son statut matrimonial pour exercer une influence abusive à l'ombre de son mari. Quelle vie étonnante !
On l'a peinte en actrice de second ordre — tout comme le président Reagan. Mais les témoignages[4] s'accordent pour reconnaître qu'à Yan'an, elle sut s'imposer parmi les rescapés agglutinés dans ce village de troglodytes, creusé dans le lœss du Shaanxi. À vingt-six ans, elle arrive de Shanghai à Yan'an après la fin de la Longue Marche, éclatante de beauté et d'entrain. Depuis le début de l'invasion japonaise, en juillet 1937, certains éléments de l'élite de la Chine cherchaient à se rendre à Yan'an ; dont plusieurs jeunes femmes. C'est parmi elles que les futurs chefs de l'armée et du Parti choisirent leurs épouses. Un essaim de charme entourait Mao. Jiang Qing éclipsa vite ses rivales. Elle aimait monter des chevaux

sauvages et les dresser. Elle jouait au poker. Elle tricotait à merveille et se confectionnait jupes et robes. Elle maniait avec art le pinceau, pour calligraphier ou pour peindre. On la reconnaissait de loin au mouvement volontaire par lequel elle rejetait en arrière son épaisse chevelure de jais, tressée en deux nattes. Quand elle chantait l'opéra chinois, elle arrachait — dit-on — des larmes aux soldats de l'Armée rouge.

« Il va falloir vivre avec elle »

Elle ne fut pas longue à supplanter la troisième femme de Mao. En 1938, il divorçait pour se remarier avec elle. Les vieux dirigeants communistes, bouleversés de le voir répudier, pour une comédienne, une femme qui avait partagé les souffrances de la Longue Marche, firent tout pour le dissuader. En vain.

Si ses qualités séduisaient, ses défauts n'avaient pas tardé à apparaître. Elle ne maîtrisait pas ses caprices. Mao la rabrouait : « Tu as les incorrigibles manières de la classe exploiteuse ! » Il tâchait de se dominer en fumant cigarette sur cigarette, mais parfois explosait. Il aurait déclaré, dès avant la prise du pouvoir, à l'un de ses confidents, chef de cellule : « Si Jiang Qing n'était pas ma femme, mais une simple fonctionnaire, je l'aurais chassée depuis longtemps. Nous sommes mal mariés. Étant donné mon statut actuel, il ne serait pas convenable de divorcer... Pas de solution ! Il va bien falloir vivre avec elle[5]. »

Du vivant de Mao, Jiang Qing ne cessa de verser de l'huile sur le feu. Voulait-elle échapper à ses « origines bourgeoises » et à « l'individualisme » que lui reprochait Mao ? Avait-elle été à ce point transformée par les « campagnes de rectification » dont elle avait d'abord été elle-même l'objet, avant de les animer contre tant d'autres, qui en moururent par dizaines de milliers ?

Elle disposait d'un pouvoir sans égal : celui de murmurer à l'oreille de Mao, dans l'intimité, des propos qui faisaient leur chemin. Il ne la considérait pas toujours comme un trouble-fête... Même quand leur vie sentimentale parut tourner court, Jiang Qing accrut son emprise sur les éléments les plus avancés du Parti, ceux qu'il appelait les « ultra-gauchistes ».

À partir de mai 1966, quand la Révolution culturelle se déchaîne, Mme Mao est la plus déchaînée. Elle dresse, en novembre 1967, de la longue période de régime communiste qui s'étend de 1949 à 1966, un bilan sans appel : « Ces dix-sept années sont à condamner absolument ! »

Quand Mme Mao stigmatisait les « capitalistes », les « bureaucrates », les « féodaux », le « mécanisme d'État bourgeois », la « justice de classe », la « police à la solde de la bureaucratie », on aurait cru qu'elle voulait parler de la Chine d'avant 1949. Il n'en est rien : elle parlait de la situation chinoise en 1966, vers le début de la Révolution culturelle.

Deng, recordman des réhabilitations

La nouvelle de la défaite des Quatre n'est rendue publique que deux semaines après qu'elle a eu lieu, le temps pour Hua de désamorcer d'éventuelles réactions. Le 24 octobre, une gigantesque manifestation populaire salue sur Tiananmen la chute des Quatre, avec autant d'apparente sincérité que, six mois auparavant, sous l'impulsion des Quatre, la chute de Deng.

Peut-être ne faut-il pas juger contradictoires ces attitudes successives : ces Chinois n'applaudissent-ils pas ce qu'ils croient être la stabilité enfin retrouvée ? La plupart ne sont pas si naïfs. Mais sous un régime totalitaire, qui oserait agir autrement ? Combien de gens ont été arrêtés, après l'annonce de la mort de Mao, parce qu'ils étaient allés, comme d'habitude, boire un coup dans un bistrot ?

L'apparence est souvent trompeuse, dans un pays où la police est omniprésente et la délation encouragée.

Dès octobre, commence une violente campagne contre les vaincus. Mme Mao en est la cible principale. Désormais, ils sont promus au rang de cause unique des difficultés chinoises. La production en chute ? C'est la faute des Quatre. Les universités désorganisées et stériles ? La faute des Quatre. Beethoven interdit ? Les Quatre. D'anciens cadres injustement molestés ? Les Quatre, vous dis-je.

Le tournant était pris, le procédé trouvé : il suffisait, pour restaurer un usage ou réhabiliter un personnage, d'annoncer que les Quatre l'avaient combattu. En 1984 encore, pour se féliciter des bons résultats obtenus par sa politique, Deng proclamera : « Nous sommes parvenus à résorber les funestes conséquences des agissements rétrogrades de la clique contre-révolutionnaire des Quatre[6]. »

En août 1977, lors du XIe Congrès du Parti, Deng est solennellement rétabli dans toutes ses fonctions ; il prononce le discours de clôture. Record peu banal : trois disgrâces, trois réhabilitations*. La nouvelle équipe dirigeante convoque, avec deux années d'avance, la Ve Assemblée populaire, et fait adopter, en février-mars 1978, une nouvelle Constitution — la précédente ne datait que de 1975.

---

* Deng avait chuté une première fois pendant la Longue Marche, lors de la Conférence de Zunyi.

Analyse marxiste ou roman moral

Pourquoi ces coups de théâtre en chaîne ? Quels en sont les enjeux, la véritable signification ? Que reste-t-il du maoïsme ?

Avant d'en venir au fond du débat, il faut examiner la réponse que donnent les Chinois eux-mêmes à ces interrogations. La thèse des autorités n'est pas vraiment satisfaisante. À deux égards.

La première objection est d'ordre psychologique. On a peine à croire que Lin Biao, Liu Shaoqi, Jiang Qing, comme tant d'autres, aient été des « traîtres », des « saboteurs », des « agents du Guomindang ». Simple question de convenance oratoire — de « communication ». De même que le grand homme momifié a *toujours* été bon, l'individu condamné a *toujours* été mauvais. Un masque porté pendant dix, vingt ou quarante ans, et qui finit par tomber... Si tel était le cas, quelle impuissance à juger les hommes Mao n'aurait-il pas manifestée, lui qui avait choisi comme successeurs Liu Shaoqi, Lin Biao et Wang Hongwen ! Ces explications ne sont donc pas *vraisemblables*. Notons que Deng Xiaoping ne sera pas plus heureux avec ses successeurs désignés : il devra s'éloigner de Hu Yaobang en janvier 1987, de Zhao Ziyang en mai 1989.

La seconde objection touche au fondement même du régime : le marxisme-léninisme, que les raisonnements officiels contredisent. Pour Marx, « l'histoire, c'est l'histoire de la lutte des classes » et les hommes n'y jouent qu'un rôle secondaire — tels des bouchons de liège à la crête d'une vague. Les conflits doivent être expliqués à partir des contradictions économiques et sociales. Or, au lieu d'une *analyse marxiste* économique, on nous présente un *roman moral* où les bons sont fidèles, où les méchants trahissent. Quelle dérision ! Le pays de la Révolution culturelle serait ainsi livré aux hasards des intrigues de palais. (Cette impuissance des régimes marxistes à donner de leur propre histoire une explication marxiste n'est pas le fait de la seule Chine.)

Les responsables chinois ne sont, je suppose, pas dupes de ces explications, que l'on retourne à volonté. Comme dans les vieux opéras chinois, le bon était en fait un méchant, et le méchant était un bon. Ce dernier cas est, il est vrai, plus rare... Les Chinois ne sont pas spontanément des *idéologues*, mais des *moralistes*.

Toutefois, les dirigeants chinois finissent par offrir une explication idéologique : « Pendant de longues années, affirmera Deng, nous avons beaucoup pâti d'une erreur : après que la transformation socialiste eut été accomplie pour l'essentiel, on a continué à axer toutes les activités sur la lutte des classes. Cette erreur a connu son paroxysme sous la Révolution culturelle[7]. » À qui la faute ? Aux Quatre, bien entendu. Que n'ont-ils pas compris que la Chine avait déjà dépassé le stade de la lutte des classes, puisqu'il n'y avait plus de classes...

La Révolution culturelle fut catastrophique

Peut-on tenter une reconstitution vraisemblable du destin des Quatre ?

Sur les murs de Pékin, on voit fleurir des affiches : un *play-boy* aux traits inquiétants ; un intellectuel à lunettes dont l'âme doit être sèche et dure comme son visage ; un faux bon gros dont le regard mauvais contredit ce que son obésité pourrait avoir de rassurant ; une sorcière fardée, qui contemple son reflet dans une glace — mais ce reflet, c'est une tête de mort.

Derrière ces caricatures, tout Chinois reconnaît les Quatre. Que voulaient-ils, que pensait d'eux Mao, quelles responsabilités ont-ils dans les excès de la Révolution culturelle ?

La Révolution culturelle, ils ont contribué à la lancer à Shanghai, puis à la radicaliser dans toute la Chine. Après 1971, ils se sont identifiés à elle, ou plutôt ils l'ont identifiée à leur rêve. Depuis leur chute, la vérité commence à se faire jour.

La désorganisation provoquée par la Révolution culturelle fut beaucoup plus importante et dura beaucoup plus longtemps qu'on ne l'a pensé d'abord. Chutes brutales de la production, retards des trains, absentéisme dans les usines, blocages de la recherche, firent de la décennie 1966-1976 des années de stagnation ou de recul. La Chine s'enfonçait dans la « chienlit ». « Le Grand Bond en avant fut un désastre ; la Révolution culturelle fut encore plus catastrophique[8] », dira Deng. Les Chinois, las des agitations, aspirent à la paix et au mieux-vivre ; tel est justement le programme de Deng, le plus populaire de leurs dirigeants.

« La Révolution est glacée »

La lutte menée par les Quatre entre 1973 et 1976 peut se comparer aux premières années de la Révolution culturelle. Elle en fut la conséquence, plus que la relance. Mao, dont les facultés étaient très réduites, ne s'y est pas engagé à fond. La lutte entre Deng et les Quatre est beaucoup plus politique qu'idéologique : c'est une lutte pour le pouvoir, non pour la vérité ; même si l'idéologie est surabondamment utilisée.

Mao était incontestablement reconnaissant aux Quatre du concours qu'ils lui avaient apporté pour reconquérir le pouvoir par la Révolution culturelle. Sans doute aussi appréciait-il les écrits de

Yao Wenyuan et Zhang Chunqiao : de quoi expliquer que personne n'eût osé leur retirer le contrôle de la presse. Mao tenait d'ailleurs, pour éviter la sclérose, à promouvoir des cadres jeunes — comme Wang Hongwen. Il redoutait par-dessus tout que ne se constitue en Chine une « nouvelle classe dirigeante », comme en U.R.S.S. ou en Yougoslavie, selon Milovan Djilas.

Nul doute que les Quatre aient essayé de prendre le pouvoir à Shanghai, leur place forte. Mais de quel poids pouvaient-ils peser en face de dirigeants rusés, rompus à la dialectique, vétérans de la Longue Marche, rescapés de dizaines d'années d'embûches et de combats, anciens ministres ou responsables de province par surcroît ? Les Quatre ne tenaient que par la presse : tigres de papier ! De plus, ils n'étaient pas aimés : leur hostilité à Zhou était trop connue ; leur insupportable arrogance, la tyrannie fantasque de Jiang Qing les ont desservis.

Leur refus du compromis les conduisait à l'isolement. Ils en ont eu conscience. Les derniers numéros de leur revue, *Études et critiques,* prévoient à mots couverts leur échec. Orgueil lucide devant le gouffre — celui de Saint-Just, avant Thermidor : « La Révolution est glacée. » La Révolution culturelle s'était glacée. « Un coup ou mille coups, même résultat : la mort. Donc, pas de traîtres parmi nous ! » écrivent-ils en septembre 1976. N'ayant plus rien à perdre, ils tentent, en octobre, encore un effort — le dernier. Inutilement.

Le reflux révolutionnaire

Les grandes révolutions ont ainsi leur point limite et leur reflux, où se séparent définitivement le rêve et la réalité.

On pense au mot de Tocqueville : « L'histoire est une galerie de tableaux où il y a peu d'originaux et beaucoup de copies[9]. » Dans le tableau que nous offre la Chine à partir de 1976, on reconnaît deux originaux différents : Thermidor en France, la N.E.P.* en Russie soviétique.

Thermidor, parce que la Révolution culturelle fut, comme la Révolution montagnarde, une révolution dans la révolution. En 1966 comme en 1793, quelques hommes craignent que la Révolution ne s'enlise. Par la magie du verbe et l'incandescence de la volonté, ils la relancent plus loin et plus haut. C'est l'homme qu'il faut changer, et non plus seulement les structures sociales. S'installe la dictature de la vertu.

* La « nouvelle politique économique » que Lénine, devant le fiasco de la collectivisation marxiste, se résigna à adopter en mars 1921.

Ce trait distingue essentiellement la révolution chinoise de sa « grande sœur » soviétique — laquelle ne prit jamais cette allure héroïque et folle d'une *révolution de l'homme même*. Aussi, la chute des Quatre, c'est bien Thermidor.

Non pas seulement l'échec des « ultra-gauchistes », mais le retour à une étape, disons mieux : à une strate, antérieure et inférieure, de la révolution.

Mais ce n'est là que la moitié du tableau. La révolution chinoise est aussi une révolution communiste, c'est-à-dire économique. Le climat d'après 1976 évoque la Russie de la N.E.P. Le triomphe de la production sur la révolution, qu'incarne Deng, c'est le triomphe de la compétence.

Lénine disait lui-même, à l'époque de la N.E.P. : « Le socialisme est impossible sans la technique du grand capitalisme, conçue d'après le dernier mot de la science moderne. » Deng, en visite au combinat de Baoshan, calligraphie : « Pour maîtriser les techniques nouvelles, il faut étudier et innover[10]. » Mais il proclame également : « Si nous avions suivi la voie capitaliste au lieu de pratiquer le socialisme, il ne nous aurait jamais été possible d'en finir avec le chaos social et la pauvreté[11]. » Telle demeure la conviction fondamentale des dirigeants chinois (bien que la Chine ne semble pas encore en avoir vraiment fini avec le chaos social et la pauvreté). Les observateurs occidentaux ont commis une grave erreur en l'oubliant.

La nouvelle politique économique de la Chine reste d'inspiration socialiste, même si les dirigeants font leur part aux stimulants matériels. Le refus maoïste des endettements extérieurs est assoupli ; mais le système reste : simple adaptation.

D'ailleurs, les attaques de Pékin contre l'U.R.S.S. ont peu à peu changé d'objet. Pendant la Révolution culturelle, les Soviétiques étaient critiqués pour des raisons idéologiques : Khrouchtchev était censé avoir « rétabli le capitalisme ». Ce sont les structures économiques et politiques de l'U.R.S.S. qui étaient en cause. Dès 1971, l'Union soviétique a été dénoncée comme une super-puissance dangereuse aux frontières, menaçante par ses visées hégémoniques sur l'Asie et l'Afrique. Après 1976, elle n'est plus la patrie traîtresse du « révisionnisme » ; mais, plus simplement, l'« ours polaire », un des deux « impérialismes ».

Ainsi, la Chine pourrait se rapprocher du modèle soviétique, sans baisser d'un ton ses critiques contre sa voisine du Nord et de l'Ouest. Quant aux structures politiques, il serait naïf d'attendre la moindre « libéralisation » de ce côté-là : vues d'Europe, elles restent rigoureusement léninistes, voire staliniennes. Mais peut-être sont-elles tout simplement chinoises.

CHAPITRE 5

Gouverner au centre
1977-1978

> « Dans la grandeur et la décadence de l'empire, le moindre des hommes détient une part de responsabilité. »
>
> PROVERBE[1].

Lors de la visite de Hua Guofeng en Iran, en août 1978, se répand soudain dans le monde une surprenante nouvelle : les Chinoises qui accompagnent sa délégation sont devenues élégantes. Les rues de Pékin nous le confirment bientôt. Finis, ces pantalons informes et gris dont toutes les femmes étaient affublées. On voit désormais des tissus à fleurs ; plus tard, des jupes fendues sur le côté jusqu'à la hanche.

Changements frivoles et tout de surface ? Le vêtement est, en Chine, le miroir de l'idéologie. Aucune Chinoise, surtout officielle, n'aurait osé prendre une pareille initiative vestimentaire, sans y être autorisée par le pouvoir, c'est-à-dire sans une décision du Comité central, ou au moins du Politburo.

Aucun domaine, à une exception près, qui ne soit touché par le changement de ligne. Universités, recherche, culture, travail, industrie, agriculture, tout est redéfini. Seule la politique étrangère n'a pas subi d'inflexion. Depuis la rupture avec l'U.R.S.S., a régné sur ce point un étonnant consensus. La bande des Quatre n'a jamais contesté les étonnantes positions de la Chine envers Nixon, ni le Chili de la junte militaire, ni l'Afrique du Sud de l'apartheid. Voilà qui donne la mesure de la détermination du peuple et des dirigeants à faire respecter l'indépendance. « Aucun pays étranger ne doit s'attendre à ce que la Chine devienne son vassal, ni à ce qu'elle avale des couleuvres au détriment de ses intérêts[2] », proclame Deng.

Nouvel axe de la politique intérieure chinoise : la production prend le pas sur l'idéologie. Il convient donc de rendre celle-ci moins impé-

54

rieuse. Le « procès Confucius » a été révisé : « Confucius n'est pas aussi noir qu'on l'a dit. Il était contre les idées préconçues », note le journal pékinois *Clarté*. Et Deng de s'appuyer sur Mao : « La vérité se développe dans la lutte contre ce qui est erroné[3]. » En l'occurrence, elle va se développer contre les excès de gauche, en attendant le retour de balancier... Deng connaît la musique.

Le retour de l'élitisme

Mai 68, en France : au milieu des songes estudiantins, flotte l'image indécise, mais fascinante, d'une égalité des conditions à la chinoise. À bas la séparation entre travail manuel et travail intellectuel, à bas les tours d'ivoire des compétences, à bas la sélection, à bas l'élitisme ! À l'horizon de ce désir, se profile l'expérience de la « Révolution culturelle ». Là-bas, les pyramides hiérarchiques ont été renversées : les mandarins travaillent aux champs.

Mai 78, en Chine : la sélection est rétablie partout, les concours sont plus difficiles que jamais, l'étude acharnée doit remplacer la vaine agitation politique. Dans les dix années précédentes, tous avaient souffert : les intellectuels, les étudiants, les techniciens. C'est dans ce domaine que la remise en ordre est la plus rapide.

En mars 78, une Conférence nationale sur les sciences a réuni 6 000 délégués, en présence de Hua Guofeng, Deng Xiaoping et Fang Yi, ministre chargé de la Commission d'État pour les sciences et les techniques. Deng souligne que, parmi les « Quatre Modernisations », la troisième (concernant la science et la technologie) est la clef de toutes les autres. La recherche doit être indépendante de toute contrainte idéologique. Il est fait appel à la responsabilité individuelle, au goût de l'honneur ; la hiérarchie des grades académiques est restaurée. L'élitisme, en un mot, sera le moteur du renouveau. Il faut, selon Fang Yi, rattraper « de quinze à vingt ans » en matière de recherche. Deng prononce les paroles libératrices : « On doit laisser les intellectuels travailler en paix sept jours sur sept s'ils le désirent[4]. » Blancs ou noirs, la Chine a besoin de bons chats, et nombreux...*.

Dans l'enseignement, même virage. C'est le domaine où la désorganisation était la plus grave. De nombreuses universités ont été

---

* Le « sabotage » de la science par les Quatre ne doit toutefois pas être exagéré. L'atome et l'espace ont été relativement protégés des fureurs de la Révolution culturelle. La première bombe atomique chinoise a explosé en octobre 1964, la vingt-troisième en mars 1977, le premier engin thermonucléaire en 1968. Entre 1970 et 1977, huit satellites chinois ont été mis sur orbite. La sismologie et la recherche sur le cancer sont restées également à l'abri des luttes au sommet.

fermées ou paralysées durant plusieurs années. À partir de 1978, on rétablit partout les anciens critères de sélection et d'admission.

D'abord, il n'est plus nécessaire d'avoir travaillé en usine ou à la campagne, ni de faire la preuve de son origine « ouvrier-paysan-soldat », pour être admis à l'université. L'obstacle à franchir est un examen d'entrée. Aux concours de 1978, 278 000 reçus sur 5 700 000 candidats : 5 % de réussite — hyper-sélection.

Ensuite, le *cursus* des études a changé. Les enseignants ne sont plus obligés d'aller travailler la terre. Étudiants et élèves sont priés de s'instruire, plutôt que de ratiociner sur l'idéologie. Avant, les positions politiques « justes » compensaient les insuffisances dans l'ordre du savoir ; on rompt brutalement avec ce principe. Le mot d'ordre est désormais : rendement, travail, exercice de la mémoire, compétence. C'est notre Mai 68 à l'envers.

Cette réaction « mandarinale » se heurte d'ailleurs à des résistances. « Provenir d'une classe exploiteuse est-il désormais un avantage pour entrer à l'université ? » Ainsi protestent les adeptes de l'ancienne ligne. Mais Deng est décidé à lutter contre l'« égalitarisme » de principe, qui gêne le développement des forces productives. « Que ce soit à la campagne ou dans les villes, il faut autoriser une partie des habitants à s'enrichir avant les autres. Il est légitime de faire fortune grâce à son propre labeur. Qu'une partie des habitants ou des régions prospèrent plus vite que les autres est une politique souhaitable[5]. »

Spécialisation et hiérarchie

Hua et Deng font appel au pragmatisme. Ils s'en sont pris à ceux qui nient les règles de l'économie. S'il existe des lois économiques *objectives*, alors la volonté ne peut pas tout. Le politique doit se plier à des contraintes extérieures à sa seule logique.

La direction nouvelle se livre à une révision radicale des dogmes de l'économie maoïste. Le concept principal était celui d'*auto-suffisance*. Chaque région, chaque localité et même chaque entreprise devait s'efforcer de tout produire sans dépendre d'autres entreprises, localités ou régions : « ne compter que sur ses propres forces ». *Le Quotidien du peuple* du 1er février 1978 annonce que « spécialisation » et « coordination » entre les unités de production devront désormais remplacer l'auto-suffisance. La raison : les « unités complètes » (où tout est fabriqué sur place) fournissent des produits de mauvaise qualité et à un prix de revient élevé*.

---

* C'est encore le cas, deux décennies plus tard, dans les entreprises d'État. Les incantations restent impuissantes.

« L'autarcie cédera la place à la division du travail. » Adam Smith n'eût pas dit mieux.

Cette rationalisation de la production modifie l'équilibre entre l'ouvrier et son outil ; les analyses de Marx sur les conséquences humainement néfastes de la division du travail restent vraies. Pour compenser ce travail en miettes, qui ôte à l'ouvrier la responsabilité de l'ensemble et déshumanise son labeur, il faut prévoir des améliorations matérielles. L'augmentation des contraintes est équilibrée par le recours à des stimulants. La discipline se renforce : les ouvriers doivent arriver à l'heure et ne pas se dépenser en discussions politiques, sous peine de sanctions. En échange, on introduit des primes à la production. Les comités révolutionnaires disparaissent des usines.

Évolution moins spectaculaire, mais non moins réelle, dans l'armée. L'accent est mis sur les facteurs matériels, au détriment du « facteur humain », c'est-à-dire politique, cher à Mao : « Seule la force matérielle peut briser la force matérielle. » Il convient de moderniser la formation des soldats et l'armement dont ils disposent. Comme à l'usine, on assiste au retour de la hiérarchisation. Gardienne de la révolution, l'armée avait jusqu'alors maintenu l'identité d'uniforme, quel que fût le grade. Les militaires restaient sans galons, de sorte qu'on ne pouvait distinguer le simple soldat du général que par le fait que la vareuse du second disposait de quatre poches tandis que celle du premier n'en comportait que deux ; ou encore, que le premier portait la valise du second. Désormais, comme dans n'importe quelle armée occidentale, les officiers arborent un nombre variable de galons.

« L'emploi d'armes modernes exige un système de commandement rigoureux et précis », observe *Le Quotidien du peuple*. D'ailleurs, souligne Deng, ces armes modernes, « seul le développement peut permettre à la Chine de se les procurer[6] ».

Universités sélectives, mais où l'on enseigne et étudie enfin, au lieu de discuter ; usines où l'on travaille plus, mais également où l'on gagne plus ; armée de nouveau hiérarchisée, plus militaire que politique. Le retour à l'ordre implique un retour à l'esprit de *responsabilité vis-à-vis de la collectivité*.

Un centrisme insaisissable

La Chine était anormalement déportée sur sa gauche. Les rectifications post-maoïstes la ramènent « non à droite, mais au centre ».

En décembre 1978, le IIIe Plénum du Comité central issu du XIe Congrès a une portée historique. Il prend des décisions spectaculaires, en gestation depuis 1975. Pour atteindre l'objectif des « Quatre Modernisations » (agriculture, industrie, sciences et techniques, défense) déjà fixé par Zhou Enlai, il faut « hisser sur le pavois deux principes directeurs » : ouverture, modernisation. Ils proclament le *primat du développement économique, mais ils maintiennent le marxisme-léninisme-maoïsme comme ciment idéologique du pays.*

Cette « ligne centriste » est difficile à cerner avec exactitude. Certains parlent d'un « virage à 180° » de la Chine populaire ; d'autres pensent qu'au fond, le système reste intact... Deng donne raison aux uns et aux autres : « La réforme décidée en 1978 constitue une transformation révolutionnaire. Nous avons trouvé une voie favorable au développement socialiste à la chinoise. » Mais il veut, dans le même temps, rassurer les maoïstes inquiets : « Le IIIe Plénum a rétabli la ligne de conduite du président Mao[7]. » C'est en tout cas le tournant le plus important, assurément, depuis 1949.

On ne peut nier l'ampleur des changements. Le dernier semestre de l'année 1978 a été riche en événements spectaculaires, ou en clins d'œil discrets. La Chine reste bien le pays des signes à décrypter. Par petites touches successives, le tableau se transforme sous nos yeux. Il devient multicolore ; mais encore plus ambigu.

Deng sous un chapeau texan

Le 12 août 1978, les Chinois signent avec le Japon un « traité de paix et d'amitié ». Quel revirement, si l'on songe que Mao forgea la victoire communiste au feu du combat contre l'envahisseur japonais ! En moins de trente ans, le balancier a traversé l'espace politique asiatique, et bouleversé le jeu diplomatique. En cet été 1978, un nouvel axe se dessine, qui relie Pékin à Tokyo et, par là, aux puissances opposées au bloc soviétique.

Car ce traité comporte une « clause anti-hégémonique ». Quand on sait que l'« hégémonisme », pour les Chinois, ce sont alors les Russes, on comprend que le Japon ait un peu hésité avant de signer l'accord. L'importance de ce traité est encore soulignée par des voyages remarqués de Deng au Japon et dans le Sud-Est asiatique.

Ce « nouveau style » diplomatique des Chinois, offensif et souriant, conduit en France le vice-Premier ministre Fang Yi, quelques mois après son collègue Gu Mu.

Mais l'ouverture la plus spectaculaire vers l'Ouest se fera... à l'Est — la Terre est ronde, et seul un océan, de surcroît « pacifique », sépare l'Amérique de l'Empire du Milieu.

En décembre 1978, les États-Unis, quinze ans après la France à un mois près, reconnaissent la Chine populaire, rompant leurs liens privilégiés avec Taiwan en même temps qu'ils effacent une certaine image de leur politique asiatique. Depuis la visite privée de Henry Kissinger à Pékin en juillet 1971 et celle du président Nixon en février 1972, il était clair que le jeu mondial des Américains allait vouloir englober les Chinois « continentaux ». Héritiers de Mao et « tigres en papier impérialistes » ont, les uns et les autres, avantage à se rapprocher — étonnant croisement des intérêts et des calculs.

Traité sino-japonais, échange d'ambassadeurs entre Pékin et Washington : deux événements depuis longtemps prévisibles. L'un et l'autre ont pourtant surpris ceux-là mêmes qui les présentaient comme inévitables.

Plus étonnante encore, la tournée de Deng aux États-Unis au début de 1979 : reçu avec chaleur, discourant avec bonhomie, coiffé d'un chapeau texan pour assister à un rodéo, amusé de devenir la coqueluche d'un peuple candide.

Hésitations du balancier

Si la politique étrangère de Pékin « fait la une », sa politique intérieure se décèle en des entrefilets que les agences de presse détectent dans les journaux chinois.

Des hommes disparaissent. D'autres reviennent. Le maire de Pékin, Wu De, lié à la bande des Quatre, est destitué. La direction du Parti est remaniée. Chen Yun, qui s'était opposé à Mao dès 1957, devient vice-président du Comité central ; Hu Yaobang, collaborateur et ami de longue date de Deng, est nommé secrétaire général du Parti. On réhabilite les uns après les autres les cadres destitués lors de la Révolution culturelle.

Une vaste campagne, apparemment spontanée, se déploie à Pékin : des *dazibao* réclament démocratie et respect des droits de l'homme. En novembre 1978, la presse s'en prend aux « verdicts erronés » de la Révolution culturelle, prononcés avec l'aval d'un « certain dirigeant supérieur ». Un *dazibao* va jusqu'à se demander si « Mao n'était pas le cinquième de la bande des Quatre ». Ces affiches se multiplient, notamment au carrefour de Xidan, où l'on observe des mouvements de foule. Des milliers de manifestants scandent : « Liberté-démocratie ! », en acclamant le nom de Deng Xiaoping.

D'autres indices, plus ténus, montrent que la Chine sort des carcans et des interdits où elle s'était enfermée. Le président Hua Guofeng donne une conférence de presse. Jamais aucun dirigeant chinois ne l'avait fait — ni, d'ailleurs, à cette date, aucun dirigeant soviétique. Les tabous idéologiques s'estompent.

En 1981, le procès de la bande des Quatre est l'occasion d'un formidable bond à droite.

Alphonse Daudet est « réhabilité », et de nouveau lisible en chinois ; l'on voit un officiel pékinois danser avec aisance le rock ; les jeunes Chinois portent désormais moustaches et lunettes de soleil, fort à la mode dans les rues de la capitale ; Coca-Cola investit le marché chinois...

Un professeur d'université me résume d'un mot cette *décrispation*. Il me dit, en me recevant à son domicile, lors d'un de mes passages à Pékin, en 1980 : « Il y a un an, je n'aurais pas osé vous inviter à prendre le thé chez moi ; il y a deux ans, je n'aurais pas osé vous rendre visite dans votre hôtel ; il y a trois ans, je n'aurais pas osé vous saluer dans la rue. »

Mais en Chine, rien n'est impossible. Le balancier revient toujours. Un peuple aussi nombreux ne peut pas sauter par-dessus son ombre. Il arrivera de nouveau que les bouches, si promptes à parler aux Occidentaux, se ferment du jour au lendemain.

La Chine a toujours soufflé le chaud et le froid : telle est la pratique du *yin* et du *yang*. Dès 1986, l'Assemblée populaire nationale adoptera une résolution pour abolir « libre expression », « grands débats » et « *dazibao* ». Deng expliquera : « Ceux qui exaltent la démocratie à l'occidentale veulent en revenir à ces pratiques. Pourtant, notre pays a compris l'amère leçon des dix années de Révolution culturelle et se refuse à y retourner[8]. »

Il est surprenant d'assimiler les pratiques démocratiques à la Révolution culturelle. Deng ne manque pas une occasion de dire tout le mal qu'il pense d'elle. Quel ingrat ! La Révolution culturelle lui a permis, par les horribles souvenirs qu'elle a laissés, de gouverner au centre, à l'abri des « Quatre Principes fondamentaux ». Grâce à elle, il a pu refouler les extrêmes, dont le pays ne voulait plus. Il a bénéficié d'une extraordinaire marge de manœuvre, ouverte par les dix années maudites. Ce « gouvernement au centre » a donné à la Chine une stabilité politique d'une durée sans précédent depuis 1949.

Mais le rapprochement que fait Deng est-il, pour les Chinois, sans fondement ? La démocratie à l'occidentale, transposée en Chine, n'entraînerait-elle pas bientôt le chaos, comme elle le fit en six semaines, entre le 1er janvier et le 14 février 1912 ?

Telle est bien la question fondamentale, trop souvent occultée par notre ethnocentrisme naïf. On ne gouverne pas un milliard d'hommes comme on fait de cinquante millions. Qui dit cela ? Mao Zedong ? Non pas, mais Aristote, pourtant théoricien occidental de la démocratie. La démocratie n'est viable que dans une cité dont la population dit-il, « peut s'embrasser d'un seul coup d'œil ». Dans le cas de la Chine, on reste loin du compte.

L'huître entrebâillée

Vers l'extérieur, la diplomatie de Pékin n'avance que pas à pas, mais il est ensuite difficile de se déjuger. En revanche, l'ouverture à l'intérieur peut donner l'impression d'aller à grande allure, libre qu'elle est de contraintes externes ; mais, bien vite, l'inertie du système vient la freiner, voire la faire rebrousser.

Extra muros, le conflit de la Chine et du Vietnam, latent depuis des années, éclate en février 1979. Des opérations militaires, nous n'avons pas su grand-chose sur le moment*. Les suites sont plus énigmatiques encore. Ce qui est clair, c'est que ces hostilités s'inscrivent dans le cadre de l'opposition sino-soviétique. La Chine, comme le Vietnam ou le Japon, n'a plus qu'une politique de puissance ; elle s'est débarrassée de tout motif de fidélité marxiste. Devenue l'alliée de fait des grands pays industriels, elle a abandonné son magistère d'orthodoxie.

Intra muros, l'ouverture de la Chine s'est vite essoufflée. Le premier Printemps de Pékin de 1979 ne va durer qu'un bref hiver. Dès le mois de mars 1979, *Le Quotidien du peuple* rappelle sévèrement le rôle dirigeant du Parti communiste. Les Chinois sont invités à ne plus frayer avec les étrangers dans les discothèques. Des auteurs d'affiches murales sont arrêtés. Un *dazibao* ne fait pas plus la démocratie qu'une hirondelle ne fait le printemps.

Tocqueville remarquait que c'est au moment où ils se libéralisent que les régimes autoritaires sont le plus vulnérables : les fardeaux supprimés rendent plus lourd à supporter le poids de ceux qui subsistent encore. *La libéralisation risque toujours de déraper.* Malheureux Louis XVI ! Deng craint de voir le mouvement lui échapper. « Nous devons rester lucides et résister fermement à l'action corrosive des idées décadentes émanant de l'extérieur. Nous ne permettrons en aucun cas que le mode de vie bourgeois envahisse la Chine[9]. » Après l'interdiction des *dazibao* en 1980, la semonce, en septembre 1982, est sans ambiguïté. Pas de rupture, non plus, avec les grands ancêtres. Le 7 décembre 1984, *Le Quotidien du peuple* écrit : « Les œuvres de Marx et de Lénine ne peuvent résoudre *nos* problèmes. » Le lendemain, rectificatif : « ...ne peuvent résoudre *tous* nos problèmes. »

Dans les systèmes totalitaires, la libéralisation s'arrête là où les dirigeants croient l'équilibre du régime menacé ; si ces dirigeants, du moins, en conservent les moyens et gardent en eux la certitude d'avoir raison.

La Chine devient semblable à une huître qui s'entrebâillerait vers le grand large, mais demeurerait inébranlablement fixée au rocher par sa dure coquille totalitaire.

---

* Nous le savons aujourd'hui, ce fut un désastre pour l'armée chinoise. Wei Jingsheng a payé cher pour l'avoir dit le premier. Depuis, il y a eu sur cet épisode des romans et un film splendide : *Des couronnes au pied de la montagne.*

CHAPITRE 6
Paradoxes de la démaoïsation
décembre 1978-1979

> « *La surveillance de tous et de tout, comme technique de gouvernement, permet de se passer de l'intelligence et de la sagesse.* »
> Le livre de SHANG YANG, IVe siècle av. J.-C.[1]

Le décor change. Dans les coulisses, une question reste posée : jusqu'où ira la mise en cause de Mao ?

Beaucoup, parmi les journalistes ou intellectuels occidentaux, et même chinois, crurent avoir compris le maoïsme en faisant de lui, à côté du stalinisme, une variante du « culte de la personnalité ». Il y avait bien à cette analyse quelques fondements : iconographie omniprésente et stéréotypée, doctrine manichéenne, adulation par un peuple innombrable.

Il n'est pas jusqu'à la référence constante que Mao faisait à Staline, qui n'ait contribué à les rapprocher. Mais si l'on porte son regard au-delà de ces incontestables analogies, que voit-on ?

Le stalinisme, c'est *d'abord* une tyrannie absolue. À partir de 1935, Staline règne et gouverne sans partage. Le stalinisme, c'est la passion brutale d'un homme pour sa propre domination et l'élimination physique de quiconque pourrait un jour lui faire de l'ombre. C'est l'idée simpliste que la demeure naturelle des opposants est le Goulag.

Le maoïsme n'est pas *d'abord* un système de gouvernement par la terreur, mais une idéologie. Ce que nous appelons « maoïsme », les Chinois le nomment « pensée-maozedong ». Non pas *une* doctrine parmi d'autres. Mais une incarnation de *la* pensée, de ce qu'il y a de plus universel, de moins personnel. Pour l'assimiler, il « suffit » de lire et d'étudier : *Petit Livre rouge,* séances studieuses... Le « stalinisme » spontané de Mao semble tempéré par un néo-confucianisme, même si Mao a cautionné une campagne contre Confucius. Staline a-t-il jamais gouverné par maximes ? Imagine-t-on l'universalité d'une « pensée-staline » ?

De plus, le pouvoir, Mao a souvent cessé d'en disposer. Il fut mis en minorité au Comité central à diverses reprises. S'il a lancé la Révolution culturelle, c'est pour reprendre en mains — à la faveur d'innombrables atrocités — les rênes qui lui avaient échappé à la suite de la faillite du « Grand Bond en avant ». Jamais Staline ne se mit dans le cas d'avoir à reconquérir son trône, une fois qu'il s'y fut assis. On pouvait spéculer, sous Mao, sur sa défaite ; on ne pouvait espérer, sous Staline, que sa disparition. La différence n'est pas insignifiante. La Russie stalinienne n'offrait le choix qu'entre la soumission et la mort. Le jeu politique a toujours été relativement ouvert au sein du Parti chinois : autant qu'il est possible dans un régime communiste. Mais la Chine a-t-elle jamais été communiste ?

Mao contourné, mais non renversé

Après Staline, la déstalinisation se révéla presque impossible, si nécessaire fût-elle. Sous Khrouchtchev déjà, puis sous Brejnev, de nouvelles glaciations mirent fin au dégel, dès qu'il menaçait de rompre les digues*.

La *démaoïsation* était en Chine à la fois plus facile, et moins indispensable. Plus facile, car Mao s'est perpétuellement démaoïsé lui-même, multipliant les rectifications. Moins indispensable, car Deng n'a pas plus de mal aujourd'hui, que la bande des Quatre hier, à trouver dans la pensée-mao de quoi justifier sa ligne.

Simplement, est venu un temps où l'on n'éprouve plus le besoin de décorer chaque discours de citations de Mao. Pour autant, les communistes chinois n'ont pas ressenti comme une tache de s'être reconnus, plus d'un quart de siècle durant, en Mao qu'ils admirèrent, autant qu'en Zhou qu'ils approuvèrent.

Que reste-t-il de Mao ? Un corps embaumé dans le mausolée de la place Tiananmen. Un portrait géant sur la porte de la Cité interdite. Mais la plupart des statues du Grand Timonier ont été remisées. Les lieux où son effigie n'a pas été enlevée se comptent désormais. On n'aperçoit plus de pèlerins à Yan'an, dans les grottes où Mao, transformant le Shaanxi en bastion de la révolution paysanne, vécut quatorze ans**. Pas davantage à l'Institut du mouvement des paysans à Canton, haut lieu de son enseignement, où ses statues ont été déboulonnées.

---

* C'est seulement en 1990, trente-sept ans après la fin du tyran, que les digues se sont enfin rompues.

** Pourtant, Li Peng y est allé au début de 1996.

La responsabilité du Timonier dans les désastres du « Grand Bond en avant » et de la Révolution culturelle n'est plus masquée.

Mais, par un étrange contraste, on a organisé dans le même temps un culte posthume de la personnalité du fondateur.

Le châtiment des iconoclastes

« Le vainqueur, disait Napoléon, est celui qui reste maître du champ de bataille. » Au cœur de Pékin, donc de la Chine, donc du monde, que voit-on ? Trois jours par semaine, une file de plusieurs milliers de Chinois serpente sur Tiananmen. On entre en rangs serrés dans le mausolée, centre de la place de la Paix Céleste, où Mao dort dans un cercueil de cristal. Interdiction de s'arrêter : il faut passer au pas de chasseur pour ne pas ralentir la queue. On évalue à plusieurs centaines de milliers le nombre des visiteurs qui défilent ainsi chaque semaine. Et il faudra, en 1989, les manifestations du Printemps de Pékin, puis les rigueurs de la loi martiale, pour que cette habitude fût interrompue, avant de reprendre en 1990.

Le portrait de Mao, qui rayonne sur Tiananmen, trois iconoclastes l'ont barbouillé d'encre au plus fort de mai 1989. Ils ont été aussitôt livrés à la police par les dirigeants du mouvement étudiant. La justice est lourdement passée sur eux en août — respectivement, dix ans de réclusion ; quinze ans ; perpétuité. Pour une tache d'encre ! Et les chauffeurs de taxi vous en disaient leur satisfaction, trouvant même que le tribunal avait été indulgent : « La mort, c'est tout ce qu'ils méritaient ! » « Une balle dans la nuque ! » Ces « criminels » avaient porté atteinte, à travers Mao, à ce que les Chinois ont de plus cher : leur fierté collective.

Mao reste honoré comme le fondateur de la République populaire. Il a unifié la Chine et l'a replacée au premier rang des nations. Il a rendu aux Chinois une Chine sans *concessions*. Il leur a restitué leur dignité. Il a fait de la Chine, naguère un objet, un sujet de l'Histoire.

Quand les « maos » d'Occident se démaoïsent

Les Chinois se sont beaucoup moins « démaoïsés » que des Européens qui s'étaient « maoïsés » un peu trop vite. Le maoïsme de rêve de notre intelligentsia révolutionnaire s'est soudain dissipé.

On trouvait en France, dans les années 1960, deux sortes bien distinctes de maoïstes. Les uns l'étaient par désir de sauver le marxisme et la révolution, mais sans cautionner le modèle soviétique, qui devenait bien suspect : plus à gauche, plus à l'Est, la

Chine était loin. Les autres avaient été séduits par l'« homme nouveau » que prônait Mao, par son égalitarisme sans limites, par son idéologie de partage, par le brassage des activités et des individualités, par les appels au dépassement de soi.

Les uns étaient maoïstes par politique, les autres par morale. Tous ont été cruellement déçus.

Les maoïstes politiques ont perdu leurs illusions avec l'écrasement de la « bande des Quatre » et l'avènement de Deng : la révolution était sacrifiée à la réalité. Soutien au Pakistan contre le Bangladesh ; rapprochement avec l'impérialisme américain pendant que les B-52 bombardaient au napalm le Nord-Vietnam ; liens avec la junte chilienne — comment pouvait-on concilier ces énormités avec l'internationalisme prolétarien ?

Quant aux maoïstes moraux, ils ont constaté que la lutte « ouverte et franche » n'était que poignards dans l'ombre. L'inégalité réapparaissait, à supposer qu'elle eût jamais disparu. Des récits indiscutables établissaient l'existence de camps, de mises à mort sans nombre, alors que le régime s'était fait tant d'amis par le principe affiché de ne pas éliminer physiquement ses adversaires.

Bref, la révolution chinoise n'était pas celle que l'on croyait. On osa s'aviser que le système chinois, malgré l'utopie qui l'animait, ou à cause d'elle, était de nature totalitaire.

Les maoïstes occidentaux sont alors passés d'un extrême à l'autre. Ils se sont mis à ressembler à ces anciens staliniens dont les yeux se sont dessillés et qui trouvent beaucoup trop indulgents envers le stalinisme ceux-là mêmes qu'ils taxaient naguère d'anticommunisme primaire.

Ils ne comprennent pas qu'il y ait encore tant de Chinois pour honorer Mao, qui porte la responsabilité de cinquante millions de morts — entre les « liquidations », les « rectifications », le « Grand Bond en avant » et la Révolution culturelle. À plus forte raison, ils n'admettent pas qu'un Occidental libéral salue en Mao celui qui est et restera sans doute pour les Chinois — avec le premier empereur, Qin Shihuangdi, et le premier président, Sun Yatsen — l'un des trois « pères de la Patrie ».

Leur déception ne les empêche pas, dernière trace de leurs illusions perdues, de refuser de tout leur être que la Chine vienne emprunter tant de ressources au Capital — propre et figuré — de l'Univers.

CHAPITRE 7

Demi-tour, droite !
1980

> « *La Turquie, qui récemment encore était un grand pays musulman, n'a pas voulu réformer ses institutions. Elle s'est vu amputer par six grandes puissances qui, après avoir renversé son souverain, contrôlent aujourd'hui sa politique. Le Japon, qui n'est qu'une petite île de barbares, a su réformer ses institutions, ce qui lui a permis d'oser s'emparer de nos Ryu-Kyu et agresser un grand pays comme le nôtre.* »
>
> Kang YOUWEI[1].

Octobre 1980.

Donc, le IIIe Plénum de décembre 1978 a paru amorcer une transformation de la société. Une fois de plus, les intellectuels ont pris le mors aux dents, croyant arrivée une seconde « Libération ». La répression du premier Printemps de Pékin, celui de 1979, a marqué les étroites limites de la nouvelle politique : le Parti reste là, vigilant, pour contrôler les effets de l'« ouverture » et de la « modernisation ».

L'Armée populaire bougonne. Ce n'est pas pour revenir au capitalisme qu'elle a fait la Longue Marche et encadré un demi-siècle de révolution.

Les résistances de l'appareil, surtout des vétérans, ont longtemps freiné l'application de la doctrine Deng.

La réalité chinoise, enfin, oppose l'inertie de sa masse. Permanentes, les pesanteurs psychologiques et sociologiques du plus grand peuple du monde. Permanents, les traits de comportement collectif. Par exemple, la pruderie des Chinois, leur réprobation de la permissivité sexuelle de l'Occident. Car la société reste pudibonde, même si les relations entre jeunes gens évoluent. Les rapports extraconjugaux — et même préconjugaux — demeurent passibles de sanctions. Du moins en théorie ; car, en pratique, les choses ont beaucoup évolué.

Mais, sur ce fond qui perdure, quels changements !

Le président Giscard d'Estaing a bien voulu me demander de me joindre à Jean François-Poncet, ministre des Affaires étrangères, et à Jean-François Deniau, ministre du Commerce extérieur, pour escorter sa visite d'État en Chine. Entre Pékin, Xian et Shanghai, il s'échappe pour une visite privée de deux jours au Tibet. J'en ai profité pour organiser mon propre programme à Pékin : université, justice, édition. Et surtout, entretiens pour humer l'air.

« *Il suffit de redresser l'esprit de Louis XVI* »

Passant une matinée à l'université Beida, j'assiste à un cours de civilisation française. Le professeur commençait à expliquer un beau texte de Françoise Giroud sur l'exécution de Buffet et Bontemps. En compagnie de notre conseiller culturel, je m'assieds en silence dans le fond de la salle, quand le professeur m'interpelle : « Ne voudriez-vous pas faire le cours à ma place ? » Il me met dans la main son morceau de craie.

Plutôt que de cette exécution-là, je préfère parler de celle de Louis XVI. À la trentaine de garçons et filles attentifs, j'explique dans quelles circonstances la Convention a voté la mort. Je leur propose de reconstituer la scène. Ils seraient la Convention. Ils désigneraient parmi eux un procureur qui requerrait la mort, et un défenseur qui tenterait de sauver le roi. Tous voteraient selon leur intime conviction.

Ils acceptent avec enthousiasme (au bout de trois ans d'étude du français, ils parlent notre langue comme on voudrait qu'au bout du même temps, les élèves de nos *Langues O* parlassent le chinois). Le procureur élu se lève et prononce un réquisitoire impitoyable : « Il mérite la peine capitale, car il est responsable de tout ce qui s'est passé sous son règne. En décidant de l'exécuter, vous exécuterez en même temps le féodalisme et l'exploitation de l'homme par l'homme, dont il est le symbole. »

La jeune fille désignée comme avocate lui répond : « Bien sûr, Louis XVI a commis de lourdes fautes. Mais pourquoi le tuer ? Il serait plus utile à la Révolution de l'envoyer à la campagne, pour qu'il se fasse rééduquer par les paysans. Il vaux mieux faire mourir les idées que les hommes. Han Feizi disait que s'il fallait attendre qu'on ait trouvé un bois naturellement droit, on ne ferait pas une flèche en cent générations. S'il fallait attendre qu'on ait trouvé un bois naturellement rond, on ne ferait pas une roue en cent générations. Et cependant, depuis des générations, on monte dans les chars et on chasse à l'arc. Comment cela ? C'est que l'art de redresser et de courber le bois a été appliqué. Il suffit de redresser et de courber l'esprit de Louis XVI. » Elle se rassied sous les applaudissements. On vote. Louis XVI est envoyé à la campagne pour se faire réformer. À dire vrai, il n'a sauvé sa tête, dans ce psychodrame, qu'à une voix de majorité ; de même que dans la réalité, il avait été envoyé à l'échafaud à peu de voix près.

Bien que les déportations semblent avoir perdu tout caractère massif, la rage de convaincre, d'extirper l'erreur tapie sous le crâne de l'autre, est toujours vivace. En septembre 1984, j'ai passé un après-midi dans un camp de rééducation de jeunes délinquants. Sans répit, on leur inculque les bons principes. On rabâche, on rabâche, on rabâche...

« *Aidez-nous à devenir un État de droit* »

Justice ? Il n'y a pas de ministre de la Justice. On me trouve cependant un homologue : Peng Zhen, président de l'Assemblée nationale et en même temps président de la Commission des Lois. Il est chargé de mettre sur pied en Chine un embryon d'État de droit : c'est ce qu'on peut trouver de plus ressemblant à la fonction de garde des Sceaux. Nos entretiens, auxquels assiste notre ambassadeur Claude Chayet, me valent quelques surprises.

Il m'assure, tout de go, que si la Révolution culturelle a saccagé la Chine pendant dix ans, c'est qu'elle ne disposait ni d'un Code pénal, ni d'un Code civil, ni de Codes de procédure pénale et civile. Les droits de la personne n'étaient pas protégés. C'est ainsi que les gardes rouges se sont répandus dans le pays comme un fleuve qui a rompu ses digues. Il n'y avait pas en Chine d'État de droit. S'il avait existé un code édictant les délits et les peines pour ceux qui se livreraient à des violences sur les personnes et les biens, on aurait pu emprisonner les adolescents qui s'en rendaient coupables. Au lieu de quoi, le pays a été mis impunément sens dessus dessous. Heureusement, on allait pouvoir traiter le mal à la racine. Les préparatifs du procès de la bande des Quatre battaient leur plein.

Peng Zhen me fait comprendre, sans que je lui aie rien demandé, que c'est une affaire intérieure chinoise : les étrangers, eût-on envie de les honorer, n'y ont pas leur place. Il ne pourrait donc m'offrir ce spectacle, même si je revenais à Pékin exprès pour ce procès ; mais je pouvais être assuré que justice serait faite avant la fin de janvier. Il connaissait déjà à peu près le verdict, puisqu'il savait ce que pouvait requérir le procureur : entre vingt ans de travaux forcés pour les trois hommes et la condamnation à mort avec sursis pour Jiang Qin — Mme Mao.

Il savait de quoi il parlait : maire de Pékin à l'époque, il avait été — avec le camarade Liu Shaoqui, président de la République, et le camarade Deng Xiaoping, secrétaire général du Comité central —, l'une des premières victimes du déchaînement de la bande des Quatre. Rien à faire : ni lois sauvegardant les libertés, ni avocats, ni tribunaux pour contenir les gardes rouges, ces « petits crétins ». Je lui demandai si son vieil ami Zhou Enlai ne l'avait pas protégé : « Pas du tout, justement. — Sans doute ne pouvait-il pas faire grand-chose ? — Mais si, il aurait pu empêcher ça, il n'a pas levé le petit doigt pour venir au secours de ses camarades en difficulté. Il a fallu attendre sa mort, celle de Mao et l'arrestation de la bande des Quatre pour que nous soyons enfin tranquilles. »

Voilà les vrais sentiments d'un vétéran pour Zhou Enlai : Peng Zhen était, jusqu'en 1966, le n° 2 du secrétariat général du Parti, derrière Deng. Membre du Politburo et maire de Pékin, il était tout-puissant et plein de dynamisme. On le voyait partout.

Cet ancien de la Longue Marche a droit au plus profond respect. Les survivants en sont de plus en plus rares ; mais c'est toujours parmi eux que se recrutent les « grands dirigeants ». Partis à cent mille du Sud-est de la Chine en octobre 1934, ils étaient arrivés à sept mille, au Nord-ouest, un an plus tard, dans le château fort du Shaanxi, après avoir parcouru, tout en combattant, douze mille kilomètres à pied. Comme s'il n'avait pas été rassasié de souffrances, ce vénérable vétéran a dû subir une déportation imposée par Mao lui-même, son chef vénéré. Il porte une prothèse auditive et me fait répéter. Comme si j'étais sourd moi-même, il me répète à voix très haute : « Zhou Enlai aurait pu nous secourir, il ne l'a pas fait. Tout ça ne serait pas arrivé si nous avions votre Code pénal. Ne pourriez-vous pas nous envoyer des experts pour nous conseiller ? Aidez-nous à devenir un État de droit. C'est notre grande tâche, à laquelle nous nous sommes attelés. Mais nous manquons d'expérience. »

Je n'aurais pas imaginé qu'un haut responsable chinois, ni surtout un rescapé de la Longue Marche, souhaiterait, de la part d'un pays « capitaliste », une assistance technique pour « construire un État de droit ». C'est pourtant ce qu'il me demande.

Crime suprême : l'activité anti-Parti

Aussitôt rentré à Paris, j'ai donc formé une délégation de juristes, pour qu'ils viennent exposer à leurs interlocuteurs chinois ce que leur avait appris leur propre expérience*.

---

* Cette délégation, présidée par Me François Sarda, était composée de M. et Mme Pierre Culié (lui président de chambre, elle juge, au Tribunal de grande instance de Paris) et du conseiller d'État André Damien.

Septembre 1981.

Le temps de confirmer les invitations par la voie diplomatique et de prendre toutes dispositions pour l'organisation du voyage, ces quatre missionnaires ne sont partis qu'après l'installation de François Mitterrand à l'Élysée et de Robert Badinter place Vendôme. Mais les toasts avaient été préparés à la gloire du général de Gaulle, ainsi que du président Giscard d'Estaing et de son garde des Sceaux, comme s'il ne s'était rien passé en mai et juin 1981. Comme les étoiles éteintes, le précédent septennat envoyait encore sa lumière.

François Sarda et André Damien me racontent leur périple. Autour de Peng Zhen, ils avaient en effet rencontré des juristes qui essayaient d'élaborer un Code pénal. Ils avaient remarqué que celui-ci énumérait avec beaucoup de précision les incriminations pour ce que nous considérerions comme de petits délits ; mais qu'il n'entrait dans aucun détail pour définir ce qui était considéré comme le crime suprême : « l'activité anti-Parti ».

Ils avaient rencontré des avocats et des magistrats revenus de dix années de rééducation à la campagne ; tous se demandaient comment faire en sorte qu'une Révolution culturelle ne puisse se renouveler.

Ils avaient suivi quelques audiences de tribunaux. Avec étonnement, ils avaient constaté que les divorces étaient jugés en audience publique, devant les membres du comité d'entreprise et du comité de quartier. « Ne devriez-vous pas revenir sur cette pratique ? Supposez qu'il y ait un problème sexuel entre les deux époux. N'est-il pas difficile de le traiter devant des comités locaux ? » Leurs interlocuteurs leur avaient répondu : « La présence des comités représentant les voisins et les camarades de travail donne une garantie de sincérité. Un ivrogne ne peut pas prétendre qu'il ne boit pas, devant des gens qui savent qu'il boit. »

On leur avait demandé à plusieurs reprises : « Avez-vous des souhaits à formuler ? » Ils avaient exprimé le vœu de rencontrer des avocats de la « bande des Quatre ». On enregistra la demande, sans plus. À la fin d'un banquet à l'hôtel de ville de Shanghai, le maire leur dit : « Vous avez souhaité voir un avocat de la bande des Quatre. Voici une avocate qui a défendu Yao Wenyuan. Elle est à votre disposition et répondra à toutes vos questions. »

« J'étais moi-même cadre du Parti, comme mon client, leur dit une dame d'une cinquantaine d'années. C'était un vieux camarade. Mais pour moi, la justice compte plus que le Parti. Ma plaidoirie a démontré que, s'il s'était trompé, en tout cas il l'avait fait avec sincérité. J'ai été parfaitement libre de développer ces idées. »

Une édition qui évolue vite

Octobre 1980.
Un professeur d'histoire de civilisation française à l'université Beida de Pékin, le Pr Zhang Zilian, a pris l'initiative de faire traduire par un « collectif », sous le titre « Le Mal bureaucratique », *Le Mal français*, paru quatre ans plus tôt à Paris. Il l'a fait précéder d'une préface qui montre les ressemblances entre le « mal français » et le « mal chinois » : le centralisme bureaucratique, inventé par l'Empire chinois deux siècles avant notre ère, et copié par la France au XVIIᵉ et au XVIIIᵉ siècle après J.-C., soit deux millénaires plus tard, a fini par produire les mêmes effets dans les deux pays : une sclérose généralisée. France et Chine, même combat.

La Chine n'adhère pas aux conventions internationales de *copyright*. Si je n'avais pas rencontré cet universitaire par hasard, je n'aurais sans doute jamais su que mon livre était traduit. Il m'invite à venir le voir dans le joli pavillon qu'il habite, parmi les hibiscus et les bougainvillées, au milieu du campus de Beida. Il me remet fort courtoisement un exemplaire de la traduction de mon livre : le seul qui lui reste, le sien. Naturellement, ni contrat, ni droits d'auteur.

Si étonnant que soit pour un Occidental ce manque de formalisme, du moins cet ouvrage se trouve en librairie et son auteur peut en prendre connaissance.

Pour *Quand la Chine s'éveillera...*, la procédure avait été beaucoup plus clandestine : une traduction partielle, réservée aux membres du Parti et distribuée par réseau interne, a été établie. Je l'ai eue entre les mains, mais sans que je puisse en détenir un exemplaire. Elle reproduisait des extraits (seulement des morceaux choisis) des deux premières parties (« Quelques secrets de la voie chinoise » et « Changer l'homme ») et l'intégralité de la troisième partie, « Les succès de la voie chinoise » (« La multitude maîtrisée », « Un pays ingouvernable gouverné », « La féodalité extirpée », « L'empire du Milieu restauré », etc.).

En revanche, pas un mot n'était repris de la quatrième partie, qui comporte pourtant une centaine de pages : « Le coût de la réussite » (« Le prix du sang », « Le revers de la médaille », « L'hécatombe », « Règlements de comptes et liquidations », « Une génération saignée à blanc », « La recrudescence des violences : la Révolution culturelle », « Pas de révolution sans terreur ni bain de sang », « Le sacrifice des libertés », « L'usage de la contrainte », « L'obligation de mouchardage », « Les *nageurs de la liberté* de Hongkong et de Macao ne sont pas des émigrés, mais des fugitifs », etc.).

Pendant ce temps, à Taiwan, une autre édition pirate du même livre a été établie. Elle reproduit seulement la partie qui a été amputée dans l'édition continentale. En mettant les deux traductions bout à bout, on aurait le livre complet. J'ai observé qu'en France, certains lecteurs jugeaient mon livre comme s'ils en avaient pris connaissance par son édition pirate de Pékin ; d'autres, par son édition pirate de Taipeh.

Septembre 1993.
Paru en France quatre ans plus tôt, *L'Empire immobile* a été traduit en chinois le plus officiellement du monde. J'avais signé un contrat qui ressemble à tous les contrats d'édition. Et cette fois, l'éditeur avait eu l'élégance de me demander si la traduction me convenait — ce dont j'étais bien incapable de juger. Le livre était en vente dans les librairies au prix de 12 *yuan* (à l'époque, 18 francs) sous reliure en toile à la façon anglo-saxonne, avec des planches en couleurs ; 8 *yuan* (12 francs) en édition brochée. Le papier est très blanc et d'excellente qualité, alors que celui du *Mal français* était grisâtre et que le livre tombait en charpie dès qu'on l'avait manipulé.

Quel bond en avant, que ces trois étapes mesurent !

CHAPITRE 8
La Chine à deux vitesses
1984

Septembre-octobre 1984.

Le voyageur qui a séjourné en Chine en 1971 et qui y revient régulièrement dans les années 1980 n'en croit pas ses yeux. De ce changement, voici quelques traits.

En 1971, au beau milieu de la Révolution culturelle, la Chine apparaissait comme dopée. Elle vivait dans l'exaltation. Dès 1980, l'exaltation retombée, la Chine tourne le dos aux recettes maoïstes de développement.

L'encouragement donné à l'initiative individuelle favorise l'artisanat et le commerce privés. Les marchés libres se généralisent dans les villes. Ils regorgent de denrées. Les paysans y vendent non pas seulement les produits d'un lopin, comme les kolkhoziens soviétiques, mais l'ensemble de leur production — déduction faite de ce qu'ils doivent à l'État en contrepartie de l'usufruit du sol.

Surtout, la Chine s'est ouverte au monde, après des siècles de splendide isolement. Deng peut dire, non sans orgueil : « L'entreprise d'ouverture et de modernisation que nous menons n'a *jamais* été tentée au cours de l'histoire *plusieurs fois millénaire* de la Chine. Cette réforme exercera une influence non seulement sur la Chine, mais aussi sur le monde. »

« Plusieurs fois millénaire » ? Deng exagère un peu. L'Empire Tang était ouvert sur le monde du haut Moyen Âge et, avant lui, les dynasties du Nord et du Sud (400-600) avaient connu l'extraordinaire symbiose entre le monde indien et le monde chinois. Les premiers Ming, malgré leur conservatisme, ont recherché le contact avec l'extérieur. Le point de rupture se situe au XVe siècle. Tandis que « l'amiral eunuque » revient de ses longues navigations dans les océans Pacifique et Indien, la Chine renonce pour cinq siècles à affronter les mers. Au moment même où l'Occident, Portugal en tête, envoie ses caravelles en Afrique, en Asie, en Amérique.

Qu'importe ! Même après cinq siècles seulement, l'appétit d'ouverture traduit une révolution mentale.

Quant à la modernisation, elle rejette le principe même de la collectivisation de l'économie. « Enrichissez-vous ! » : tel est le mot d'ordre, celui-là même qu'on reproche encore à Guizot, lequel ajoutait pourtant : « par le travail et par l'épargne ». Le modèle n'est plus celui de la commune populaire, mais celui du paysan à 10 000 *yuan* — un « millionnaire* », qui peut s'offrir un appareil de télévision en couleurs et une auto.

Telle est bien l'intuition essentielle de Deng : pour que les Chinois donnent le meilleur d'eux-mêmes, il faut qu'ils y aient personnellement intérêt. Avec le profit, il a réintroduit le risque.

Mais aussi une inégalité qui est aux antipodes de l'idéal communiste. Même si Deng veut rassurer en montrant que le déséquilibre ne devrait être que transitoire : « Il faut des locomotives pour tirer les wagons. »

C'est un tournant historique. La Chine s'emploie à sortir de son Moyen Âge intellectuel. Elle a admis que *se moderniser* et *s'ouvrir* étaient synonymes. Plus engagée dans le collectivisme qu'aucun des pays socialistes, elle s'en dégage plus vite qu'aucun.

La fable des trois bols

Septembre-octobre 1984.
Les Chinois aiment parler par paraboles. Un « grand dirigeant » m'a dit : « Trois hommes ont chacun un bol à riz : un en fer, un en verre, un en terre. Le premier, dont l'ustensile est incassable, le malmène. Le deuxième, qui sait que le verre peut se casser s'il tombe de trop haut, fait davantage attention. Le troisième, dont la terre cuite est si fragile, ne lâche pas son bol de peur qu'il ne lui échappe. Le bol de fer, ce sont les entreprises d'État, les administrations, la fonction publique : les employés se savent inamovibles ; sans récompense ni sanction, ils se laissent aller. Le bol de verre, c'est la petite coopérative : sa prospérité dépendra de l'efficacité de l'équipe, les travailleurs le comprennent ; mais ils ne sont pas encore pleinement responsables. Le bol de terre, c'est l'activité libre du paysan maître de sa terre, ou de l'artisan, du commerçant, qui ne peuvent compter que sur eux-mêmes. Nous avons besoin de beaucoup plus de bols de terre et de beaucoup moins de bols de fer. »

Quand tout le monde était responsable de tout, personne n'était responsable de rien. Deng précise : « Tant que les pouvoirs de déci-

---

* Le revenu rural moyen, selon les chiffres officiels, est de 1 550 *yuan* par an en 1995.

sion ne sont pas remis aux entreprises, elles s'en remettent pour le meilleur et pour le pire à l'échelon supérieur. Comment, alors, mobiliser l'esprit d'initiative ? » En pleine économie socialiste de planification intégrale, Deng célèbre les vertus de ce que les marxistes appellent « le capitalisme ». Et pourtant, nous lui ferions injure si nous utilisions ce mot pour décrire son système.

Donner aux entreprises leur autonomie par rapport aux ministères dont elles relevaient. Décentraliser les décisions administratives au niveau le plus bas possible — province, arrondissement ou canton —, de manière à éviter qu'elles ne se perdent dans la montée et la descente du labyrinthe hiérarchique. Privatiser au maximum l'agriculture. « On a commencé les réformes par les campagnes, explique Deng, parce que, si l'on ne résout pas les problèmes d'existence de 80 % de la population, impossible d'assurer la stabilité de la société. » Privatiser ensuite la petite industrie et le petit commerce en les confiant soit à de petites collectivités traditionnelles — villages, clans, qui en répondront seuls — soit à des particuliers. Diffuser les responsabilités au plus loin : jusqu'à l'individu. Voilà l'immense entreprise dans laquelle s'est lancée la Chine de Deng au début de la décennie 80.

Plus question du modèle stalinien de production : il a fait faillite, ici comme ailleurs.

En revanche, on reste intraitable, sans complexes, pour le commandement de la société. Deng le rappelle sans cesse : « La voie socialiste, la dictature du prolétariat, le rôle dirigeant du Parti communiste, enfin le marxisme-léninisme et la pensée-maozedong, voilà les Quatre Principes fondamentaux. » Le refus de tout contre-pouvoir, le Parti-État, l'idéologie obligatoire, c'est exactement ce que nous appelons le régime totalitaire. Et pourtant, ces Quatre Principes constituent la garantie de « gouvernement au centre » : carotte pour sa gauche, bâton pour sa droite. Pendant ce temps, le pays évolue. Est-ce une illusion, de croire que ce régime permet de procéder non seulement à une modernisation économique, mais même, à la longue, sociale et finalement politique ?

Le poids de la misère

Septembre-octobre 1984.

Un soir, nous croisons, sur le périphérique qui entoure Pékin, une voiture à mulet qui progresse en sens interdit. Le muletier n'avait pas encore compris ; il avançait, indifférent aux coups de klaxon, comme un symbole têtu. Un immense chantier, des réalisations spectaculaires, une croissance accélérée ; mais d'invincibles pesanteurs.

Les coupures de courant sont fréquentes. Vous visitez une usine et trouvez les ouvriers bien contents de fumer une cigarette en attendant que l'électricité revienne : rien ne presse. Les toilettes sont souvent, pour ne pas dire toujours, répugnantes. Il m'est arrivé de me trouver tête à tête avec un gros rat dans la chambre du plus grand hôtel de Chengdu, capitale de Sichuan*.

Les trains ne dépassent pas la moyenne de quarante-cinq kilomètres à l'heure et offrent un confort spartiate. Les « wagons-lits » mériteraient à peine en France l'appellation de couchettes de seconde. Les avions partent quand ils peuvent ou ne partent pas du tout — sans aucune explication. Il m'est arrivé, après trois heures d'attente à l'aérodrome, d'apprendre que le vol sur une ligne intérieure était annulé. Il fallait alors récupérer les bagages enregistrés. Aventure digne des travaux d'Hercule : l'équipage, qui détenait les clefs de la soute, était tranquillement reparti en ville, plantant là les voyageurs**.

Quelques chiffres offrent un vrai panorama du sous-développement. Seulement 90 aéroports publics (contre 6 500 aux États-Unis) ; dont 8 capables de recevoir des gros porteurs. Sur plus de la moitié de sa longueur, le réseau navigable, ensablé, n'excède plus un mètre de profondeur. Six fois moins de voies ferrées qu'aux États-Unis ; dont 8 % seulement électrifiées. La densité des routes est dix fois moindre que dans les pays développés.

Des dizaines de millions de personnes, souvent sous-alimentées, vivent au-dessous du seuil de pauvreté***. Des dizaines de millions de vagabonds courent les chemins dans l'espoir de trouver un emploi. Peste, malaria, lèpre, syphilis et autres maladies endémiques accablent encore 60 millions de personnes. Un district rural sur trois n'a même pas de dispensaire. En 1984, Deng a demandé à l'armée de fabriquer non seulement des canons et des tanks, mais des motocyclettes et des machines à coudre. Et le gouvernement conseille à ses fonctionnaires, qu'il a bien du mal à payer, de trouver « une seconde journée de travail ». Le risque n'est pas mince d'étendre par là la corruption. Invariance chinoise...

Le méthane humain

Même l'ingéniosité chinoise donne l'impression d'être hors de proportion avec l'immensité des problèmes. On en reste au système D.

---

* Il est vrai que c'était en 1984. En 1996, la scène serait impossible, même dans un hôtel de second rang.

** Là aussi, les choses ont beaucoup changé. Depuis quelques années, fût-ce sur les lignes intérieures, il n'y a pratiquement plus de vols annulés ; tout au plus, retardés.

*** Selon les statistiques officielles, 65 millions de Chinois disposent de moins de 500 *yuan* par an en 1996 (autour de 350 francs).

Voici une invention que je constate dans la province du Sichuan, au pied du Tibet : elle consiste à utiliser les excréments humains, non plus seulement pour féconder le sol, mais d'abord pour produire du méthane, capté dans de grands ballons de caoutchouc, lesquels suffisent aux besoins d'une famille paysanne — réchaud de cuisine et poêle pour le chauffage.

Déjà, deux cent mille installations comme celles que j'ai pu voir dans deux villages fonctionneraient dans la province. On applique aussi cette innovation à la fiente des poulaillers, laquelle, après avoir dégagé son méthane, engraisse des vers de terre, dont se nourriront à leur tour les poulets ; forme nouvelle du mouvement perpétuel, où se reconnaît complaisamment le génie chinois.

Pendant ce temps, des femmes tirent des chariots, pareilles à des animaux de trait. Un paysan, de l'eau jusqu'aux cuisses dans la rizière, se sauve lorsqu'on veut le photographier, comme si l'appareil allait lui jeter un mauvais sort. On ne change pas d'un coup de baguette magique un groupe d'un milliard d'hommes, façonné par les millénaires.

Villes hérissées de grues

Septembre-octobre 1984.

Le niveau de vie s'est amélioré, mais reste fort bas. Dans les années 1970, trois rêves — trois instruments à roues : bicyclette, machine à coudre, montre — flottaient dans l'esprit des Chinois. Ils semblent aujourd'hui réalisés pour la plupart des foyers. Les rêves, à présent ? Téléviseur couleur, cyclomoteur, machine à laver. Pour le trente-cinquième anniversaire de la République populaire, les chars de parade défilant à Pékin représentent de gigantesques réfrigérateurs bien garnis, des machines à laver, des postes de télévision, voire des bouteilles-thermos. La télévision n'est pas encore accessible à tous les ruraux : au total, cent millions de postes récepteurs, tant noir et blanc que couleur, sont regardés par environ six cents millions de Chinois — un sur deux. Mais sept citadins sur dix possèdent un téléviseur.

Dans tous les lieux célèbres — place Tiananmen, Palais d'Été aux environs de Pékin, *Bund* de Shanghai, pagodes ou grottes bouddhiques —, on se heurte, surtout le samedi et le dimanche, à des milliers de Chinois qui se photographient mutuellement, comme naguère les Japonais.

Dans les années 1970, on pouvait être assuré de se promener à peu près seul sur la Grande Muraille ou aux tombeaux Ming. Leurs parages, dans les années 1980, sont encombrés de cars et même, désormais, de voitures particulières ; les Occidentaux sont en minorité.

Beaucoup* d'hommes et la plupart des femmes ont cessé de porter la tunique gris-bleu au col fermé, ainsi que les pantalons de même tissu. Les couleurs vives des robes et des chemisiers, les minijupes, les costumes masculins à l'européenne, les *shorts* et les *jeans* se sont multipliés, notamment à Shanghai et à Canton.

En 1971, l'observateur voyait creuser des souterrains. « Un ennemi venu du Nord » menaçait ; ou du moins voulait-on le croire et le faire croire. Des millions de Chinois aménageaient avec pelle et pioche des abris contre l'agression redoutée. Depuis 1980, la Chine apaisée ne joue plus à se faire peur. Elle ne se construit plus sous terre, mais en surface. Les quartiers périphériques des villes se hérissent de grues. Les entreprises étrangères qui peuvent soit livrer des machines de levage ou de manutention, soit en laisser construire sous licence, font des affaires en or.

Le voyageur qui compare la Chine des années 1970 et celle des années 1980 ne pourrait démentir ce propos de Deng, en 1983 : « Tout récemment, j'ai traversé le Jiangsu et le Zhejiang, puis, de là, je suis allé à Shanghai. Ce voyage m'a permis de constater que la situation dans ces régions est très encourageante : les gens respirent la joie de vivre, les maisons neuves se multiplient, les marchés sont bien approvisionnés et les cadres très confiants. Tout cela montre que les quatre modernisations sont pleines de promesses. »

L'Empire immobile s'est décidément mis en marche.

---

* En 1996, tous, sauf les plus vieux.

CHAPITRE 9
À chacun sa marmite
1984-1988

« *Beaucoup de moines pour peu de bouillie.* »
PROVERBE[1]

Septembre 1984.
En cette année 1984, on s'intéresse beaucoup en Chine au modèle hongrois, que l'on compte bien dépasser. Les Soviétiques de l'ère Brejnev n'ont admis l'introduction de l'économie libérale dans une société socialiste que pour la Hongrie, choisie comme laboratoire d'essais de dix millions d'habitants. Deng, lui, y est bien décidé pour un pays de plus d'un milliard. Quelle audace...

Une parabole de Deng dénonce la « grande marmite » où tous, sans trop se préoccuper de savoir comment elle se remplissait, venaient puiser avec leur louche. Chacun doit désormais ouvrir un œil vigilant sur sa « petite marmite » familiale, qu'il ne peut vider que s'il l'a d'abord remplie.

Deng m'expliquait en octobre 1980 : « Notre politique vise à en finir avec le système selon lequel tout le monde *mange à la même marmite*. Cette politique ne changera pas. L'industrie a ses particularités, de même que l'agriculture ; les expériences concrètes ne peuvent être transposées mécaniquement de l'une à l'autre ; mais le principe fondamental, qui consiste à appliquer partout *le système de la responsabilité*, ne souffre aucun doute. »

« *Mieux vous travaillez, plus vous gagnez* »

Dans l'industrie, les ouvriers touchent un salaire fixe et un salaire flottant, qui est souvent le double et parfois le triple. Le Plan indique un minimum de production à atteindre. Si ce chiffre est dépassé, le bénéfice est réparti entre les ouvriers au prorata de leur zèle.

« Il faut, m'a déclaré lors du même séjour Zhao Ziyang, réduire l'ampleur du Plan, pour libérer les autres secteurs et accorder plus d'attention à la loi du marché. » Le Premier ministre a souhaité en outre qu'on en vînt, dans les usines d'État aussi, à rémunérer les ouvriers à la pièce.

Des moyens techniques sont mis au point pour que les primes varient en fonction des performances de chacun. Comme il est loin, le temps où l'on me répétait, d'une entreprise à l'autre : « Liu Shaoqi nous corrompait en nous distribuant des primes. Il voulait rétablir le capitalisme... »

Aujourd'hui, Li Xuling, vingt et un ans, travaille dans l'industrie textile, à Qingdao. Durant ses huit heures d'usine, elle met les bouchées doubles. Déjeuner en une demi-heure, pas de sieste. Au bout du compte, primes incluses, un salaire double de ses camarades. Pour elle, « c'est ça le socialisme : mieux vous travaillez, plus vous gagnez ! ». Heureux les communistes en esprit.

À rapprocher de l'incessant appel de Deng à « mener une vie frugale ». Autrement dit, « enrichissez-vous, ne consommez pas, épargnez ». C'est ainsi précisément que, selon Max Weber, prit son essor le capitalisme occidental, sous l'impulsion du puritanisme calviniste : enrichissement, plus austérité, égale accumulation du capital. C'est l'aveu même de Marx, pour qui *l'homme aux écus* n'avait que ce credo : « Accumulez ! Accumulez ! C'est la Loi et les Prophètes*. »

La décollectivisation de la terre

C'est dans l'agriculture que la nouvelle philosophie produit les effets les plus spectaculaires. Du Runsheng, président de la Commission de l'agriculture au Comité central, dirige cette réforme depuis l'origine. Il m'en expose l'économie en septembre 1984 : « Chaque famille se voit attribuer des terres par un bail de quinze ans renouvelable. Elle en dispose à sa guise. Elle paie seulement une petite redevance à l'État comme fermage ; une autre, également modique, au village, pour l'usage des machines agricoles collectives. Tout le reste revient aux paysans eux-mêmes. C'est ainsi que leur enthousiasme s'est trouvé multiplié. Ce à quoi nous nous attachons aujourd'hui, c'est que les individus s'enrichissent. La collectivité s'enrichira d'autant. »

---

* En 1996, le taux d'épargne des Chinois est un des plus hauts du monde : environ 40 %.

La Révolution culturelle avait dit exactement le contraire. Mais la méthode n'est guère différente : l'enthousiasme programmé.

« La réforme, poursuit Du, a permis de faire passer en trois ans la production de céréales de 300 millions de tonnes par an à 400 millions. Cette croissance a dépassé nos espoirs. Pour la première fois dans l'histoire de notre peuple, nous engrangeons des surplus*. »

Mais les paysans riches demeurent l'exception. Une lourde menace pèse sur le monde rural : il compte *300 millions de foyers paysans, alors que 40 millions d'entre eux suffiraient à nourrir la Chine.* Les données moyennes, si tant est qu'on en obtienne de fiables, n'ont guère évolué. Les plus pauvres tentent de se rapprocher des villes, d'où ils sont chassés**.

« *Les céréales ? Je les garde* »

Septembre 1984.

Voici Li Xuanyuan, paysan « moyen riche » au village Wan Nian (« Dix mille ans ») du district Jiang Bei (« la Rive nord ») de la province du Sichuan, à quelques lieues de Chongqing. Dans sa maison, réduite à deux pièces et une souillarde, il vit avec sa femme, ses deux fils et sa fille ; ses vieux parents habitent une soupente à côté. Il a gagné l'an dernier 3 000 *yuan* : 2 000 en vendant ses cochons au marché libre ; 1 000 que son fils de vingt ans lui rapporte en se livrant au colportage à cent kilomètres à la ronde — avec son tricycle à moteur, celui-ci se rend chez des paysans et va vendre leurs produits au marché libre de Chongqing, en prélevant un pourcentage.

Li me fait visiter ses terres. Elles sont de taille modeste : 4 *mu*, c'est-à-dire en tout un tiers d'hectare. Mais la terre produit deux, voire trois récoltes par an : blé et riz alternés, patates douces et

---

* Des paysans qui ne gagnaient que quelques dizaines de *yuan* par an sont passés en 1989 à 1 000 (le *yuan* valait 3 francs en 1971 ; 1,20 franc en 1989 ; il ne vaut plus que 0,65 franc en 1996. Mais le pouvoir d'achat est très supérieur à ce taux de change). En moyenne, les ruraux, c'est-à-dire quatre Chinois sur cinq, ont multiplié leur revenu individuel par trois dans les années 1980-1988. Il ne faut pas s'étonner qu'ils soient pour la plupart restés tranquilles pendant le Printemps de Pékin de 1989. « Et ce n'est qu'un début. » Quelques-uns, déjà, se détachent du peloton et gagnent 3 000 , 10 000, voire 50 000 *yuan*. Mais, au début de juin 1989, certains de ceux qui se sont battus sur les barricades de l'avenue Chang'an étaient des laissés-pour-compte du développement rural : le nouveau *lumpenprolétariat*. Les rares informations qui nous viennent des campagnes depuis 1990 révèlent une certaine agitation.

** Selon des calculs de la Banque mondiale en 1991, 67 millions de personnes (6 % de la population) vivaient en dessous du seuil de pauvreté, contre 196 millions (ou 20 % des Chinois) en 1981.

légumes — laitues, haricots, oignons, poivrons, courgettes. C'est plutôt du jardinage que de l'agriculture.

« Et vos céréales ? lui dis-je. Combien de *yuan* en tirez-vous ?

— Je ne les vends pas ! Je les garde. *On ne sait jamais.* »

Dans les deux pièces de la maison, il a construit des coffres en parpaings. Les grains, blé et riz, s'y entassent ; ils vont se blottir jusque sous les châlits en bois dur.

« Mais pourquoi le conserver, alors que vous pourriez en tirer des centaines de *yuan* ?

— Nous avons connu si souvent la famine ! Les années... (il cherche dans sa mémoire ; sa femme l'aide)... 1959 à 1962 ont été trois années terribles. Et nous avons retrouvé encore la disette en 1976. Avant la réforme de la « petite marmite » (il emploie l'expression avec un éclair jovial dans l'œil), on était toujours en état de pénurie, on attendait avec anxiété la bonne moisson.

— Alors, c'est mieux avec Deng que du temps de Mao ?

Il éclate de rire :

— Mais ça ne se compare pas ! C'est la nuit et le jour ! Les communes populaires, c'était l'horreur !

— Ne craignez-vous pas que le grain s'échauffe ? Que les charançons ou les rats le grignotent ?

— Je surveille les stocks de près. Je n'y puiserai que quand nous serons sûrs de la prochaine récolte. *On ne sait jamais* (bis). »

Le palais des poulets

Voici Lu Rongjin, un « paysan riche », dans le district de Huang Du, à une quarantaine de kilomètres de Shanghai. Il a gagné 50 000 *yuan* dans les trois dernières années. Il compte en gagner autant dans la seule année 1984. Il s'est spécialisé dans l'élevage des poulets de race anglaise, fort appréciés par les restaurants shanghaiens. Il ne dispose que d'un *mu* de terre, mais qui suffit largement à ses besoins : 660 mètres carrés. Il a fabriqué lui-même, avec des moteurs à essence, des incubateurs qui maintiennent les milliers d'œufs à 37 °C pendant trois semaines.

Il s'est fait construire une maison de neuf pièces, réparties en trois niveaux. À chaque étage, une petite pièce, coincée par la cage de l'escalier, et deux grandes pièces aux ailes. Comment croyez-vous qu'il en dispose ? Dans la première petite pièce, au rez-de-chaussée, il loge ses deux fils de seize et vingt et un ans. Juste au-dessus, ses vieux parents. Au troisième niveau, sous les combles, sa femme et lui-même. Châlits de bois à natte et à baldaquin, quelques meubles plus que modestes. Dans sa propre pièce, qui sert de salle de séjour à toute la famille, on trouve la télévision et deux réfrigérateurs, dont l'un est hors d'usage mais précieusement conservé, l'autre comportant un congélateur où il garde du vaccin contre le choléra des poulets.

Et les six pièces spacieuses, aux deux ailes ? Elles sont réservées à ses sept mille poules et poulets. Ils baignent l'immeuble dans un caquetage odorant. Ils constituent son trésor. Il leur laisse la meilleure place. Ainsi, au Moyen Âge, les paysans ou commerçants plaçaient ce qu'ils avaient de plus précieux dans la plus belle pièce du rez-de-chaussée et dormaient au-dessus pour exercer leur vigilance.

Il s'est déjà acheté une moto. Il va remplacer son téléviseur en noir et blanc par un poste en couleurs. Il s'est inscrit pour une voiture qu'il espère toucher dans quelques mois.

Le jeune diplomate qui m'accompagne est écœuré. Il gagne 70 *yuan* par mois. *Sept ans à l'Université, pour gagner soixante fois moins qu'un éleveur de poulets analphabète ?* Son indignation, je la sentirai grandir jusqu'à la colère, au cours des années suivantes, chez *tous* mes interlocuteurs intellectuels.

Au moment où nous nous retirons, un policier s'avance dans la direction de notre hôte. Un instant, je me dis : « On vient l'arrêter ! Cet enrichissement subit est trop scandaleux ! Trop contraire à ce qu'on a inculqué aux Chinois depuis 1949 ! Trop insultant pour tant de Chinois dans le dénuement ! Il fallait quand même que cela cesse. » Pas du tout. Le policier vient interroger le paysan : il voudrait bien, en suivant cet exemple, se reconvertir.

Se reconvertir, oui ; cela ne signifie pas se convertir au *capitalisme*. Le mot reste tabou. « Il n'y a aucune raison de dire qu'en nous engageant dans l'économie de marché, nous développons le capitalisme », écrit *Le Quotidien de l'Armée populaire de libération*[*]. D'année en année, depuis 1978, Deng s'est évertué à dénoncer les « tendances erronées[2] », les « idées décadentes propres à la bourgeoisie et aux autres classes exploiteuses[3] », l'« action corrosive du capitalisme[4] », le « libéralisme bourgeois[5] », « la cupidité, la corruption, les injustices de toutes sortes inhérentes au capitalisme[6] », « la pagaille et la désunion[7] », « l'anarchisme et l'ultra-individualisme[8] », la « société sans foi ni loi[9] » qu'amènerait infailliblement l'imitation de l'Occident...

---

[*] On comprend mieux ainsi pourquoi, en juin 1989, les « contre-révolutionnaires » de Tiananmen ont pu être accusés, sans rire, de vouloir « asservir la Chine au capitalisme international ». La menace, officiellement, n'a jamais cessé d'être une réalité.

Août 1988.

Je suis revenu voir Lu Rongjin. Il a troqué sa moto contre une limousine Mercedes — achetée d'occasion, il est vrai. Sa maison de neuf pièces ne lui suffit plus. Il est en train de se faire construire un véritable palais. Le toit est déjà achevé ; les murs, en mosaïque, sont constellés de petites pierres d'or et d'argent, ou qui paraissent telles. L'aménagement des pièces est en cours ; tous les artisans du village s'y affairent. En revanche, des poulaillers ultra-modernes, bâtis en dur dans son ancien lopin, l'ont soulagé de sa basse-cour. On pourrait dire de lui, comme du héros de *Jin Ping Mei (Fleur en fiole d'or)* : « Il y a chez lui plus de sapèques que d'étoiles au ciel. »

Il gagne maintenant 200 000 *yuan* par an (300 000 francs). Et les « intellectuels » — fonctionnaires, employés, enseignants — cent à deux cents fois moins.

Le développement inégalitaire

Septembre 1984.

Yang Xiuying, femme fine et énergique, la quarantaine, membre du Parti, est chef du canton de Huang Du, à une trentaine de kilomètres de Shanghai : 18 villages, 28 000 habitants, dont 16 000 actifs, à qui ont été attribués 2 100 hectares. Elle m'ouvre ses livres de compte, comme les paysans précédents m'avaient montré leurs récépissés de livraison : « 18 200 cochons, 160 000 volailles, 108 000 quintaux de céréales, etc. Le "système de responsabilité", introduit progressivement à partir de 1981, a plus que doublé le revenu moyen des 7 000 foyers. Mais, déjà, certains se détachent : 228 familles se sont spécialisées dans un créneau et ont produit un profit net de 470 000 *yuan*, soit 2 061 *yuan* par foyer. » Pendant notre conversation, elle ne cesse de vérifier sur son boulier les chiffres qu'elle avance. Elle conclut, dans un grand sourire : « Une soixantaine de familles sont déjà entrées dans la zone des 10 000 *yuan*. Elles sont "la locomotive qui entraîne les wagons". Tout le train y trouve son avantage. »

Voici encore, à 1 200 kilomètres de là, Yumin Cun, un « village de pêcheurs » sur la rivière des Perles, non loin de la ville nouvelle de Shenzhen. Une heure de questions n'est pas de trop pour comprendre en quoi le « système de responsabilité » a changé la vie du village : il faut descendre avec un scaphandre dans les profondeurs de la pensée du vieux maire qui nous reçoit. Jusqu'en 1980, les habitants du village pêchaient du poisson dans le fleuve avec leurs sampans. Le Plan leur fixait cette mission et aucune autre.

La nouvelle politique a libéré les énergies et les imaginations. Des sampans ? Il n'y en a plus. Le village possède deux bateaux, mais qui transportent des briques. Les poissons ? On les élève dans des étangs. Une manœuvre des vannes suffit à les capturer. En outre, les « pêcheurs », qui ont cessé de l'être, élèvent des cochons et de la volaille, ou bien travaillent dans une petite usine de congélation qui fournit de poisson et de viande les restaurants des villes avoisinantes. Et, surtout, les habitants sont autorisés à vendre à Hongkong les deux tiers de leur production. Opulence : des villas familiales offrent un confort qu'on ne s'attendrait pas à y trouver — évier, salle d'eau, machine à laver, fourneau électrique, télévision couleur, magnétoscope, chaîne haute-fidélité.

Se débrouiller tout seul

De plus en plus de Chinois se débrouillent tout seuls. Ils n'en ont que plus de mérite. Cette jeune femme d'une trentaine d'années bredouille un anglais à peu près intelligible. Elle a commencé à l'apprendre à la radio, puis avec des cassettes. Comme elle a, par ailleurs, fait des études commerciales, elle s'est proclamée *general manager* et s'est lancée dans l'aventure du conseil en entreprise. On est à Canton ; les entrepreneurs étrangers y sont assez nombreux ; son anglais ânonné est pour eux une aubaine. Le labyrinthe administratif de la bureaucratie chinoise leur paraît, grâce à cette Ariane et aux fils qu'elle leur offre, un peu moins angoissant.

Dans un faubourg de Canton, ce jeune couple (illégitime) a monté un petit restaurant, avec les économies des deux familles. Anguilles au court-bouillon, soupe de tortue ; on sert du matin au soir, pour un chiffre d'affaires mensuel de 10 000 *yuan*. Quel bénéfice ? Impossible de le leur faire dire. Craignent-ils une dénonciation ? Au fisc ? À la police ? Peut-être. Mais je ne suis pas sûr qu'ils le sachent eux-mêmes. En tout cas, plusieurs fois le salaire d'un fonctionnaire de bon niveau.

À Canton, toujours, cette ancienne élève du « Sciences-Po » de l'université de Canton a ouvert une discothèque ; un camarade journaliste, dans un quotidien local, a vanté son « esprit d'entreprise » et rabattu vers elle le chaland...

Le Guangdong n'est pas toute la Chine ; on y a toujours eu le sens des affaires et des relations publiques. Macao depuis plus de quatre siècles, Hongkong depuis un siècle et demi, mettent l'Occident aux portes de cette province. Mais tant d'initiative laisse pantois. Est-ce cela, le socialisme à la chinoise ?

CHAPITRE 10
Jardins de poche
1984-1988

Septembre 1984, août 1986, août 1988.
À Foshan, dans la province du Guangdong, je connais un autre de ces « nouveaux riches » ; je vais le revoir régulièrement. Lui aussi, il gagne 200 000 *yuan* par an — cent fois plus qu'un directeur d'administration centrale, cinquante fois plus qu'un ministre —, en « élevant » des *bonsaï*.

« *Paysage dans un pot* »

La réduction artificielle de l'arbre n'est point d'origine japonaise, mais chinoise. Parce que le Japon a connu un prodigieux essor tandis que la Chine s'effondrait, c'est par le Japon que le *bonsaï* s'est répandu en Occident. Mais, comme c'est le cas pour tant d'autres innovations et tant d'autres pays, le Japon n'avait fait qu'imiter, avec un millénaire de retard, une pratique chinoise. Dès le IIIe siècle, on en trouve une mention dans la littérature de l'ère des Trois Royaumes *(Sanguo)*. Et l'on vient de découvrir dans le tombeau du prince Zhanghuai, mort en 684, une fresque où une gracieuse servante descend les marches en portant un arbre nain. C'est vers le XIVe siècle seulement que les Japonais ont copié, sous le nom de *bonsaï*, l'arbre nain créé au début de notre ère par les Chinois, qui l'appelaient *penjing* — « paysage dans un pot ».

Le narrateur de la première ambassade anglaise en Chine, au XVIIIe siècle, s'émerveillait de cet art dont — à la différence des brocarts, des épices ou du thé — ni les chameliers musulmans de la Route de la Soie, ni les voiliers des Compagnies des Indes orientales, n'avaient jugé profitable d'inonder l'Europe : « Sur plusieurs tables, on avait placé dans des caisses remplies de terre des arbres nains, tels que des pins, des chênes ou des orangers avec leurs fruits. Aucun de ces arbustes n'avait plus de deux pieds de haut. Ils étaient corrodés et couverts de lichens, comme s'ils eussent été placés là depuis des siècles. La terre était parsemée de cailloux qui, proportions gardées, pouvaient être appelés rochers[1]. »

Tandis que l'Occident empruntait cette passion au Japon, l'art du *bonsaï* avait connu une éclipse en Chine. Non qu'il eût disparu. D'innombrables parcs recelaient un enclos — jardin dans le jardin — où se pressaient quelques dizaines d'arbres nains, voire plus de dix mille, comme le parc Longhua de Shanghai. Des dizaines de millions de foyers entouraient toujours de soins amoureux leur arbre en pot. Car il plonge ses racines dans l'âme chinoise. Il fait partie d'une féerie, où sont indissociables les jardins intérieurs, les galeries, les ponceaux, les étroits passages, les porches, les cours, les pavillons, les terre-pleins — l'aménagement de l'espace. Recherche complexe de joies simples. École de raffinement spirituel — ou de confinement mental.

« *Réduire l'étendue à l'intimité* »

L'art chinois du paysage était parvenu très tôt à une telle perfection qu'il n'avait plus qu'à se copier. « Le jardin, disait Shen Fu, doit faire entrer l'immensité dans l'exiguïté, réduire l'étendue à l'intimité, introduire l'irréel dans la réalité[2]. »

Le jardin chinois ? Parfois une forêt aménagée, où s'ébattent, sous les hautes frondaisons, biches et cerfs, oiseaux de feu, poissons dans leur bassin — tel le parc royal de Wen Wang, dès le temps d'Homère ; ou tel celui de Hangzhou, dont Marco Polo disait : « Depuis le pont des bateaux, les passagers attablés peuvent admirer de tout côté la beauté des bosquets qui défilent. » Plus souvent, un abrégé de parc, dans une courette. Mais toujours, un lieu d'évasion, de calme et de rêve ; des paysages composés selon des règles strictes, tout en fuyant géométrie et symétrie. Le jardin montre le grand dans le petit et le petit dans le grand. Il fait surgir en réduction des escarpements et des précipices.

Cette mystique des jardins trouve son accomplissement dans le *penjing*, arbre pour un jardin de poche. Au commencement, l'arbre nain ne fut sans doute qu'une curiosité naturelle — plantes bloquées dans leur croissance par les radiations excessives de la haute montagne, ou le vent, ou la rareté de la terre. Bien vite, les Chinois se sont mis à provoquer le nanisme que la nature avait su inventer : « Trente ou quarante ans de soins diligents », précisait Shen Fu[3].

87

Les oubliés du marxisme-léninisme

Mais, en 1949, la société pyramidale de lettrés et de « gens de condition », qui avait fait naître les *penjing*, s'était écroulée. On conservait pieusement ceux qui existaient ; on n'en créait plus. La planification centralisée prescrivait les millions de bicyclettes, ou de tonnes de fonte, ou de kilomètres de cotonnades ; elle ne soufflait mot des *bonsaï*, ces oubliés du marxisme-léninisme.

Là encore, il fallut l'intuition de Deng Xiaoping et le tournant de décembre 1978 pour que l'économie de marché, jaillissant dans les crevasses de l'économie autoritaire, fît faire au *penjing* un grand bond en avant. D'innombrables arboriculteurs apparurent comme fleurs au printemps. La liberté de produire et de vendre a soudain prouvé que ce superflu est plus indispensable que le nécessaire. La Chine redevenait géante en redécouvrant ses arbres nains.

L'attrait du minuscule

C'est ainsi que mon ami Fang Fusan a fait fortune. Il a compris qu'un arbre en pot, c'est un parc dans la salle de séjour ou sur un balcon, un tableau à trois dimensions qui ouvre sur les lointains une fenêtre imaginaire.

Il m'entraîne dans la salle de séjour de sa belle villa, dont le jardin regorge de *penjing* de toutes espèces. Il me verse un verre de vin chinois — archi-sucré. Aux quatre murs, est collé un papier peint, tiré d'une photographie panoramique en couleurs, qui déroule sur 360° le paysage de Zermatt, au pied du Matterhorn, notre Cervin. Un haut lieu de la civilisation capitaliste, au cœur du plus grand pays communiste du monde. J'interroge Fang Fusan : « Comment vous y prenez-vous pour élever vos arbres en pot ?

— Nouez, me répond-il, les trois premières branches. Chaque fois, imprimez une courbure au tronc en le ligaturant. Laissez pousser les branches suivantes. » La vie du *penjing* est une somme de rites accomplis.

D'où vient cette fascination pour le nanisme, me demandais-je tandis que Fang Fusan me montrait un arbre-dragon qui, jaillissant de son pot comme une volute de fumée, paraissait aux prises avec des vents imaginaires et défiait des nuées invisibles ?

Cet attrait des petits arbres rejoint une constante. L'immense Chine raffole de menus symboles. Teilhard de Chardin notait combien elle aime le minuscule : un idéogramme qui symbolise un objet ; une sentence de quelques signes qui concentre toute une sagesse ; les petits objets de jade, de bronze ou de porcelaine ; une peinture d'où surgit un paysage gigantesque de pics et de falaises dominant un fleuve, avec un promeneur, un cavalier, une maison microscopiques, sous un ciel infini. Chacune de ces images évoque l'humaine condition, réduite à sa proportion rêvée, jusqu'à n'être plus que l'idée d'elle-même.

Voici des siècles que la part cultivable de la Chine est surpeuplée. Elle ressemble à un manuscrit ou à un film, trop profus en images ou en mots pour trouver place dans le nombre de minutes ou de pages imparti. Tout écrivain, tout metteur en scène a connu l'angoisse de devoir amputer son œuvre. Tout rédacteur en chef assume le rôle ingrat de réducteur en chef. Les Chinois sont condamnés, au sein d'un univers terriblement limité, à rêver de rapetissement. Leurs artistes façonnent des bibelots qui les rassurent : buffles qui tiennent dans la main, chevaux grands comme des jouets d'enfants, arbres en pot. Si chaque être et chaque chose étaient ramenés à une dimension naine, il y aurait place et nourriture pour tous. La multitude du peuple chinois le prédisposait à l'art subtil de la miniature.

Quand la première ambassade anglaise, citée plus haut, parvint en Chine, précédée de la rumeur des cadeaux merveilleux qu'elle apportait en tribut à l'Empereur, le bruit courut qu'elle allait offrir à Sa Majesté « un homme haut d'un pied, un éléphant de la grandeur d'un chat, un chameau grand comme une souris ». Et les romans chinois de haute époque sont pleins de ce fantasme.

N'existe-t-il pas une relation entre cette recherche de la petite taille végétale et la tradition chinoise de bander les pieds des femmes ? On contraint les racines dans une étroite porcelaine, comme on emprisonnait les petons des petites filles : compressé, rabougri comme un *penjing*, le pied se parait des grâces les plus excitantes...

Lui aussi, l'arbre nain, n'est pas moins, mais plus qu'un arbre normal. C'est une œuvre d'art. C'est la nature apprivoisée, humanisée, éduquée à l'extrême, rééduquée en quelque sorte. Il incite à la quiétude de l'esprit. Il parle de l'amitié qui survit au temps qui passe, du printemps qui vainc la rudesse de l'hiver, de l'éternel renouveau.

Le fils de Fang Fusan vient charger sa camionnette d'arbres en pot pour les transporter à Canton, à Shenzhen et jusqu'à Hongkong. À Foshan, des dizaines d'arboriculteurs en font autant. Comme les poulets de race anglaise, ce créneau vaut de l'or : le Plan n'y avait pas pensé ; le marché en profite pour exploser. Ainsi naissent les millionnaires. Plus vite que les arbres en pot.

CHAPITRE 11
Quand la culture n'est plus révolutionnaire
1984-1989

> « *L'arbre renversé, les macaques se dispersent.* »
> Proverbe[1].

Août-septembre 1984.
Les Chinois sont plus détendus. Pendant la Révolution culturelle, on les voyait à tout instant guettés par l'hystérie collective, prêts à apposer des affiches murales qui proclamaient les effets miraculeux de l'action du Grand Timonier, ou à se lancer dans des manifestations de masse. Voici que le *Petit Livre rouge* est devenu introuvable. Les *dazibao* ont disparu.

Sur les panneaux, la propagande révolutionnaire a fait place à la publicité commerciale, surtout japonaise. Des banderoles flottent encore ; elles contiennent surtout des conseils pratiques : « Cyclistes, vérifiez vos freins », ou encore : « Le temps, c'est de l'argent ». Les Chinois que l'on aborde en parcourant lentement à bicyclette les rues d'une ville offrent une image — peut-être relative — de décontraction à qui les a connus tendus comme des ressorts.

La Révolution culturelle est dénoncée par tous comme un incompréhensible accès de folie collective. Chacun raconte, avec une horreur volubile, ses propres déboires et les atrocités dont il a été témoin. La Chine a été rassurée de voir à sa tête des persécutés, qui se montrent par là même réfractaires à de telles tentations. Les autocritiques spontanées sont fréquentes.

À l'université Beida de Pékin, le recteur, qui m'a accueilli en 1980 et m'accueille de nouveau en 1984, n'est autre que celui que j'avais connu en 1971 comme « vice-président du Comité révolutionnaire de l'université Beida » (le président en titre étant alors un jeune militaire, visiblement peu rompu aux exercices académiques).

Cet universitaire, Zhou Peiyuan, parlait un anglais irréprochable : il avait fait ses études de chimie à « Caltech », le *Californian Institute of technology*. Il m'avait fait en aparté quelques confidences d'une évidente sincérité. Mais, en chinois, devant témoins, il m'avait tenu la litanie des propos obligés du mandarin repenti : « Avant la Révolution culturelle, nous n'avions d'égards que pour les étudiants appartenant aux milieux culturellement favorisés. Grâce aux gardes rouges et aux *dazibao*, qui ont répandu parmi nous la pensée-maozedong, nous avons compris, etc. »

M'ayant reconnu, il m'avoue, avec beaucoup de bonne grâce : « J'ai honte, en pensant à ce que j'étais contraint de vous dire sous la menace. Depuis que nous sommes libérés de la bande des Quatre, nous avons mis à la porte les étudiants incompétents qui avaient été désignés sur des critères politiques. Nous sélectionnons les meilleurs. »

Tout indique que les déportations pour le travail manuel ont été fortement réduites. Les « écoles du 7 mai », où se faisait le remodelage des esprits, ont été fermées. Le concassage de la société s'est arrêté. La Chine n'est plus un chantier de jeunesse. Elle ne met plus les intellectuels en quarantaine. On ridiculise volontiers la célèbre circulaire de Mao du 7 mai 1966, qui prescrivait : « Les cadres devront apprendre, sous le contrôle de l'armée, à travailler à l'usine et aux champs. » Finies, ces longues années durant lesquelles professeurs, avocats, artistes transportaient le purin, tandis que des paysans leur disaient : « Retournez donc chez vous ! Ce n'est pas votre métier ! »

Chacun a retrouvé son métier.

Désenchantement de la jeunesse

Mais ce soulagement n'est pas partagé par tout le monde.

À côté de tant de Chinois, au moins un sur dix sans doute, qui avaient souffert d'exactions dans leur chair, en tout cas dans leur famille, tant d'autres avaient été entraînés, bon gré mal gré, dans une sorte de ferveur naïve : la Chine allait se développer à vive allure ; ces désordres n'étaient que le prélude obligé d'un ordre nouveau. La masse des prolétaires, et surtout les jeunes, pouvaient nourrir le sentiment d'avoir enfin à leur tête un régime qui les représentait vraiment.

Les cinémas de Pékin, de Shanghai et de Canton projettent, durant cet été 1984, un film qui reconstitue cette atmosphère : *Vive la jeunesse,* tiré du livre de Wang Meng. Mao, c'était la légende de Yan'an ; l'Armée populaire, c'était l'épopée de la Longue Marche et de la Libération ; le Parti, c'était la Chine « enfin debout ». Toutes ces certitudes ont été saccagées.

Maints témoignages du désenchantement qui s'est ensuivi m'ont été donnés. On avait tellement mis en condition les jeunes, qu'ils éprouvent aujourd'hui le sentiment pénible d'avoir été trompés. Beaucoup d'entre eux étaient des convaincus. Ils sont *démotivés*, quand ce n'est pas découragés*.

Un garçon de vingt-cinq ans, qui arrive à l'âge de fonder un foyer, comment ne se sentirait-il pas assailli de doutes ? De huit à dix-huit ans, il a vu déferler les bouleversements et les accusations. Habitait-il la ville ? Ses parents, ses proches, lui-même enfin, ont été « envoyés aux champs ». Vivait-il à la campagne ? Il a été expédié à l'usine ou à l'armée pour « apprendre des soldats ». Dans tous les cas, il a vu condamner des gens qu'il respectait, puis condamner ceux qui les avaient condamnés, puis réhabiliter ceux qu'on avait condamnés. Comment échapperait-il au désarroi ? Comment éviterait-on qu'il se barde d'indifférence ?

« Je ne crois plus à rien », m'a dit plus d'un. Il n'est pas facile, pour toute une génération, de brûler ce qu'elle a adoré et d'adorer ce qu'elle a brûlé.

Pan Xiao fait penser à un Nizan chinois (« Je ne laisserai personne dire que vingt ans est le plus bel âge de la vie »). Il écrivait, en mai 1980, son désarroi dans *Le Journal de la jeunesse chinoise* : « J'ai vingt-trois ans. Disons que je viens de m'engager dans le chemin de la vie. Mais tous les mystères, tous les attraits de la vie humaine n'existent déjà plus pour moi, ou semblent se bloquer dans une impasse... Le chemin que j'ai parcouru va de la pourpre à la cendre ; de l'espérance au désespoir ; c'est une voie sans issue. » Ces stances suscitèrent quarante mille lettres en trois mois. La Chine est pleine de millions de Pan Xiao. Brisés sont les ressorts de l'enthousiasme de naguère.

« Pour sortir de l'enfer »

Pour tous ceux qui créent ou qui croient, la libération culturelle est pourtant bien réelle.

Le conservatoire de musique de Shanghai avait été le théâtre d'un des conflits les plus aigus de la Révolution culturelle. J'ai voulu le visiter. Son directeur est un pianiste de renom international, primé au concours Chopin de Varsovie en 1960 et au concours Marguerite-Long de 1961.

---

* Quand les étudiants de Tiananmen, en mai 1989, chanteront l'*Internationale*, voire la *Marseillaise*, c'est un souffle héroïque qu'ils appelleront sur eux, contre la logique mercantile. Ni 1968, ni 1789 : plutôt 1848, contre le « roi-bourgeois »... Mais quelle comparaison a jamais rendu compte d'un mal de l'âme ?

L'œil sombre, il se remémore la tourmente : « Les gardes rouges se sont acharnés sur le conservatoire, parce que nous jouions du Mozart et du Beethoven, au lieu de nous consacrer à la musique chinoise ou à la musique révolutionnaire. Les pianos, violons, violoncelles ont été systématiquement cassés ou brûlés. Une vingtaine de professeurs sont morts, soit des suites de tortures, soit par suicide. Les autres ont été déportés à la campagne. Le meilleur d'entre nous, un grand compositeur, ses élèves lui ont fait éclater les tympans en lui versant de l'eau bouillante dans les oreilles. Il est complètement sourd.

— Vous, au moins, vous avez échappé à ces mauvais traitements ?

— Les musiciens de ma génération ont été protégés par leurs aînés. On s'est acharné sur les plus de cinquante ans, considérés comme incurables. On a préféré, à notre âge, nous rééduquer. Pourtant, des carrières internationales s'ouvraient à nous. Six à dix ans sans musique, à retourner la terre... nous avons perdu la main. Nous ne pouvons plus qu'enseigner à de plus jeunes, en leur souhaitant un meilleur sort. »

Mais, dans le conservatoire d'aujourd'hui, une large majorité d'élèves a choisi musique et instruments occidentaux. Nous passons de salle en salle. Ici, un garçon étudie au piano la *Sonate au clair de lune*. Là, un autre joue à la trompette l'*Adagio* d'Albinoni. Plus loin, une fille en robe jaune interprète au violoncelle la *Suite en ré*, avec des accents qui évoquent Pablo Casals. Ont-ils, comme le souhaite Deng, « brisé le carcan spirituel imposé par la bande des Quatre[2] » ? Antonin Artaud assurait : « Nul n'a jamais écrit ou peint, joué ou inventé, que pour sortir de l'enfer[3]. »

Mon guide me présente à sa famille. Son père était premier violon de l'orchestre symphonique de Shanghai, sa mère et son frère, tous violonistes, s'entraînaient mutuellement à former un quatuor. Ils sont revenus du travail manuel les doigts noués. Leurs quatre violons sont suspendus au mur. Personne n'y touche plus. Il y a des enfers dont on ne sort pas.

Des messes en latin

Septembre 1984-Août 1988.
Les lieux de culte de toutes confessions avaient beaucoup souffert sous la Révolution culturelle : les gardes rouges s'étaient acharnés sur eux. Depuis 1980, bouddhistes, musulmans, catholiques, protestants, orthodoxes vieux-russes, juifs sont libres de pratiquer. Les décombres laissés par la Révolution culturelle sont en voie d'être reconstruits. Nombre d'églises, de temples bouddhiques ou taoïstes, de mosquées, de pagodes sont rouverts.

Sur le seul territoire de la municipalité de Shanghai, dix-sept églises catholiques sont offertes aux fidèles. La cathédrale, dont la toiture avait été détruite pendant la Révolution culturelle, a été restaurée. En 1984*, j'y ai assisté à des messes en latin — les prêtres, censés rester sans contact avec Rome, ne tiennent pas compte du concile de Vatican II. Dans l'assistance, chaque fois, j'observe beaucoup de garçons et de filles qui ont à peine dépassé l'adolescence : la tranche d'âge qui, chez nous, est la moins assidue aux offices. Les vieilles générations ont passé le flambeau.

Il y aurait trois ou quatre millions de Chinois catholiques, m'assurent plusieurs fidèles à la sortie de l'office ; tout au plus cinq millions. Une goutte d'eau dans la mer. Mais, pour la messe de minuit à Noël, et pour Pâques, la cathédrale a du mal à contenir la foule, où la jeunesse prédomine.

Il est vrai qu'à l'entrée de l'enceinte entourant la cathédrale, un concierge, qui a tout l'air d'un policier, surveille les allées et venues. Il faut montrer patte blanche. Si un Chinois est catalogué comme chrétien, on le laisse entrer. Sinon, il est refoulé. Une secte sous surveillance, en somme. Le prosélytisme est interdit, comme sous les empereurs mandchous**.

Un éloge de l'opium du peuple

Septembre 1986.
Les bouddhistes aussi respirent à nouveau. De l'île Putuo, pèlerinage jadis très fréquenté, dans l'archipel Zhushan, au large de l'embouchure du Yangzi, le guide *Nagel*, acheté avant mon départ, déclare : « État actuel inconnu. » Comblons cette lacune. Cette île célèbre, longtemps fermée aux Chinois eux-mêmes, est maintenant ouverte à tous : 700 000 visiteurs y seraient venus depuis le début de 1986 — parmi lesquels nous avons été, nous affirme-t-on, les seuls Occidentaux.

Nous entrons dans un couvent de nonnes vouées à Guanyin, tandis qu'elles psalmodient des *sutras*. Avec leurs cheveux coupés en brosse, on les prendrait pour des moines, dans le gris de leur pantalon et de leur tunique en forme de sac — n'étaient leurs voix angéliques. On se croirait dans un carmel.

Dans le plus grand temple de la ville, le Puningsi, le prieur me reçoit. C'est le « Maître de la Voie et de la Sainteté ». Il préside

---

* Et de nouveau en 1988.
** En 1990, Pékin favorise des contacts entre l'Église « patriotique » et les jésuites de San Francisco... Mais dans le même temps, une nouvelle répression s'abat sur l'Église du silence, qui semble compter beaucoup plus de fidèles que l'Église officielle.

l'« Association bouddhique » (association « patriotique », comme les communautés catholiques désignées pareillement). Il m'explique : dix monuments ont été restaurés, sur les dix-huit de l'île, grâce aux dons de particuliers ; cent soixante moines et soixante nonnes vivent à Putuo, contre quatre cent cinquante jusqu'à la Révolution culturelle — le quart. Il en serait de même un peu partout en Chine.

Juillet 1987.
Quelle que soit leur religion, partout des foules de fidèles brûlent de l'encens, prient, se prosternent.

Quinze mille mosquées de nouveau en service en 1987, soit une pour mille fidèles ; quatre mille églises chrétiennes, dont deux mille catholiques, soit moitié moins en proportion.

Tout cela reste fragile. La liberté de croyance, *sans autonomie institutionnelle,* est inscrite dans la Constitution de 1982. Le régime laisse faire et semble même favoriser cette reprise de la piété.

L'« opium du peuple » a du bon. Ce mois-ci, le journal *Clarté* publiait un curieux article, intitulé « Pourquoi la religion existe-t-elle encore ? ». On y constatait qu'elle incitait les croyants à éviter le mal et à faire le bien ; qu'elle leur procurait un réconfort quand aucune solution rationnelle n'était apportée à leurs difficultés ; qu'il convenait de se pencher avec respect sur ce phénomène de masse durable.

On est loin de Marx. On se rapproche de l'empereur Taizong, de la dynastie Tang, qui, par un édit de 638, estima que la religion chrétienne, introduite dans son empire par les nestoriens, « sauve les créatures et profite aux hommes... Il convient de la répandre dans l'Empire[4] ».

Août 1989.
La formule haineuse du siècle dernier : « un chrétien de plus, un Chinois de moins » n'est pas morte. Après les événements du Printemps 1989, une trentaine de prêtres et neuf évêques d'obédience romaine ont été arrêtés : Pékin redoute qu'ils ne soient le support du « mouvement pour la démocratie ». Et les troubles au Xinjiang ne manqueront pas de provoquer de nouvelles tensions entre le pouvoir central et les « nationalités » de confession musulmane*.

Danser sur des rythmes d'Occident

Pour qui a connu l'époque où sept « œuvres théâtrales sur des thèmes révolutionnaires contemporains » étaient seules offertes en

---

* En 1990, au Hebei, la troupe intervient pour détruire une église provisoire construite par les catholiques d'un village. Incident de même nature, mais plus violent, autour d'une mosquée kirghize au Xinjiang.

spectacle, l'ouverture culturelle est stupéfiante. L'affiche des cinémas est aussi variée que chez nous.

Les studios chinois produisent par an entre soixante-quinze et cent films sur les thèmes les plus divers, de préférence empruntés à l'histoire légendaire de la Chine et aux années de lutte révolutionnaire qui font l'unanimité du Parti — c'est-à-dire de 1925 à 1958 : on est plus discret sur la période contestée, de 1958 à 1976.

Les films occidentaux font salle comble. Belmondo, Delon et Depardieu attirent les foules. La télévision, maintenant répandue à travers le pays, les diffuse ensuite. Elle n'est pas farouche : dans le Sud de la Chine, on retransmet les chaînes de Hongkong.

Un brillant metteur en scène, que je rencontre dans les décors de l'Institut du cinéma à Canton, réalise des films qui tournent le dos à l'idéalisme héroïque de naguère.

On s'est mis à danser au rythme des chanteurs occidentaux des années 1950. Revoici Paul Anka et les Platters. La France, là-bas, c'est aussi Mireille Mathieu, fort populaire, bien habillée, bien élevée, chantant des chansons « nationales » françaises et même chinoises — en chinois. Elle a été citée en exemple par *Le Quotidien du peuple*.

On traduit Freud, Nietzsche, Marguerite Duras ; on se passionne aussi pour l'histoire, pour les ouvrages d'économie. La censure s'exerce-t-elle ? Assurément ; mais on a l'habileté de la dissimuler sous la pénurie, réelle ou supposée, de papier. La musique occidentale est à nouveau bien en cour. De Mozart à Lehar, elle occupe la scène lyrique ; de la fosse remontent les accords, hier « bourgeois », de *Fidelio*...

« Il faut assimiler tout ce qu'il y a de progressiste dans les ouvrages littéraires et artistiques de l'étranger[5] », a conseillé Deng.

Septembre 1989.
Mais n'est-ce pas là, doit se demander plus d'un dirigeant conservateur, que commence le danger ? Après les événements de 1989, certaines déclarations officielles paraîtront nous transporter brutalement vingt ans en arrière : « Il faut lier les formes nationales de l'art à un fond socialiste. Développer la culture nationale, c'est renforcer l'amour-propre de notre nation et notre esprit patriotique. C'est encore contenir les pressions extérieures. Quand prolifèrent les grandes herbes vénéneuses de la bourgeoisie occidentale, l'art devient un combat national : il est temps que des œuvres saines rendent confiance aux Chinois, les emplissent de bonheur et contribuent à la stabilité sociale[6]. »

On croit entendre la bande des Quatre. Finira-t-on par la réhabiliter, Mme Mao en tête ?

CHAPITRE 12
Les deux empereurs
1984-1987

Pékin, 1ᵉʳ octobre 1984.

Aujourd'hui, la Chine célèbre avec éclat le trente-cinquième anniversaire de l'instauration du régime communiste. Pour la première fois depuis quinze ans, des centaines de milliers de soldats, ouvriers, paysans ont paradé cet après-midi au son des gongs. Sur la place Tiananmen, ils ont défilé entre le mausolée, où Mao dort dans son cercueil de verre, et la porte de la Paix céleste, où son portrait géant est suspendu au célèbre balcon d'où le Grand Timonier contemplait les millions de gardes rouges venus le saluer.

En regardant, parmi des dizaines de milliers d'autres badauds, cette grandiose mise en scène, on ne peut s'empêcher, Occidental, d'être stupéfié. Quoi ! Mao, le même qui, dans sa conviction que « la Révolution n'est pas un dîner de gala », n'a pas reculé devant une terrible hécatombe, avant, pendant, après la « Libération », pour que triomphât son régime ? Mao qui, non content de cette cinquantaine de millions de morts, a sans cesse relancé la Révolution, proclamant qu'il n'y a « pas de Révolution sans bain de sang ni terreur » ? Mao, qui a enfermé dans des « camps de travail forcé » seize millions de captifs ? Mao, qui a emprisonné des dizaines de milliers de bonzes bouddhiques, de prêtres catholiques, d'imams musulmans ? Mao, qui a institué l'obligation de mouchardage ? Mao, qui a imposé aux intellectuels chinois de telles tortures morales qu'ils en venaient à souhaiter « plutôt la chambre à gaz » ? Voilà qu'on perpétue, huit ans après sa mort, six ans après que son parti a tourné le dos à son idéologie, le culte de sa personnalité, comme si l'on ne pouvait s'en passer...

Il faut vraiment faire un grand effort sur soi-même pour essayer de comprendre pourquoi et comment les Chinois organisent encore des cérémonies d'adoration collective, à la gloire de celui que l'on considère volontiers en Occident comme un satrape sadique. Les Chinois ne devaient-ils pas procéder à une « démaoïsation » beaucoup plus radicale que la déstalinisation de Khrouchtchev ? Pourquoi ne l'ont-ils pas fait ?

Tout simplement, je pense, parce que les Chinois sont des Chinois bien décidés à le rester, avant d'être des marxistes convaincus ou des aspirants à la démocratie occidentale. Ce « père de la Patrie » a unifié la Chine, lui a rendu sa dignité et son rang parmi les nations. Il a réussi la gageure de faire d'elle, malgré son arriération, l'une des cinq puissances thermonucléaires, membres permanents du Conseil de sécurité. Oui, les Chinois sont chinois, fiers d'avoir occupé le premier rang mondial pendant des millénaires, humiliés de l'avoir perdu, anxieux de le reprendre sous la conduite de Mao et des siens, c'est-à-dire la seule dynastie dont ils soient assurés qu'elle leur maintiendra ses acquis, si chèrement payés qu'ils aient été, et justement parce qu'ils ont été payés terriblement cher.

Il reste la démiurgie

Mais comme la Chine a changé depuis sa mort ! Tournant le dos aux recettes maoïstes de développement, elle a opéré une véritable volte-face. Elle rejette officiellement le Grand Bond en avant comme une tragique erreur qui a provoqué (par famine) « la mort de plus de dix millions de personnes ». Elle rejette, tout aussi officiellement, la Révolution culturelle, ses désordres stériles, ses déportations massives, la persécution des intellectuels. Elle rejette les « communes populaires » et le principe même de la collectivisation de l'économie.

Mieux encore : elle ouvre elle-même des brèches dans la Grande Muraille que Mao avait réussi à rebâtir tout autour d'elle. Ses quatre « zones économiques spéciales », ses quatorze « ports ouverts », son « île ouverte » de Hainan, ne sont faits que pour attirer les capitaux étrangers et surtout la haute technologie occidentale. Elle reconstitue, en quelque sorte, mais cette fois à son initiative et sous son contrôle, le système des concessions, qu'avaient imposé au siècle dernier les « traités inégaux ».

Dans quelques heures, dès la parade terminée, ces millions de Chinois vont retourner à leur « petite marmite », à leurs petites affaires. Le culte de l'Ancêtre rouge a-t-il encore une signification ? Sont-ce des ombres de communistes qui défilent devant la dépouille du premier d'entre eux ? Déjà, même si le secteur libre n'est encore qu'embryonnaire, la Chine rouge affirme être devenue une « société d'économie mixte » — la même expression employée par François Mitterrand pour caractériser la France.

Mais le rapprochement suffit à faire éclater la différence — à révéler l'abîme qui sépare nos fades amalgames et nos demi-mesures de la tension pressante, violente, qui secoue toute une société. De Mao, il reste cette démiurgie révolutionnaire. Elle habite Deng comme elle l'habitait. Et elle continue d'inspirer l'emprise totale du régime sur les individus. Deux rappels seulement, que les observateurs auraient avantage à ne pas négliger. D'abord, que le principe « Un couple, un enfant » ait pu être posé ; qu'un quadrillage systématique de la population* et des contrôles sévères l'y contraignent de plus en plus : voilà ce qu'on n'a jamais osé faire dans l'histoire de l'humanité. Ensuite, qu'une campagne nationale contre la délinquance, menée depuis août 1983, ait pu entraîner des milliers, peut-être trente mille exécutions capitales en moins d'un an ; qu'un simple vol ou le retrait d'un stérilet à une femme soient ainsi punissables de mort : voilà ce qu'aucun autre pays en ce siècle n'a entrepris.

L'Occidental qui s'efforce de comprendre ne doit oublier ni les progrès enregistrés par les Chinois sous ce régime, ni ses terribles exigences. La révolution semble avoir fini par soustraire assez largement les corps à la famine, les énergies au désœuvrement, les âmes à l'humiliation. Elle assure à la Chine son indépendance militaire, diplomatique et économique. Elle permet la remise en valeur des idéaux confucéens, en les adaptant à un contexte contemporain. Mais elle le fait au prix d'une impitoyable pression sur les individus. Elle récuse tout autre modèle que le modèle chinois. Elle ne saurait être elle-même un modèle que pour les Chinois. Mao n'a pas tout à fait cessé de tenir le Grand Timon.

Le dernier de sa dynastie

Décembre 1987.

Trois ans plus tard, comme tant de spectateurs, je suis ébloui par la somptueuse beauté des scènes tournées par Bertolucci dans la Cité interdite pour son *Dernier Empereur*.

Comment aurait-il recréé ce monde étrange, codifié jusqu'à l'absurde, aussi cruel que soyeux, sans le concours des dirigeants chinois ? En regardant le film, j'y cherche le pourquoi de leur approbation.

Pour tous les empereurs de Chine, la Cité interdite était le sanctuaire mystérieux de leur propre culte, où il n'était permis à aucun profane d'entrer. Pour Pu Yi, le dernier d'entre eux, c'est une prison dorée, dont il lui est défendu de sortir. Empereur des eunuques, qui

---

* Encore durci en 1996.

se servent de lui en le servant, il en était réduit, pour écouter les bruits du dehors, à poser l'oreille sur le pavé de la cour, en se prosternant dans l'humble posture que tous prennent devant lui.

Quel genre d'homme ce théâtre d'ombres pouvait-il façonner ? Arraché à ses affections d'enfant — sa mère, sa nourrice —, ses sentiments ne pèsent pas plus que ceux d'une marionnette. L'Occident et ses attraits, qu'incarne un précepteur écossais, ne se traduisent que par l'installation dérisoire d'un court de tennis au milieu de la Cité interdite.

Les blessures de l'enfant n'expliquent ni n'excusent vraiment le comportement de Pu Yi. Mais Bertolucci s'efforce de rendre sympathique ce fantoche. Même dans la débauche et la veulerie, il n'est ni tout à fait odieux, ni même tout à fait inconsistant.

Sans doute cette présentation un peu trop avantageuse du personnage était-elle nécessaire au propos final. Sur sa caméra, Bertolucci avait vissé un objectif chinois. Le résultat est pleinement conforme à ce que pouvaient souhaiter ses hôtes.

Voici treize ans, ils avaient eu une brutale réaction face à un autre grand film italien, *Chungkuo, la Chine**. Antonioni n'était aucunement hostile, mais il avait filmé la Chine avec son propre regard. Les Chinois s'étaient indignés : rien sur la Chine moderne, sur Mao, sur leurs efforts de développement, sur leurs succès industriels.

En traitant un sujet historique, Bertolucci ne courait pas ce risque. Mais il touchait à des plaies encore vives. Le passé devait mettre en valeur le présent — tel que l'entendent les Chinois d'aujourd'hui. Il était donc exclu de faire de Pu Yi un héros absolument négatif.

D'abord, il était l'Empereur, et à travers les rites de son culte, c'était la Chine elle-même qui s'honorait. Aucune dérision n'était admissible là-dessus. Bertolucci ne se l'est pas autorisée.

Ensuite, pour que Pu Yi s'amendât, il fallait qu'il fût amendable. Sa rééducation et sa réhabilitation finales venaient conforter le pouvoir chinois dans son essence. Par là encore, le film est tout à fait conforme à la thèse officielle.

Comme autre circonstance atténuante, Bertolucci verse au dossier de Pu Yi la perversité diabolique des Japonais. Ce sont eux qui sont responsables de la déchéance, dans la drogue et l'homosexualité, de sa femme, la belle et malheureuse Wan Jung. Ce sont eux encore qui manœuvrent Pu Yi, en lui laissant croire qu'en héritier de la dynastie, il sera enfin un véritable empereur mandchou. Ce sont eux qui tuent son fils à sa naissance. Car il ne faut pas qu'il ait de successeur : au terme de sa mission de « collabo », chargé

---

* Voir ci-dessus, chapitre 2.

d'endormir les résistances par son prestige, le Mandchukuo deviendra partie intégrante de l'empire nippon. Ce sont les occupants enfin, jour après jour, qui lui imposent une totale soumission. Comme sous la République, il est, à nouveau, prisonnier d'un trône fictif.

Arrêté par les Soviétiques en 1945, livré aux communistes chinois, Pu Yi, après une tentative de suicide, essaie de faire croire qu'il a été enlevé par les Japonais ; thèse qui ne tient pas longtemps devant ses procureurs. Le tableau des horreurs perpétrées en Chine par ses protecteurs lui ouvre les yeux.

Une philosophie de la régénération

« Faute avouée, à moitié pardonnée » : le proverbe existe en chinois comme en français. Dix ans plus tard, Pu Yi recouvre la liberté. C'est un autre homme : miracle de la rééducation. Pu Yi, le ci-devant empereur mandchou, est devenu enfin un Chinois comme tous doivent l'être. Le directeur de la prison, spécialiste du lavage de cerveau, est présenté comme un humaniste. Nous, Occidentaux, n'oublions pas si facilement les injures du passé. Mais les Chinois n'ont pas le même point de vue. Et c'est le leur que Bertolucci a suivi. La rééducation de Pu Yi est fidèle à la philosophie chinoise de la régénération.

Montrer les excès de la Révolution culturelle relevait de la gageure. Sans doute les Chinois les dénoncent-ils volontiers, depuis la mise à l'écart de la « bande des Quatre ». Mais les images sont plus violentes que les mots. L'évocation est brève ; comme édulcorée. On ne voit ni lapidations, ni tortures. Et pourtant, filmer un cortège de gardes rouges qui portent des portraits de Mao et maltraitent de vieux responsables du Parti ridiculisés et humiliés, c'est déjà une audace — qui aurait été, jusqu'à une date toute récente, inimaginable.

Un étranger ne peut rien entreprendre en Chine d'important qui n'ait été toléré, voire organisé, par le pouvoir. Pourquoi les Chinois sont-ils allés jusqu'à permettre ces prises de vues ? La réponse est simple. « Mao a eu raison à 70 %, tort à 30 % », a proclamé Deng. La rééducation de l'ancienne société, de 1949 à 1966, était « salutaire » : c'est celle qu'a subie Pu Yi. Mais il y a eu une mauvaise rééducation : celle qu'infligèrent, pendant la Révolution culturelle, une bande d'exaltés ; celle dont furent victimes, peu ou prou, tous les dirigeants de la Chine actuelle.

Pas le dernier

À la fin du film, parmi les victimes des gardes rouges, Pu Yi voit, coiffé d'un bonnet d'âne, l'ancien directeur de sa prison. Pu Yi régénéré le considère, non comme un tortionnaire, mais comme un éducateur, un maître, aujourd'hui humilié, contraint de se prosterner devant le portrait de Mao, ainsi qu'autrefois on se prosternait devant lui, Pu Yi, le Fils du Ciel.

Mao, objet de culte : au fait, n'était-ce pas lui, plutôt que Pu Yi, le « dernier empereur » ?

Mais faut-il dire le dernier ? Le dernier avant que Deng n'atteignît à la stature impériale. Deng a succédé à Mao, et restera l'empereur jusqu'à sa mort. Et ensuite ? Le Parti saura-t-il, dans le secret de ses conclaves, lui donner un vrai successeur, dont la longévité puisse s'accorder aux longues ambitions de l'Empire ?

DEUXIÈME PARTIE

L'IRRUPTION DES MOUSTIQUES

CHAPITRE 13

Tant pis s'il entre des moustiques

> « *Il est des goûts, des opinions, des passions, des ridicules nationaux, qui ne sont en eux-mêmes ni bien ni mal. La société qui les adopte se les rend personnels, et il n'est pas raisonnable de vouloir qu'elle soit la fable d'elle-même. Celui qui au milieu de Pékin irait se moquer de l'architecture chinoise, et traiter d'imbéciles tous ceux qui habitent sous ces toits sans symétrie et sans proportion, celui-là ne serait pas sage : il aurait peut-être raison partout ailleurs ; mais à Pékin il aurait tort. »*
>
> MARMONTEL, 1763[1]

Septembre 1986.

Le grand mérite de Deng Xiaoping devant l'Histoire restera — après Zhou Enlai, qui a inséré la Chine dans le système mondial de relations diplomatiques et d'organisations internationales — d'avoir mis fin à une existence séculaire en vase clos. Il a compris que le principal moteur du développement, c'est la concurrence avec les autres. Il a voulu féconder la culture chinoise par des emprunts extérieurs.

Il a rompu non seulement avec trente années d'autisme maoïste, mais avec de longs siècles d'enfermement économique et intellectuel. Il y insiste : « L'autarcie a duré, sous l'Empire, plus de trois cents ans, depuis le milieu des Ming jusqu'à la guerre de l'Opium. Conséquence : la Chine était devenue un pays pauvre et arriéré, où sévissait l'obscurantisme. L'ouverture sur l'extérieur est indispensable[2]. » (Ici, Deng n'exagère pas la durée de l'enfermement. Elle est conforme aux données de l'historiographie.)

Le sage de Singapour, Lee Kuan Yew, Chinois de l'extérieur, voit en Deng Xiaoping l'un des quatre plus grands hommes de notre siècle, avec Mao, de Gaulle et Churchill : « Des géants, m'a-t-il dit l'autre jour*, avec de grandes idées. » Dans le cas de Deng : des idées simples, souvent héritées de Confucius. « Qui ne se préoccupe pas de l'avenir lointain, se condamne aux soucis immédiats », par exemple (Confucius, *Entretiens*, XV, 12). L'avenir immédiat et lointain de la Chine exigeait qu'elle acceptât de changer en échangeant, au lieu de s'immobiliser en s'enfermant.

Août et septembre 1989.
Des universitaires me l'ont redit, malgré leur rancœur après la répression du Printemps : quoi qu'il arrive, Deng restera l'homme qui aura ouvert la Chine. Depuis la guerre de l'Opium, la plupart des intellectuels en rêvaient ; aucun homme d'État n'y était parvenu. L'ouverture était indispensable et impossible. Elle n'avait pour effet que de transformer la Chine en semi-colonie — « l'esclave de tous les pays », disait Sun Yatsen. Il fallait que cette politique fût adoptée par les hommes qui avaient rendu à la Chine son indépendance et sa grandeur.

La compétition à l'école olympique

Août 1988.
La Chine a perdu ses complexes. Jusqu'en 1980, elle se savait inférieure aux pays occidentaux : elle refusait d'entendre parler des Jeux olympiques. En 1984, elle a fait une entrée en force aux Jeux de Los Angeles. « La compétition, c'est bien. »
Peu de Chinois qui n'aient vu avec fierté, à la télévision ou au cinéma, leurs athlètes réussir, à Los Angeles dans l'été 1984, puis à Séoul en 1988, un grand retour olympique. En 1932, à Los Angeles déjà, un *sprinter* unique avait été éliminé dès la première série. En 1952, à Helsinki, une équipe de mauvais nageurs ne s'était pas couverte de gloire. La Chine avait alors préféré quitter le mouvement olympique. Si elle l'a réintégré avec éclat, c'est que ses athlètes forment la pointe d'une pyramide dont cinq cents millions de sportifs pratiquants constituent la base : garçons et filles qui s'entraînent quotidiennement au *jogging* ; collégiens et lycéens qui commencent leur journée par de la gymnastique ; hommes et femmes d'âge mûr ou avancé qui, avant l'aube, pratiquent le *taiji quan*, mimant au ralenti, sur les trottoirs et dans les squares, les gestes des arts martiaux.
Pourtant, à l'exception de deux ou trois disciplines comme l'athlétisme, l'acrobatie subaquatique ou le patinage artistique, ils

---

* Et me répétera-t-il dix ans plus tard, en 1996. Voir plus loin notre entretien, chapitre 43, p. 287.

figurent encore rarement dans l'élite mondiale. En la matière, le système communiste a été moins efficace qu'en Europe de l'Est et à Cuba.

Les Chinois ont remarqué, en 1988 comme en 1984, que plus d'une fois l'un de leurs champions avait été désavantagé par une notation favorable aux Américains. Mais, chaque fois, l'athlète appliquait la sentence de Mao : « La compétition c'est bien, l'amitié c'est mieux. » Il embrassait son vainqueur en riant : « J'aime mieux gagner un ami qu'une médaille. »

Politesse formelle, rire *jaune* ? Héritage confucéen : « Un honnête homme, a dit le Maître, évite la compétition. Ou seulement au tir à l'arc. Mais, même là, il s'incline et s'efface devant ses concurrents[3]. »

Le sourire de ces heureux perdants a impressionné le public occidental, qui ne s'y est pas trompé. Les prochaines fois, les Chinois feront beaucoup mieux encore. Ils annonçaient déjà, nonobstant Tiananmen : « Nous organiserons les Jeux de Pékin en l'an 2000. » Le Comité olympique international leur a refusé cet honneur, mais ils ne doutent pas que, dans ce domaine aussi, le troisième millénaire deviendra celui de la Chine.

Par les fenêtres ouvertes

« Pour que la Chine progresse, estime Deng, il faut qu'elle ouvre ses fenêtres. Tant pis s'il entre des moustiques. » Pas question de refermer les fenêtres, mais il faut ensuite chasser les moustiques. Et, s'ils attaquent, il faut les tuer.

Les moustiques ont été au rendez-vous.

Quels étaient-ils ? Pêle-mêle : le désir de ressembler aux Occidentaux, fût-ce dans le pire. La fascination du *disco*, du plaisir, du loisir et du jeu ; la révolution sexuelle ; la pornographie ; le phénomène *gay* ; la prostitution ; le mariage d'inclination, substitué au mariage arrangé ; le divorce à l'occidentale ; la poussée de la délinquance et de la criminalité ; la corruption. Et, par-dessus tout, l'attrait de la liberté individuelle, de la démocratie représentative et pluraliste à l'occidentale, de la liberté de la presse, des droits de l'homme. Toutes choses inconnues ou oubliées, qu'on évoquait comme étranges, impossibles en Chine et, dans tous les cas, indésirables.

Le moustique de l'« œil de biche »

Un moustique anodin : la chirurgie esthétique, pour imiter l'Occident. Les Chinoises « libérées » aspirent à se faire débrider les yeux, telles les Africaines qui se font décrêper les cheveux. « C'est très simple, m'explique le docteur Fu Langyu, qui traite ses patientes dans son appartement exigu de Pékin. Vous cousez la paupière en dedans, comme vous feriez l'ourlet d'une robe, pour la raccourcir. Vous enlevez les fils dix jours après ; aucune cicatrice. L'œil est alors merveilleusement arrondi. » Ainsi, l'« *œil de biche,* arrondi près du nez, bridé à l'extérieur », répond très précisément aux canons de beauté imposés jadis par les empereurs mandchous et que les Chinoises d'aujourd'hui, dans leur attirance pour l'Occident, s'imposent à elles-mêmes.

Mais changer de visage, ou seulement de regard, ce n'est pas encore perdre la face. Aussi le moustique de la chirurgie esthétique n'est-il pas pourchassé avec énergie.

Le moustique des loisirs

« Les Chinois n'interrompent guère leur travail qu'à l'occasion des fêtes du Nouvel An — et occasionnellement pour les mariages et les enterrements[4] », notait un Français à Canton, à la veille de notre Révolution. Peu de loisirs : trait des peuples dont la subsistance est le souci lancinant. Sous Mao, pas de loisirs non plus : entre le travail et l'endoctrinement, pas une minute à distraire.

Après la bande des Quatre, les choses évoluent très vite. On se remet à jouer aux cartes. Deng donne l'exemple, en laissant la presse apprendre à tous les Chinois qu'il est lui-même grand amateur de bridge. Le Premier ministre Zhao Ziyang se fait volontiers photographier tandis qu'il joue au golf. On recommence à s'attrouper dans les rues pour regarder les faiseurs de tours. On reprend le chemin de la maison de thé, de la foire villageoise, du cinéma. Le billard — qu'on trouve sur les trottoirs devant les cafés —, le *juke-box*, le *baby-foot*, le *bowling* ou le *jogging* font fureur. Surtout la danse et la chanson. Là où, il y a vingt ans, un haut-parleur déversait la pensée-maozedong, les airs, importés le plus souvent de Taiwan ou de Hongkong, répandent par les transistors une joie de vivre qui semblait oubliée. Le *karaoké*, importé du Japon, permet aux chanteurs amateurs d'improviser dans un bar des airs d'opéra ou des chansonnettes.

Le *disco* anglo-américain se danse dans des discothèques. Un salarié moyen paye l'entrée un tiers, voire la moitié, de son salaire mensuel. Le *disco* a même reçu de très officielles lettres de noblesse socialiste : il symbolise l'accession de la Chine « à un niveau supérieur de civilisation », selon le *China Daily* — la civilisation des loisirs qui, bien entendu, ne fait qu'un avec le développement.

Le moustique du jeu

Les jeux d'argent continuent d'être interdits, comme ils l'étaient voici deux siècles, sous l'Empire, « mais la législation est tellement débordée que la Chine ressemble à un immense tripot. On y joue aux cartes, aux échecs, aux dames, aux dés. On parie aussi sur les combats de coqs, de grives, de grillons[5] ». Telle était la Chine selon William Alexander, le peintre-reporter de l'expédition Macartney, et encore un demi-siècle plus tard, selon le père Huc ; telle, elle est redevenue.

Le jeu d'argent se répand à nouveau discrètement. Dans les logements minuscules, les cafés, la rue, on joue furieusement aux dominos, aux cartes, aux dés : on dissimule seulement l'enjeu. Le mah-jong avait disparu, car il était impossible d'étouffer le bruit des pièces de buis ou d'ivoire. Il a réapparu : vous le reconnaissez, à des dizaines de mètres, par le tintamarre auquel se livrent les joueurs pour brouiller le jeu, à la fin de chaque partie, dans une explosion collective.

Il existe aussi des jeux « à boire » : qui perd, boit. On joue encore pour obtenir un signe du destin. On demande au jeu de hasard — si on ne le demande plus à la divinité du temple ou de la pagode —, d'être le porte-parole de la Providence.

Nous voilà loin de la pensée-maozedong.

CHAPITRE 14
Une piqûre qui démange : la liberté sexuelle
1988-1989

> « *Il est voué à la ruine, le pays dont le prince ne sait faire redouter les châtiments et convoiter les honneurs. Que les criminels puissent échapper aux filets de la loi, et la luxure, la mollesse se répandent dans la plèbe ; nul ne redoute plus les foudres de la loi, si bien que tous s'adonnent avec frénésie à leurs appétits de lucre*[1]. »
> SHANG YANG (IVe siècle avant notre ère).

Août 1988-août 1989.

Le jeu, les loisirs, la chirurgie esthétique, ce ne sont encore que petits moustiques. En voici un plus gros, dont les piqûres démangent davantage : la libération sexuelle.

Le Sage par excellence, qui connaissait son monde, aurait[*] dit : « Je n'ai jamais vu quelqu'un qui aimât la vertu autant que le sexe[2]. » Deng Xiaoping et les siens ont-ils oublié Confucius ? Ils ont surtout oublié l'humaine condition.

Au temps des empereurs mandchous, la société chinoise était aussi pudibonde que l'Angleterre victorienne. L'amour vivait caché. Ce n'est pas sous Mao qu'Éros a pu s'émanciper, même si le Grand Timonier avait de forts appétits sexuels. Quatre épouses, d'innombrables liaisons et aventures, notamment avec des tendrons. Bien qu'il ne prêchât pas l'exemple, il s'entourait d'une grande discrétion.

---

[*] *Aurait,* car cette traduction devenue célèbre de Simon Leys ne serait qu'un anachronisme audacieux. *Se* est généralement tenu par les sinologues pour signifier « charme féminin », ou « sensualité ».

Et il conseillait à la jeunesse de lutter contre les émois printaniers en pratiquant le sport et en prenant des douches froides*.

« J'avais toujours entendu dire que le sexe était méprisable et ne servait qu'à avoir des enfants[3] », écrit un étudiant de vingt ans, à la fin des années 1980. En 1988, on a pu voir une « première » à Pékin : une exposition de nus, thème totalement étranger à la tradition artistique chinoise. On se presse : dix mille visiteurs par jour. On se scandalise. Jusqu'aux modèles, qui se disent abusés : les tableaux exhibant leur anatomie ne devaient pas être exposés en public ; voilà qu'on les retrouve sur des cartes postales. Leurs aïeules se seraient jetées dans un puits pour bien moins.

Le romancier Zhang Xianliang avait posé la question : la Chine nouvelle verrait-elle refleurir la liberté amoureuse qui accompagna les grandes ères de prospérité et de création, celles des Tang et des Song ? En 1985, son roman *La moitié de l'homme, c'est la femme*, a provoqué de vives polémiques : il peint la misère sexuelle d'un célibataire, resté vierge à trente-huit ans, qui finit par se marier — pour s'apercevoir qu'il est impuissant.

L'ampleur et de la controverse et du succès de ce livre s'explique sans mal. Un grand nombre de couples vivent séparés : affectations lointaines après le second enfant interdit ; ou mutations-sanctions pour insuffisante soumission à un cadre du Parti. Ces époux ne se retrouvent qu'une fois l'an. Des amis chinois m'ont assuré que, dans un de ces ménages sur quatre, les hommes, déshabitués de l'amour et gravement inhibés, étaient devenus impuissants.

En 1987, un nouveau roman de Zhang Xianliang, *Bonjour les amis,* est interdit. Il y décrivait l'émoi d'une lycéenne face à son propre éveil sexuel. « Incitation à l'amour libre, incompatible avec la morale socialiste. »

Mais la censure peut-elle endiguer la révolution sexuelle en marche, alors que l'on distribue gratuitement dans les autobus préservatifs et pilules contraceptives ? Le lien entre plaisir et procréation, naguère sans cesse présent dans l'esprit du couple, soit comme crainte, soit comme espoir, est bien rompu, en Chine comme en Occident vingt ans plus tôt.

Les loisirs, la danse, le cinéma — que les Chinois aiment sentimental, voire larmoyant — redonnent vigueur aux fantasmes qu'étouffait la rigueur maoïste. Nul besoin de rééditer les classiques de l'érotisme, ni d'importer des cassettes de Hongkong, pour inviter Chinois et Chinoises à donner cours à leurs aspirations réciproques. « Les Chinois ont l'imagination fertile », écrivait Lu Xun. « Les

---

* Le médecin d'Éphèse Soranos, contemporain du stoïcien Marc Aurèle, préconisait déjà aux jeunes hommes de faire du sport pour se détourner de l'amour. L'école chinoise des Lois en faisait autant.

manches courtes des femmes les font rêver aux bras nus, au corps nu, aux parties sexuelles, à la mêlée des corps[4]... »

Faire l'amour n'est plus incivique

Comme partout ailleurs, ce sont les intellectuels, puis les étudiants, que les nouvelles mœurs entraînent d'abord. Aveu révélateur : « La liberté sexuelle fait partie intégrante de la libération individuelle ; il me semblait, par conséquent, que faire l'amour était plus ou moins une activité antigouvernementale », dit notre jeune étudiant[5].

À l'université, loin de l'éventuelle réprobation familiale, on apprend, chacun avec sa chacune, à se ménager une soirée intime. Dans la minuscule chambrée, à la fois salle d'études et dortoir, affectée à huit étudiants, il suffit à ceux-ci d'organiser leurs absences en gardant un secret qui les lie mutuellement.

Mais cette libération-là ne va pas sans scrupule : « À l'égard du sexe, les gens de ma génération ne se sentent pas encore complètement à l'aise, écrit le même témoin, après sa première expérience. Je crains que mes camarades ne me trouvent immoral.[6] »

Si jamais la nouvelle parvenait jusqu'à la famille, que pourrait faire le père indigné ? Dénoncer son fils, au risque de le voir exclu de l'université ? La morale traditionnelle, contre l'avenir professionnel ? Le père, s'il est mis au courant par quelque mouchardage, baisse les bras.

Partout, l'antique pruderie des Chinois recule. On voit de plus en plus de jeunes gens se promener la main dans la main, s'embrasser en public, se caresser sans équivoque. L'été, ils pallient même, sans trop de gêne, dans certains parcs, l'exiguïté frustrante des logements universitaires ou familiaux. Le matin, on voit quelques préservatifs joncher le gazon. Dans les milieux d'artistes, la liberté sexuelle est devenue tout aussi grande que chez nous.

Sans doute s'agit-il là d'une frange avant-gardiste de la population. À preuve, cette journaliste française qui fait une enquête sur le mariage. Elle interroge un jeune couple de Shanghai sur sa vie sexuelle. L'interprète coupe court : « On ne peut pas poser en Chine ce genre de questions. » Elle voudrait insister. En vain[7].

Le retour de la prostitution

Le régime de Mao s'était vanté d'avoir fait disparaître la prostitution. La littérature chinoise, classique et récente, la peint comme un des derniers cercles de l'enfer : depuis le *Jin Ping Mei* — « Fleur en fiole d'or » —, d'époque Ming, jusqu'aux écrits de Lao She au

XXᵉ siècle, la prostituée, « arbre à sapèques » entre les mains de sa « mère maquerelle* », doit faire plusieurs dizaines, parfois jusqu'à une centaine de « passes » par jour. Souvent, elle ne vivra pas au-delà de sa vingtième année, après avoir connu humiliations et violences. « Cui Huan, fille de bonne famille, se remémorait comment elle était tombée dans un tel état d'avilissement qu'il aurait mieux valu pour elle d'être morte.[8] »

La Chine maoïste avait donc ses raisons de tenir à faire savoir qu'elle avait extirpé ce fléau d'avant la « Libération ». L'avait-elle extirpé ? On peut en douter.

Le *sex-business* n'est pas bien vu d'un régime qui favorise le *business* ; mais il existe. Les journaux ont pour mission de dissuader les auteurs d'infractions, en faisant connaître les terribles châtiments qui leur sont infligés. Ils dénoncent les magazines de nus d'origine américaine ou japonaise ; ou les disques, aux soupirs évocateurs, de Jane Birkin et de Serge Gainsbourg. Ils annoncent qu'à Canton, on a fusillé récemment un tenancier de bordel, qui faisait travailler trente femmes ; à Shanghai, un simple revendeur de vidéocassettes pornographiques a reçu sa balle dans la nuque[9].

Pourtant, la prostitution fait vivre entièrement des professionnelles. Elle permet à des jeunes filles ou femmes qui s'y livrent en amateur, moins de survivre, comme jadis, que de s'offrir le téléviseur, la veste de daim ou le *jean* convoités. Mais c'est à leurs risques et périls. Une prostituée, fût-elle occasionnelle, est passible de trois ans de camp de travail ; si elle est mineure, rééducation jusqu'à sa majorité ; son aïeule, prise sur le fait sous les empereurs mandchous, risquait quelques années d'exil, sans parler d'une volée de bambou. Le destin s'entête.

Les prostituées, on les trouve, comme en tout pays, autour des gares, dans les bars ou les maisons de thé ; dans les parcs, dans certaines discothèques et surtout autour des hôtels fréquentés par des Occidentaux. À preuve l'interdiction, affichée dans les hôtels de Canton, de faire monter les prostituées dans les chambres, ce qui suffit à indiquer qu'on peut les rencontrer ailleurs. Comment éviter que de jeunes ouvrières, de jeunes employées de magasins, des étudiantes sans le sou ne soient tentées, quand elles constatent qu'un Occidental de passage dépense, pour sa chambre dans un palace, ce qu'elles gagneraient en trois mois, et se déclare prêt à leur donner encore le double si elles passent la nuit avec lui ?

Comme jadis, la prostitution est le plus souvent tout près de la misère. Mais, à la différence de jadis, rarement du côté du luxe. Finies les écoles spécialisées où l'on formait des courtisanes accomplies. Où sont « celles qui possèdent des hommes la plus vaste

---

* En chinois, se dit « mère-outarde », *baomu*, du nom de l'oiseau.

expérience ? Dont les yeux charmeurs et l'esprit supérieur ne se laissent pas seulement séduire par l'or[10] » ?

En marge, mais de nouveau présente : telle est, aujourd'hui, la prostitution chinoise. Ce n'est plus la prostitution d'une société de subsistance ; c'est déjà celle d'une société de consommation ; tout en demeurant encore bien moins répandue que dans la plupart des pays voisins. Le gouvernement tonne, à ses heures, contre cette corruption morale et fait, quand il peut, de terribles exemples. Mais, le plus souvent, il agit d'autant moins sévèrement que la population ne regarde plus les prostituées du même œil. La pauvreté, exaltée sous Mao, est en train de devenir plus honteuse que la prostitution.

L'homosexualité dépénalisée

Les visiteurs occidentaux de la Chine des empereurs mandchous se scandalisaient de ce que chaque mandarin eût son mignon. L'empereur Qianlong avait fait du sien, Heshen, son tout-puissant Premier ministre. Aux marchands européens qui se plaignaient qu'on ne les laissât pas approcher des femmes chinoises, tout en refusant aux femmes blanches l'accès de Canton, les mandarins répondaient : « Essayez donc avec un garçon, ensuite vous ne voudrez plus entendre parler de femmes[11] ! »

Il en allait de l'homosexualité en Chine comme dans la Grèce classique : l'élite n'y attachait pas d'opprobre. Bien différent le sentiment populaire, qui s'indigne, comme dans le *Jin Ping Mei* : « C'est un individu répugnant, qu'on n'oserait pas même ramasser avec la pelle pour le jeter aux détritus[12]. »

La tradition taoïste y voyait une coupable « perte de substance » — une atteinte à la vie. Sous Mao, le sort des homosexuels ressemblait à celui qu'ils connurent dans l'Allemagne nazie : camp de travail, ou exécution capitale, ou celle-ci au sein de celui-là, comme en témoigne Pasqualini — ce Français, fils d'un sous-officier français et d'une Chinoise, qui a connu pendant une quinzaine d'années le goulag chinois et en a rendu compte dans son livre *Prisonnier de Mao*[13].

D'ailleurs, ce mal contre nature ne pouvait avoir été contracté qu'auprès d'étrangers : l'homosexualité se doublait donc de haute trahison.

Depuis 1980, le code pénal chinois ne condamne plus les homosexuels en Chine populaire ; c'est seulement à Hongkong, curieusement, qu'ils encourent la prison. Dans la conscience collective populaire, le crime existe sans doute toujours. Mais l'élite a su faire retour au passé d'avant Mao : les *gays* chinois ont désormais leurs clubs, comme ceux de Paris, de Berlin ou de Los Angeles.

Mariage « raisonnable »
et mariage d'amour à l'occidentale

Les chansons d'amour chinoises sont tristes ; en Chine, « aimer, c'est être seul ». Mariage arrangé, épousailles d'enfants, système dotal, claustration des femmes : une fille n'avait aucune chance d'épouser le bel inconnu aperçu furtivement ; le garçon ne découvrait le visage de sa fiancée que lorsque le palanquin rouge la portait au seuil de ses parents. Place aucune pour l'amour avant le mariage ; il ne vient qu'après. Mais il lui arrive souvent de venir.

Le « palanquin des larmes » appartient-il au passé ?

La loi sur le mariage de 1950 stipule que le mariage arrangé par les familles, le mariage mercantile et tout autre acte violant la liberté des époux sont interdits et punis. Les autorités communistes ont encouragé les unions librement consenties. Elles recommandaient les « mariages de raison », entre camarades de travail, plutôt que les « mariages d'amour », si fragiles.

On trouve dans la presse de curieuses statistiques : à Pékin, 65 % des unions obéiraient à ces critères « raisonnables ». En 1985, 35 % des mariages en ville, 15 % des mariages à la campagne répondraient à une inclination amoureuse. Est-ce vraiment la fin du mariage « arrangé » ?

Près de l'usine Peugeot, aux environs de Canton, un immeuble d'une cinquantaine de studios pour couples se construit. Conditions exigées : être marié ; disposer d'un salaire régulier — avec priorité à ceux qui bénéficient de deux salaires. En trois semaines, plusieurs dizaines de mariages se sont faits au sein même de l'usine. Certains de ces jeunes gens se connaissaient à peine. De peur de se faire griller par d'autres, ils avaient passé contrat pour un avantage précieux entre tous : un logement. Les cadres français de l'usine n'en croyaient pas leurs yeux.

Les petites annonces et les tests psychologiques commencent à prendre la place de l'entremetteuse (« la femme qui fait se rencontrer les montagnes »), laquelle n'a toujours pas disparu. L'examen des annonces est riche d'enseignements. Le Chinois rêve, comme son aïeul, d'une épouse douce, aimante, si possible jolie, et pas trop savante. « Je veux simplement qu'elle soit tendre et qu'elle aime son enfant », aura dit de même le paysan à l'entremetteuse qui lui remettra sa jeune épouse, contre la dot convenue*.

La préférence de la Chinoise, supposée plus matérialiste, puisque toujours dépendante, irait à l'homme qui, par ses aptitudes et sa situation, lui apportera télévision, machine à laver, magnétophone,

---

* Une « fiancée vendue » coûtait à l'acheteur, en moyenne, 2 675 *yuan* de 1991, dans la province de Hebei, selon des chiffres officiels.

bijoux, revenus convenables et considération sociale ; sans oublier le repas de noce, qui coûtera à un ouvrier ou à un employé plusieurs mois de salaire.

Le divorce à l'occidentale

En 1950, les paysans appelaient volontiers la loi sur le mariage « loi pour le divorce », ou encore « loi des femmes ». De fait, dans les années suivantes, les Chinoises divorcèrent par centaines de milliers, comme pour se libérer, d'un coup, de millénaires d'esclavage : dans l'ancienne société, le mari répudiait sa femme, jamais l'inverse. Mais, passé l'euphorie de la liberté, la femme divorcée se retrouvait, comme par le passé, seule et sans ressources. Il fallut que le gouvernement communiste s'en mêlât et prêchât la paix des ménages. L'épidémie de divorces cessa dès 1953.

Quarante ans plus tard, au mariage arrangé a succédé, une fois sur deux, le mariage « raisonnable », mais rarement la vie rêvée. Encore un échec de la planification. Les sociologues chinois évoquent un permanent « malaise » conjugal, dans lequel pèsent simultanément les contraintes d'hier, d'aujourd'hui et de demain. Hier, c'était la présence de la belle-mère (la mère du mari) sous le toit de laquelle vivait le couple — un hier qui se prolonge aujourd'hui à la campagne. Aujourd'hui, en ville, c'est l'enfant unique imposé par la loi, c'est l'exiguïté du logement ; pour le paysan, c'est toujours le système dotal et l'obligation coutumière d'avoir un garçon, fût-ce après plusieurs filles. Demain, ce seront les ambitions d'aisance et de consommation.

Cette évolution rapide du mariage débouche sur une recrudescence de divorces et même de suicides. Pour neuf millions de mariages par an, quatre cent mille divorces. La famille chinoise est tiraillée, comme la société, entre la tradition tenace et la modernité traumatisante.

Un ami chinois m'a écrit, au début de l'année : « Les maux de l'ancienne société reparaissent. Des parents abandonnent leurs enfants ; ces abandons posent des problèmes insolubles aux autorités. La vente des filles est redevenue courante, et pas seulement en zones rurales. La prostitution redevient florissante. »

De l'indépendance économique à la libération sociale

J'ai eu la chance de rencontrer une jeune Française, Odile Pierquin-Tian, chercheuse à l'École des hautes études en sciences sociales. Elle a épousé un Chinois en 1978, et concentre depuis lors son attention sur des villages d'une haute vallée du Shanxi d'où son mari est originaire, au nord de Taiyuan, dans le lœss, à proximité de la Mongolie. Elle y retourne régulièrement. Elle a pu faire de curieuses constatations sur le terrain.

Ce que les lois et la coercition, du temps de Mao, n'avaient pas réussi à faire dans ce coin perdu, l'argent le fait, qui pénètre insidieusement à la faveur de la libéralisation économique. Il détache peu à peu les gens de leurs traditions — qui avaient, malgré leurs aspects négatifs, le mérite de maintenir la cohésion sociale et de garder une identité à chacun au sein de la vie collective. Jadis, le fils devait louer dès l'enfance ses bras à son père, en vue d'obtenir de lui la dot pour se marier ; la belle-fille, une fois la dot payée à son père, devenait la servante de sa belle-mère. Et tous deux, sous le toit de celle-ci, prenaient peu à peu la relève de leurs parents, à charge de veiller sur leurs vieux jours et d'assurer leur culte, une fois morts.

L'argent a tout changé.

Le fils peut lui-même amasser sa dot en allant louer sa force de travail. Le jeune ménage peut se construire une petite maison, où il vivra indépendant, dans un autre village, ou même une autre vallée. La bru échappera à la loi de sa belle-mère ; et si le couple ne s'entend pas, la jeune femme recommencera sa vie ailleurs. Les liens qui emprisonnaient l'institution dans un réseau serré se sont distendus. L'existence est devenue plus fluide.

En dix ans, à travers l'économie de liberté, c'est une société de liberté qui peu à peu s'est remodelée, dans des villages qui n'avaient pas bougé depuis des siècles.

Les esprits chagrins diront que, comme depuis des siècles, et plus que jamais, le mariage redevient une affaire d'argent et l'épouse un produit rare et cher. On est loin du mariage révolutionnaire, tel que le mettaient en scène les « sept pièces à thèmes révolutionnaires contemporains » du répertoire théâtral de la Révolution culturelle ; tel que le décrivait *Le Quotidien du peuple* en 1964 : « Dans la société socialiste, l'amour entre mari et femme repose sur une identité d'opinions politiques ; l'épouse est, avant toute chose, le camarade d'armes de son mari[14]. » Comme ils datent, ce principe et cette définition, tant de fois rabâchés ! Rien ne dit pourtant qu'on ne leur rendra pas demain quelque validité, si la révolution le requiert.

Les optimistes répliqueront que la moindre vertu de ces moustiques-là n'est pas d'avoir tiré la société chinoise d'un sommeil millénaire. Et si leurs piqûres, malgré la frénétique démangeaison qu'elles provoquent, étaient un bon aiguillon de la liberté ?

CHAPITRE 15

Les piqûres dangereuses : délinquance et démocratie

> « *Il est naturel à l'homme de pencher pour son propre intérêt, mais s'il suit ce penchant, les querelles et les spoliations fleurissent au détriment de toute courtoisie et humilité.* »
>
> XUN ZI[1]

Le quadrillage relâché

Août 1988.

Bonne conversation avec un membre du Comité central du Parti. Il me demande de ne pas le citer, mais répond avec beaucoup de précision et de liberté à toutes mes questions.

On peut faire remonter le brusque regain de la criminalité au « grand dérangement » de la Révolution culturelle. Mao, comme le firent cycliquement certains empereurs, avait pu faire reculer un temps la prostitution, le vol, la corruption, la vente des femmes et des enfants, l'infanticide des petites filles. Puis, dans les années 1970, les fléaux traditionnels ont reparu et des fléaux nouveaux sont apparus. On vole, on tue, on viole, on pratique le *racket* ; la presse a même révélé récemment l'existence de *hold-up* et de sabotages à l'explosif. Pourtant, cette délinquance, malgré des chiffres qui se montrent alarmistes pour justifier la cruauté de la répression, reste bien faible en comparaison avec la nôtre.

Que s'est-il passé ? La combinaison de plusieurs phénomènes simples. De 1949 à 1966, le pays tout entier est quadrillé par la Sécurité publique — *Gong'anju* —, qui exerce le pouvoir policier, judiciaire et pénitentiaire sur une population contenue à vie dans un espace rigoureusement fixé. Or, la Révolution culturelle déstabilise *Gong' anju,* « quartier général » sur lequel les gamins sont invités à « faire feu ». Elle promène d'un bout à l'autre de la Chine, à leur grande joie, des dizaines de millions de gardes rouges et, bien malgré eux, autant d'adultes. Les uns et les autres prennent l'habitude de rompre avec les règles établies.

Après 1978, les mesures de libéralisation économique créent une grande mobilité de la population. Les Chinois échappent de plus en plus à un réseau de surveillance — contrôle mutuel, comités de quartier, comité d'entreprise — qui s'est beaucoup relâché ; la *danwei* (unité de travail) cesse de commander la vie de l'individu.

Hommes et femmes sont entraînés loin de leur milieu familial. Ils n'échappent donc pas seulement à la police politique, mais encore à la police traditionnelle de la famille et du clan. Pour la première fois, ils sont abandonnés à eux-mêmes, comme les errants des siècles passés. L'ordre maoïste a ébranlé l'ordre traditionnel ; puis il s'est ébranlé lui-même. Et la libéralisation de l'économie multiplie les tentations de la société de consommation.

De fait, le relâchement des mœurs et de la discipline, d'une année à l'autre, est évident aux yeux du visiteur. « Je me rappelle, me dit un ami chinois, le temps où le policier n'aurait jamais accepté une tasse de thé ou une cigarette, de peur d'être compromis. Comme ce temps est loin ! » Sous la Révolution culturelle, on vous poursuivait d'un bout à l'autre de la Chine pour vous restituer un stylobille que vous aviez oublié dans un hôtel ; aujourd'hui, attention à votre appareil-photo...

Même pour une population de plus d'un milliard d'hommes, les chiffres ne laissent pas de devenir inquiétants, si on les compare à ceux des trois précédentes décennies. Le nombre des crimes graves jugés dans la décennie 1981-1990 a doublé par rapport à ceux de la décennie 1971-1980, et quintuplé par rapport à ceux de la décennie 1961-1970 : vols avec violence, viols, meurtres, associations de malfaiteurs, sabotages... Les crimes économiques montent en flèche : corruption, contrebande, escroqueries et trafics en tout genre augmentent vertigineusement depuis 1985.

Petits tigres, grands tigres, très grands tigres

Plus grave : ces chiffres ne comprennent pas, bien sûr, les malversations dont se rendent coupables des dirigeants locaux ou même nationaux et que l'on dissimule dans l'attente d'un limogeage opportun. Seuls, de rares journalistes comme Liu Binyan, installé aux États-Unis depuis 1989, ont l'audace de les dénoncer ; mais le bouche à oreille fonctionne à la perfection. La corruption est la plaie de la Chine d'hier, la plaie de tous les pays sous-développés... qui n'en ont pas le monopole.

Une enquête officielle de 1985 révélait déjà : 5 à 15 % des revenus des entreprises vont aux *mandarins* du Parti. La pratique de la « liste des cadeaux » reste en usage, pour abréger les formalités.

Le gouvernement a pris conscience du problème depuis longtemps. Dès 1982, Deng déclarait : « Au début des années 1950, les concussionnaires ayant détourné plus de mille *yuan* étaient qualifiés de "petits tigres" ; ceux qui avaient plus de dix mille *yuan* à leur actif, de "grands tigres". Les délinquants découverts aujourd'hui sont souvent de "très grands tigres". C'est odieux[2]. »

Les investissements étrangers s'amplifient ; or, à Hongkong, la « Commission indépendante de lutte contre la corruption » estime que 5 % des fonds investis en Chine sont destinés aux « cadeaux ». La corruption s'étend donc à mesure que les étrangers investissent. En 1993, 56 000 personnes ont été arrêtées pour corruption ; 11 000 condamnées. Un nombre non précisé d'exécutions capitales ont eu lieu sous cette rubrique. Délinquance « astucieuse » et criminalité violente suivent la même courbe ascendante, dissuadant les dirigeants de Pékin, s'il en était besoin, de desserrer leur emprise sur la société chinoise.

L'invocation des valeurs anciennes

La criminalité s'accroît plus vite dans les campagnes qu'en ville. Dans un secteur du Fujian regroupant 200 villages, 1,1 % de la population, selon un rapport de police, trempait dans des opérations illégales ; dans certains districts du Guangdong, les navires rapides des contrebandiers mouillent ouvertement dans les ports de pêche, comme au plus beau temps du trafic de l'opium[3].

L'âge des délinquants est inférieur à vingt-cinq ans dans trois cas sur quatre*. On mesure là toute la gravité de ce propos de Deng : « L'édification d'un socialisme à la chinoise demande de développer une civilisation spirituelle... Travaillons sans relâche à communiquer aux jeunes un grand idéal[4]. » Dès 1979, le Parti a prié ses membres d'attacher tous leurs soins à l'éducation de leurs propres enfants et de réinstaller dans la tête des gens l'idée que les parents encourent une grave responsabilité dans les délits commis par leur progéniture. Valeur ancienne de l'éducation familiale, aujourd'hui réhabilitée.

---

* La délinquance juvénile était évaluée en 1991, en moyenne, à un taux vingt fois plus important qu'en 1959. Plus de la moitié des crimes ont été commis par des adolescents : 68 % des cambriolages à main armée, 48 % des viols, 50 % des meurtres, 80 % des agressions avec coups et blessures étaient le fait de jeunes de 14 à 18 ans.

On insiste sur le rôle déterminant de l'école : la quasi-totalité des délinquants ne commettent-ils pas leur première infraction entre quatorze et dix-sept ans ? Valeur ancienne des études, de nouveau invoquée.

Valeur ancienne, enfin, la « médiation populaire ». Des particuliers volontaires s'emploient à régler des conflits entre personnes, en dehors des juridictions : pour l'année 1985, plus de sept millions de litiges tranchés, 60 à 80 000 homicides ou suicides évités. Cas les plus fréquents : conflits matrimoniaux, querelles de propriété, affaires d'héritage ; des délits mineurs, aussi. C'est le retour timide de la justice des clans, ou des guildes, qui évitait jadis le recours ruineux à la magistrature officielle[5].

Valeurs anciennes, longtemps dénoncées, aujourd'hui remises en honneur ; enthousiasme révolutionnaire avorté ; tentation d'un Occident grossièrement idéalisé : société en crise. La Chine nouvelle reste à créer, en évitant toute espèce d'explosion, tant y sont effrayantes les violences collectives.

La voie est étroite, entre l'affirmation de la violence individuelle, la réplique de la violence d'État et la menace d'un déchaînement national. Comment ne pas être conscient de l'ampleur du cataclysme que les dirigeants de Pékin doivent s'efforcer, jour après jour, d'éviter aux douze ou treize cents millions d'hommes dont ils portent la responsabilité ?

La démocratie à l'occidentale : le plus sournois des moustiques

Le « moustique » qu'est la démocratie à l'occidentale, Deng l'a dénoncé dès les premières semaines de son nouveau pouvoir. Wei Jingsheng, électricien au zoo de Pékin, fils de cadres aisés, avait osé exprimer sa conviction par voie de *dazibao*, au cours du premier Printemps de Pékin, celui de mars 1979 : les Quatre Modernisations n'étaient pas possibles sans la cinquième, la démocratie pluraliste.

Wei fut rapidement arrêté et condamné à quinze ans de prison ; quelques manifestations en sa faveur sont demeurées depuis lors sans effet. D'ailleurs, on ne manifeste guère pour lui. Il a été condamné comme « contre-révolutionnaire ». Le soutenir, c'est déjà risquer d'être poursuivi pour le même chef d'accusation*.

Deng n'allait pas manquer une occasion de répéter ses avertissements sur ce point central. On le prendrait, çà et là, pour un

---

* Comme précisé plus haut, Wei a été relâché en 1994, trois mois avant l'achèvement de ses quinze ans ; mais presque aussitôt réincarcéré sous un autre chef d'inculpation, il le reste en octobre 1996.

adepte du *Petit Livre rouge*, qu'il semble réciter : « Nous aurons à mener longtemps le combat contre l'idéologie bourgeoise et petite-bourgeoise. Toute idée erronée, toute herbe vénéneuse, doivent être soumises à la critique ; à aucun prix, on ne peut les laisser librement se développer[6]. »

Deng souhaite l'ouverture à l'Ouest et la libéralisation économique ; mais il veut garder au pouvoir communiste la faculté d'intervenir quand il le voudra pour empêcher tout dérapage. D'où la litanie de ses mises en garde dans les années qui ont précédé le Printemps de Pékin de 1989. Mais elles sont passées inaperçues aux yeux des Occidentaux ; et les Chinois occidentalisés n'ont pas voulu les entendre : « Nous nous opposons fermement à l'action corrosive du capitalisme[7]... » ; ou encore : « La Chine veut la modernisation, non le libéralisme bourgeois[8]. »

Deng disait également, en 1990 : « Sans le socialisme comme principe, les réformes et l'ouverture vers le monde amènent tout droit au capitalisme. Si 100 millions de personnes vivent mieux, mais que 900 millions restent pauvres, une révolution devient inévitable[9]. »

Les intellectuels : les surveiller, en recruter

Deng n'a jamais été naïf ; il est demeuré marxiste-léniniste-maoïste. Il a mesuré les enjeux et les dangers, même s'il les a vraisemblablement sous-évalués. Malgré son grand âge, il a montré qu'il était bien décidé à les surmonter. Et il s'est adressé, pour mener à bien cette tâche, à un Parti dont une bonne fraction trouve déjà qu'il va beaucoup trop loin dans la voie des réformes et de la libéralisation.

Il leur répète à peu près ce que disait Pei Wei, mort en l'an 300 de notre ère : « Les libertins profanent l'ordre des générations et sèment la confusion[10]. » La « pollution spirituelle » est de tous les temps.

Aussi, pour mieux « tenir » les intellectuels, les plus accessibles à ce genre de tentations, en même temps que pour améliorer la qualité de la direction du Parti, Deng a-t-il pris grand soin de procéder à un recrutement massif d'intellectuels, en vue de l'encadrement du Parti. En 1978, 8 % seulement de ses cadres étaient issus des universités, contre une masse énorme de cadres prolétariens, recrutés pendant la Révolution culturelle. Dès 1984, 40 % des cadres communistes étaient passés par l'enseignement supérieur. Dans un pays qui ne compte pas plus de 1 % de citoyens de formation universitaire, cette proportion est impressionnante.

Deng, appuyé sur le Parti, pouvait trouver d'excellentes raisons d'annoncer d'avance ses choix et de les appliquer sans faiblir :

« moderniser et ouvrir la Chine ; mais à la première déviation, intervenir vigoureusement pour remettre de l'ordre[11] ».

Certes, il a revendiqué, le 9 juin 1989, la décision de faire entrer l'armée dans Pékin. Depuis lors, ses enfants sont revenus sur cette revendication : ils ont souligné que la décision avait été prise collectivement par le comité permanent du Politburo. Il n'est pas exclu que Deng ait ressenti ces instructions comme un drame personnel. Il est curieux que ni Chen Xitong, maire de Pékin, ni Li Ximing, secrétaire du Parti de Pékin, n'aient pas eu, loin de là, la promotion qu'ils attendaient ; que Deng ait imposé Jiang Zemin et que la « bande de Shangai » ait paru supplanter la « bande de Pékin » ; que tous les généraux qui, derrière le président de la République Yang Shangkun, avaient pesé dans le sens de l'entrée des chars, aient été limogés, et que l'armée soit aujourd'hui dans les mains de ceux qui s'étaient exprimés *contre* cette décision ; à commencer par l'amiral Liu Huaqing, l'un des sept membres du Comité permanent du Politburo, véritable patron de l'armée.

Toujours la recherche confucéenne de l'équilibre. Tous les dirigeants chinois « modernisateurs », depuis 1840, s'y étaient évertués. Le moins que l'on puisse dire est que Deng est celui qui y a le mieux réussi.

CHAPITRE 16

« Balayer les ordures du capitalisme »
1978-1989

> « *Le mandarin ne se prosterne pas devant le peuple[1].* »
>
> Proverbe

Les communistes chinois ont-ils vraiment cru, en 1989, qu'ils éloigneraient les « moustiques » d'un coup d'éventail, et que leur peuple leur en serait reconnaissant ?

Deng, en tout cas, n'a pas eu cette ingénuité. Il n'a jamais déserté le « front idéologique ». Il entend que la libéralisation économique s'accompagne d'un travail théorique, dialogué et constant, où le Parti tiendra le rôle d'animateur — vigilant, mais ouvert à toutes les suggestions. « Nous ne devons jamais, dit Deng, recourir d'emblée à la contrainte, mais appliquer le principe : "Que cent fleurs s'épanouissent, que cent écoles *rivalisent*." Il faut mettre résolument un terme à la tendance néfaste qui consiste, devant les moindres remarques des masses, à préparer une répression[2]. »

On éprouve quelque malaise à la lecture de ce message, quand on se souvient qu'après les « Cent Fleurs » de 1956-1957, Deng, précisément, avait été chargé de réprimer les intellectuels « droitiers » assez naïfs pour croire qu'ils pouvaient *rivaliser* avec Mao.

En tout cas, l'optimisme, en décembre 1978, est devenu de mise, avec la liberté. En 1979, la perspective demeure sereine : « L'essor de l'édification économique s'accompagnera nécessairement d'une édification culturelle[3]. » La Révolution culturelle voulait rendre le Chinois pauvre mais vertueux ; elle a apporté misère et pagaille ; après les décisions historiques du IIIe Plénum, le Chinois sera riche *et* vertueux.

Bientôt, va poindre le désenchantement : « La morale révolutionnaire commande de combattre la corruption capitaliste[4]. » L'euphorie est passée, même si Deng n'hésite pas à soutenir :

« L'introduction de technologies et de capitaux étrangers développera les forces productives socialistes. Bien sûr, les ordures du capitalisme peuvent aussi s'introduire en Chine ; nous en sommes conscients, mais il n'y a rien à craindre[5]. »

Rien à craindre, vraiment ? Le ton évolue. Devant les responsables de la propagande, Deng explique en 1981 : « Des hommes de lettres ont tenu un flot de propos absurdes qui dépassent de loin les assertions anti-socialistes des droitiers de 1957. Ils veulent s'écarter de la voie socialiste et rejeter la direction du Parti, en se réclamant du libéralisme bourgeois[6]. » Devant les hauts dirigeants militaires, l'alarme générale est lancée : « On se laisse gagner, dans l'armée, par les tendances nocives qui se développent dans la société[7]. » C'est l'endémie.

Au XIIe congrès, en 1982, le diagnostic se précise : « Nous devons résister fermement à l'action corrosive des idées décadentes émanant de l'étranger. Le peuple chinois a sa fierté nationale. Il rejettera cette pourriture[8]. » Le national-confucianisme réapparaît en force. En 1983, le mal est enfin nommé. Deng s'attaque à la « pollution spirituelle[9] » ; même si ceux qui avaient lancé cette campagne étaient des membres de l'appareil malintentionnés envers Deng. Ce thème, Deng et le Parti ne l'abandonneront plus.

Un coup de yin, un coup de yang

« Un coup de *yin*, un coup de *yang* », dit le Dao. La voie chinoise ressemble à un courant alternatif : elle a inventé la dialectique avant Marx. *Stop and go*.

Décembre 1978 : le IIIe Plénum lance l'ouverture, la modernisation, la réforme.

Mars 1979 : premier Printemps de Pékin. Deng Xiaoping met le holà. Wei Jingsheng, qui a osé réclamer la démocratie, est jeté en prison.

1979-1983 : privatisation des terres, premières *joint-ventures**.

1983-1984 : campagne contre la « pollution spirituelle ».

1984-1986 : reprise de la libéralisation de la société. Cent mille étudiants partent pour l'étranger.

Décembre 1986-janvier 1987 : une agitation estudiantine s'empare de la place Tiananmen et se répand rapidement dans tout le pays. Elle est promptement brisée. Hu Yaobang, principal animateur des réformes de la société comme secrétaire général du Parti,

---

* C'est-à-dire des sociétés mixtes sino-étrangères (japonaises, américaines, allemandes, italiennes, anglaises et, hélas, rarement françaises) ; ou, plus souvent encore, sino-chinoises (avec des Chinois de Hongkong surtout).

est limogé et remplacé par Zhao Ziyang, lequel est remplacé comme Premier ministre par Li Peng, connu pour ses attaches avec le groupe des vétérans conservateurs ; campagne contre le « libéralisme bourgeois ».

« Nous avons entrepris de lutter contre l'anarchisme et l'ultra-individualisme. Certains ont actuellement l'intention d'instaurer chez nous une société sans foi ni loi... Même dans un pays capitaliste, on ne le permet pas. Alors, à plus forte raison chez nous, qui voulons édifier un socialisme à la chinoise », déclare Deng à la fin de 1986, après la grogne estudiantine de l'automne[10].

Il ne cesse de répéter que « pour les auteurs de graves délits économiques et de droit commun, il faut aller parfois jusqu'à la peine capitale, *moyen d'éducation indispensable*[11] ».

La rigueur dans l'application de la loi aurait envoyé, durant l'automne 1983, plusieurs milliers de Chinois à la mort ; on parle même de plusieurs dizaines de milliers. « L'action a été très favorablement accueillie par la population[12]. » Il faut l'en croire, car personne n'a les moyens de vérifier. Une telle appréciation, en Occident, serait reprochée à son auteur au-delà de sa mort ; mais nous sommes en Chine.

Un rendez-vous annulé

L'ouverture aux étrangers est allée jusqu'à provoquer une campagne de mise en garde. Journaux, banderoles, consignes du Parti invitent les Chinois à la vigilance contre les fléaux que les capitalistes apportent avec eux.

Cette campagne rigoriste a pris à un moment une telle ampleur, qu'on a commencé à se demander si l'on n'assistait pas au retour de la Révolution culturelle. Pour finir, Hu Yaobang, premier secrétaire du Parti, dénonça la campagne comme « provenant des ultra-gauchistes ». Ce qui n'exclut pas qu'elle ait été lancée par Deng : devant les craintes qu'elle inspirait, ou la lassitude de la population, saturée d'idéologie, on aura voulu y mettre un terme. En tout cas, celui qui avait conduit cette campagne figurait en tête de la liste des rendez-vous qu'on m'avait organisés à ma demande en septembre 1984 ; il en a soudain disparu, sous un prétexte peu convaincant.

Deng est un enseignant infatigable ; ainsi en allait-il de l'empereur de Chine, père et éducateur de son peuple. Il lui faut menacer souvent, sévir parfois : « Notre État socialiste est une machine puissante. À la moindre déviation par rapport à la voie socialiste, l'État interviendra pour remettre de l'ordre[13]. » « Pour certains criminels, la mort ! Certes, la prudence s'impose quand il s'agit de la peine capitale, mais il faut bien en prononcer quelques-unes[14]. » Et l'économiste nonagénaire Chen Yun de préciser : « La peine de mort pour certains cas permettra de ramener dans le bon chemin nombre de nos cadres[15]. » Idée chère à Tocqueville et à Durkheim : la punition n'est pas tant faite pour éliminer les coupables, que pour raffermir les honnêtes gens.

« Le libéralisme bourgeois perturberait notre travail »

Mais la répression n'est pas la seule voie ; il faut surtout au peuple chinois un Parti exemplaire : « Tout deviendra facile si chaque membre du Parti se conduit de façon irréprochable[16]. » Comme tant de ses lointains prédécesseurs, le vieux maître de la Chine développe son prône : « L'intégrité doit transparaître dans toutes nos activités. Il faut promouvoir selon le mérite et non par favoritisme[17]. »

Marxiste, ce discours ? Peut-être. Confucéen, certainement. « L'honnête homme ne prêche rien qu'il n'ait d'abord mis en pratique[18]. » Forte de telles vertus, la Chine n'aurait rien à redouter des « ordures du capitalisme ».

Hélas ! Où est-elle, cette grande force morale ? La corruption a gagné tous les échelons du pouvoir chinois.

Les dirigeants chinois donnent cinq décennies à leur pays pour réussir — jusqu'en l'an 2047, où il s'estimera apte à digérer Hongkong, ou à être digéré par la colonie britannique, ou du moins par le capitalisme mondial dont elle serait l'avant-poste. Nous Occidentaux, allons-nous chercher à presser ce mouvement, au nom de nos propres idées ? Ne serait-ce pas faire un grand tort aux idées démocratiques et libérales que de prétendre les imposer à tous, clefs en main ? « Rien ne serait plus trompeur que de juger de la Chine selon nos critères européens », écrivait en 1794 Lord Macartney, tandis qu'il s'en retournait, penaud, vers l'Occident.

Cette déclaration de Deng, en 1983, est révélatrice d'une inquiétude : « Ne croyez pas qu'un peu de pollution spirituelle ne tire pas à conséquence ; certains phénomènes ne paraissent pas immédiatement nocifs, mais si on les laisse se développer, ils orienteront bien plus de gens vers une fausse voie. À plus long terme, quel sera l'avenir du Parti et de la patrie[19] ? » Et plus loin : « Nous continuerons à critiquer les idées erronées de gauche. Mais à l'heure actuelle, il importe avant tout de redresser la tendance de droite, caractérisée par la faiblesse, l'excès de tolérance, le laisser-aller[20]. » Appel non entendu, puisque Deng insiste, en 1985 : « Si on laissait faire, le libéralisme bourgeois perturberait tout notre travail[21]. » Il admoneste : « Parmi les Quatre Principes fondamentaux, pourquoi insister sur la dictature du Parti ? Parce que, sans elle, on ne saurait maintenir la stabilité face aux éléments nuisibles[22]. » Ces « éléments nuisibles » se situent autant à gauche qu'à droite. Comme Zhou Enlai face à la campagne contre Lin Biao et Confucius, Deng utilise les arguments de certains de ses adversaires contre les autres. Toujours, la recherche de l'équilibre. L'ouverture n'exclut pas la dictature.

Deng sait que les Chinois ont l'émeute dans le sang. Toutes les dynasties ont été renversées par des émeutes. C'est justement pourquoi le Parti et l'armée ne doivent faire qu'un. C'est pourquoi il les commande simultanément.

Deng avait besoin de troupes fidèles au nouveau cours politique. Pour que l'armée adhère à l'économie de marché et à la société de consommation, il n'a pas hésité à l'encourager à posséder ses propres entreprises individuelles et à faire du commerce. L'armée est donc une puissance économique autant que politique.

Malgré la répression, la fenêtre restera ouverte

Malgré les dangers de la fenêtre ouverte, elle n'a pas été refermée un seul jour pendant dix ans. Et le 9 juin 1989, quelques jours après l'écrasement de la révolte pékinoise, alors qu'un rideau de bambou plus épais qu'il ne l'avait jamais été jadis semblait s'être abattu pour séparer la Chine de l'Occident, Deng a proclamé que la politique d'ouverture se poursuivrait imperturbablement.

Paradoxe ? *Chinoiserie ?* Nous pouvons en avoir l'impression. Mais ce qui nous semble double langage a été son unique et constant propos à partir de sa prise de pouvoir, en 1978. On l'entend, avec surprise, simultanément affirmer la nécessité de la « dictature » (du prolétariat) et promouvoir la démocratie — à la chinoise, naturellement : « Il est d'autant plus nécessaire de mettre l'accent sur la démocratie, que le *centralisme démocratique* n'avait pas été réellement appliqué pendant de longues années. En effet, on n'avait insisté que sur la centralisation, aux dépens de la démocratie. Ainsi, il n'y a qu'un petit nombre d'esprits progressistes qui ont le courage de s'exprimer. Si l'on hésite toujours à faire de bonnes remarques et à combattre les actes nuisibles, comment voulez-vous qu'on fasse marcher son cerveau[23] ? »

Voilà bien la démocratie à la chinoise : elle n'est pas la confrontation au grand jour de libres opinions, mais le simple souci de diffuser *la* vérité. Cette vérité est unique : elle est élaborée dans les instances du Parti, qui en est le dépositaire. Tels étaient les lettrés-fonctionnaires de jadis, qui devaient s'en tenir à une stricte orthodoxie — celle des règles et des rites, dont l'Empereur, intercesseur auprès du Ciel, était le garant.

CHAPITRE 17

La Chine peut-elle se convertir aux idées d'Occident ?
1992

Février 1992.

Dans la même année 1492, voici cinq cents ans, Christophe Colomb crut voir surgir la Chine devant lui, et naquit Ignace de Loyola, fondateur de la Société de Jésus, qui crut pouvoir l'évangéliser. Fascination pour l'un, défi pour l'autre. Deux entreprises, deux rêves, deux échecs.

Du moins Colomb découvrit-il un nouveau monde. Quant aux jésuites, ils surent au moins apprendre un monde qui était, pour l'Occident, tout aussi nouveau. C'est François Xavier qui, le premier, entreprit d'évangéliser l'Orient — en Inde d'abord, puis au Japon. Mourant, il aborde la Chine près de Canton, en 1552, convaincu que « le démon éprouvera un immense déplaisir à ce que les membres de la Compagnie puissent entrer en Chine ».

Il reviendra à Matteo Ricci, un demi-siècle plus tard, d'aller au bout de l'aventure. Ce jésuite, dit Li Madou ou encore Li Xitai, parvient, en 1601, à se faire admettre à la cour des Ming. Son entreprise est exemplaire de la perspicacité des jésuites — et de la seule manière reconnue à ce jour de se faire accepter par les Chinois.

Les jésuites ont mesuré tout de suite la difficulté : « La résistance vient de la grande subordination que les Chinois observent dans l'obéissance des uns aux autres, de grade en grade, jusqu'à leur monarque. » Il faut donc compenser le poids de la résistance sociale, en faisant pression sur l'empereur. Comment ? En se fondant au creuset de la société chinoise. En y rivalisant de talents avec les plus lettrés des lettrés. « On prêche avec plus de fruit par des conversations que par des sermons. »

Ainsi parle Ricci. Il séjourne à Nanchang, voilà quatre cents ans, à la fin du XVIᵉ siècle ; il y connaît une grande renommée. Étranger, « barbare », ne parle-t-il pas, n'écrit-il pas couramment le chinois ? Versé en mathématiques, il sait par cœur les classiques confucéens ; il transporte avec lui des objets curieux : horloges, verres optiques, peintures. On lui prête aussi des talents d'alchimiste. Certes, il enseigne une doctrine. Mais il reconnaît qu'elle est la dernière des causes de l'intérêt qu'il suscite.

Son succès tient surtout à ce qu'il a réussi à devenir un parfait mandarin au milieu des mandarins. On s'interroge sur ce qu'il cherche en Chine. Ainsi le philosophe Li Zhi : « On dit que Li Xitai chercherait à substituer sa doctrine à celle de Confucius. Ce serait trop stupide ; ce ne peut être seulement cela. » L'aventure du christianisme en Chine est à peine commencée, qu'elle est déjà menacée.

Ricci charme, avec sa prédication morale et ses horloges. Le « Barbare » séduit les Chinois, déjà éblouis de l'aisance avec laquelle il est devenu Li Xitai. Mais son *credo* ne résiste pas longtemps à la logique chinoise. Surtout quand il n'est plus là pour le défendre. Il meurt en 1611. En 1659, Yang Guanxian, adversaire farouche des missionnaires, raille : « En venant naître sur terre pour sauver les hommes, le Maître du Ciel (Jésus) aurait dû promouvoir les rites, répandre le sens du devoir. Au lieu de cela, il n'a fait que de petits actes de bienfaisance : guérir les malades, ressusciter des morts... »

La querelle des rites

1659 : on réfute encore Ricci un demi-siècle après sa mort. L'empereur Shunzhi est mandchou. Il a eu pour précepteur le brillant jésuite rhénan Adam Schall. Pourtant, la religion qu'adopte le Fils du Ciel n'est pas celle du « Maître du Ciel ». L'ambition première de convertir le peuple tout entier, en gagnant l'empereur à la religion du Christ, comme jadis Constantin, a échoué.

Mais la Société de Jésus ne renonce jamais. Ses prêtres-horlogers se succèdent à la Cour, guettant l'occasion, confiants dans la Providence.

C'est de Rome que va venir le coup d'arrêt fatal. Dans la « querelle des rites », il leur est reproché d'avoir sacrifié le dogme orthodoxe pour se faire mieux comprendre. Et de fait, les jésuites avaient conduit une tentative pathétique d'adaptation de l'Évangile à la patrie de Confucius, comme nous tentons pathétiquement de faire accepter nos droits de l'homme occidentaux par la patrie de Qin Shihuangdi et de Mao.

La Chine d'alors n'était pas plus disposée à adopter le christianisme, que celle d'aujourd'hui à imiter notre démocratie représentative, pluraliste et alternante. Tout comme nous connaissons en Occident un fondamentalisme des droits de l'homme, qui risque d'en dégoûter tout à fait les Chinois, de même l'intransigeance romaine devint le plus grand obstacle à leur problématique christianisation. Conscient de l'hostilité des Chinois aux idées étrangères, Ricci avait tout fait pour que la religion chrétienne ne contrevînt pas aux usages de l'Empire, de manière à intégrer le Sauveur des chrétiens dans le mental des Chinois. Il était périlleux d'obliger les convertis à rompre avec le triple hommage rendu aux ancêtres, à l'empereur vivant et à Confucius : Ricci estima que ces pratiques ne comportaient aucune implication religieuse. Cette ouverture d'esprit des jésuites, les adversaires de Ricci et de ses successeurs — missionnaires franciscains et dominicains en tête — en font une hérésie. Un demi-siècle durant, l'Europe polémique sur les rites chinois. Jusqu'à ce que les théologiens de la Sorbonne, en 1701, Rome en 1704, les condamnent. Interdiction est signifiée, sous peine d'excommunication, aux chrétiens de Chine de se plier aux usages civils tolérés jusqu'alors. C'est la débâcle des « chrétientés » de Chine.

Elle est accentuée par la colère de Kangxi. Le glorieux héritier de Shunzhi, passionné par les sciences de l'Occident, avait accordé en 1692 la liberté de culte (mais non de prédication) aux prêtres du « Maître du Ciel » et à leurs ouailles. L'édit de tolérance est révoqué en 1717. Les missionnaires sont expulsés, à moins qu'ils ne prêtent serment de fidélité à l'empereur, qui ne peut admettre que ses serviteurs occidentaux conservent des liens avec un souverain d'Europe, le pape. « C'est une atteinte inacceptable à la souveraineté chinoise. Accepteriez-vous dans votre pays la réciproque ? Admettriez-vous que des prêtres lamaïstes s'installent et se livrent à la prédication, en me reconnaissant comme leur souverain ? »

L'œuvre de Ricci et de ses successeurs va se mourir lentement. La « querelle des rites » a beaucoup ébranlé le crédit de la Société de Jésus en Europe. C'est une étape décisive dans la lutte qui oppose ces prodigieux aventuriers de l'esprit à leurs adversaires qui, pour l'emporter, surent recourir contre eux aux artifices de toutes les procédures.

Ce dramatique épisode a eu pour effet, entre autres, de ruiner les rapports entre l'Europe et la Chine. Ainsi fut rebouchée la première porte que les jésuites avaient réussi à pratiquer, tout au long du XVIIe siècle — *ad majorem Dei gloriam*, mais aussi au bénéfice d'un savoir plus profane —, dans la gigantesque muraille des préjugés que les Chinois nourrissent contre les étrangers.

Nous voilà au fond du paradoxe de l'acculturation. Comment se faire admettre d'un peuple sans adopter sa mentalité ? Mais si vous adoptez cette mentalité, au nom de quoi pourriez-vous le convertir à vos idées ? N'est-il pas autorisé à croire que vous vous êtes converti aux siennes... comme tous ceux qui vous ont précédé ?

CHAPITRE 18

Pour réveiller le Grand Dragon
1984-1993

> « *N'est-ce pas un bonheur d'avoir des amis qui viennent de loin*[1] ? »
>
> Confucius

Septembre 1984.
Enfin Deng Xiaoping vint et, le premier en Chine, tira toutes les conséquences de ce que le Japon de Meiji avait compris cent vingt ans plus tôt ; de ce que Chiang Kai-shek avait saisi (mais n'avait pas su réaliser) ; de ce que Mao, qui n'avait jamais vécu à l'étranger, n'avait pas senti : la prospérité d'un pays moderne dépend de son ouverture au monde, c'est-à-dire, depuis deux siècles — disons-le, surmontant nos hésitations —, de son degré d'occidentalisation.

En 1949, la Corée, Taiwan, Hongkong, Singapour se trouvaient à peu près au même point que la Chine continentale. Aujourd'hui, leur niveau de vie est de dix à vingt fois supérieur. Ce sont les *Petits Dragons*, tout feu tout flamme, tandis que languissait le *Grand Dragon*, dans sa caverne verrouillée.

Un Chinois qui a quitté la Chine populaire au moment du changement de régime gagne, en 1990, en moyenne 5 000 dollars par an à Taiwan, 8 000 à Hongkong, alors qu'un parent resté en Chine n'en gagne pas 400 ; même en tenant compte des grandes différences de prix, le décalage demeure impressionnant. Tandis que la Chine populaire se repliait sur elle-même et son collectivisme, les Chinois d'outre-mer, partis de la même base, se sont lancés dans le développement capitaliste et la concurrence internationale. Il est vrai qu'ils n'avaient pas à traîner le boulet d'immenses territoires arriérés.

Aujourd'hui, on prend conscience des succès de la *diaspora*. On se met à mesurer le taux de croissance des industries locales, le nombre de créations d'emplois, les gains annuels de productivité,

133

à l'aune de ceux qui sont atteints par les *Petits Dragons*. La politique d'ouverture permettra au *Grand Dragon* de rivaliser avec ses cadets. Il est loin, le temps où le Fils du Ciel et ses successeurs rouges méprisaient les Chinois qui avaient « abandonné les tombes de leurs ancêtres pour réaliser au loin de vils profits » — ce que disait l'empereur Qianlong des Chinois de Java. Quant à l'étranger, il n'est plus le Barbare qu'on régale et qu'on éconduit.

Une association capital-travail

Voici donc la Chine librement ouverte à l'activité économique des capitalistes. Les sociétés mixtes, les *joint-ventures*, se multiplient : le contrat type, c'est 51 % des actions à la collectivité chinoise, qui fournit le gros œuvre et la plus grande partie de la main-d'œuvre ; 49 % aux Occidentaux, Japonais et surtout Chinois d'outre-mer, qui fournissent capitaux, installations intérieures, appareillage moderne, savoir-faire, cadres*.

Mais attention, pas de débordement : « Aussi large que soit notre ouverture, l'économie relevant de la propriété publique demeurera constamment le secteur prédominant. Même dans les entreprises mixtes à capitaux chinois et étrangers, la propriété socialiste représentera la moitié. En réalité, par l'impôt, une grande partie de leurs gains réels nous reviendront. N'ayez pas peur : c'est l'État et le peuple, non le capitalisme, qui en tireront les plus gros profits. Quant aux effets négatifs inévitables, nous avons les moyens de les neutraliser[2]. » C'est une « association capital-travail » à laquelle n'avait pas pensé de Gaulle : capital étranger, travail chinois.

La Chine a le plus grand besoin des investissements extérieurs. Deux tiers de ses machines sont vétustes et ses ouvriers ont pris de curieuses habitudes. Un industriel français à Canton me contait qu'il avait le plus grand mal à faire respecter par ses ouvriers des normes de production et à soigner « même ce qui ne se voit pas ». En l'absence de tout contrôle de qualité, il n'était pas rare qu'au bout de la chaîne, 20 % de la production soient bons pour le rebut. Des observations du même ordre peuvent être faites pour l'ensemble de la production industrielle. Un Américain à Pékin dut quitter ses propres ateliers sous les huées ; sa visite impromptue avait tiré ses employés de la sieste, leur faisant « perdre la face ».

Toutefois, le souci chinois de maintenir le service de la dette en deçà de 20 % du budget annuel fait que le pays ne peut envi-

---

* Ce sont les *joint-ventures* qui sont les entreprises les plus dynamiques du pays. Si les entreprises nationales perdent sans cesse plus d'argent, si les entreprises privées sont florissantes, les *joint-ventures* ont connu en 1995 une croissance moyenne de 37 % de leur production.

sager de dépasser un plafond de crédits cumulés : 40 à 50 milliards en 1990 ; 110 à la fin de 1996 ; le service de cette dette représente 12 % du budget annuel. Le développement, en dehors de toute considération politique, s'en trouve considérablement limité. Une fois encore, on accepte le partenariat étranger, dans la stricte limite des besoins que la Chine se reconnaît. Deng avoue, avec humour et modestie, que les planificateurs se sont trompés : « Du bilan de l'expérience historique, nous avons retenu une leçon fondamentale : il ne faut faire, en aucun cas, de plans trop ambitieux[3]. »

Entrez, entrez

La Chine s'est bien organisée pour accueillir les étrangers *à leurs frais*. Naguère, ils étaient reçus comme de nobles hôtes, avec limousine noire et appartement dans un palace, sans bourse délier ; prison dorée, mais prison tout de même. Aujourd'hui, touristes et hommes d'affaires acquittent le prix de leurs aises ; ils y ont gagné un peu de liberté. Hôtels et grands magasins acceptent les cartes de crédit occidentales ; celles-ci permettent même de retirer en espèces la contre-valeur de six mille francs par jour.

Pierre Cardin a installé au centre de Pékin un *Maxim's*, copie conforme de celui de Paris, jusqu'à la tenue des grooms et des cuisiniers, sauf qu'il était flambant neuf et plus spacieux. On y dînait pour le salaire mensuel d'un haut fonctionnaire. Il est vrai que, dans l'immeuble voisin, un *Minim's* offrait des repas rapides pour le dixième de ce prix*.

Les Américains ont installé, en direction de l'aéroport, un splendide « Hôtel de la Grande Muraille » — cinq étoiles, mille chambres, un restaurant panoramique. Des chaînes hôtelières de Singapour, des Philippines, de Hongkong ont suivi l'exemple.

Qui peut s'offrir ces folies ? Des Occidentaux de passage, des diplomates. Mais aussi quelques « paysans riches ». Le *manager* du *Great Wall Hotel* m'a assuré que deux d'entre eux s'étaient présentés récemment à la réception, demandant une suite. « C'est 200 *yuan* pour une nuit. » (Ce prix est pratiqué aussi dans les palaces de la capitale.) Le portier consulte la direction, qui propose, puisqu'il s'agit de Chinois, une chambre à 100 *yuan* la nuit. Les paysans auraient exigé le prix fort : « Nous ne voulons pas d'une chambre au rabais. »

Au-delà de cette vitrine de luxe, touristes occidentaux et Chinois de la *diaspora* arrivent par *charters* entiers. Les yeux

---

* Finalement, le *Maxim's* a dû fermer ses portes en 1995, après quinze ans de rayonnement prestigieux, mais coûteux.

s'ouvrent. Les idées nouvelles pénètrent. Une des sociétés les plus fermées du monde entrebâille la porte.

Bien sûr, il n'est pas aisé de rompre d'un coup avec des habitudes ancestrales. On invite les étrangers à venir nombreux ; mais on ne peut s'empêcher de se défier d'eux. Les accompagnateurs qu'on vous affecte sont très malheureux, malgré leur exquise courtoisie, quand vous leur faussez compagnie ou quand vous avez des relations personnelles avec d'autres Chinois, que vous préférez rencontrer sans eux... Le progrès est pourtant considérable, pour qui compare avec un passé récent.

Il est vrai qu'après la répression du Printemps 1989, le nombre de touristes occidentaux a fortement chuté. Il est vrai aussi que, pendant les mois qui ont suivi, le couvercle était retombé sur la société chinoise. Mais l'ouverture, si marquée jusque-là, a depuis lors repris le dessus. La Chine est aujourd'hui le pays le plus visité d'Asie.

Les esclaves du capitalisme

Quatre « zones économiques spéciales », au début des années 1980, se sont constituées : trois dans la province de Canton, autour de Hongkong et de Macao ; une dans le Fujian, face à Taiwan. Mission : attirer capitaux et capitalistes. La plus importante, de beaucoup, est celle de Shenzhen, en bordure des nouveaux territoires de Hongkong. Nos « villes nouvelles », comme Marne-la-Vallée ou Saint-Quentin-en-Yvelines, faites pour 200 000 habitants, paraissent bien modestes à côté de ce grand ensemble destiné à accueillir 1 200 000 Chinois et le plus possible d'étrangers. On y a installé un golf de dix-huit trous, des villages de vacances, un parc d'attractions, des hôtels de luxe, dont un qui n'est autre qu'un ancien paquebot français de quinze mille tonnes, l'*Ancenilla*, lancé en 1958 et vendu à vil prix à la Chine. Le quai a été construit de manière à épouser la coque du navire, enfoncée dans cinq mètres de sable.

Surtout, des usines sortent du sol. Une imprimerie ultramoderne (photocomposition à scanner, de fabrication anglaise, machines *offset* venues de Heidelberg) imprime des livres illustrés, des ouvrages d'art, des albums, des calendriers muraux, pour des éditeurs japonais, américains, australiens — plus rarement français.

Tout le monde y trouve avantage. Les éditeurs étrangers, qui obtiennent ici des prix de revient inférieurs de moitié, voire des trois quarts, à ceux qui sont pratiqués chez eux. Les Chinois de l'intérieur, qui sont payés le double de ce qu'ils recevraient pour le même travail en dehors de la zone. Les techniciens de Hongkong, qui dirigent et forment cette main-d'œuvre, et qui sont surpayés d'un tiers par rapport à ce qu'ils toucheraient dans la colonie britannique (l'imprimerie s'arrête du samedi après-midi au lundi après-midi pour leur permettre de retourner dans leur famille). Les capitalistes, des Chinois d'outre-mer, qui ont fait un bon placement : 25 % de rendement par an (il est vrai qu'ils doivent réinvestir sur place pendant les premières années). Mais, par-dessus tout, la Chine, qui s'approprie à bon marché les techniques les plus avancées.

« Les autorités locales de Shenzhen ont pour slogan : *le temps, c'est de l'argent ; le rendement, c'est la vie* », s'est plu à déclarer Deng Xiaoping au cours d'une tournée d'inspection au Guangdong en 1984. Il a renouvelé ses encouragement en janvier 1992. Comme du temps de Mao, sa calligraphie sur un livre d'or a fait le tour du pays ; on retrouve cette formule jusque sur les routes de Mongolie[4]. Et il ajoute qu'« en conformité avec la loi du développement », on peut « autoriser une partie des régions à s'enrichir avant les autres : il n'est pas nécessaire de pratiquer à tout prix l'égalitarisme[5] ».

Mao avait frustré les Chinois de cet appétit du gain qui leur est si naturel ; probablement sans le vouloir, il avait sublimé leur aspiration en adoration de lui-même.

Deng Xiaoping, en encourageant chacun à gagner de l'argent pour soi-même, n'a fait que retrouver une tradition séculaire. Tout le monde n'a pu satisfaire, si peu même que ce soit, cet appétit invétéré. Mais tout le monde a pu rêver d'y parvenir. En libérant le rêve, il s'est assuré une immense popularité.

Absence française

En 1984, visitant à Shenzhen une usine de montage électronique, j'ai fait des observations attristantes pour l'orgueil national. Siemens et Sony envoyaient à cette unité des pièces détachées : Siemens, d'appareils de téléphone sans fil avec touches digitales et réveil-radio incorporé dans le socle ; Sony, de radios-magnétophones avec programmateur de cassettes. Un Français ne pouvait s'empêcher de constater avec mélancolie que la Chine s'était mise à fabriquer sur son sol ces produits « sophistiqués » plus tôt que la France moderne...

Hélas ! il observait aussi que les entreprises françaises étaient absentes de la grande compétition qui se jouait là. Seules deux succursales de banques représentaient notre pays. C'était peu, à côté de l'active présence des Japonais, des Anglais, des Américains, des Allemands, des Italiens, des Hollandais et même des Scandinaves.

Il est vrai que les Chinois sont des négociateurs redoutables, que les conversations avec eux sont interminables, reprises régulièrement à zéro. Ils misent sur les rivalités des concurrents... Les marchands de Canton faisaient déjà de même au XVIIIe siècle avec les négociants européens. Tous ces délais requièrent des nerfs — et aussi des reins — solides.

L'avenir dans la marge

La zone de Shenzhen sert ainsi de sas entre le capitalisme triomphant de Hongkong et le socialisme maintenu de la Chine continentale. Aujourd'hui, Hongkong n'est plus capable de « tourner » sans Shenzhen. Plus de la moitié des entreprises industrielles cotées en bourse à Hongkong ont une activité dans la zone de Shenzhen, ou en tout cas un sous-traitant ou un fournisseur[6].

Xiamen (la petite île d'Amoy) joue le même rôle par rapport à Taiwan.

Quatorze ports et une grande île, Hainan, bénéficient de presque autant de franchises pour attirer les capitaux étrangers et la haute technologie. Les dirigeants s'émerveillent : « Tant que l'entrée et la sortie des capitaux resteront libres dans ces zones, des hommes d'affaires étrangers et des ressortissants chinois à l'étranger viendront y investir. Cette politique se révélera fructueuse[7]. »

Des zones capitalistes ont donc prospéré en marge d'un territoire socialiste, avant même que celui-ci ne s'ouvre franchement à l'économie de marché. C'est dans cette marge que la Chine va écrire son avenir.

CHAPITRE 19
Les territoires perdus
1984-1989

> « *Ton Envoyé, ô Roi, Nous a demandé la cession d'un îlot où tes marchands remiseraient leurs biens. Mais chaque pouce de territoire, le moindre banc de sable, il n'appartient à personne de le distraire de Notre Empire.* »
> QIANLONG, 7 octobre 1793, lettre à George III[1]

S'ouvrir à l'étranger, soit. Mais à condition de lui reprendre ce qu'il a pris — Hongkong et Macao —, et de refaire l'unité du territoire — Taiwan comprise. Ces terres peuplées de Chinois sont un rappel constant des malheurs passés. La Chine n'aura pas recouvré toute sa dignité, tant que ces trois morceaux de la mère patrie ne l'auront pas rejointe.

La grande affaire de Pékin, aujourd'hui, c'est d'effacer les traces de l'aliénation.

Hongkong : cinquante ans de capitalisme garanti

Septembre 1984.
Ji Pengfei, ministre d'État chargé de superviser la négociation après avoir été ministre des Affaires étrangères, m'affirme que l'accord signé pour Hongkong aura valeur de *modèle.*

« Nous avons adopté le principe : *un État, deux systèmes,* m'expose Ji Pengfei. Une seule Chine, une seule souveraineté, une seule diplomatie, une seule défense. Mais cinquante ans de capitalisme garantis à Hongkong, tandis que la Chine continentale poursuivra la construction du socialisme. Ce que nous allons faire pour Hongkong à partir de 1997, pour Macao après 1999, pourra être étendu ensuite à Taiwan. À cette différence que Hongkong est un problème sino-britannique, Macao un problème sino-portugais, tandis que Taiwan est un problème sino-chinois : les Américains n'ont pas à s'en mêler.

— Vous préconisez donc d'inclure pour un demi-siècle trois territoires intégralement capitalistes dans un pays intégralement socialiste ? À la longue, n'est-ce pas la Chine entière qui va devenir capitaliste ? Déjà, vos quatre zones économiques spéciales, vos quatorze ports francs et votre île de Hainan s'ouvrent au capitalisme... »

Ji Pengfei se récrie. Non, non, la Chine reste socialiste ! Mais il insiste sur le fait qu'il est essentiel que le « test » de Hongkong réussisse. En 1997, il faudra que le changement de souveraineté s'effectue sans heurts : « Tout sera fait pour que les Chinois de Hongkong et les capitaux restent sur place. Il faut que la confiance s'installe dans les années qui viennent. C'est essentiel pour Hongkong comme pour la Chine. »

À Hongkong, l'horizon 1997 fait et fera jusqu'au bout l'objet de toutes les conversations. Le fils de Deng vient de passer quelques semaines dans la colonie britannique. Défenestré d'un quatrième étage pendant la Révolution culturelle par les gardes rouges, la colonne vertébrale brisée, il se propulse dans une petite voiture. Il a vu tout l'*establishment* de Hongkong. Ce geste a été interprété comme une manière très chinoise d'envoyer un signal : « La Révolution culturelle a commis d'abominables atrocités. Je suis le gage qu'elles ne se reproduiront pas. » Mais quelques sceptiques se sont dit : « On voit de quoi ce régime est capable. Un plénum du Comité central qui tourne mal, et toutes ces horreurs vont recommencer. Et cette fois, Hongkong y passera. »

« Pas d'autre choix que l'optimisme »

Des indices d'optimisme s'étaient pourtant précisés depuis la signature de l'accord sino-britannique. Le marché immobilier, qui s'était effondré en 1984, est remonté. La Banque de Hongkong et Shanghai (anglaise) a construit un immeuble de soixante-dix étages. La Banque de Chine (rouge) a aussitôt lancé la construction d'une tour qui domine aujourd'hui la précédente.

Hongkong autorisée à rester capitaliste jusqu'en 2047, tout en réintégrant la Chine communiste : ce principe, m'indique Ji Pengfei, a été fixé par Deng lui-même. La Chine est une et indivisible, mais le socialisme et le capitalisme peuvent y coexister. Pékin paraît prêt à céder beaucoup pour que cette cohabitation réussisse.

Les réalités économiques sont coriaces : Hongkong, troisième place financière du monde, troisième exportateur de textiles et de jouets, absorbe 40 % du commerce extérieur de la Chine.

Le gouverneur Wilson, qui représente Sa Majesté à Hongkong m'a dit avec son humour tout britannique : « Pourquoi voulez-vous que les habitants de Hongkong se fassent du souci ? Ils n'ont aucune raison. Connaissez-vous un autre pays au monde qui soit assuré de vivre cinquante ans dans le capitalisme, en vertu d'un traité international ? Et un traité cautionné par le plus grand parti communiste du monde ? La Grande-Bretagne n'a aucune garantie de garder chez elle le capitalisme cinquante ans, puisque les travaillistes, qui ont vocation à gouverner un jour, se proposent de rompre avec lui ! » Il ajoute en riant : « Et la France ? »

Août 1989.
La plupart des Chinois de Hongkong que vous rencontriez jusqu'en 1989 s'efforçaient de ne pas montrer plus d'inquiétude que ce gouverneur, dans l'attente de la date historique du 1er juillet 1997 où l'Union Jack serait amené et le drapeau rouge à cinq étoiles d'or hissé. « Nous n'avons pas d'autre choix que celui de l'optimisme », disait-on plaisamment, comme l'ancien maire, qui a pourtant donné se démission pour protester contre l'accord Thatcher — Deng Xiaoping, « feuille de vigne » pour masquer l'abandon par la Grande-Bretagne de ses devoirs envers ses sujets.

Le retour de l'inquiétude

Septembre 1989.
Mais la répression du Printemps de Pékin a ravivé l'inquiétude et la tension. « Comment avoir confiance dans un régime aussi brutal ? Qui peut croire à ses engagements pour cinquante ans ? N'avez-vous pas remarqué qu'il change d'orientation tous les dix ans ? »
Des manifestations monstres ont, en juin et juillet 1989, vilipendé le régime communiste avec d'autant plus de vigueur que les sujets chinois de sa Gracieuse Majesté craignaient de vivre un semblable cauchemar à partir du 1er juillet 1997. Et Londres s'est vu réclamer à cor et à cri le passeport britannique et le droit d'immigrer en Grande-Bretagne pour tous les ressortissants de la colonie.
Pendant trente ans, la Chine populaire avait connu une agitation perpétuelle, souvent sanglante. Les quelque cinq millions et demi d'habitants de Hongkong sont pour la plupart d'anciens rescapés de la révolution. Mais, de 1976 à 1989, la Chine populaire avait enfin joui d'une tranquillité perdue depuis la chute de l'Empire, en 1911. Cette tranquillité rassurait Hongkong. On y faisait un calcul simple : les dirigeants de Pékin ne peuvent pas se permettre de faire échouer la réintégration de la colonie britannique. Ce premier pas dans la récupération des terres irrédentes, ils doivent tout faire pour

que ce ne soit pas un faux pas. Sinon, la « blessure » de Taiwan ne se refermerait jamais*.

Hongkong savait Pékin prêt à traiter avec le diable, dès lors que celui-ci se montrerait *patriote* : « Nous appelons patriotes, déclare Deng, ceux qui respectent leur propre nation, qui sont sincèrement partisans du recouvrement par la Chine de l'exercice de sa souveraineté sur Hongkong, et qui ne portent pas atteinte à la prospérité et à la stabilité de Hongkong. Nous ne leur demandons pas d'aimer tout le système socialiste, mais seulement d'aimer la patrie et d'aimer Hongkong[2]. »

Cette confiance a pris un rude coup en 1989. Depuis, on peut classer la population de la colonie en trois catégories.

Une dizaine de milliers de gros capitalistes, qui mettront (ou ont déjà mis) la plus grande partie de leur fortune à l'abri, mais garderont sûrement des intérêts à Hongkong pour bénéficier des bonnes affaires qui pourraient, après tout, continuer de s'y faire.

Quelques centaines de milliers de cadres et techniciens supérieurs, qui assurent la prospérité de l'île : ils sont prêts à se reconvertir aux États-Unis, au Canada, en Australie ou en Grande-Bretagne, s'il le faut, et se sont déjà pourvus de passeports adéquats.

Enfin, cinq millions de Chinois, dont beaucoup ont fui la Chine populaire ou sont enfants de fugitifs : ils sont partagés entre la peur de revoir des atrocités, la constatation qu'ils ne disposent pas de ressources pour s'installer ailleurs et l'espoir que le régime s'est transformé et continuera de le faire dans le même sens. Interrogez les chauffeurs de taxi, les petits commerçants, les employés d'hôtel ou de restaurant. À trois contre un, ils sont résignés : ils n'ont pas de solution de rechange.

On s'encourage au spectacle de quelques réussites éclatantes. Par exemple, celle d'un Chinois de Pékin, Wang Guangying, beau-frère de Liu Shaoqi, la plus illustre victime de la Révolution culturelle. Il est sorti de prison grâce à Deng. Aujourd'hui, à la tête d'une multinationale qui possède des succursales à New York et un peu partout en Chine, il incarne la bonne volonté de Pékin.

Macao dans le sillage de Hongkong

Août 1987.

Macao est à trois heures de bateau à hélice de Hongkong, une heure par hydroglisseur. Les deux territoires sont jumeaux, même

---

* Taiwan est déjà le septième partenaire commercial de la Chine continentale ; avec des échanges supérieurs à 4,4 milliards de dollars, marquant une progression rapide d'une année sur l'autre.

si leurs situations sont bien différentes. Les Portugais sont installés dans ce morceau de Chine depuis 1557. Ils ne sont que deux mille habitants, surtout fonctionnaires, dans une population qui tend vers le million. Lisbonne avait proposé à la Chine, dès la « révolution des œillets » de 1974, de lui rétrocéder la ville, malgré quatre cent vingt ans de « portugalisation ». *C'est Pékin qui a refusé, estimant qu'il était trop tôt.* Macao s'est placée dans le sillage de Hongkong : le *pataca*, sa monnaie, est lié au dollar de Hongkong, qui a lui-même une parité fixe avec le dollar américain. L'enclave s'est lancée dans une politique économique résolument tournée vers l'exportation et fondée sur la libre entreprise.

La main-d'œuvre est abondante et bon marché ; le taux le plus élevé d'imposition est de 10 % pour les ménages et de 15 % pour les entreprises. Aussi, malgré l'absence de matières premières et de marché intérieur, Macao a-t-elle considérablement progressé. Ses habitants ont, selon la Banque mondiale, un niveau de vie dix fois plus élevé que celui de la Chine populaire*. Pékin et Lisbonne ont conclu sans peine un accord semblable à celui qui régit le sort de Hongkong : retour à la Chine en 1999, et capitalisme maintenu jusqu'en 2049. Les casinos et les entreprises de Macao seront, eux aussi, garantis.

Taiwan : vers la « réunification pacifique » ?

Septembre-octobre 1987.
Le 10 octobre — le « double Dix » — est jour de fête nationale à Taiwan : date anniversaire du renversement de la dynastie mandchoue en 1911. Chaque année, depuis 1949, c'est l'occasion de perpétuer le mythe de la reconquête du continent sur le communisme.

Avec une armée de 500 000 hommes, pour 20 millions d'habitants et un territoire grand comme la Suisse, avec un budget militaire qui absorbe 40 % du budget de l'État, Taiwan se veut la seule et unique République de Chine, héritière de Sun Yatsen. Mais la population de l'île représente 0,18 % de la Chine continentale et sa superficie 0,003 %.

Avant de sourire de ces prétentions, il faut se souvenir que l'économie de Taiwan pèse plus dans le commerce mondial que celle de la Chine. Elle est le cinquième partenaire des États-Unis

---

* En 1988, selon la Banque mondiale, le produit national brut par habitant était de 3 500 dollars à Macao contre 350 en Chine populaire (5 400 à Taiwan ; 9 760 à Hongkong ; 8 580 à Singapour ; 16 500 en France).

— avant la France. Elle a connu 10 % de croissance annuelle pendant dix ans. Elle ignore le chômage et l'inflation.

Taiwan est étroitement liée à Hongkong, dont elle a décidé de copier le capitalisme à tout crin. Elle a adapté sa production en jouant la carte de la qualité. IBM lui achète déjà une bonne part de ses composants. Les capitaux étrangers affluent, attirés par les allégements fiscaux, la « déréglementation » et la simplification des démarches administratives.

Enfin, Taiwan a compris qu'elle ne pouvait plus rester dans l'isolement où elle se confinait, surtout depuis que la République populaire monte en puissance. Une élite plus jeune est moins hostile à un rapprochement, en tout cas commercial, avec les communistes.

De son côté, Pékin a entrepris une opération de séduction.

Chiang Kai-shek, qui fut pendant trente ans la bête noire de la propagande chinoise, a été peu à peu réhabilité. On vous fait visiter à Nankin la maison de Mme Chiang Kai-shek, comme s'il s'agissait d'une relique. Et Sun Yatsen, fondateur de la République mais aussi du Guomindang, est célébré comme le « père de la Patrie », au même titre que Mao.

Pour la première fois, les deux régimes se sont retrouvés autour d'une table de négociation, à la suite du détournement d'un Boeing de Taiwan dont le pilote avait demandé à rester en République populaire.

Le génie des longs desseins

Dès 1983, Deng avait expliqué à un Américain d'origine chinoise : « Le fond du problème, c'est la réunification de la patrie. » Le terme de réunification pacifique est désormais commun au Guomindang et au Parti communiste.

Cela ne signifie ni l'absorption de Taiwan par la partie continentale, ni l'inverse... « Quand la chose sera faite, la région administrative spéciale de Taiwan conservera son caractère d'indépendance. Elle pourra pratiquer un système politique, économique et social différent de celui de la partie continentale. Elle sera dotée d'une juridiction de dernière instance, dont les décisions n'auront donc pas à être approuvées par Pékin. Taiwan pourra également avoir ses propres forces armées, à condition qu'elles ne constituent pas une menace pour la partie continentale du pays. Celle-ci, de son côté, n'enverra à Taiwan ni troupe ni personnel administratif[3]. »

Mais attention : « On ne permettra en aucun cas une ingérence étrangère ; car cela signifierait que la Chine n'est pas encore vraiment indépendante[4]. »

Hau Peitsun, Premier ministre de Taiwan, déclarait en 1991 : « Les contacts établis peu à peu avec Pékin font que, politiquement, la population de Taiwan craint de moins en moins la menace que fait peser le régime communiste chinois, qui est de moins en moins considéré comme un ennemi. Sur le plan économique, de nombreux hommes d'affaires de Taiwan sont allés investir sur le continent... Finalement, ces échanges entre les deux rives du détroit favoriseront la naissance d'un consensus sur la réunification pacifique de la Chine[5]. »

Mais une telle « réunification pacifique » ne peut être sérieusement espérée, tant que Hongkong et Macao n'auront pas établi par la pratique la validité de la doctrine « Un État, deux systèmes ». Les Chinois ont cependant suffisamment montré leur extraordinaire souplesse — et leur génie des longs desseins.

CHAPITRE 20
Sur le Toit du monde
1986

Août 1986.
La porte était entrouverte : je pénétrai dans l'antichambre et soulevai la tenture de brocart rouge à l'entrée de ma chambre, dans l'hôtel *Guest House* de Lhassa. Deux jeunes Tibétaines, qui me tournaient le dos, se prosternaient devant mon lit.

Sur la couette, j'avais laissé traîner des coupures de presse récentes sur le passage du dalaï-lama à Paris. Les deux servantes les avaient trouvées en venant faire la couverture. Elles joignaient leurs mains vers les photos en noir et blanc ou en couleurs du souverain en exil, étalées devant elles. Puis elles plongeaient, pour cogner leur front contre le tapis en étendant les bras. De temps à autre, elles baisaient les feuilles que j'avais arrachées à *Libération* et au *Nouvel Observateur* — lesquels n'avaient jamais dû recevoir d'accueil aussi fervent.

Quelques semaines plus tôt, le dalaï avait été reçu à l'Hôtel de Ville, au Palais-Bourbon, à la télévision. Le gouvernement de Pékin avait élevé une vive protestation. Pourtant, Sa Sainteté, apôtre de la non-violence, avait tenu un langage suave. Mais ses accompagnateurs affirmaient sans ambages que « le Tibet allait être l'Afghanistan des Chinois ». Avaient-ils raison ?

C'est la question que je me posais déjà, tandis que le vieil Iliouchine survolait, sous le radieux soleil d'août, le haut plateau tibétain.

Rébellion et repression

En fond de tableau, étincelait la chaîne de l'Himalaya. Dans l'air transparent, les contours se découpaient avec une hallucinante netteté. Au fond des vallées, des villages blottis. Loin de toute nouvelle du monde, indifférents à tout ce qui n'était pas leur vie quotidienne ? Ou dans un état permanent de rébellion, comme l'affirmaient les fidèles du dalaï ?

L'entourage de Sa Sainteté avait beau jeu de rappeler les heures sombres. Octobre 1950 : l'Armée rouge envahit le Tibet — qui, pour la Chine, demeurait chinois, sous le nom de Xizang. Le gouvernement tibétain saisit l'O.N.U. Les gouvernements britannique et indien proposent d'attendre des informations plus précises. Le débat est ajourné... jusqu'en 1959.

1951 : la chape de plomb tombe. Pékin transforme l'ancienne suzeraineté de l'Empire en pleine souveraineté de la Chine populaire. Les réformes communistes pleuvent dru. On confisque et redistribue les terres. Des tribunaux populaires jugent des propriétaires terriens. On accuse des religieux. On désarme des populations — qui ont toujours porté des armes individuelles.

Le mécontentement s'aggrave de mois en mois. Une guérilla commence, au printemps 1956, par des destructions de routes et de ponts. En 1959, la rébellion éclate. La répression s'abat durement. Le dalaï, pressé par les ministres, le clergé et l'armée, se réfugie en Inde. Des milliers de Tibétains le rejoignent. La résistance, écrasée à l'intérieur, dépourvue d'appuis à l'extérieur, est réduite à l'impuissance. Les atrocités reprennent et empirent pendant la Révolution culturelle.

Les vautours funèbres

Depuis lors, le dalaï n'a cessé de se dépenser pour éveiller les sympathies en faveur de l'indépendance de son pays ; non sans succès, le Printemps de Pékin aidant. À l'automne 1989, ses efforts ont été couronnés par le prix Nobel de la paix : le gouvernement chinois a élevé des protestations scandalisées et n'a cessé depuis lors de combattre le dalaï, voire de ternir son image.

La doctrine des Chinois est simple. Intangible. Non négociable. « Depuis le XIIIe siècle, le Tibet est chinois. Il l'était deux siècles avant que la Bretagne, cinq siècles avant que la Corse ne deviennent françaises. Admettriez-vous que nous recevions en grande pompe les chefs des indépendantistes corses ou bretons ? » De fait, l'empereur Qianlong, envoyant au Tibet en 1792 un haut fonctionnaire — lamaïste comme lui — pour gouverner en son nom cette province qu'il avait « pacifiée » en 1751, lui commandait de ne manifester au dalaï-lama aucun signe particulier de respect, pour ne pas compromettre l'autorité impériale. De Qianlong à Jiang Zemin, la position, là encore, est immuable. « Le Tibet est une affaire intérieure chinoise. Aucun autre État n'a le droit de s'en mêler. »

Il ne faut pas beaucoup pousser les Chinois pour qu'ils développent avec fougue la thèse paradoxale de la « libération » du Tibet : « Quand l'Armée rouge a libéré le Tibet, les populations se sont soulevées spontanément contre l'oppression des moines et des propriétaires terriens. Les Khampas (guerriers tibétains de l'Est) ont été les plus énergiques pour éliminer les féodaux. Savez-vous à quel point le Tibet était arriéré ? Que les femmes avaient plusieurs maris ? Que l'esclavage n'y était pas aboli ? Que, si un serf s'enfuyait, on lui crevait les yeux en public ? Que, s'il avait une liaison avec la fille de son propriétaire, il était précipité dans une fosse pleine de scorpions ? Tandis que le propriétaire avait droit de cuissage sur les femmes et filles de ses serfs ? »

De fait, comment nier que le Tibet soit resté jusqu'à ces toutes dernières années un des pays les plus fermés et les plus archaïques du monde ? Les Chinois ont rudement essayé de faire évoluer ses mœurs, puis y ont renoncé.

On continue de plus belle, par exemple, à pratiquer les « funérailles célestes ». Vous pouvez contempler ce spectacle à la jumelle depuis Lhassa. Le corps, juché sur une montagne, subit un traitement rituel : il est dépecé en présence des vautours, assemblés en rond autour des « préparateurs » ; la chair est réduite en charpie, les os concassés, avec le souci de ne pas laisser de débris ; le tout malaxé avec des grains d'orge, jusqu'à former des boulettes. Au bout d'un moment, un vautour, puis deux, quelquefois des dizaines, se mettent à dévorer cette pâtée macabre à coups de bec. Du haut du Potala, palais du dalaï, vous pouvez les voir tournoyer lentement au-dessus d'un pic escarpé, en attente d'un repas funèbre.

Cette pratique soulève de dégoût plus d'un Chinois : « Comment faire évoluer des gens aussi arriérés, sinon en favorisant chez eux les forces révolutionnaires ? » Mais comment creuser des tombes, dans une terre gelée presque toute l'année ? Comment brûler un corps, quand le combustible est si rare ? Et quel symbole, que cet envol du défunt emporté au ciel par des oiseaux...

Les télégrammes du bon Zhou Enlai

Pour le voyageur qui fait quatre pas sur le Toit du monde, les arguments pour l'indépendance du Tibet ne semblent pas manquer. Les Tibétains, au premier coup d'œil, paraissent profondément différents des Han : leur teint plus hâlé, leurs yeux moins bridés, les vêtements rustiques des hommes, les robes longues des femmes, et jusqu'à leur parfum de beurre rance les signalent aussitôt.

Or, il est vite évident que les Han jouent aujourd'hui le rôle essentiel au Tibet — comme dans un pays colonisé. Même dans une fête typiquement tibétaine, dans le jardin du palais d'été du dalaï, le

Norbulinka, le service d'ordre est assuré par des miliciens han. Dans les ministères et les entreprises, la première place est certes le plus souvent occupée par un Tibétain, mais doublé par un Han, qui se tient en retrait et semble exercer la réalité du pouvoir. Dans la Chine impériale déjà, un mandarin han, appelé *amban*, venu de Pékin, doublait, au nom de l'Empereur, le prince tibétain.

Il est vrai que, pour le moment, le niveau d'études de la population tibétaine oblige à avoir recours à des cadres, techniciens ou spécialistes han.

La plupart des intellectuels tibétains ont fui le Tibet avant ou après la rébellion de 1959. En existe-t-il encore sur place ? La Révolution culturelle a dû chasser les derniers. Je demande à voir le monastère de Gandan, une des plus célèbres lamaseries, à une soixantaine de kilomètres de Lhassa, qui figure encore sur tous les guides. Grand éclat de rire de mon petit interprète han : « Mais le monastère de Gandan a été détruit par les gardes rouges ! Il faudra encore beaucoup de travail pour le reconstruire ! »

Au cours de la visite d'un autre monastère, on m'assure que Zhou Enlai aurait envoyé un télégramme pour que l'armée protège les lamaseries contre les exactions des gardes rouges en folie. « Les temples près de Lhassa ont pu être gardés. Mais quand le télégramme est arrivé, il était déjà trop tard pour Gandan. » La horde était passée, saccageant tout. Les messages protecteurs mais trop tardifs de Zhou Enlai, on me les a souvent resservis aux quatre coins de la Chine : chaque fois que j'ai demandé, pendant ces années 1980-1990, à voir un temple, une bibliothèque, un jardin célèbre, disparus dans la tourmente. Que de télégrammes a dû envoyer le bon Zhou Enlai ! C'est toujours avec le même regret révérentiel qu'on évoque le grand homme — impuissant devant l'accès de démence des gamins déchaînés.

« Il ne faut pas croire que c'étaient seulement des gardes rouges han, m'assure mon guide, c'étaient surtout des gardes rouges tibétains. » Quelle que soit leur nationalité, ces jeunes démons s'en sont donné à cœur joie. Ils ont pillé, cassé, brûlé.

Les moines sont revenus, mais bien moins nombreux qu'autrefois. Au Drepung, où ils étaient un millier avant 1950, et d'où tous avaient été chassés et dispersés, on en compte de nouveau cinq cents, parmi lesquels beaucoup de jeunes. À ce jour, il y en aurait plus de 4 000 dans tout le Tibet — proportionnellement, deux fois plus que de prêtres et de religieux en France ; mais cent fois moins qu'avant. Sans doute y en avait-il trop ; peut-être n'y en a-t-il plus assez. Comme dans la France d'avant et après la Révolution.

149

« *Ma vie pour le dalaï* »

Dans le Johkang, principal sanctuaire de Lhassa, une Tibétaine qui vient d'achever ses dévotions se relève. Elle aperçoit un album que je porte sous le bras. Elle me l'arrache sans façons et le feuillette fébrilement en répétant : « Dalaï ! Dalaï ! » Hélas ! il n'y a aucune chance que le dalaï figure sur cet album que m'a offert le président han du gouvernement de Lhassa.

Une autre s'enhardit jusqu'à me demander : « Avez-vous vu le dalaï ? » L'honnêteté m'oblige à répondre non. Une déception intense se peint sur son visage. Elle ne comprend pas comment, ayant la chance de vivre hors de Chine, je ne me suis pas arrangé pour le rencontrer. « Quel dommage ! Vous ne pouvez vraiment pas aller le voir quand vous serez reparti ? Dites-lui que nous ne pensons qu'à son retour.

— Et le panchen, n'êtes-vous pas satisfaite qu'il soit en Chine ? » Elle me répond crûment : « Le panchen, c'est zéro ! D'abord, il s'est marié : il a brisé la règle des lamas. Ensuite, il a épousé une Chinoise. Enfin, il vit à Pékin. »

Cette position est-elle générale ? Le panchen semble avoir été mieux accueilli que cette Tibétaine ne le laisserait croire. Des témoins me l'ont confirmé : avec ferveur à Shigatse, son fief ; mais, il est vrai, avec beaucoup plus de réserve à Lhassa.

Ce lama, qui n'avait que quatorze ans en 1959, s'est laissé intégrer dans le système — après une longue période de mise à l'écart et même de captivité. Il s'est installé à Pékin, où il exerce les fonctions de vice-président de l'Assemblée populaire nationale, et n'a été autorisé qu'à partir de 1982 à effectuer des séjours au Tibet — limités dans le temps et dans l'espace. « Une marionnette », n'ont cessé de répéter les fidèles du dalaï[*].

Cette appréciation ne date pas d'hier. Depuis le XVIIe siècle, époque où le dalaï-lama reçoit du Mongol Gushi khan les pouvoirs civils et religieux qui, aujourd'hui, demeurent en droit les siens, les rapports ne sont pas bons entre Shigatse, siège du panchen-lama, et Lhassa, capitale du dalaï. Jamais leurs réincarnations successives n'ont travaillé de concert. Le « grand lama » de Shigatse, en son sanctuaire de Tashilunpo, a le plus souvent été l'homme des Chinois.

« Il n'y a pas un Tibétain qui ne donnerait sa vie pour que le dalaï revienne s'installer à Lhassa. » Ce propos, je l'ai entendu plusieurs fois. Il est peut-être un peu exagéré — encore que la vie ne compte pas beaucoup, pour qui croit à la réincarnation immé-

---

[*] Jusqu'à son décès, au début de 1990, — bien que sa soumission se fût fortement nuancée dans les dernières années.

diate dans le fœtus d'un être sur le point de naître. Mais il traduit une réalité. Rencontrant dans un village un Tibétain communiste — la seule maison de la localité qui soit surmontée d'un drapeau rouge —, je lui demande ce qu'il pense du retour du dalaï. « En tant que Tibétain, je souhaite évidemment que le dalaï revienne. En tant que membre du Parti, c'est une question délicate. » Un vrai dilemme cornélien.

Dans une des innombrables échoppes qui s'alignent le long du Parkhor — la rue qui encercle le centre sacré de Lhassa —, j'aperçois des médaillons du dalaï et du panchen. J'en achète deux ou trois de chaque. Chaque fois qu'on me demande des nouvelles du dalaï, je sors simultanément de ma poche deux médaillons. Celui du dalaï provoque aussitôt des démonstrations d'enthousiasme ; celui du panchen laisse froid. J'aurais dû en faire provision : quelques jours après, mes médaillons ont été subtilisés. Impossible d'en trouver d'autres sur le Parkhor.

« Les Tibétains ne sont pas des Barbares »

Ces observations remettent-elles en cause les fondements de la position chinoise ?

Pékin n'a pas tort de dire : « Le Tibet a été de tout temps dans la mouvance chinoise. » Il est exact que, depuis des siècles, les Tibétains ont été, aux côtés des Han, avec les Ouïgours, les Mandchous, les Mongols, une des cinq composantes essentielles de l'Empire céleste. Les proclamations des empereurs mandchous, notamment des « deux grands », Kangxi et Qianlong, étaient simultanément rédigées en mandarin, en tibétain, en mandchou et en mongol.

On ne cesse de rappeler, à Pékin, les liens du Tibet et de la Chine, célébrés par l'histoire officielle : « Le Tibet est partie inaliénable de la Chine. Tibétains et Han appartiennent ensemble à la nation chinoise. Les brassages entre ces deux nationalités remontent loin dans le temps. Le plus ancien témoignage des relations étroites, qui existaient du Ve siècle avant Jésus-Christ au IVe siècle après, est contenu dans l'ouvrage intitulé *Le Livre des Han postérieurs* et publié au Ve siècle. Au début du VIIe siècle, le héros national tibétain Songtsan Gampo a unifié les différentes tribus tibétaines et instauré le royaume de Tubo, qui a multiplié les liens politiques, économiques et culturels avec la dynastie des Tang. Avec le mariage de Songtsan Gampo et de la princesse Wencheng, qui appartenait à la dynastie des Tang, ces liens se sont développés et ont conduit à une alliance politique permanente, qui a servi d'assise à l'établissement réel d'une Chine unie... »

L'empereur Qianlong, en 1787, soit plus de onze siècles après le règne de Songtsan Gampo et de la princesse Wencheng, déclarait : « Les Tibétains ne sont pas des Barbares. Le Tibet a été incorporé depuis longtemps dans notre empire et on ne saurait les comparer aux Russes, par exemple, qui, eux, sont des Barbares. »

L'argument diplomatique renforce l'argument historique : tous les États qui ont reconnu Pékin ont admis qu'il n'y a qu'une Chine, et dans ses frontières actuelles. Aucun ne conteste l'appartenance du Tibet à la Chine.

Les Chinois auraient bien du mal à admettre l'indépendance du Tibet. Elle entraînerait aussitôt une contagion d'*indépendantisme* parmi les cinquante-quatre autres minorités nationales de Chine : la République populaire éclaterait.

En raison du découpage du Tibet par Pékin après 1959, la moitié des Tibétains seulement vivent au Tibet — 1 800 000. L'autre moitié forme, dans plusieurs provinces chinoises — comme le Qinghai, création administrative de la République populaire, le Sichuan, le Gansu, le Yunnan —, des préfectures autonomes. Les Tibétains y mènent une vie conforme à leurs traditions ; ils exercent leur culte dans des lamaseries célèbres, comme celle de Taer (Kunbun) dans le Qinghai.

Bref, l'histoire et l'implantation des Tibétains sont si mêlées à la Chine qu'il est improbable qu'un gouvernement chinois admette que le Tibet fasse tout à fait sécession. Du reste, Alexandra David-Neel, la mère de tous les tibétologues, ne voyait-elle pas l'avenir du Tibet dans une franche autonomie sous protectorat chinois ? Ce que ne sont prêts à accepter vraiment ni Pékin, ni le dalaï.

Désenclaver, est-ce détruire ?

N'est-il pas juste de reconnaître que, sous la vigoureuse impulsion de Deng, le Tibet a effectué, à partir de 1982, des progrès sensibles vers sa modernisation ? L'État chinois prend à sa charge, par des subventions, la quasi-totalité du budget de la région autonome. Il y construit des routes, des hôpitaux, des écoles et même une université. Il y installe l'électricité, le téléphone, la télévision. Le niveau de vie s'élève.

Du coup, les Chinois n'ont plus éprouvé les mêmes réticences à ouvrir le Tibet. La Ville interdite a cessé de l'être. Une certaine liberté de circulation est accordée aux étrangers, qu'ils viennent en avion de Chengdu, capitale du Sichuan, ou de Kathmandou par la route. Le nombre des touristes, qui n'était que de quinze cents dans l'année 1984, a crû cette année jusqu'à plusieurs dizaines de milliers. Il y a déjà quatre mille lits à Lhassa, dont mille dans un *« Lasa Hotel »* qui est passé sous gestion américaine. Le tourisme de luxe, le plus cher de toute la Chine, à 250 *yuan* par nuit (la valeur de trois mois d'un salarié moyen au Tibet), côtoie le tourisme populaire, celui des « routards » qui, sac au dos, font de l'auto-stop et trouvent un lit d'auberge pour 3 *yuan*.

Rien peut-être ne sera plus destructeur de l'identité tibétaine que ce désenclavement rapide du pays le plus enclavé du monde...

Une négation qui n'aboutit pas

Septembre 1989.

Les émeutes de Lhassa, en 1987, en 1988 et au début de 1989, marquent-elles le commencement de la fin de la domination chinoise sur le Tibet ? On s'est plu à le croire en Occident. Des universitaires chinois, qui avaient adhéré avec ferveur au Printemps de Pékin, interrogés par moi en tête-à-tête au cours de l'été 1989, m'ont répondu catégoriquement : « Le Tibet est et restera chinois ! » Il est abusif de croire que les émeutes de Lhassa et celles de Pékin soient un « même combat ».

Sur la grande carte où sont marquées d'une pastille rouge, dans le musée de l'Armée de Pékin, en août et septembre 1989, toutes les villes où s'est propagé en mai et juin le soulèvement de Pékin, une seule ville manque : Lhassa. Pourquoi ? Elle était déjà placée sous la loi martiale. Aucun trouble ne pouvait donc y advenir*.

Certes, les conclusions doivent rester prudentes. La Chine entière demeure pleine de mystères ; le Tibet, plus encore. On ne pénètre guère que dans les trois villes de Lhassa, Shigatse et Giantse, ainsi que dans les villages environnants. On ne sait presque rien sur les bourgades des hautes vallées.

Quel intérêt auraient les Chinois à laisser rentrer le moine-souverain, s'il devait recevoir les moyens de souffler sur les braises de l'irrédentisme ? Quel intérêt le dalaï trouverait-il à se laisser transformer en otage ? Il n'est pas étonnant que la « négociation » entreprise depuis 1979, et marquée par le voyage en Chine de fidèles du dalaï et même de son propre frère, n'ait pas abouti à ce jour.

Il est vrai qu'en Chine, les retournements sont toujours possibles. Reste que, depuis le début des années 1980, les Chinois, instruits par trente ans d'échecs souvent sanglants, ont paru renoncer à faire passer sur le Tibet le rouleau compresseur de leur culture imposée, de leur collectivisation, de leur activisme antireligieux. Accepteraient-ils, même si c'est de mauvais gré, le Tibet tel qu'il est, c'est-à-dire farouchement attaché à sa différence ?

---

* Si les Chinois ont levé la loi martiale en avril 1990, c'est donc qu'ils pensaient n'avoir plus rien à craindre.

Il y a eu, en fait, deux politiques chinoises au Tibet : l'écrasement colonial et répressif, et une approche plus respectueuse de l'identité culturelle tibétaine, que Hu Yaobang, puis Hu Jintao ont essayé de défendre. Le sort du Tibet est donc fonction des luttes de factions à Pékin.

Cependant, il faudrait en finir avec le mythe d'un « génocide » du peuple tibétain. La récurrence des troubles et la phase répressive actuelle montrent à quel point Pékin a du mal à contrôler cette région. On n'en serait pas là s'il y avait eu un « génocide ».

Les Chinois ont dépensé des trésors d'imagination et de doigté pour recouvrer leur souveraineté sur Hongkong, territoire britannique depuis un siècle et demi. Pourquoi n'en dépenseraient-ils pas autant pour la garder sur le Tibet, protectorat chinois depuis tant de siècles ?

CHAPITRE 21

La Chine des Tartares
1987

> « *Nous vivons dans nos vastes prairies, tranquilles et doux comme des agneaux ; cependant, notre cœur bouillonne : le souvenir des glorieux temps de Tamerlan nous poursuit sans cesse. Où est le chef qui doit se mettre à notre tête, et nous rendre guerriers ?* »
>
> Invocation de Tamerlan,
> rapportée par le père Huc[1]

Juillet-août 1987.

Il y a une Chine plus mystérieuse que la Chine : celle des Tartares. La Chine de ceux que nous appelons les Chinois, autrement dit les Han, celle des cultivateurs, celle du riz, du millet et du blé, est ouverte. On y voyage. En revanche, l'autre Chine, celle des steppes et des déserts, celle des chameaux, des yaks et des chevaux, la Chine pastorale, reste encore plus ou moins insaisissable.

On appelait naguère Tartarie tout ce qui se situait au nord et à l'ouest de la Grande Muraille : Mandchourie, Mongolie, Gansu, Xinjiang. En son cœur, le désert de Gobi.

L'histoire de la Chine fut longtemps celle d'une lutte entre un peuple paysan, courbé sur sa glèbe, et des peuples pasteurs qui poussaient leurs troupeaux devant eux ; entre des fantassins han et des cavaliers tartares. Pendant treize siècles, des nomades ont assailli et terrorisé les sédentaires. Leurs incursions et leurs razzias se poursuivirent tant que la poudre à canon — invention chinoise — n'eut pas permis de les disperser.

La terreur inspirée par les hordes nomades, vous la trouvez décrite à la fin de *Jin Ping Mei* — « Fleur en fiole d'or » : « De toutes parts, montent les fumées dans les campagnes, le sable jaune obscurcit le soleil. Cochons et serpents s'entre-dévorent. C'est le combat du tigre et du dragon. Les hommes gémissent, les femmes

155

pleurent. Chacun s'enfuit, qui sa fille dans les bras, qui son fils à la main. Les rats abandonnent la ville².... » Ce seront les jésuites, au milieu du XVIIᵉ siècle, qui réintroduiront en Chine l'artillerie salvatrice, mais entre-temps oubliée.

Aujourd'hui, le rapport de forces s'est inversé. Les provinces du Gansu et du Qinghai, les territoires autonomes du Turkestan (en chinois Xinjiang) et de la Mongolie intérieure sont des territoires soumis. Ils sont encore plus pauvres que la « Chine des dix-huit provinces » — qui serait prospère, si elle n'était pas surpeuplée.

Les Han obtiennent un fort rendement de leur terre. Les non-Han restent à peine au-dessus, et souvent au-dessous, du seuil de la misère. Il s'ensuit que les régions autonomes non-han sont subventionnées par la Chine han. Par exemple, pour l'agglomération de Kashgar, les revenus, m'explique le gouverneur du Xinjiang en août 1987, sont de 30 millions de *yuan*, pour un budget de 100 millions. Le déficit de 70 millions est payé par l'État chinois.

Un tiers monde extérieur

Juillet 1987.

« Quelle peut bien être la sève qui circule dans les vieilles branches humaines d'Extrême-Orient ? » se demandait le père Teilhard en 1923. De retour de Mongolie, il ajoutait : « Je reviens d'un voyage entièrement accompli dans le passé.³ »

Les dirigeants chinois, aujourd'hui, parlent comme le savant jésuite. Pour eux, les origines de la pauvreté en Chine de l'Ouest et du Nord — les autorités insistent sur ce point —, il faut les trouver « non pas dans la négligence et encore moins l'oppression dont seraient victimes ces régions, mais dans les comportements culturels des minorités ».

Ce raisonnement judicieux, les pays occidentaux ne pourraient-ils pas l'appliquer aussi bien aux pays du tiers monde — qui ont pourtant tendance à rejeter sur l'« impérialisme » ou le « colonialisme » les causes de leur misère ? Pékin, porte-bannière depuis Bandoung des pays arriérés du tiers monde, n'a pas toujours tenu le même discours que Pékin, capitale d'un empire qui comporte des territoires arriérés... D'ailleurs, Bandoung, c'était en 1955 ; vingt-trois ans avant le IIIᵉ plénum. Comme c'est loin ! Les Chinois estiment aujourd'hui qu'ils n'ont plus à gaspiller leurs maigres ressources à aider les autres. Mais la Chine se veut solidaire avec le tiers monde — en montrant l'exemple dans son tiers monde intérieur.

La fraternité des « damnés de la terre » ? Les personnels des cités universitaires des grandes villes de Chine qui travaillent pour les étudiants africains reçoivent des primes et les Chinois répugnent à accepter pareil service sans compensation — car cette affectation est considérée comme une brimade. Nous avons observé que, si un étudiant noir cherche à frayer avec une étudiante chinoise, les compatriotes de celle-ci la protègent nuitamment contre lui, et au besoin contre elle-même.

Le refus des Quatre Modernisations

Voici le chemin de Gulubangao, en Mongolie intérieure. Les paysans se contentent d'une récolte de maïs par an. Ils se chauffent au bois. Ils vivent sans lumière dans les maisons. Mais la force de l'habitude leur fait refuser, même aux plus jeunes, tout autre mode de culture, le chauffage au gaz, l'éclairage électrique. « Rien à faire pour les pousser à se moderniser. » À vrai dire, on comprend que les Mongols préfèrent le confort relatif de leur yourte plantée dans des prairies à perte de vue, aux H.L.M. désespérants dans lesquels on leur propose de s'entasser.

Le culte, en revanche, se porte bien : pour la fête de Zhenwu — saint du taoïsme, protecteur contre les incendies —, les pèlerins du « mont des Nuages-Blancs » sont venus avec 70 000 *yuan* de dons — l'équivalent de vingt journées de travail du district tout entier.

Les populations nomades n'ont même pas envie de commercer ; encore moins, de gagner de l'argent. Un éleveur se contente de gagner 100 *yuan* par mois pour une famille de sept personnes, alors que ses troupeaux représentent au moins la valeur de 100 000 *yuan*. Seulement, dans la mentalité coutumière, son aisance se juge non pas à la rentabilité — notion saugrenue —, mais au nombre de ses bêtes : il refuse de se séparer des siennes.

Dans la Chine han, les paysans sont encouragés par le nouveau système de l'individualisation des sols. Ils rivalisent d'imagination et de zèle. De 1979 à 1996, les paysans des « dix-huit provinces » auront multiplié par six leur revenu moyen. Dans les régions retardataires, subventionnées par l'État depuis trente ans, les gens vivent en assistés permanents. Ainsi, dans le Ningxia, le district de Haiyuan a créé une centaine d'emplois dans une briqueterie, où les ouvriers gagnent 100 *yuan* par mois. Mais les paysans, s'ils travaillent en usine, perdent leurs subventions. Au bout de quelques jours, ils ont tous déserté leur briqueterie : à quoi bon travailler, pour gagner durement ce qu'on peut obtenir sans effort ? Il est vrai qu'un tel raisonnement n'est pas l'apanage exclusif des Chinois du Ningxia. Nous le connaissons aussi.

La Route de la Soie

Août 1987.

Les membres des minorités nationales, avec leurs traditions pastorales, sont les plus acharnés à vivre comme leurs ancêtres. Résistance désespérée à la sinisation ? Ils n'imaginent pas de se passer de leurs tentes rondes, qu'ils vont planter ici ou là entre le printemps et l'automne. Ils croient faire de nécessité vertu, même si, aux yeux des Han, ils font d'inertie vertu.

Le père Huc écrivait malicieusement d'eux, il y a un siècle et demi : « Ils ne se donnent de la fatigue que lorsqu'ils sont obligés de poursuivre des animaux échappés[4]. » En tout cas, ils ne se sont pas mis à la poursuite des « Quatre Modernisations ».

Le *« Far West »* chinois a connu jadis une certaine prospérité, quand il était le passage obligé du commerce avec l'Occident. C'était la Route de la soie, plusieurs fois millénaire. Déjà, chez Hérodote, la Chine est désignée comme le pays de la soie. Pline l'Ancien se moque des folles dépenses que font les belles Romaines pour laisser deviner leurs charmes en les voilant de soie chinoise.

Se dirigeant vers la Méditerranée à travers l'Asie centrale, la Route de la soie, partie de Hangzhou vers Xian, passait par le Gansu. Cette oasis, de Dunhuang, est restée pendant deux millénaires le verrou entre le désert de Gobi et le désert de Takla-Makan, « celui d'où l'on ne revient pas ». De là partait la soie ; là arrivaient les chevaux robustes et rapides dont les Chinois avaient besoin pour faire face aux hordes barbares. Par là pénétrèrent l'hellénisme, porté par Alexandre aux confins de l'Indus ; le bouddhisme ; l'islam ; et même le christianisme, puisqu'on y a retrouvé trace des nestoriens, cette secte chrétienne qui s'était implantée en Perse à la suite de sa condamnation par le concile d'Éphèse.

En 1900, dans une grotte-sanctuaire près de Dunhuang, un mur sonne creux. Un coup de pioche révèle un trésor : des milliers de manuscrits, livres, bannières peintes, statuettes en bois ; le tout parfaitement conservé depuis mille ans, grâce à la sécheresse du sol. Dans le lot, un livre imprimé, que Paul Pelliot, aussitôt, peut dater de mai 868 : le plus ancien du monde, six siècles avant Gutenberg. Le savant sinologue établit que, sous les premiers Song, entre le Xe et le XIe siècle, le commerce était si florissant qu'il rapportait plus à l'État chinois que les impôts agraires. Ce carrefour de richesses matérielles et spirituelles est ensuite désaffecté par l'isolationnisme des empereurs Ming, puis ruiné par la voie maritime que les Portugais ouvrirent jusqu'à Macao dès 1548. Les voiliers supplantaient les chameaux.

Aujourd'hui, les grottes fabuleuses sont intactes ; Dunhuang n'est plus qu'un village. Les chameaux sont toujours là, encore que la maladie du sommeil les menace. Le sommeil, sans la maladie, menace aussi les hommes : le temps ne s'écoule pas au même rythme que dans le reste de la Chine. La soie ne tisse plus son lien.

Turfan, feu et eau

À un millier de kilomètres de là, toujours plus à l'ouest, Turfan. Après six à huit semaines de traversée du désert, au rythme de vingt kilomètres par jour, les caravanes de la soie s'y reposaient. L'oasis ne fut qu'épisodiquement sous administration chinoise, selon la force de l'Empire. Elle est située dans une vaste cuvette qui s'enfonce à 154 mètres au-dessous du niveau de la mer. Le thermomètre monte ces jours-ci à 48° à l'ombre. J'ai l'impression d'être placé sous un immense séchoir à cheveux.

C'est là qu'on peut voir, dans des grottes en plein désert, des corps momifiés depuis des siècles par la sécheresse. Dans notre Jeep, nous avons l'impression que nous allons subir le même sort, si nous restons trop longtemps au soleil. La transpiration ne rafraîchit pas, elle sèche aussitôt.

Miracle : cette oasis de feu est fertile. On y trouve en abondance des vignes, des arbres fruitiers, des légumes, du maïs, du coton... et des mûriers. Prodige de l'industrie humaine : depuis deux mille ans existent des canaux souterrains, creusés par l'homme pour recueillir l'eau des sommets de la montagne voisine en évitant l'évaporation.

Un travail « à la chinoise » ? Non : ce réseau sillonne tout l'Orient, du Xinjiang à la péninsule Arabique. Et la population n'a rien de chinois. Turfan est peuplée d'Ouïgours. Les Han, ici, ne sont plus chez eux.

« Je n'aime pas les Han »

Août 1987.
Comment cette autre Chine s'intègre-t-elle à la Chine des Han ? Liu Xianzhao, président de la Commission nationale des Affaires des minorités nationales, aime mieux me parler de *respect des identités culturelles* que d'*intégration*. « Les cinq régions autonomes et les trois provinces de l'Ouest reçoivent de l'État une aide de 8 milliards de *yuan* par an. » Et pourtant, Liu reconnaît que 20 % des Ouïgours et des Tibétains ne mangent pas à leur faim. Quel aveu...

Mes interlocuteurs, à Pékin comme sur place, sont restés évasifs sur les difficultés que posent l'ensemble des minorités nationales — 80 millions de personnes. Sont-elles soumises au contrôle des naissances ? Non, me dit l'un ; qu'elles repeuplent ces provinces sous-peuplées ! Oui, répond l'autre, qui considère visiblement que 7 % de la population totale, c'est déjà beaucoup pour les cinquante-cinq minorités dénombrées.

En fait, cet émiettement apparent, qui semblerait favoriser l'intégration dans la grande masse chinoise, ne correspond pas à la réalité. Ouïgours, Tadjiks, Kirghizes, Ouzbeks, Turkmènes, etc., que les autorités chinoises distinguent soigneusement mais artificiellement, sont tous cousins, tous turcomans, tous musulmans. Les Chinois refusent de reconnaître l'échec de l'assimilation. Il est pourtant patent. Pas de mariages interethniques. Pas de rapprochement culturel. Une lutte sourde.

Mes interlocuteurs parlent également avec réticence des contacts entre les « minorités » et leurs parents au-delà des frontières. En théorie, les Ouïgours de Chine devraient se sentir plus proches des Chinois han que des Ouïgours soviétiques. On peut d'autant plus en douter que, lors de la famine de 1961-1962, consécutive au « Grand Bond en avant », et après les persécutions religieuses de la Révolution culturelle, beaucoup ont quitté la Chine pour rejoindre leurs frères de race et de religion en U.R.S.S. Les autorités chinoises affirment qu'ils reviennent peu à peu... depuis le IIIe plénum du XIe congrès de décembre 1978. N'aviez-vous pas compris que tout va mieux depuis ce plénum-là ?

« Je n'aime pas les Han. Ils nous dominent et nous sommes obligés de leur obéir. Si l'on ne parle pas leur langue, on ne peut trouver un bon travail en ville. » On ne saurait tenir pour nul ce propos que vous entendrez dix fois au Xinjiang, de la bouche de jeunes Ouïgours. Russe ou chinois, l'impérialisme a la même figure d'un bout de l'Asie à l'autre. Même si l'on ne parle chez nous que du Tibet, une agitation chronique persiste dans toutes ces marches lointaines de l'Empire chinois. « Notre malheur, m'a dit un Ouïgour de Kashgar, c'est de n'avoir pas un dalaï-lama pour faire notre propagande à l'étranger. »

En terre d'islam

Août 1987.

Kashgar, à la frontière de la Kirghizie ex-soviétique — 130 000 habitants —, est musulmane à 85 %.

Les gardes rouges le lui ont fait payer cher. Avant 1966, elle comptait 153 mosquées : 151 ont été saccagées. Les persécutions ont été aussi cruelles contre l'islam au Xinjiang que contre le lamaïsme au Tibet. Des *mollahs* ont été emprisonnés, les fêtes musulmanes supprimées, l'alphabet arabe interdit, les livres religieux brûlés en autodafés, des humiliations en tout genre inventées.

Une mosquée a même été transformée en porcherie — suprême injure, en terre d'islam.

Seules deux mosquées ont survécu : la grande mosquée, sur la place centrale ; le « mausolée de la princesse musulmane », à une quinzaine de kilomètres de Kashgar. C'est une princesse, Xiangfei, dont l'empereur Qianlong, qui régna de 1736 à 1796, était fou. Ses soldats la lui avaient ramenée comme prisonnière, après avoir tué son mari à ses côtés. Son corps exhalait un parfum naturel qui enivrait l'Empereur. Elle ne répondait à ses avances que par une insurmontable froideur.

Il lui fit construire, par ses architectes jésuites, une mosquée à l'intérieur de la Cité interdite — double preuve de tolérance ou de passion amoureuse. Il combla de faveurs les mahométans de l'Empire. Elle restait de glace. Comme l'Empereur dépérissait à vue d'œil, l'Impératrice douairière ordonna à la princesse parfumée de s'étrangler avec une cordelette de soie. Un mausolée honore sa mémoire. Il s'orne d'un poème que Qianlong aurait calligraphié de son auguste main sur une stèle, et qui fut reproduit dans les quatre langues de l'Empire : chinois, mandchou, mongol, tibétain ; mais ni l'arabe ni le turcoman — les seules langues qu'écrivent les Ouïgours :

Ô peine profonde, lamentation sans fin,
Un chant trop court s'est achevé
Et l'éclat de la lune a pâli[5].

Certains des sanctuaires disparus sont en reconstruction. Mais le souvenir de ces humiliations persiste. Dans le domaine religieux comme dans le secteur économique, Deng Xiaoping a pris le contre-pied de la Révolution culturelle. Le IIIe plénum a rendu aux musulmans et à leurs *mollahs* la liberté de culte. Les autorités chinoises espéraient-elles que la liberté retrouvée allait ôter à la foi religieuse son principal moteur — la persécution ? En tout cas, la ferveur a jailli à nouveau, plus vive d'avoir dû rester clandestine. Comme pour tant d'autres peuples dépendants, la religion est pour eux une structure de résistance à l'oppression[*].

Les musulmans, si satisfaits soient-ils de leur liberté religieuse recouvrée, ne se gênent pas pour me faire comprendre que leur identité culturelle n'est nullement chinoise. Ils n'ont jamais considéré le *Petit Livre Rouge* de Mao comme un substitut du Coran. Ils disposent maintenant d'une édition de celui-ci, qui vient de paraître

---

[*] Pendant l'été et l'automne 1996, la répression contre la religion a repris. Les lamaïstes du Tibet et les musulmans du Xinjiang sont durement frappés, accusés de séparatisme. Les chrétiens aussi : ils ont le choix entre le ralliement à l'Église « patriotique » (les prêtres « jureurs » de notre Révolution), et la disparition. L'opération « Frappons fort ! », lancée au printemps et qui a déjà provoqué un millier d'exécutions, a servi d'amorce à cette nouvelle persécution.

à la fois en arabe et en ouïgour. Et, en dépit de la fermeture des frontières, des milliers d'Ouïgours partent chaque année en pèlerinage pour La Mecque. Il est vrai que ce sont surtout des vieillards qu'on autorise à partir : pour le pouvoir, mieux vaut ne pas prendre de risques.

Je passe à Kashgar les fêtes de l'Aïd el-Kébir. Dans toutes les maisons et jusque dans les rues, moutons ou agneaux sont rituellement égorgés pour un joyeux méchoui. Au son d'un orchestre juché sur le toit de la grande mosquée, les hommes, et eux seuls, valsent à perdre haleine, jusqu'à tomber en extase. C'est l'antique tradition du soufisme et des derviches tourneurs, qui renaît au cœur de l'Asie centrale. Les femmes se sont remises à porter le voile, qui avait presque disparu pendant les années de la Révolution culturelle. Nous sommes en terre d'islam.

L'arabe et le Coran ouvrent toutes les portes

Au cours de ces dix années-là, les Ouïgours faisaient chez eux les prières qu'ils ne pouvaient faire dans leurs mosquées. Le Coran n'a jamais cessé d'être récité dans les familles. À cinq ans déjà, les enfants savent par cœur des versets en arabe : il suffit de leur en souffler les premiers mots pour qu'ils récitent le reste en riant. Ceux qui entreront en religion vont ensuite à l'école coranique, qui refuse du monde. Le *muezzin* appelle à la prière cinq fois par jour. On se croirait à Marrakech ou à Ispahan.

Dans un caravansérail de Kashgar, je rencontre par hasard un « routard » franco-algérien, un « beur » ; aussitôt, je l'embarque dans ma Jeep « tous terrains ». Il vit en France, mais reste fidèle à la religion musulmane. L'arabe lui ouvre toutes les portes. Il entre dans les maisons en pisé de Kashgar, de Turfan, d'Urumqi ou des oasis environnantes, en jetant un joyeux : *« Allah akbar ! Salam aleikoum ! »* (Dieu est grand ! La paix soit avec vous !) En un clin d'œil, les visages s'éclairent ; les mains se tendent ; rafraîchissements ou fruits nous sont offerts.

J'avais souhaité entrer à la grande mosquée pendant l'office du vendredi. Les deux Chinois han qui m'accompagnaient n'avaient pas voulu me suivre et se tenaient à distance respectueuse de la mosquée. Un *mollah*, qui accueillait la foule des fidèles à l'entrée de la mosquée, nous permet d'entrer et même de prendre des photos. Malgré cette autorisation, un cercle hostile, puis menaçant, nous entoure pendant l'office. Notre « beur », devant le danger qui se précise, engage la conversation en arabe avec le cercle qui nous interpelle, montre son passeport français sur lequel figure son prénom, Ahmed, récite un verset du Coran. L'hostilité tombe comme par enchantement.

Le rayonnement de Khomeiny

Ahmed s'amuse dans la rue à décoiffer devant moi de jeunes garçons qui portent une casquette à la russe vissée sur le crâne ; ces casquettes, vertes ou marron, dont le port était de rigueur sous le règne de Mao, ont presque disparu en Chine, sauf précisément dans le Xinjiang. Ahmed me montre alors que, sous la casquette, tous portent la chéchia musulmane. La casquette, c'est bon pour la rue ou le travail. Chez soi, ou pour la prière, on la retire pour ne garder que la calotte, dissimulée jusque-là.

On se sent loin de la Chine tirée au cordeau et surpeuplée. Sans doute y a-t-il un lien profond entre l'islam et l'immensité : « Allah est grand », comme le désert. Un Ouïgour qui s'avance lentement dans les dunes sur son chameau, un Ouzbek qui trottine sur son âne au milieu d'un vaste plateau caillouteux, un cavalier kirghize qui galope dans l'herbe derrière ses troupeaux, tous psalmodient des sourates avec bonheur.

Ces musulmans chinois ignorent la distinction entre sunnites (qu'ils sont) et chiites. Ils ne connaissent qu'un lieu : La Mecque, et qu'un homme : Khomeiny — quelques-uns nomment aussi Kadhafi. L'imam de Qom incarne pour eux la fierté musulmane, l'orgueil de valeurs qui refusent de plier, soit devant la « décadence » des Satans occidentaux, soit devant la mécanique totalitaire de l'Empire soviétique.

Ces musulmans turcomans seraient une quinzaine de millions. Mais les musulmans han (appelés *hui*) seraient sans doute aussi nombreux (peut-être même deux fois plus), répartis en communautés ferventes de Xian à Canton. C'est, pour la Chine, une chance et un risque.

Une chance : elle compte assez de *mollahs* « patriotes » pour se permettre de les placer dans sa vitrine. Elle envoie des délégations composées de musulmans sûrs à Téhéran — avec qui elle entretient les meilleures relations et à qui elle a fourni, tout en s'en défendant, ses missiles les plus « sophistiqués » : les missiles « Vers à soie », *Silkworms,* qui ont fait beaucoup parler d'eux dans l'interminable conflit qui opposa Bagdad à Téhéran — et jusqu'à Tripoli. La Chine musulmane, pont entre deux mondes.

Un risque, car maints musulmans ne sont pas sûrs pour le régime. Les « moustiques » dénoncés par Deng, c'est dans cette population, vous dit-on à Pékin, qu'ils se recrutent volontiers : proxénètes, trafiquants de devises ou de drogue, magouilleurs en tout genre. Cette mafia peu reluisante, on la nomme — en baissant la voix — la « bande du Xinjiang ».

L'éclatement, c'est bon pour l'U.R.S.S.

Les dirigeants chinois affirment que la menace de l'intégrisme n'existe pas chez eux*. Mais ils se méfient de la résistance passive de l'islam. Qu'ils soient conservateurs ou réformistes, vieux ou jeunes, ils sont bien décidés en tout cas à ne rien céder aux tendances séparatistes : non, la Chine ne sera pas un « empire éclaté » ! Ils ont un avantage que les Russes n'ont pas : les musulmans ne représentent guère plus d'un Chinois sur cinquante, ou en tout cas sur trente. Une bagatelle. Il suffirait, le jour venu, d'expulser une partie du corps étranger s'il refusait obstinément de s'assimiler. Au XVIIIᵉ siècle, le problème se posait déjà à peu près dans les mêmes termes. Qianlong l'avait résolu par l'extermination de 600 000 Dzoungars ; les survivants avaient fui vers la Volga, ou promptement effectué leur soumission.

Des Chinois officiels, haut placés dans la hiérarchie, m'ont déclaré froidement — à condition que je ne les cite pas — que le gouvernement ne reculerait pas devant une réaction dure s'il fallait « assainir la situation ». Toujours la théorie du furoncle à inciser, chère à Han Fei, le maître de l'École des Lois. « Ce qui est certain, m'affirme-t-on, c'est que le sol, de plus en plus peuplé d'immigrés han, restera chinois. » Ce principe est largement admis parmi les Chinois, y compris ceux qui ne sont nullement communistes.

La Chine populaire naissante a dû accepter la séparation de la Mongolie extérieure depuis 1924 comme un fait accompli et comme un signe d'allégeance au « Grand Frère ». Mais après la rupture avec l'U.R.S.S., les Chinois ont pris la ferme résolution de ne plus payer de tribut à quiconque. L'éclatement de l'U.R.S.S. ne les a sûrement pas fait changer d'avis.

Les frontières de la Chine, une fois recouvrées Hongkong, Macao et un jour Taiwan, resteront intangibles. « Vive l'unité de notre grand peuple multinational ! » lancent régulièrement les dirigeants chinois, en terminant leurs discours patriotiques. Lee Kuan Yew conseille vivement à tous les pays qui entendent développer leurs échanges avec la Chine de ne jamais remettre en cause l'unité de son empire : les régions autonomes, dont le Tibet, le Xinjiang, Taiwan et autres, sont irréversiblement chinoises. C'est une question d'« espace vital » — de fâcheuse mémoire. Mais les Chinois n'ont pas à le conquérir : ils en disposent.

---

* À la mi-1990, un document intitulé *Vigilance à l'endroit de l'infiltration religieuse depuis l'étranger*, accusait l'Iran de chercher à étendre sa révolution islamique chiite parmi les populations musulmanes sunnites de Chine. Cette accusation s'est régulièrement renouvelée depuis lors[6].

CHAPITRE 22

Une Chine de poche ou la tentation impériale

1993

14 septembre 1993.

Un résumé de l'Empire : au XVIIIe siècle, dans une montagne déserte, on avait reconstruit les monuments caractéristiques de toutes les provinces. Ils sont aujourd'hui restaurés. Et visités.

Imaginez que Louis XIV ait rassemblé à Versailles des copies du Mont-Saint-Michel, du beffroi de Lille, du château de Chambord, du pont du Gard ; sans oublier la cathédrale de Strasbourg, pour s'assurer de la fidélité de ses nouveaux sujets alsaciens.

Les deux grands empereurs mandchous qui ont régné sur la Chine pendant soixante ans chacun se sont donné ce plaisir entre 1703 et 1780. Ce fut leur Versailles, mais un Versailles impérial. Kangxi (1662-1722) et surtout Qianlong (1736-1796) ont construit à Jehol (ou « Rivière chaude » : on y voit encore des sources chaudes), appelé aujourd'hui Chengde, à 260 kilomètres au nord de Pékin, à 150 km au-delà de la Grande Muraille, une « résidence de montagne pour échapper à la canicule ». Kangxi, tout l'été, y chassait le cerf et le tigre des montagnes de Mandchourie. Il tenait à se trouver physiquement présent sur les marches de son Empire, où il recevait l'hommage de ses vassaux remuants : de Mongolie, de Dzoungarie, du Xinjiang — le Turkestan chinois — et du Tibet.

Qianlong suivit et amplifia son exemple. Il multiplia les ouvrages. Il construisit les répliques des trois principaux monastères-forteresses du « Toit du monde ». La plus grande d'entre elles reproduit le Potala, le palais du dalaï-lama à Lhassa. Des dizaines de pagodes l'entourent. Une stèle à quatre faces, calligraphiée par Qianlong dans les quatre langues officielles de l'Empire — le mandarin, le mandchou, le mongol, le tibétain —, retrace les circonstances de cette étrange construction. L'ensemble est ceint d'un haut mur, qui imite la Grande Muraille. Cette copie du monastère de Lhassa célèbre la solidarité des populations mandchoues, mongoles, tibétaines, toutes unies dans la même foi lamaïque. Huit cents lamas habitaient autrefois ce bâtiment massif. Au cours des douze années écoulées, je l'ai vu en ruines, puis en travaux ; aujourd'hui, on peut admirer la restauration presque achevée. Des moines sont déjà installés dans des sanctuaires voisins. Ils y psalmodient leurs dévotions.

Miniature d'Empire

Jehol redevient ainsi ce qu'il était : un microcosme céleste, une reconstitution de l'Empire du Milieu, avec quelques-uns de ses paysages et monuments les plus fameux : outre le Potala de Lhassa, le Tashilunpo de Shigatse, le monastère de Samyé, la pagode de la Colline d'Or, une mosquée du Xinjiang, les sites du Yangzi et du Grand Canal, le lac Kunming... et naturellement la Grande Muraille.

Aux marches de la Mongolie, on rencontre la Chine méridionale, le Tibet, le Turkestan. C'est un Disneyland avant la lettre, où sont concentrées les merveilles du monde chinois — un *bonsaï* architectural*.

À cinq heures de voiture ou de train de la capitale — jadis cinq jours à cheval ou en palanquin —, on jouit des agréments que la Chine entière peut offrir, miniature d'Empire. Ainsi, Jehol a capturé la Chine et, par là, l'univers. C'est l'Empire du Milieu dans sa plus grande dimension que récapitule ce site enchanteur. Jehol était la capitale pendant les trois mois qu'y passait l'empereur : *Rome n'est plus dans Rome, elle est toute où je suis...*

Oui, comme Rome dans la plus grande extension de son Empire. La *Pax sinica* s'étendait alors, au nord, à toute la Mongolie extérieure, jusqu'au lac Baïkal ; au levant, à tous les territoires depuis la Mandchourie jusqu'à l'île de Sakhaline ; au sud, jusqu'au Népal et au Bhoutan ; au couchant, jusqu'à la mer d'Aral et aux abords de la Caspienne. Six mille kilomètres d'ouest en est, cinq mille du nord au sud. Comment ce résumé de l'Empire ne réveillerait-il pas des nostalgies ?

---

* À nouveau, près de la ville – champignon de Shenzhen, les Chinois viennent de reconstituer en miniature leur Empire. Et surtout, sans oublier les monastères tibétains : aujourd'hui comme sous Qianlong, le Tibet est chinois...

« Qianlong n'est pas mort »

C'est là que, grande première, une ambassade occidentale était parvenue en septembre 1793. Un colloque s'est tenu à Chengde, deux cents ans plus tard jour pour jour, sur les lieux où Lord Macartney, premier ambassadeur britannique en Chine, avait rencontré l'empereur Qianlong. L'arrogance des Anglais, qui se sentaient portés par les ailes de la révolution industrielle et marchande, s'était alors heurtée à la suffisance des Chinois, qui se considéraient comme détenteurs de « la seule civilisation sous le ciel ».

Une vingtaine d'historiens américains, britanniques, allemands, néerlandais, français dissertaient avec une quarantaine d'universitaires chinois de Chine continentale, de Taiwan et d'outre-mer sur les interprétations à donner de cette rencontre et de ses conséquences. Ma propre communication concluait sur une hypothèse hardie : « Peut-être Qianlong et Macartney sont-ils toujours vivants. »

Une discussion passionnée s'est ensuivie entre Chinois. « Qianlong est bien mort, clamaient les universitaires du continent. Depuis 1978, la Chine a décidé de s'ouvrir au monde ! C'est Macartney qui est toujours vivant parmi vous, capitalistes et impérialistes ! Vous ne vous êtes pas regardés !

— Votre réaction, répliquaient les Chinois d'outre-mer, montre que vous êtes toujours sino-centristes ! Qianlong n'est pas mort ! »

Pour les Occidentaux, ce colloque n'était qu'un échange de réflexions érudites. Pour les Chinois, c'est de leur existence même, individuelle et collective, qu'il s'agissait. Et sans doute est-ce à cause de cet enjeu que les autorités chinoises avaient interdit à la presse occidentale de suivre ce colloque.

Le chauvinisme de la diaspora

De fait, ne voit-on pas réapparaître des signes du sino-centrisme qui, jusqu'à la guerre de l'Opium, empêcha de considérer les étrangers autrement que comme des « Barbares » ?

Dans la conscience que les Chinois prennent de plus en plus des succès de leur pays, il peut y avoir là un danger d'ivresse collective. La Chine doit apprendre, comme tous les pays atteignant la maturité internationale, à prendre en compte la sensibilité et les préoccupations de ses partenaires. Faute de quoi, elle courrait le risque de redevenir ce qu'elle fut, jusqu'à la bouleversante découverte du retard pris sur l'Occident : un empire autocentré et féodal.

Parmi les visiteurs de Chengde, une forte proportion, cet été, était composée de Chinois d'outre-mer. Tout ce qui leur rappelle la grandeur de la Chine leur est agréable. Leur éloignement ne fait qu'aiguiser leur chauvinisme. En 1964, lors de la première explosion nucléaire dans le Xinjiang, les communautés chinoises à travers le monde n'exultèrent-elles pas, bien qu'elles fussent presque toujours anticommunistes ?

Ces Chinois d'outre-mer gardent des liens étroits avec la métropole. Ils rêvent d'y revenir pour leurs vacances ou leur retraite, ou même (mais sans doute de moins en moins) de s'y faire enterrer. Ils achètent à prix d'or des caveaux dans les cimetières réservés à leur intention (comme les cimetières marins qui sont aménagés, de part et d'autre de la route en corniche, entre Shenzhen et Daya Bay).

Le patriotisme et la dispersion des Chinois font déjà d'eux, virtuellement, le groupe de pression le plus puissant dans le monde. Ils ont été formés dans les meilleures universités américaines ou britanniques. Ils ont été parfaitement entraînés au maniement des rouages du capitalisme. Ce n'est pas par hasard que l'ancien vice-Premier ministre de Singapour, Goh Kongswee, est le conseiller de Pékin depuis dix ans pour les « zones économiques spéciales » ; que Deng Xiaoping désigne Singapour comme modèle pour l'avenir de la Chine ; que Lee Kuan Yew conseille Hanoi pour la réforme économique du Vietnam. Ces *managers* ont pris la tête des communautés chinoises. Ils entraînent peu à peu la Chine, qu'ils font passer du socialisme autarcique du temps de Mao au capitalisme mondialiste d'État — qui a si bien réussi à Taiwan et à Singapour.

Les Chinois se défendent encore énergiquement d'être le deuxième Grand. À plus forte raison, ils ne seront jamais, disent-ils, une superpuissance, eux qui ont tant dénoncé « l'hégémonie des États-Unis et de l'Union soviétique et leur chauvinisme de grande puissance ».

Mais il faut se rendre à l'évidence. De plus en plus, les dirigeants et les intellectuels chinois intègrent ce fait nouveau et le font affleurer dans leur langage : la Chine est en train de redevenir le plus grand empire du monde. Comme elle l'était quand l'empereur Qianlong prenait ses quartiers d'été à Jehol et traitait de haut le roi de Grande-Bretagne et d'Irlande.

CHAPITRE 23
La démographie sans contrainte
1988

> « *De nos jours, un homme qui a cinq fils n'estime pas que c'est beaucoup, chaque fils a à son tour cinq fils et le grand-père ne meurt pas avant d'avoir vu vingt-cinq petits-enfants. Le résultat est que les hommes sont nombreux, alors que les richesses manquent. Ils emploient laborieusement leurs forces, mais les substances obtenues sont maigres. Bien que l'on multiplie récompenses et châtiments, on n'évite pas les désordres.* »
> HAN FEI (*ca.* 280-233 avant notre ère[1])

Août 1988.
Passé une matinée dans un centre de « *planning* familial ».
De 1950 à 1990, la population de la Chine a doublé — c'est peut-être la plus grave méprise de Mao de n'avoir pas adopté une ligne nette ; plutôt, une ligne brisée. Pourtant, la natalité a sensiblement baissé à partir de 1970. Dans les années 1950, la femme chinoise, en moyenne, se mariait à dix-huit ans et donnait le jour à six enfants. Dix ans plus tard, l'âge du mariage grimpait à vingt-trois ans et le nombre des enfants mis au monde tombait à trois.

Mais cela ne suffisait pas. La croissance de la population confisquait celle de la production et contrariait le décollage. Un seul moyen de contenir cette poussée démographique qui pouvait ruiner trente ans d'efforts : un contrôle rigoureux des naissances.

Pour opérer sa *transition démographique* — son passage d'un niveau élevé à un faible niveau de mortalité comme de natalité —, la Chine de Deng n'a pas reculé devant la coercition. Elle est la première société, dans l'histoire de l'humanité, à l'avoir osée à cette échelle.

L'histoire de la Chine a répété plusieurs fois le cycle de la croissance qui débouche sur la famine. Dans les temps de prospérité, d'ordre et de paix, les Chinois se multipliaient, jusqu'à ruiner bientôt leur prospérité. Sous les empereurs mandchous, entre 1750 et 1900, les surfaces cultivées doublent, mais la population triple.

Proscrire la liberté démographique, c'est tenter de rompre ce cercle vicieux. C'est interdire de naître, pour prévenir les mortalités massives par la famine ou la guerre civile. Associer une espérance de vie élevée à une fécondité dirigée, est-ce possible ?

La Chine croît sans doute aujourd'hui plus vite que ses chefs ne le souhaiteraient et n'osent encore l'avouer, mais beaucoup moins vite qu'hier. Sa croissance démographique ne submerge plus, désormais, ses progrès économiques : ceux-ci ont largement dépassé celle-là. Dix ans de la politique de l'enfant unique ont commencé à y pourvoir. Non sans mal. Ni sans conséquences effrayantes.

On voit, au coin des rues, des panneaux géants : « Un couple, un enfant ». Et d'autres, plus mystérieux, peints de trois caractères : « 4-2-1 ». Les Chinois savent ce que veulent dire ces chiffres. Quatre grands-parents, deux parents, un enfant. Six adultes pour élever un seul enfant... Comme le *bonsaï*, l'arbre généalogique a plus de racines que de branches.

L'amende et la matrone

À partir de 1980, la planification des naissances est devenue plus sévère. L'objectif était de stabiliser la population à 1,2 milliard de Chinois autour de l'an 2000. À cette fin, le mot d'ordre : « Un couple, un enfant », devait être respecté absolument. Il est beaucoup plus rigoureux que le slogan qu'on répétait pendant la Révolution culturelle : « Trois enfants, c'est trop ; deux enfants, c'est bien ; un enfant, c'est mieux. » Les articles 5 et 12 de la loi sur le mariage de 1981 stipulent que le mari comme la femme sont passibles de pénalités en cas d'infraction.

La propagande s'entoure d'incitations et de contraintes. Le mariage est *interdit* avant que les garçons aient vingt-deux ans et les filles vingt ans. Il est systématiquement *découragé* avant qu'ils aient, les uns comme les autres, dépassé les vingt-cinq ans.

Si vous pouvez présenter votre « certificat d'un seul enfant », votre salaire et plus tard votre retraite seront bonifiés ; vous aurez droit à un appartement plus grand, où vous pourrez regrouper les grands-parents, qui étofferont la cour du petit prince. Mais on vous le retirerait, et l'on amputerait votre salaire, si par malheur survenait un deuxième enfant. À la campagne, le deuxième enfant se paie d'une lourde amende : de l'ordre de 3 000 à 5 000 *yuan*, mais variable suivant les régions — de quoi se nourrir pendant plusieurs années.

Il y a plus. Pour faire respecter les dispositions légales, des procédés plus concrets que ces moyens indirects ont été mis en place.

Dans chaque quartier de ville, dans chaque village, une surveillante d'âge canonique suit de près le cas de toute femme en état de procréer.

J'ai rencontré plusieurs de ces matrones.

Ces personnes d'expérience, qui ont eu cinq ou huit enfants, apprennent à leurs cadettes à n'en avoir qu'un. Elles indiquent à chacune les contraceptifs appropriés et la guident dans ses choix. Elles laissent un peu la bride sur le cou aux jeunes ménages, tout en leur répétant sans cesse qu'on ne leur autorisera qu'un enfant et qu'ils doivent réfléchir mûrement avant de le concevoir.

Après une première naissance, la jeune femme est complètement contrôlée. Le stérilet lui est le plus souvent prescrit. Avant qu'elle quitte la maternité, le gynécologue lui place dans l'utérus un anneau que seul un médecin pourra enlever (les journaux ont signalé en 1983 des fraudeurs qui avaient été exécutés pour avoir ôté cet anneau à des femmes). Elle doit se présenter ensuite chaque semaine, puis chaque mois, puis une fois par an, à l'hôpital auquel on l'a affectée, afin qu'on y vérifie l'efficacité du système. *Elle doit déclarer ses cycles à la responsable de qui elle dépend.* Un retard de quelques jours entraîne une intervention du gynécologue.

« Si une deuxième naissance s'annonce, l'avortement est-il imposé ?

— Non, me répond-on, la femme prend elle-même la décision.

— Arrive-t-il qu'elle refuse ?

— Jamais ! »

Des paysans m'ont déclaré plus crûment : « En cas de deuxième grossesse, l'avortement est obligatoire. »

À cette règle absolue, on ne tolère que de rares exceptions : 1. Sont exemptées les minorités ethniques. 2. Si l'enfant premier-né est handicapé (physique ou mental), ses parents peuvent lui donner un frère ou une sœur, à condition que l'état physique des parents ne fasse pas craindre une récidive. 3. Deux divorcés ou deux veufs qui se remarient, et dont l'un a eu un enfant (qu'il soit à sa charge ou non), l'autre n'en ayant pas eu, sont autorisés à en avoir un.

Résistances et dérogations

Les résistances à cette politique sont énormes, surtout à la campagne. En ville, la surpopulation, les logements microscopiques poussent spontanément à limiter les naissances. À la campagne, c'est différent. Surtout depuis que l'exploitation familiale a été remise en honneur : les enfants, ce sont des bras pour plus tard, c'est la sécurité sociale, c'est la retraite assurée, c'est le culte posthume garanti.

Les paysans qui ont trouvé le moyen de s'« enrichir » (tout est relatif) préfèrent payer l'amende et garder l'enfant. On a même vu des couples venir au centre de planning familial se faire une fête de payer la pénalité qui leur épargne l'avortement. L'inégalité des conditions, que la Chine a assumée pour accélérer sa modernisation, est aussi l'inégalité des berceaux et des satisfactions du cœur.

À partir de 1990, il est apparu qu'on ne respecterait pas la limite de 1,2 milliard, qui avait été fixée pour l'an 2000, et qu'on n'était déjà pas loin d'atteindre. Si les citadins suivaient en gros la consigne, ce n'était décidément pas le cas des ruraux — 80 % de la population. Il a fallu étendre les dérogations. On a autorisé les couples de deux enfants uniques à donner naissance à deux enfants, pour laisser aux grands-parents la joie d'avoir plus d'un petit-enfant à eux quatre. On a permis à un couple qui a mis au monde une fille de tenter une seconde chance (contrairement à la règle 4.2.1). Ailleurs, la règle se durcissait au contraire, comme on le voit dans ce décret publié au Sichuan : « Les couples atteints de sérieuses maladies héréditaires, telles que psychoses, déficiences mentales ou malformations, ne seront pas autorisés à procréer. Si la conjointe est enceinte, il sera mis un terme à sa grossesse. »

Le quadrillage serré du pays suffira-t-il à imposer ces violences d'État, qu'aucun autre pays du tiers monde n'a eu l'audace d'adopter ? Dans les provinces éloignées, une femme peut souvent, sous un quelconque prétexte, disparaître quelques mois pour accoucher clandestinement...

Naître garçon, ou ne pas naître

Car une autre forme de la résistance plonge ses racines au plus profond de l'inconscient chinois — la tradition qui asservit la femme. Comment faire admettre l'enfant unique quand, statistiquement, dans une famille sur deux, ce sera une fille ? Les images ataviques sont les plus fortes. Les filles entraient dans la famille pour un destin de servitude. Elles travaillaient dès qu'elles en avaient la force. Le mariage n'était pas pour elles une libération. Selon l'expression traditionnelle, un homme n'épousait pas une femme : il donnait une belle-fille à son père, et une domestique à sa mère. La malheureuse n'avait plus qu'à attendre le jour, si tardif, qui lui donnerait statut de première femme du foyer et droit de commander à son tour aux filles, aux brus, aux petites-filles.

Quand une fille voit le jour, les voisins ont la délicatesse de ne pas présenter de condoléances ; ils préfèrent ne rien dire. « La naissance d'un enfant mâle est un bonheur, celle d'une fille une calamité² », notait le père Huc au XIXᵉ siècle. *Fleur en fiole d'or* l'avait exprimé en chinois plus de deux siècles avant lui : « Ayez un fils à la maison, les voisins se mettent en quatre pour vous congratuler. Une fille n'occasionne pas le moindre rond dans l'eau³. » Il arrive que la réalité soit plus cruelle. Quelques bulles dans l'eau, et c'est tout.

Cette différence de traitement n'est sans doute pas propre aux Chinois, mais ils en tiraient souvent des conséquences plus rigoureuses que nulle part ailleurs. L'abandon ou l'infanticide des filles nouveau-nées est difficile à mesurer, parce qu'on n'en parle pas. Mais quand des mandarins, à la fin du XVIIIᵉ siècle, comptent dans une province 132 hommes pour 100 femmes, il faut bien supposer que cette coutume y est pour quelque chose. Aujourd'hui, dans certains secteurs ruraux, cette proportion serait de beaucoup dépassée.

Le recensement de 1982 annonce, très officiellement, qu'il est né cette année-là plus de garçons que de filles, 8 % de plus, au lieu des 2 ou 3 % de marge maximum que l'on observe ailleurs. Dans certains cantons reculés, on compte cinq garçons pour une fille.

Même si toutes les jeunes femmes ont fait des offrandes à la Tisserande Céleste pour accoucher d'un beau garçon, il est permis de douter que ces prières aient suffi.

À partir de 1985, la presse n'a pas cessé de déplorer que l'habitude de noyer les petites filles comme des chats se répande à nouveau. La loi sur le mariage de 1981 stipule bien que l'infanticide est interdit. Mais elle ne précise pas les peines que l'on encourt. D'ailleurs, quelle est la différence entre l'abandon spontané d'un enfant à la naissance, et des avortements thérapeutiques qui se font parfois à six, sept, voire huit mois ? Il se murmure aussi que des privilégiées se feraient faire une échographie et avorteraient si celle-ci révèle une fille.

C'est précisément parce que le refus des filles est si enraciné, que les autorités ont dû atténuer la rigueur de la loi sur l'enfant unique : par un effet pervers, elle relançait l'infanticide des filles. Quelle tentation de laisser mourir la nouveau-née, si cela donne la chance d'un garçon... On a donc autorisé deux enfants, mais pas plus, quand le premier a le malheur d'être une fille. Cet adoucissement réduira, mais ne supprimera pas, le phénomène. Car, si le second est encore une fille, quelle menace sur elle ! Ainsi, la loi de 1981 exaspère l'investissement familial sur les mâles, en le faisant reposer sur une seule tête.

Un vieillissement accéléré

La pyramide des âges est en danger de se retrouver sur la pointe.

La population jeune va diminuer sans cesse, face à une population vieillissante qui vit de plus en plus longtemps. Si la loi sur l'enfant unique était parfaitement appliquée, que se passerait-il ? Un enfant aurait deux parents, quatre grands-parents, huit arrière-grands-parents. Si tout ce petit monde vit en même temps, au même foyer, et a, par exemple, cinq, trente, cinquante-cinq et quatre-vingts ans, il faut compter, au maximum, dans ce foyer « idéal », 6 actifs pour 9 inactifs dont les plus âgés peuvent exiger des soins onéreux ; et cinq ans plus tard, *2 actifs pour 13 inactifs*. La perspective serait inquiétante dans une société post-industrielle ; dans un pays arriéré, elle est tragique. La Chine sera-t-elle, dans cinquante ans, un asile de vieillards faméliques ? L'hypothèse n'est pas, théoriquement, à rejeter*. Bien sûr, la loi ne sera pas appliquée dans sa rigueur primitive.

Le schéma malthusien esquissé ici n'est pas moins angoissant que la perspective inverse, celle d'un accroissement naturel de la population, jusqu'à deux milliards d'individus aux alentours des années 2050. La Chine, à nouveau, ne pourrait alors subvenir à ses besoins alimentaires. La moindre sécheresse prolongée, la moindre crue du fleuve Jaune la plongeraient dans des famines qui entraîneraient, comme jadis, des dizaines de millions de morts. *Libéraliser les naissances, ne serait-ce pas faire œuvre de mort ?*

Entre le scénario-catastrophe que produirait l'application stricte et durable de la loi, et le cauchemar que provoquerait sa violation systématique, il y a place pour une réalité difficile, certes, mais surmontable. La Chine est condamnée à déterminer elle-même un juste milieu, dans un domaine où la nature impitoyable avait toujours décidé pour elle. En fait, on exige des couples qu'ils renoncent à procréer après la première naissance, afin qu'en moyenne ils s'arrêtent pour le moins à la seconde. *Un* veut dire *deux*.

En tout cas, la Chine n'échappera pas à un vertigineux vieillissement de sa population. En 2040, il y aura autant de personnes de plus de soixante-cinq ans en Chine que dans l'ensemble du monde aujourd'hui développé.

Le vieillissement de la population s'est étalé sur quatre-vingts ans dans les pays occidentaux. Il va s'abattre en deux fois moins de temps sur une Chine non encore développée. À la fin des années 1980, 30 % seulement des retraités chinois bénéficient d'une pension : les anciens salariés de l'État, ou des entreprises nationales, ou des services provinciaux. Cette charge, entre 1952 et 1985, a été multipliée par 27 ; en l'an 2000, elle aura encore doublé, pour se trouver en 2025 dix fois ce qu'elle était en 1995.

---

* Des statistiques et prévisions officielles chinoises, en 1996, écartent ce pronostic, en prenant en compte le fait que la règle « un couple, un enfant » reste toute théorique dans les campagnes. En 1981, la population des plus de 60 ans représentait 13,5 % de la population totale. On atteindrait 15,4 % en 2000, 23 % en 2020, 36 % en 2030 et près de 45 % en 2050.

Ces pensions, dont ne bénéficie qu'une personne sur trois, engloutissaient déjà, en 1985, 42 % des dépenses sociales. Pour 6 personnes sur 10 en ville (mais moins de 5 sur 100 en campagne), cette pension constitue leur unique ressource. C'est donc la famille qui offre pour longtemps, à l'immense majorité des personnes âgées, la seule garantie*. Quel poids, pour un adulte supportant deux parents et quatre grands-parents en vie, mais retirés, sans compter parfois les arrière-grands-parents !

En attendant, la vie ne se bat pas si mal : la famille chinoise, en 1987, se composait, toutes provinces confondues, de 4,2 personnes en moyenne ; ce qui représente encore 2,2 enfants par couple — de quoi renouveler les générations, à peine plus. Freiner cette tendance sans l'écraser, là est *la Voie* : éviter ainsi à la Chine la perspective apocalyptique d'une démographie envahissante — ou l'enfer, que n'a même pas imaginé Dante, d'une population croulant sous le poids des années et réduite à la misère par la paralysie sénile.

« L'enfant-empereur »

Mickey fait la joie des petits Chinois, depuis l'« ouverture ». On le leur a offert ; ils l'ont imposé. Ils épinglent sa frimousse sur les murs de l'unique pièce familiale, non loin des images de Confucius ou de Bouddha. Comment résister à la fantaisie de l'enfant-roi, même si elle bouscule les habitudes millénaires ?

Car, en Chine, l'enfant est devenu roi ; ou plutôt il en est le véritable « dernier empereur » : despotique, capricieux, vénéré. Les annonceurs chinois, désormais familiers des ressorts de la publicité, l'ont compris. Ils font fumer Mickey, pour que les enfants prennent plaisir à voir fumer parents et grands-parents et les incitent à le faire. (C'est pourtant une invention sacrilège : la société Disney interdit absolument de faire fumer Mickey, que ce soit en images réelles ou virtuelles.)

Hier, les enfants devaient être assez nombreux pour assurer le culte des ancêtres. Aujourd'hui, l'assurance repose sur cette seule tête : il faut l'entourer de tous les soins. Enfant unique, enfant gâté, enfant tyran.

---

* La rareté des pensions de retraite tend à maintenir la femme dans son rôle traditionnel. Après avoir noté que la fécondité moyenne des femmes en ville était tombée à 1,33 et celles des femmes rurales à 2,84, la revue *Femmes chinoises* indiquait que le problème de la surnatalité ne pourra vraiment être résolu, aussi longtemps que le couple mettra des enfants au monde pour qu'ils prennent soin de lui durant ses vieux jours[4].

L'idolâtrie qui l'entoure n'est pas seulement le fait des parents, des grands-parents. Elle n'est pas seulement de nature affective. Cet unique mâle est le chaînon indispensable du culte des ancêtres, dont le prêtre est le grand-père ou l'arrière-grand-père. L'enfant qui vient conservera vivante leur mémoire, accomplira les rites propitiatoires. Plus cyniquement, pour 800 ou 900 millions de paysans sans retraite, le fils et petit-fils sont la seule assurance-vieillesse qui vaille. Eux seuls tiendront à leur place le mancheron de la charrue et mettront du riz dans le bol.

Aussi, lorsque l'enfant paraît, rien n'est trop bon pour le nourrir, trop beau pour le fêter, trop cher pour l'éduquer. Le culte de l'enfant inverse à son profit le culte des ancêtres. Entouré de sa cour d'adultes, il la tyrannise. L'un d'eux raconte : « Mes parents m'ont supprimé toutes les corvées quand je suis devenu écolier. Balayer ? Mes grands-parents ne veulent pas que je me fatigue. Prendre l'eau chaude ? Mes parents ont peur que je me brûle. Laver la vaisselle ? Ils ont peur que je casse les bols. Mais, à l'heure du repas, ils espèrent que je mangerai tout ce qui est sur la table. Mon grand-père fait tout ce que je veux. Ma grand-mère me donne tout ce que j'aime. Ma mère ne veut pas me quitter. Mon père ne me fait pas peur, car il craint mon grand-père. Pour mon grand-père, je suis plus important que mon père. »

Une société d'enfants uniques

Que peut devenir une société d'enfants uniques — cette « première » pour l'espèce humaine ? Que peut donner une éducation où l'enfant a deux, trois, quatre adultes ou davantage pour le servir, et ni frère ni sœur pour partager ses expériences, apprendre la vie sociale en famille, par le jeu, par la rivalité, par l'opposition ? Quel effort fera, à l'extérieur, l'enfant à qui l'on offrira tout chez lui ? N'en viendra-t-on pas à souhaiter pour lui l'embrigadement collectif ?

Or, la politique de l'enfant unique est venue se greffer sur une société où la jeunesse était déjà passablement désabusée. L'« ouverture » a détruit la crédibilité des dogmes ascétiques du communisme pur et dur d'hier. Mais elle laisse libre carrière au matérialisme des imaginations et des ambitions. La jeunesse a sa propre version des « Quatre Modernisations » : « Caméra, magnétophone, moto, logement plus grand. » Avoir plus, gagner plus, consommer plus, faire moins d'efforts.

Déjà, la Chine s'effraie devant la montée de la délinquance juvénile — le plus court chemin vers l'assouvissement des pulsions de consommation. Qu'en sera-t-il, quand la génération des enfants uniques arrivera à l'âge de l'adolescence et demandera autre chose que des friandises, des papiers de couleur ou le pardon des mauvaises notes ?

Tout n'est pas si noir dans les perspectives. En laissant reparaître le vieux fond chinois de confucianisme et de culte des ancêtres, le régime offre une morale de substitution à la morale communiste en déroute. Mais le retour en force des principes qui ont façonné l'âme chinoise pendant plus de deux millénaires est-il nécessairement le meilleur chemin pour la Chine ? « Je transmets, je n'invente rien[5] », enseignait Confucius. Aller droit, c'est mettre ses pas dans les traces anciennes. Le confucianisme avait contribué à communiquer aux Chinois la maladie du sommeil. Ce serait un bien étrange renversement s'il devait, parce qu'il les aide à sortir du communisme, les réveiller*.

---

* Telle est pourtant la conviction de Lee Kuan Yew, le sage de Singapour. L'essence de l'éthique confucéenne, c'est qu'une société s'améliore si l'individu s'améliore ; pas au travers des lois et des règlements. Si l'individu est bon, alors sa famille, ses voisins sont bons, la communauté est bonne. C'est cette conviction qui a nourri de nombreuses générations de Chinois. « Nous pouvons espérer que, se fondant sur ce credo, les Chinois empêcheront leur société de tomber dans la pagaille », me dit Lee Kuan Yen lors de notre dernière rencontre à Singapour (voir chapitre 43).

CHAPITRE 24
La génération des pieds bandés
1993

26 août 1993.
Dans un des salons du Palais du Peuple, une longue conversation sur la Chinoise d'aujourd'hui m'a plongé dans la perplexité. Cette forte femme, dont j'ai oublié de noter le nom, est ministre de la Condition féminine dans le gouvernement Li Peng. Elle ne s'occupe que d'une chose : la préparation du Congrès mondial de la femme, qui doit se tenir à Pékin dans deux ans et qu'elle sera appelée, naturellement, à présider. Et dire que les « observateurs » à Pékin sont persuadés que le gouvernement Li Peng n'en a que pour quelques semaines ! Il est vrai qu'ils annonçaient déjà sa chute voici quatre ans.

Pas un instant, ce ministre ne doute que les délégations étrangères seront séduites par ce qu'elles verront de la condition des femmes en Chine. J'émets quelques réserves. On attend les délégations féminines d'« organisations non gouvernementales » quelque peu turbulentes, comme Amnesty International, l'Association des femmes libérées, l'Association des homosexuelles, l'Association des femmes intégristes : ne vont-elles pas chercher à faire renaître la contestation qui a déferlé pendant le printemps 1989 ? Ne vont-elles pas protester devant le sort réservé aux paysannes, aux Tibétaines, aux étudiantes, aux mamans empêchées d'avoir plus d'un enfant ?

« Pas du tout ! Nous montrerons aux délégations étrangères les progrès incroyables accomplis par la condition féminine en Chine depuis quarante ans. On ne doit pas comparer la condition féminine en Chine et aux États-Unis, mais la condition des Chinoises en 1949 et maintenant. Le bond en avant qu'elle a effectué est si immense qu'elles ne l'auraient jamais cru possible si on le leur avait dit.

Nous ferons tomber les écailles des yeux des visiteurs étrangers. »

Une race en voie d'extinction

Sans partager cet optimisme, je suis allé me promener, rêveur, sur les bords du lac Beihai. J'ai compté le nombre de femmes aux petits pieds, obligées de s'appuyer sur une jeune femme, un enfant ou au moins une canne. Je n'en ai rencontré que neuf en deux heures de marche. C'est une race en voie d'extinction. La nouvelle société qui est née de la Longue Marche a définitivement émancipé les femmes de l'éternelle « pointure fillette », du rituel « lys d'or ». Mais n'est-il pas encore certain que la femme soit vraiment traitée en égale de l'homme ?

Il est à peine croyable qu'au sein d'une civilisation aussi raffinée, la femme ait été maintenue au long des siècles dans une pareille soumission, dont les pieds bandés sont restés le cruel symbole. Les filles des classes favorisées ressentaient leur assujettissement jusque dans la souffrance de leur chair. Et, toutes classes confondues, après avoir été les servantes de leur père, elles devenaient celles de leur mari. Éternelles mineures, elles étaient traitées comme une marchandise. Le mariage se concluait comme une promesse de vente. Quand le mari ouvrait la porte du palanquin où la future était enfermée, quand enfin elle dévoilait son visage, il pouvait la renvoyer si elle n'était pas à son goût.

Ce droit d'achat ne se limitait pas à une seule femme : la polygamie n'était bornée que par la fortune du mari, les concubines s'ajoutant aux premières épouses. Les filles qui n'étaient pas vendues par les parents pour le mariage l'étaient pour la prostitution.

Les Européens qui voyageaient en Chine étaient frappés par la laideur des femmes du peuple. Sans doute étaient-elles usées par leur vie rude. Mais on pouvait aussi expliquer cette disgrâce par l'habitude de vendre, dès leurs quatorze ans, les plus jolies à de riches mandarins ou à des écoles de courtisanes, par exemple celles de Suzhou, la Venise chinoise, célèbre pour ses « gondoles de joie ». (Mao, selon son médecin, le Dr Li Zhisui, avait cultivé pour son compte cette tradition, en se faisant amener des tendrons à peine pubères.)

Le régime communiste, à partir de 1949 — après quelques tentatives amorcées par la République de 1912 —, a changé le sort de la femme. Du moins formellement. Car la paysanne continuait d'être astreinte aux travaux des champs ou au tissage. Cependant, elle n'était plus vendue. Sans être *libre* au sens occidental du mot, du moins ne l'était-elle pas moins que les hommes.

Mais, pendant trente ans, l'idéologie maoïste se faisait volontiers puritaine, en contraste avec le comportement de celui qui l'avait inspirée. Elle présentait la femme comme l'égale de l'homme, aussi prolétaire que lui, vêtue du même uniforme misérabiliste. L'épousetype était camarade de travail de son mari. Quant au sexe, il était méprisable et ne servait qu'à avoir des enfants.

Aujourd'hui, la Chine entre dans le siècle. Elle rejoint l'Occident, consommateur, individualiste, anarchique.

Un peu plus à chaque visite depuis dix ans, le voyageur est frappé de la nouvelle élégance des Chinoises. Il devient difficile de distinguer un Chinois de Chine d'un Chinois d'outre-mer en vacances.

La femme aime, se marie, divorce plus librement. Les Chinoises n'hésitent pas à recourir à la chirurgie esthétique : les belles « libérées » aspirent à se faire débrider les yeux.

Est-ce là ce que Mme le ministre de la Condition féminine va célébrer ? Est-ce là ce qui prouve aux honorables délégations étrangères la réalité du « Bond en avant » de la femme chinoise ?

Démographie contre démocratie

Septembre 1989.
Pour que la Chine s'éveille complètement, il faudra que l'enfant-roi devienne un véritable adulte, libre et fort. Il devra, pour reprendre la métaphore freudienne, commettre symboliquement le « meurtre du père » — encore plus nécessaire et difficile pour l'enfant unique inséré dans le contexte confucéen, où ce meurtre est proprement inconcevable. On peut redouter qu'il n'y parvienne que par des ruptures violentes, où la société chinoise courrait à nouveau de graves risques de décomposition, comme ceux auxquels elle n'a échappé à plusieurs reprises que de justesse.

Nous aurons la réponse quand les « petits empereurs » seront devenus grands.

En attendant, les contraintes et le comportement induits par cette étrange démographie font surgir des questions inédites qui nous ramènent à l'explosion du printemps dernier et l'éclairent d'une autre lumière.

Une autre lumière sur la question de la démocratie. Peut-on parvenir à réprimer la vitalité démographique, dans les délais désormais nécessaires, autrement que par la coercition ? Et quel régime autre que totalitaire pourrait imposer une telle coercition ? Indira Gandhi avait poussé la propagande anticonceptionnelle jusqu'aux limites de la contrainte : elle a été renversée aux élections suivantes. (Et elle ne s'y est plus hasardée, quand elle est revenue au pouvoir, les élections gagnées ; ce qui ne l'a pas empêchée d'être assassinée.) La démocratie représentative à l'occidentale a-t-elle la capacité de briser des habitudes aussi invétérées ?

Une autre lumière, aussi, sur le rôle des jeunes dans le mouvement de Tiananmen (comme, déjà, dans le déroulement de la Révolution culturelle). La règle de l'enfant unique, même imparfaitement suivie, renverse déjà une mentalité millénaire. Elle met à mal tout un univers d'obéissance. Jusque-là, les enfants, multiples, obéissaient au couple parental, unique par définition : des adolescents qui n'auraient pas marché droit seraient rentrés sous terre sur un froncement de sourcils. Désormais, l'allongement de la vie aidant, un enfant unique entraîne derrière lui ses deux parents, ses quatre grands-parents (en attendant ses huit arrière-grands-parents), émerveillés devant ses moindres faits et gestes.

Cette mutation psychologique s'est effectuée sans attendre que les générations d'enfants uniques aient atteint l'âge de l'université. Elle s'étend aux adolescents d'aujourd'hui, même s'ils ne sont pas enfants uniques. Les dirigeants chinois doivent tenir compte, dans leur manière de gérer les conflits, de la fascination que les enfants exercent désormais sur leurs parents et leurs grands-parents. Étrange dialectique d'un pouvoir encore détenu par des gérontes, sous le regard de plus en plus impatient des jeunes.

CHAPITRE 25

Brève rencontre et longs ébranlements
1988-1990

13 octobre 1988.

Quand les deux plus vastes États du monde se brouillent, c'est un événement capital. S'ils se réconcilient, c'est sans doute moins spectaculaire, mais c'est tout aussi essentiel.

À la chinoise, avec l'air de ne pas y toucher, « en marchant sur des pattes de colombe », Deng Xiaoping a lâché hier une confidence de première grandeur — dont les médias chinois n'ont pas encore fait état. Gorbatchev viendra le rencontrer à Pékin au printemps prochain. Trente ans après que Khrouchtchev s'y fut également rendu — pour donner à Mao des leçons de marxisme, en lui reprochant de s'appuyer sur les paysans et non sur le prolétariat ouvrier (« grave déviationnisme »).

La dernière visite étant celle du maître du Kremlin, c'est le maître de la Cité interdite qui aurait dû se déplacer. Mais c'est Moscou qui était demandeur. C'est donc à Pékin qu'on se rencontrera.

Les trois préalables chinois

Certes, depuis 1982, un dégel s'était amorcé. Les Soviétiques se faisaient de plus en plus pressants pour normaliser les rapports. Les Chinois, cependant, soulevaient publiquement trois préalables : la frontière, l'Afghanistan, le Cambodge. D'évidents progrès ont été accomplis dans chacun de ces domaines. Tous, progrès vers la position chinoise.

À la frontière qui sépare les deux pays sur quatre mille kilomètres, les retraits de troupes soviétiques de Mongolie ont eu valeur de message. La détente est visible. Les échanges commerciaux transfrontaliers ont repris. Les « Mongols extérieurs » eux-mêmes, à l'instigation de Moscou, se sont montrés plus conciliants en acceptant des arrangements de bornage. Et il y a longtemps qu'aucun incident n'est survenu ni sur l'Amour, ni ailleurs.

En Afghanistan aussi, les Soviétiques commencent à donner des signes de souplesse. Depuis le 15 avril, Pékin, qui continue à aider la résistance afghane, ne peut taxer Moscou d'immobilisme : l'armée soviétique s'est repliée.

Pour le Cambodge enfin, Gorbatchev a fait plusieurs gestes : en proposant d'abandonner ses installations militaires à Cam Ranh ; en faisant ostensiblement pression sur les Vietnamiens pour qu'ils acceptent un accord avec les Khmers rouges ; bref, en se désengageant.

L'élève a dépassé le maître

À vrai dire, les Chinois posaient implicitement une quatrième condition, la plus décisive. Ils n'en parlaient jamais, mais y pensaient toujours. Ils voulaient bien améliorer les relations d'État à État ; ils refusaient de rétablir des relations de parti à parti. Le « camp socialiste », c'est fini. À chacun son socialisme. Et encore... Deng n'avait pas hésité à dire au président du Mozambique : « Méfiez-vous du socialisme. Nous avons essayé. Cela peut être dangereux. » Pas question, en tout cas, de se rapprocher d'un bloc idéologique, où il y aurait un « grand frère » et des « petits frères ». Tant que Gorbatchev n'était que chef de parti, les Chinois ne pouvaient l'accepter comme interlocuteur. En se faisant élire chef d'État, il vient de lever l'obstacle.

Deng, lui, n'est pas chef d'État. Mais, selon une tradition chinoise, il exerce « le pouvoir derrière le rideau », produisant un jeu d'ombres chinoises. C'est lui, non ses lieutenants, que Gorbatchev veut rencontrer. Ils y ont tous deux intérêts. L'un peut dire à son peuple : « Regardez la Chine, elle nous a précédés de dix ans dans les réformes que je veux faire. La production et la consommation ne cessent d'y croître. On trouve tout ce qu'on veut dans ses magasins. Alors que les nôtres sont vides. Son exemple doit nous donner du courage. » Et l'autre : « La patrie du socialisme nous admire et nous suit. Nous sommes dans la bonne voie. Après moi, il faudra persévérer. »

Enfin, Soviétiques et Chinois se confortent mutuellement face au Japon (le seul pays à l'égard duquel Gorbatchev n'ait fait aucun geste). Ils ont le même intérêt à freiner l'emprise nippone sur l'Asie.

L'Union soviétique* vient se confondre en excuses, en prévenances et même en sollicitations. L'élève a dépassé le maître. De quoi flatter l'orgueil collectif des Chinois : le successeur des tsars s'est déjà, en esprit, prosterné devant l'Empereur rouge.

Les deux hommes ont eu l'audace de tourner leur pays vers l'« ouverture » et la « modernisation », c'est-à-dire vers l'Occident. Leurs deux expériences, en s'appuyant mutuellement, pourraient se renforcer. L'Occident doit-il s'en effrayer ? Il serait bien inspiré, au contraire, de secouer ses complexes et de voir, dans le rapprochement des Chinois et des Soviétiques, de quoi reprendre confiance dans ses propres valeurs. Ses adversaires idéologiques ne se voient-ils pas maintenant contraints de s'inspirer d'elles ?

Le hasard et la nécessité

Il s'en est fallu de peu que la Chine, à l'époque de la Première Guerre mondiale, ne choisît le modèle du capitalisme occidental. Ses intellectuels avaient peu à peu, de la guerre de l'Opium de 1840 à la campagne des huit puissances de 1900, en passant par le sac du palais d'été de 1860, acquis la même certitude que les Japonais : ils ne pourraient résister victorieusement à l'Occident qu'en le copiant pour se moderniser.

Mais la Révolution d'octobre 1917 changea la donne. Les Chinois les plus soucieux de pousser la Chine à rattraper son retard crurent plus efficace, en 1919, d'imiter le modèle bolchevique : le dernier modèle assurerait le rattrapage le plus rapide.

Ceux que Staline appelait les « 29 bolcheviks » furent formés dans le moule soviétique. Un quart de siècle plus tard, Li Peng suivit leur exemple. Mao, lui aussi, aurait pu se rendre à Moscou. Trop casanier peut-être pour s'expatrier, il se contenta d'accompagner au train ou au bateau ceux qui partaient vers l'U.R.S.S. ou vers l'Europe occidentale. Mais l'un de ses premiers actes révolutionnaires fut de fonder la « République soviétique du Jiang Xi », de mettre sur pied la première « Armée Rouge » et d'organiser le premier « Soviet » local.

Jusqu'à la conquête du pouvoir en 1949, les communistes chinois ne doutèrent pas qu'ils avaient choisi le meilleur modèle. Beaucoup d'intellectuels d'Europe occidentale n'en pensaient-ils pas autant, au lendemain de la Seconde Guerre ? Les brillantes victoires de l'Armée soviétique prouvaient le succès de leurs idées.

Les dix premières années du régime furent celles de l'introduction méthodique du système soviétique en Chine. La mort de Sta-

---

* À la veille de disparaître — et sans le savoir encore.

line et la « déstalinisation », à partir de 1956, ne firent que renforcer la volonté de la Chine — comme celle de l'Albanie — de garder dans sa pureté le modèle stalinien. Le refus de Khrouchtchev d'aider la Chine à fabriquer sa bombe et le retrait brutal des techniciens soviétiques, en 1959-1960, eurent beau soulever le ressentiment de la Chine à l'égard de l'Union soviétique, ils ne diminuèrent nullement l'attrait des Chinois pour le modèle soviétique, dont ils s'estimaient désormais les seuls héritiers véritables.

Il fallut le froid regard de Deng Xiaoping, après la mort de Mao, pour que pût enfin s'imposer une vision nouvelle. L'économie à la soviétique avait échoué dans sa patrie : l'Union soviétique ne pouvait même pas assurer sa propre subsistance alimentaire. Elle avait encore plus échoué en Chine : comment ne pas le voir en considérant ces pays qui, en 1949, se trouvaient dans un état comparable au sien, et qui devenaient maintenant les « petits dragons » ? Le niveau de vie des Chinois était vingt ou trente fois inférieur à celui de leurs cousins chinois de « l'extérieur ». Deng ne fut pas long à élaborer la nouvelle doctrine, en suivant l'exemple et le conseil de Lee Kuan Yew à Singapour : *zones économiques spéciales*, sortes de concessions pour capitalistes étrangers, mais sous étroit contrôle de l'autorité chinoise ; *joint-ventures*, c'est-à-dire entreprises mixtes sino-étrangères, conçues pour opérer des transferts de technologie en faveur de la Chine.

Mais, tout en répudiant le modèle soviétique pour l'économie, il était bien décidé à le garder par l'exercice du pouvoir. À condition que l'Union soviétique renonçât à tout droit d'aînesse. Condition heureusement remplie, puisque les Soviétiques renoncent eux-mêmes à leur système.

« Gorbymania » et « Dengophobia »

Décembre 1989.

La rencontre historique a bien eu lieu comme prévu, au printemps 1989, à Pékin — et ce fut l'occasion du Printemps de Pékin. Sa perspective a fouetté l'énergie du mouvement étudiant et a paralysé la volonté des dirigeants chinois.

Dans l'instant, le sens de la rencontre se renversa. Le mouvement de Tiananmen présenta Gorbatchev en modèle et somma Deng de suivre la même voie. C'est Deng qui perdit la face et Gorbatchev qui apparut en triomphateur, alors qu'aux yeux de ses hôtes, il venait s'humilier. Sans doute le pouvoir chinois pensa-t-il ne pouvoir retrouver que dans le sang la face perdue.

Mais quelques mois plus tard, c'est l'Empire soviétique qui commençait à tomber par pans entiers, avant d'imploser. Le pouvoir chinois avait ressaisi la situation et consolidé sa puissance.

Ainsi, ces deux hommes de l'Histoire avaient ressenti en quelques semaines les ébranlements causés par leur audacieuse stratégie de réforme et d'ouverture. Mais les maîtres du Kremlin ne surent rien maîtriser. Ils ont vu s'effondrer à la fois l'unité de l'empire, la réalité de son hégémonie et l'illusion communiste.

Deng et les siens, eux, ont réussi leur tiercé : maintien de l'empire sous la dictature du Parti, forte croissance par libéralisation de l'économie, rétablissement de la grandeur nationale.

Les États-Unis étaient débarrassés de leur grand rival. Mais ils voyaient un autre rival prendre la relève. On comprend qu'avec leur subtil instinct, l'opinion et la presse américaines, agissant l'une sur l'autre, aient entraîné le monde occidental, comme un seul homme, dans ce qu'elles ont appelé elles-mêmes la « Gorbymania » et la « Dengophobia ».

Celle-ci comme celle-là étaient-elles vraiment raisonnables ?

CHAPITRE 26
La deuxième superpuissance
1993

15 septembre 1993.
Depuis l'effondrement de l'U.R.S.S., voici deux ans, on va répétant qu'il n'y a plus qu'une superpuissance. C'est une erreur. Il y en a désormais deux. Et la deuxième a de bonnes chances de dépasser la première dans le nouveau siècle ; peut-être, même, beaucoup plus tôt qu'on ne pense — non à la fin, mais au milieu, peut-être même dans les premières décennies du XXIe siècle. Toutefois, en France, on ne l'a pas encore compris. On ne saurait admettre le succès, et encore moins la suprématie, d'un empire qui récuse nos leçons de morale politique. Pourtant, il suffit d'ouvrir les yeux.

À Pékin, le périphérique est maintenant aussi encombré que celui de Paris aux pires heures. Il a été déjà doublé par un deuxième cercle. Celui-ci vient à peine d'être achevé, qu'un troisième est en construction ; on en aurait entrepris un quatrième si Pékin avait été choisie pour les Jeux olympiques. La circulation est intense : taxis et voitures particulières se sont multipliés.

Dès qu'on entre dans la ville, on voit des gratte-ciel de tous côtés. L'hôtel « de la Grande Muraille », encore isolé il y a quelques années, est maintenant noyé parmi beaucoup d'autres hôtels de luxe, qui appartiennent à des sociétés d'économie mixte, des *joint-ventures*, le plus souvent établies avec des investisseurs de Hongkong, de Singapour ou de Taiwan.

Jusqu'à la place Tiananmen, sur les bords de Chang'an, les Champs-Élysées de Pékin, les architectes chinois, parmi lesquels le célèbre Pei, ont fait assaut d'originalité. Les lourdes bâtisses de style stalinien des années 1950 sont encerclées par des constructions dont les étincelantes vitres-miroirs rivalisent avec celles des artères les plus prestigieuses de Hongkong et de Manhattan.

« *Rattraper le retard* »

Je visite une co-entreprise sino-japonaise d'électronique, Panasonic, non loin de Pékin. Sous une lumière artificielle verte, des électroniciennes vêtues comme des infirmières dans une salle d'opération — pour que leur respiration ne risque pas d'embuer les appareils d'optique — travaillent au microscope sur des composants pour magnétoscopes. Venues le plus souvent de la campagne, « elles se sont mises à ce travail avec une facilité déconcertante », nous explique un ingénieur japonais.

J'en questionne quelques-unes. Elles sont fières d'assurer à la Chine des transferts de technologie « pour permettre à leur pays de rattraper son retard ». Elles sont parfaitement conscientes que c'est sur de pareilles « délocalisations » des pays capitalistes qu'est assise la croissance chinoise.

À Pékin, à Shanghai, à Canton, on peut admirer des grands magasins tout neufs. Les devantures, les escaliers mécaniques, l'achalandage de ces temples du marché n'ont rien à envier aux grands magasins des capitales occidentales. Les Chinois sont entrés à vive allure dans la société de consommation.

Revoir les chiffres

Déjà, au printemps dernier, le Fonds monétaire international, selon un nouveau mode de calcul fondé sur la parité des pouvoirs d'achat, avait estimé le produit national brut de la Chine à 1 700 milliards de dollars — et non aux 440 milliards qui résulteraient des taux de change officiels. Depuis lors, la Banque mondiale a surenchéri : elle accorde au P.N.B. chinois une valeur de 2 870 milliards de dollars*.

Suivant qu'on se fonde sur les chiffres donnés par le F.M.I. ou ceux de la Banque mondiale, pour une population chinoise de 1,2 millliard d'hommes, le revenu par tête serait compris dans une fourchette allant de 1 416 à 2 392 dollars, soit trois à cinq fois le chiffre de l'Inde au même moment ; quatre à sept fois le chiffre qu'on accordait à la Chine en 1988. En effet, la Banque mondiale estimait alors à 350 dollars par tête le produit national chinois (contre 16 500 dollars pour la France). C'était un chiffre légèrement inférieur à celui de l'Inde, un des plus faibles du monde. La Chine aurait donc bondi, par la grâce des statisticiens, du bas de l'échelle des pays sous-développés au sommet de l'échelle planétaire.

---

* Ces chiffres, à la demande pressante des autorités chinoises, ont été réévalués en baisse en septembre 1996. Mais le minimum serait 1 700 milliards de dollars.

Que penser de ce nouveau Grand Bond en avant ? Est-il aussi trompeur que celui promis par Mao ?

La production chinoise de 1992 situerait ce pays entre le Japon et l'Allemagne, dans la première hypothèse ; entre les États-Unis et le Japon, dans la seconde. De toute façon, le produit national chinois paraît devoir dépasser celui du Japon dans les toutes prochaines années. À quoi s'ajoute que la Chine dispose, comme les quatre autres membres permanents du Conseil de sécurité, d'un système complet d'armement nucléaire, ce que le Japon et l'Allemagne se voient interdire par leurs engagements internationaux et leur Constitution. Enfin, sa population représente quatre fois celle des États-Unis, dix fois celle du Japon, quinze fois celle de l'Allemagne ; ses réserves de croissance sont à l'avenant.

Une performance bien cachée

Ce résultat, bien peu de gens s'y attendaient. Pas même les Chinois. En juillet 1989, un mois après la répression du mouvement de Tiananmen, des experts de Pékin déclaraient à Washington, devant la *World Future Society* : « Vers le milieu du siècle prochain, nous pourrons rattraper le niveau actuel des pays moyennement développés et, à la fin du XXIe siècle, rivaliser avec les pays les plus développés. » La prédiction, si prudente qu'elle fût, avait fait sourire les experts occidentaux. Elle apparaît aujourd'hui comme dépassée.

Certes, il convient d'accueillir ces données nouvelles avec un certain relativisme. Il ne faut pas s'étonner qu'il y ait quelque flottement dans les chiffres. L'appareil statistique appliqué à la Chine par les organismes internationaux continue à ne pas tenir compte de toutes les réalités. Deux exemples seulement.

Les prix des livres sont dix ou quinze fois plus bas qu'en Occident, à qualité maintenant égale.

La majorité des Chinois — plusieurs centaines de millions — continuent de se rendre au travail à bicyclette. Quand ils prennent l'autobus ou le métro, leur transport est pris en compte comme un *service*. Quand ils utilisent la « petite reine », suivant leur coutume aussi saine qu'écologique, ce mode de transport, par lequel ils se rendent service à eux-mêmes, n'est pas comptabilisé.

Ne dites pas à l'ONU que je ne suis plus sous-développée !

Et pourtant, ces nouvelles données, qui auraient dû retentir comme un coup de tonnerre, n'ont pas percé le mur du son. Pourquoi ?

D'abord, les Chinois ne tiennent pas du tout à triompher. Depuis le début des années 1920, nous sommes habitués aux mensonges des statistiques communistes, bien que l'intelligentsia occidentale les ait le plus souvent gobés, jusqu'à ce que Soljenitsyne lui ait ouvert les yeux. Cependant, dans le cas chinois, on lutte à front renversé. Pékin combat avec la dernière énergie les chiffres occidentaux, non pour prétendre que ceux-ci sont au-dessous de la réalité, mais pour affirmer qu'ils sont très au-dessus. C'est que la Chine, réputée « sous-développée », veut le rester le plus longtemps possible.

Pour des raisons pratiques. Elle n'aurait plus droit, de la part des organismes internationaux, au traitement de faveur réservé aux pays les plus pauvres. Et puis des raisons politiques : elle tient à garder la tête du tiers monde, ce qui suppose qu'elle lui appartient toujours. « Nous sommes si arriérés... si misérables... »

Selon tous les modes de calcul, la Chine dépasse de beaucoup le seuil des mille dollars de revenu par habitant, au-dessous duquel se justifie une intervention multilatérale au titre du développement. En d'autres termes, *la Chine aurait cessé d'être sous-développée*. Mais elle ne veut pas qu'on le sache. Elle n'a pas intérêt à ce que la communauté internationale en tire les conséquences et cesse de la faire bénéficier des conditions particulièrement avantageuses accordées aux pays en voie de développement*.

Ensuite, les experts occidentaux s'étaient si lourdement trompés, qu'ils ont peine à admettre leur erreur. Le mouvement de Tiananmen et sa brutale répression les ont conduits à estimer que la Chine était vouée pour des décennies au déclin. Le sinologue Pierre Gentelle résumait l'opinion dominante en écrivant : « La politique menée après le 4 juin 1989 ajoutera au retard chinois, repoussant vers la fin du XXIe siècle l'espoir d'une amélioration substantielle[1] ».

---

* La Chine reçoit chaque année, pour la durée de son IXe plan quinquennal, 3 milliards de dollars du Fonds Monétaire International et de la Banque Mondiale, dans le cadre du programme des Nations unies pour le développement. On entend des Chinois s'inquiéter sérieusement des difficultés qu'ils rencontreront quand cette aide cessera. D'autre part, la contribution de la Chine aux organisations internationales est dérisoire, mais tout provisoirement. Tant qu'elle est réputée pays sous-développé, sa cotisation à l'ONU est voisine de 0 %, alors qu'elle est l'un des cinq membres permanents du Conseil de Sécurité. La France cotise, elle, pour plus de 6 %, bien que le PNB chinois dépasse déjà le sien. Il ne faut pas chercher plus loin la raison de ce paradoxe, si contraire aux pratiques habituelles des pays communistes : la Chine cherche à présenter ses statistiques, non de manière à apparaître comme plus prospère qu'elle n'est, mais à prouver qu'elle n'est pas aussi prospère qu'on croit.

Ces jugements émotifs n'ont pas été de peu de poids dans l'analyse qui a prévalu en France et qui rebondit à toute occasion.

Ainsi, depuis quelques semaines, des observateurs n'ont cessé de gloser sur la « disgrâce » de Li Peng, doutant de la réalité de ses ennuis cardiaques, les rattachant aux événements de 1989, s'enferrant dans une logique occidentale qui n'est pas conforme à la réalité des mentalités chinoises. « Cette maladie, lisait-on récemment dans un journal français, arrange beaucoup de monde au sein du pouvoir, où l'on sait le peu de plaisir qu'ont les hommes d'État occidentaux à serrer la main à l'artisan de la répression de 1989. » Mais qui avait dit, quarante jours avant le massacre : « Il faut vite manier le couteau aiguisé pour ôter la mauvaise herbe », sinon Deng Xiaoping ?

« La Chine est un monde au rebours du nôtre », notait au XVIIIe siècle le jésuite Amiot, qui venait d'y passer quarante ans. C'est toujours vrai.

Quand il faut freiner l'expansion

Certes, les dirigeants chinois ont été contraints de modérer la frénésie d'expansion qui s'était emparée des Chinois. Comment une croissance à deux chiffres serait-elle longtemps compatible avec le manque de matières premières, d'énergie, de moyens financiers ? L'économie chinoise ne pouvait suivre la vitesse de développement de l'industrie légère ni la boulimie de consommation. La surchauffe devenait insupportable. L'inflation massive, la généralisation d'une débrouillardise anarchique, imposaient un freinage brutal.

Les mesures prises en 1989 ont ramené l'inflation d'un taux annuel, officiellement proclamé, de 17 % pour le premier semestre de 1989 (vraisemblablement 30 % en réalité) à 7 % en décembre 1989 et 4 % en février 1990. Un rappel moralisateur à l'ordre accompagnait ces mesures de refroidissement.

Les observateurs ont commencé par dénoncer le retour en force des entreprises publiques, avec leurs équipements obsolètes, leurs effectifs pléthoriques, leurs subventions ruineuses pour l'État et la productivité la plus basse du monde, le contrôle par le gouvernement des échanges avec l'extérieur. S'agissait-il uniquement de rendre la totalité du pouvoir au Parti communiste ? De protéger les monopoles industriels de l'armée, noyautés par le clan du général-président Yang Shangkun ? Ou de garder le pays d'une explosion sociale ?

Tout à la fois, sans doute. L'inflation galopait, les inégalités se creusaient, le chômage partait en flèche. Les grands centres urbains, refuges des sans-emploi, devenaient des poudrières. La réaction des dirigeants chinois fut rude. Quatre ans après, on est bien obligé de reconnaître qu'elle a été efficace.

Capitalisme plus despotisme

Nous avons du mal à admettre qu'un pays puisse se développer dans la ligne de l'économie de marché sans être une démocratie. Notre occidentalo-centrisme n'imagine pas qu'on puisse être libéral en économie, sans l'être en politique.

C'est pourtant le choix qu'a fait la Chine dès décembre 1978, et auquel elle reste imperturbablement fidèle : le choix exactement inverse de celui qu'a fait l'Union soviétique en donnant le pas à la libéralisation politique sur la libéralisation économique.

Gorbatchev, idole de l'Occident, a perdu sur ces deux tableaux et a laissé un champ de ruines. Deng Xiaoping, réprouvé par l'Occident, a réussi à introduire en Chine une forte dose de liberté économique ; mais la poigne du régime s'alourdit toujours autant, ou presque, sur les libertés individuelles.

Les Chinois répudient du reste la notion de capitalisme. Ils se réclament de l'« économie socialiste de marché ». Il s'agit bel et bien du capitalisme, quelquefois même débridé, mais sous le contrôle d'une dictature dont les concessions sont rares et soigneusement calculées.

Ainsi, Wei Jingsheng avait été condamné en 1979 à quinze ans de détention, pour avoir affirmé que les « Quatre Modernisations » (recherche scientifique et technique, industrie, agriculture, défense) ne pourraient réussir que si une cinquième modernisation, la démocratisation, venait les couronner. Il a été libéré quelques jours avant la réunion du Comité international olympique à Monaco, alors qu'il lui restait encore à purger six mois. Encore ce léger raccourcissement de peine ne lui a-t-il pas donné la faculté de retrouver la parole, puisqu'il a persévéré dans son refus de faire son autocritique.

Sa thèse, qui a rempli d'enthousiasme étudiants, intellectuels et Occidentaux, est-elle juste ? Pour un pays qui comprend une aussi grande proportion d'analphabètes, un régime autoritaire n'est-il pas une inévitable transition entre le totalitarisme de naguère et la démocratisation de l'avenir ? Y a-t-il, par exemple, un autre moyen d'assurer le décollage, que d'obtenir que la courbe de la natalité s'élève beaucoup moins vite que la courbe de la production ? Et un régime autoritaire n'est-il pas plus efficace qu'un régime libéral pour faire rapidement baisser la première et monter la seconde ?

Après tout, le Japon avant la guerre, la Corée, Taiwan, Singapour depuis, n'ont-ils pas parfaitement réussi leur décollage économique, tout en étant des dictatures ? Même si elles avaient l'habileté de se draper dans des voiles d'apparente démocratie ? Hongkong n'était-elle pas restée une colonie, dont les six millions d'habitants n'avaient guère voix au chapitre ? Et le régime Pinochet n'a-t-il pas montré que despotisme et capitalisme pouvaient faire bon ménage ? (Les Chinois récuseraient évidemment la comparaison avec Pinochet, encore que Pékin ait noué des liens étroits avec Santiago après l'assassinat d'Allende, au grand scandale des maoïstes français et à l'étonnement de tout le monde.)

Les observateurs occidentaux, après avoir prédit l'éclatement, la régression, le déclin, s'alarment aujourd'hui devant des dangers inhérents à toute croissance. Ils ressemblent à cet humoriste selon qui la marche est une série de chutes évitées de justesse.

Nul ne connaît mieux que le gouvernement chinois les risques d'une expansion trop rapide. La croissance de la production chinoise, en 1992, a été de 12,8 %. Les pronostics pour 1993 étaient de 14 % : quelle catastrophe ! Une catastrophe qui ne menace pas la France. Les Chinois, devant la vive reprise de l'inflation, se donnent maintenant pour objectif de tout faire pour éviter une expansion à deux chiffres. Puissions-nous un jour nous donner le même objectif qu'eux ! Devant leurs inquiétudes, nous économiserons notre apitoiement.

Chine-États-Unis : la fascination mutuelle

22 novembre 1993.

Pourquoi la Chine admet-elle des États-Unis ce qu'elle n'admet pas de la Grande-Bretagne et de la France ? Les livraisons d'armes à Taiwan, les remontrances sur le non-respect des droits de l'homme en Chine, les reproches à propos du Tibet, ou la prétention d'assurer un avenir démocratique à Hongkong au-delà de 1997, sont rejetés avec brutalité quand ils viennent des deux puissances moyennes. On fait mine de ne pas les entendre, quand ils émanent des États-Unis.

Notre logique occidentale s'en offusque : la France et l'Angleterre ne sauraient accepter d'être discriminées. Mais la logique chinoise est différente. Elle s'exprime, par exemple, par le proverbe : « Il faut plumer les poulets pour effrayer le singe », qui peut se traduire : il faut faire payer cher aux Anglais et aux Français ce que nous n'avons pas encore la force de faire payer aux États-Unis.

Aujourd'hui, les dirigeants chinois savent, tout en s'en défendant vigoureusement et en tâchant de démontrer le contraire par leurs statistiques, que leur pays est virtuellement devenu le deuxième grand. Ils pensent aussi qu'entre 2020 et 2080, il deviendra, par sa puissance économique, son dynamisme, sa population, sa capacité d'attraction sur la planète, le premier grand. Patience...

Les deux super-grands : le réel et le virtuel

À Seattle, s'ouvre le « Forum économique de l'Asie et du Pacifique » (A.P.E.C.). Le premier « sommet » de cette nouvelle organisation serait l'événement, si, en marge, la rencontre du n° 1 américain, Clinton, et du n° 1 chinois, Jiang Zemin, n'avait ravi la vedette. Elle marque la rentrée de Pékin sur la scène mondiale, après la mise en quarantaine, au moins apparente, qui avait riposté à la répression du mouvement de Tiananmen au printemps de 1989.

Les États-Unis devinent ce qu'on n'a pas encore compris en France : que la Chine est appelée à devenir au siècle prochain la première puissance mondiale.

Si la Chine poursuit son avance pendant les trois prochaines décennies autant que pendant la dernière, elle rattrapera même les États-Unis. La superpuissance réelle et la superpuissance virtuelle devront coûte que coûte s'entendre. Elles se fascinent déjà mutuellement.

À la fin de la Seconde Guerre mondiale, l'effondrement de l'Allemagne et de ses alliés a conduit les deux grands d'alors à se partager le monde. Aujourd'hui, la fin de la guerre froide et l'effondrement de l'U.R.S.S. poussent les États-Unis et la Chine à considérer chacun que l'autre devient le seul partenaire politique qui compte. Ils sont en train de céder peu à peu à la tentation d'un nouveau Yalta.

Ce n'est pas encore fait. Le président Clinton a chapitré Jiang Zemin sur les droits de l'homme : régime des geôles, remise en liberté des dissidents, statut du Tibet, détenus travaillant en « usines-prisons » pour l'exportation, etc.

Jiang Zemin n'a rien concédé : chaque pays a ses mœurs, son idée de l'organisation de sa société. Qu'aucun des deux partenaires ne se mêle des affaires de l'autre, qu'ils se contentent de s'accorder sur des questions d'intérêt commun.

Et de repartir aussitôt pour La Havane, où il va apporter son réconfort à Fidel Castro, l'ennemi numéro un des Américains.

Non sans avoir rendu visite à une famille de travailleurs des usines Boeing, histoire de montrer que la Chine se voue plus que jamais à la défense des larges masses laborieuses.

Provocation ? Plutôt, arrogance d'un pays qui sait que le temps travaille pour lui et qui ne doute pas qu'après une longue éclipse, il va redevenir le plus grand.

CHAPITRE 27

Douze ressorts
1993

Il y a désormais dans la société chinoise, par l'effet même du mouvement que le Parti veut lui imprimer et que cette société appelle, des ressorts de changement. Chacun pris à part ne suffirait pas à ébranler la masse chinoise. Mais leur conjonction peut opérer une mutation collective.

1. *Une certaine maîtrise de la démographie.* Le contrôle drastique, et pour nous inimaginable, que les autorités chinoises exercent sur la vie des couples commence à produire son effet. En imposant le principe « un couple, un enfant », on veut en fait obtenir que la moyenne soit de *deux*. Et l'on n'en est plus très loin. L'excédent des naissances sur les décès est de 14 à 15 millions de têtes par an, le double de la population suisse.

Mais au total, la Chine est en train d'accélérer la « transition démographique » — le passage d'un niveau élevé à un bas niveau de mortalité et de natalité à la fois. La hantise du surpeuplement s'éloigne lentement.

2. *La décollectivisation des terres* a rendu aux paysans le goût du travail, du profit, de la responsabilité personnelle. Ils ont été délivrés du joug des communes populaires. À la stagnation égalitaire du temps de Mao, a succédé le dynamisme inégalitaire. Des menaces pèsent sur cette situation, du fait de la tendance à la « remaoïsation » ; mais les paysans ne se laisseront pas facilement dépouiller de leurs acquis*.

---

* Depuis 1992, le gouvernement ne parle plus de *recollectivisation*, mais d'*aménagement des relations* entre l'État, les comités ruraux et les familles de paysans. Toutefois, l'amélioration du rendement de l'agriculture s'accompagne d'un formidable exode rural, qui ne fait que commencer...

3. *L'ouverture au monde* a été le grand mot d'ordre du régime depuis 1979. Deng Xiaoping a réussi à mettre fin au rêve autarcique des Chinois, à leur communiquer sa conviction qu'il fallait assurer la modernisation par les échanges et par l'ancrage économique à l'Occident. La création des zones économiques spéciales, des ports libres, des entreprises mixtes sino-étrangères a profondément transformé le pays. Les citadins ont connu un processus rapide de modernisation.

4. *Les Chinois,* qui ne s'intéressaient qu'à la Chine, comme si elle était seule au monde, *se sont mis à regarder autour d'eux.* Ils ont observé les progrès effectués en quarante ans par leurs voisins, alors qu'eux-mêmes, par comparaison, piétinaient : le Japon et les « petits dragons », Corée du Sud, Hongkong, Singapour, Malaisie, Thaïlande. Surtout, la réussite taiwanaise bénéficie auprès d'eux d'un prestige croissant. Ils sont obsédés par les comparaisons. Leur ambition est de rattraper ces voisins d'ici à l'an 2050.

5. *Le décollage a bien eu lieu, remuant en profondeur les structures de l'économie chinoise.* La Chine a connu de 1980 à 1996 une croissance rapide, de l'ordre de 10 % en moyenne par an, comparable à celle du Japon dans ses meilleures années — même si elle a été interrompue par une « croissance zéro » en 1989-1990. Les petites et moyennes entreprises, après avoir beaucoup souffert en 1989, ont retrouvé la croissance*.

6. *Les effets secondaires négatifs sont assumés et ne compromettent pas l'ouverture.* L'inflation galopante, brutalement jugulée par le plan de refroidissement de novembre 1988 ; le chômage, qui a résulté de ce rude coup de frein ; la corruption, l'affairisme, le népotisme, qui ont suscité l'indignation dans un peuple qu'on avait dressé à l'égalitarisme absolu — tous ces fléaux ont mis en danger la politique de Deng. Mais il est désormais très difficile de revenir sur le principe de l'ouverture. Deng l'a réaffirmé avec force dès le lendemain du drame**.

7. *La mutation de l'économie transforme la société jusqu'au fin fond des campagnes.* L'argent fait évoluer les mœurs. Il circule, on

---

* En 1988, les entrepreneurs individuels étaient environ 23 millions, un peu moins de 10 % de la main-d'œuvre non agricole. Suivit la chasse aux sorcières de 1989 : 5 millions d'entre eux perdirent leur travail. En 1990, ils étaient à nouveau 19,3 millions, et 21 millions en juin 1991. À cela, il convient d'ajouter 13 millions d'entreprises privées. La production de ces « libéraux » s'est accrue de 27,56 % en une seule année entre juin 1990 et juin 1991. Globalement, la croissance du secteur national en 1995 était de l'ordre de 5,5 %. Or, la croissance globale était supérieure à 10 % : c'est dire le dynamisme du « petit » secteur privé, ou « libéral[1] ».

** Et solennellement lors de sa dernière intervention publique, à Canton, en janvier 1992 : nul, depuis, n'est revenu dessus.

en veut, on l'épargne, on l'investit. Là où la révolution n'a rien pu faire, là où Marx, Lénine, Staline et Mao se sont cassé les dents, l'apparition de l'argent a modifié les rapports sociaux. La bru qui peut s'installer dans un logement loin de celui de ses beaux-parents se voit libérée à l'égard de sa belle-mère, comme jamais les lois communistes n'ont pu le lui permettre.

8. *Les Chinois d'outre-mer* se sont rendus par millions dans la terre de leurs ancêtres : largement occidentalisés — Taiwanais, Hongkongais, Singapouriens, citoyens des *China-towns* d'Amérique du Nord ou d'Europe —, peu nombreux — 50 millions au total —, mais attachés à la mère patrie, évolués et riches. Leur expérience d'autres systèmes politiques peut aussi peser dans la balance. La Chine a trop besoin de leurs dollars et de leur savoir-faire pour les tenir à l'écart. Ils sont à l'origine des trois quarts des *joint-ventures*. L'économie des Chinois du continent se met peu à peu à ressembler à celle que pratiquent les cousins de la *diaspora*, dont le poids augmente d'année en année. La majeure part des investissements étrangers demeure leur fait.

9. *L'attirance des intellectuels chinois pour les idéologies importées d'Occident* s'est renforcée par l'effet de la multiplication des échanges entre la Chine et l'extérieur. Dans les années 1920, cette séduction les portait vers le marxisme-léninisme. Maintenant, elle les porte vers la démocratie à l'occidentale et vers la liberté — qui est une idée neuve en Chine. Sur 100 000 étudiants partis pour les universités étrangères avant le Printemps de Pékin, Deng prévoyait que, pour 30 ou 35 000 qui resteraient définitivement à l'étranger, 65 ou 70 000 reviendraient. La répression du Printemps aura sans doute pour effet d'accroître le nombre de ceux qui ont choisi de vivre à l'étranger ; mais les autres reviendront porteurs des idées et du savoir occidentaux, et bien décidés à faire évoluer leur pays en ce sens.

10. *Les intellectuels et les citadins occidentalisés,* de plus en plus nombreux, pèsent de plus en plus dans la société urbaine. L'équilibre des forces dans le pays se modifie progressivement en leur faveur et au détriment des masses paysannes arriérées. Les mœurs changent peu à peu.

11. *Le système médiatique occidental* exerce de plus en plus d'influence. Le pouvoir hertzien ou numérique s'empare insidieusement de la Chine et la fait entrer dans le village planétaire.

12. *La dose acceptable de sang versé s'est beaucoup réduite.* Les Chinois, surtout ceux des villes, deviennent beaucoup plus perméables à la sensibilité du reste du monde. L'émotion occidentale, pendant et après le Printemps 1989, a atteint certains Chinois encore plus que l'événement lui-même, auquel elle a servi de révélateur.

Des millions de morts à la suite d'une convulsion sociale, on s'y résignait, il y a peu, comme à une péripétie inévitable, et d'ailleurs coutumière. Mille morts, on ne s'y résigne plus quand le monde entier s'en émeut ; même si on ne paraît pas s'émouvoir de milliers de peines capitales infligées pour des crimes divers qui nous paraîtraient véniels.

La Chine s'est éveillée à un monde qui change. Bien des choses ont changé en Chine. La Chine aussi. À son rythme.

Le communisme quand même

La Chine a renoncé à sa raideur traditionnelle à l'égard de l'Occident. Les territoires qu'elle a perdus parce qu'elle vivait refermée sur elle-même, c'est en s'ouvrant aux influences extérieures qu'elle entend les recouvrer.

Les « zones économiques spéciales », qui semblent, à côté de la colonie britannique, des banlieues pauvres poussées trop vite, devront apporter la preuve que deux systèmes économiques peuvent cohabiter dans une « société d'économie mixte ». Tel est sans doute le plus grand dessein de Deng, son plus audacieux pari.

Si vous dites à Deng qu'il conduit son pays vers le capitalisme, il vous répondra vivement qu'il « construit le vrai socialisme, celui qui apporte la prospérité et l'épanouissement aux individus ».

Le communisme ? C'est le but final. Deng affirme sans ambages : « À long terme, c'est le communisme que nous voulons réaliser. Nous donnerons aux générations nouvelles un idéal communiste[2]. »

Sait-on jamais le poids qu'il faut donner aux mots en Chine ?

Qu'en sera-t-il dans six décennies ? Si la remarquable croissance qu'a connue la Chine de 1979 à 1992 se poursuivait régulièrement, les Chinois passeraient en effet, au milieu du XXIe siècle, de 700 dollars de revenu moyen par habitant à 22 500. L'avance prise par Hongkong et Macao serait bien résorbée. Mais cela ne signifierait-il pas que le libéralisme aurait conquis la Chine ?

On peut penser que Deng et ses successeurs feront tout pour qu'il n'en soit rien. C'est bien sur le « socialisme » que Pékin compte édifier la Chine moderne. Deng Xiaoping en avait répété sa conviction au plus capitaliste des *leaders* de l'Occident capitaliste, Margaret Thatcher, au lendemain de l'accord sino-britannique sur Hongkong de 1984, et l'avait priée d'en faire part au monde entier.

On s'étonne que cet extraordinaire message n'ait pas eu plus d'écho : « La formule : *un État, deux systèmes,* signifie qu'à côté du capitalisme, existe le socialisme, qui reste le régime principal en Chine et se maintiendra sans dévier, dans un ensemble de provinces peuplées d'un milliard d'hommes. On ne doit jamais oublier ces proportions. D'un côté, un milliard d'habitants dans le plus gros ensemble, de l'autre, une vingtaine de millions à Taiwan et cinq millions et demi à Hongkong. Si nous pouvons permettre la pratique du capitalisme dans des territoires restreints, c'est que le pays est immense et qu'un milliard de personnes vivent sous régime socialiste. Sinon, le capitalisme avalerait le socialisme.

« Nous sommes convaincus que si l'on permet au premier d'exister dans de petites zones, cela profitera au développement du second. De même, c'est sous la réserve de la prédominance de l'économie socialiste que nous pratiquons une politique d'ouverture dans une vingtaine de villes ; nous ne croyons pas que la nature de l'économie socialiste en sera transformée. Au contraire, *cette politique favorisera l'expansion et le développement de l'économie socialiste*[3]. » Le bridgeur qu'est Deng joue « cartes sur table ».

Pour dîner avec le diable capitaliste, il faut une longue cuiller, ou d'innombrables baguettes. Ces baguettes, il les a : plus d'un milliard.

Quelle étrange vision, pourtant ! Quel aveu implicite de la supériorité pratique du système libéral sur le système socialiste ! Comment ne s'expliciterait-il pas un jour ? Comment croire que la « minorité agissante » du capitalisme puisse être juxtaposée aux masses « communistes » sans que celles-ci bougent à leur tour ?

CHAPITRE 28
Manhattan d'Asie
1993

24 septembre 1993.
Pour avoir confiance dans l'avenir de Hongkong, il faut aller à Canton.

Les Cantonais sont hypnotisés par Hongkong. La colonie britannique est pour eux le modèle des modèles. D'autant que, depuis la Seconde Guerre mondiale, elle a pris l'allure d'un Manhattan asiatique, accroché au flanc de la Chine. Faire aussi bien que Hongkong, espoir suprême et suprême pensée de toute cette province de soixante-cinq millions d'habitants.

Ce qui est d'ores et déjà acquis, en attendant, c'est que tout au long de la rivière des Perles, de Canton à Macao — en passant par Fochan, Dong Guang, Shenzhen, les *new territories*, Kowloon —, une énorme mégapole de trente millions d'habitants est en train de s'édifier ; aujourd'hui encore discontinue, demain tout aussi continue que la mégapole de Los Angeles.

L'attirance pour l'Occident est telle, que le plus sûr moyen de vendre des vêtements est de les présenter sur des mannequins occidentaux — ressemblant, de préférence, à l'Américain type ou à l'Américaine idéale. Car c'est le modèle américain, plus que le modèle britannique, qui captive les Chinois. Canton s'illumine le soir d'enseignes publicitaires, à la manière de la voisine britannique, mais davantage encore de Broadway.

Des magasins sont même spécialisés dans la vente des mannequins. On y voit des centaines de femmes nues en matière plastique, à la disposition des petits tailleurs indépendants, si nombreux qu'ils forment ensemble un marché, bien qu'ils n'en aient besoin chacun que de deux ou trois exemplaires. Les modèles les plus prisés sont les beautés blondes.

Shenzhen, la ville nouvelle qui jouxte Hongkong, est déjà longue de 15 kilomètres et avance encore tous les jours. Ce chantier gigantesque, que j'ai vu naître voici dix ans, et dont les « *China-watchers* » de Hongkong prédisaient la ruine prochaine est la plus spectaculaire des « zones économiques spéciales » où sont attirés les capitalistes étrangers.

À Shenzhen, comme à Hongkong, plusieurs restaurants panoramiques, juchés au sommet d'une tour, pivotent doucement. Cette « ville franche » est très fière des passages qu'y a effectués Deng Xiaoping. En juin 1984 : « L'expérience et le développement de Shenzhen prouvent que notre politique de création des zones économiques spéciales a été correcte. » En janvier 1992 : « L'ouverture au monde et la réforme, sous la conduite du Parti communiste chinois, resteront la politique de la Chine pendant cent ans. »

Prononcées à huit ans de distance par le guide suprême, ces deux phrases se retrouvent, comme jadis les slogans de Mao, calligraphiées sur des affiches, des calicots, des plaques gravées en bronze.

La ligne suivie a viré à angle droit ; telles ces passerelles chinoises bâties en zigzag pour que le mauvais esprit qui vous poursuit, croyant qu'il faut aller tout droit, tombe dans la rivière et se noie. Mais le formidable appareil de propagande du Parti continue à imprégner les masses selon le modèle imposé.

Bras de fer sino-britannique

26 septembre 1993.

Le gouverneur Patten est l'homme fort de Hongkong. Pékin l'accuse de ne s'intéresser aux droits de l'homme à Hongkong que parce que ce thème est un tremplin pour la suite de sa carrière politique, momentanément interrompue. Président du parti conservateur, il avait des chances sérieuses de remplacer John Major. Il a contribué au succès de son parti, mais a été battu dans sa propre circonscription.

Le poids dont pèse ce leader *tory*, qui peut à tout instant téléphoner au Premier ministre et aux divers ministres de Sa Majesté, est sans commune mesure avec celui d'un diplomate de carrière, si distingué commis de la Couronne soit-il, comme son prédécesseur Wilson. Bien que les négociations sino-britanniques soient conduites à Pékin par l'ambassadeur MacLaren, le gouverneur Patten, depuis Hongkong, fixe la doctrine.

C'est un homme de conviction et de foi. Il a accroché au mur un crucifix dans son bureau, derrière son fauteuil. Il est animé par la certitude que le dernier gouverneur britannique de Hongkong, comme le dernier gouverneur des Indes, joue un rôle historique. La déclaration de 1984, signée à Pékin par Mme Thatcher, n'était qu'un accord-cadre. Elle comportait beaucoup de lacunes. Patten considère comme de son devoir de les combler.

Il commence par me dire sa stupéfaction de revivre des tribulations de l'ambassade britannique de 1793. Il vient d'achever *L'Empire immobile* dans l'édition anglaise. Il voit dans ses interlocuteurs chinois des réincarnations de l'empereur Qianlong et de ses grands fonctionnaires lettrés. (Il ne me précise pas s'il se sent lui-même une réincarnation de Lord Macartney.)

Comment faire en sorte que les cinquante années de capitalisme promises à la colonie britannique après son rattachement à l'État chinois ne soient pas réduites à néant ? Comment éviter que cet accord ne soit une feuille de vigne, pour cacher la honte de l'abandon d'une population à laquelle le Royaume-Uni assurait la garantie des droits de l'homme ?

Patten entend renforcer le rôle du Conseil législatif, le futur Parlement de Hongkong, qui doit être élu en 1995. Vingt de ses membres doivent être élus au suffrage universel direct uninominal de circonscription, dix autres au second degré par les conseils de quartier *(district boards)* qui auront été eux-mêmes élus au suffrage universel en 1994. Ils représenteront la *vox populi*. Plus leur élection sera démocratique, plus ils opposeront des garde-fous au pouvoir absolu du Parti communiste chinois. Chris Patten compte sur eux, et sur eux seuls, pour imposer l'État de droit, *the rule of law*.

Il ne désespère pas de réussir. « Pour quatre raisons », m'explique-t-il en comptant sur ses doigts.

1. « La Chine a beaucoup changé depuis 1978. Il ne faut pas exclure qu'elle continue à changer dans la bonne direction. »

2. « La volonté du Parti se heurtera à la logique du système capitaliste qui, après avoir fonctionné dans un libéralisme sans limite, souffrirait d'être étouffé : les Chinois se rendront compte d'eux-mêmes du danger qu'il y aurait à tuer la poule aux œufs d'or (il dit : l'oie — *the goose with the golden eggs*). »

3. « Il ne faut pas sous-estimer l'importance de la pression internationale, telle qu'elle s'est manifestée en 1989, pendant le Printemps de Tiananmen. Les Chinois n'auront pas intérêt à se mettre à dos l'opinion mondiale, ne serait-ce que pour ménager le Fonds monétaire international et la Banque mondiale. »

4. « Ils sont trop attachés à Taiwan pour ne pas sauvegarder les chances d'une réunification pacifique avec l'île. »

Ces arguments ne me paraissent pas sans valeur. Surtout le quatrième : lui seul touche à l'essence de la Chine éternelle.

CHAPITRE 29
Le grand silencieux
1994

Janvier 1994.
Édouard Balladur m'ayant demandé, à titre de curiosité, s'il verrait Deng Xiaoping lors de sa visite de retrouvailles, je lui ai répondu que cela me paraissait exclu. Mais pour en avoir le cœur net, j'ai procédé à Pékin à de discrets sondages. Il en ressort deux indications. D'abord, Deng a été probablement tenu au courant du compromis intervenu avec la France ; moins parce que c'est la France que parce qu'il s'agit de Taiwan, question essentielle ; on s'est peut-être même assuré de son accord préalable avant de signer le communiqué commun. Ensuite, qu'une rencontre est hors de question, Deng ne recevant aucun étranger depuis plusieurs années.

Étrange situation.

Tel Dieu le père planant au-dessus des humains dans le tableau de Murillo, Deng plane au-dessus du quart de l'humanité. Il est réputé exercer son autorité sur la Chine, bien qu'il l'ait solennellement confiée, lors du XIII° Congrès, à l'automne 1992, « à une autre génération, autour du camarade Jiang Zemin ».

Celui qu'on appelle familièrement le Petit Timonier n'a plus fait d'apparition publique depuis janvier 1992, au moment où il a relancé la politique de réforme économique, après la parenthèse qu'avaient imposée le plan de refroidissement de 1988 et les événements de 1989. Ces quatre années ne lui ont pas été bénéfiques. S'il ne paraît plus, murmure-t-on, c'est qu'il n'est plus montrable[*].

En s'effaçant depuis le congrès, il a su organiser sa succession. Il a habitué les Chinois à se passer de le voir. Il a prouvé que les

---

[*] Il serait même, depuis 1995, complètement aphasique. En août 1996, les « grands dirigeants » seraient allés à la queue leu leu lui souhaiter son 92° anniversaire, mais ils seraient ressortis précipitamment.

choses allaient très bien sans lui. Pourquoi, après sa mort, verrait-on se raviver les luttes d'influence ? Elles ont déjà eu lieu dans les coulisses depuis son effacement. Jiang Zemin en est apparemment sorti vainqueur. Les dirigeants chinois ont tous en commun de vouloir sauver la face du Parti et du pays. Ils souhaitent manifester la stabilité du régime. Ils savent que des disputes au sommet auraient pour effet de renouveler les désastreux flottements du printemps 1989, d'ouvrir la porte aux spéculations, aux intrigues, aux efforts de déstabilisation. On peut penser qu'ils feront tout pour l'éviter. Et pourtant, la population est rassurée de savoir qu'il est là, et que rien de grave ne surviendra de son vivant.

Maître révéré du plus grand pays du monde, il est le dirigeant que l'on entend le moins. On ne l'entend même plus du tout. Est-il seulement en état de parler ? On l'ignore. Ce qui est sûr, c'est qu'il ne parle pas. Il est, par excellence, le grand silencieux.

Certains en viennent même à se demander s'il vit encore. Mais s'il ne vivait plus, on le saurait. On lui aurait fait de grandioses funérailles nationales. Une vague d'émotion aurait submergé le pays. On aurait vu sur le petit écran d'édifiantes images d'hommes pleurant en silence, de femmes criant leur douleur, de foules en proie aux lamentations — comme on le voyait en septembre 1976, pour la mort de Mao.

Tout au plus arriverait-on à garder sa mort secrète pendant quelques jours. Les coutumes ancestrales pourraient s'imposer encore une fois. Jadis, on taisait la mort de l'Empereur jusqu'à ce que sa succession fût réglée et le commandement de l'Empire bien tenu en mains. Ainsi, quand le fondateur de la dynastie Qin Shihuangdi, au IIIe siècle avant notre ère, mourut au cours d'une inspection en province, on ramena sa dépouille au Palais impérial comme s'il rentrait de voyage ; pour que l'odeur ne décelât pas le cadavre, on avait encadré la chair impérial de chariots de poissons. On ne publia la nouvelle qu'après avoir pris toutes les dispositions pour la suite. Quinze siècles plus tard, Gengis Khan, fondateur de la dynastie des Yuan, s'éteignit en guerroyant dans la province du Gansu. Mort, il continua de la pacifier : devant sa tente blanche, sa lance restait plantée et les officiers supérieurs, seuls autorisés à entrer dans la tente, semblaient aller aux ordres ; son décès ne fut connu qu'avec la victoire...

L'arbitre suprême

On assure que Deng Xiaoping réside non loin de Shanghai, où on l'aurait aperçu l'hiver dernier. Il serait entouré par sa fille et une gouvernante, qui prennent soin de lui et lui servent de truchement pour communiquer avec l'extérieur. Il vit à l'écart. S'il intervient dans les affaires du pays, c'est secrètement, parce que l'un des « grands dirigeants » le consulte.

Les dernières traces de sa vie publique datent de janvier 1992. Se rendant à Shenzhen, l'immense ville nouvelle construite aux abords de Hongkong, il a calligraphié sur un livre d'or : *« La réussite de Shenzhen prouve que notre politique des zones économiques spéciales était correcte. »* Il avait déjà prononcé cette phrase en 1984. Comme jadis pour les empereurs, ou pour Mao, elle a été dévotement recopiée sur des plaques de bronze, des pierres gravées, des calicots, des banderoles. Nul n'a le droit d'ignorer que Shenzhen est un succès, puisque Deng Xiaoping l'a écrit.

On serait bien incapable de citer un cas, depuis quelques années, où il ait joué un rôle actif. Pourtant, la plupart des Chinois veulent encore qu'il reste l'arbitre suprême. Si une difficulté surgissait parmi les hommes entre lesquels il a réparti ses pouvoirs, à commencer par le chef de l'État Jiang Zemin et le chef du gouvernement Li Peng, c'est lui qui trancherait. Mais cette seule possibilité d'appel, si théorique soit-elle, suffit à faire tenir tranquilles les uns et à rassurer les autres. Il ne se passera rien tant qu'on ne l'aura pas enterré.

L'étrange, pour nous autres Occidentaux, est cet immense pouvoir que l'on attribue à un vieillard qui ne détient aucune fonction connue. Officiellement, il n'est rien. Il n'a gardé aucun titre, si ce n'est président d'un club de bridge ; mais surtout ce titre secret, ce titre non-dit, que nul, en tout cas de son vivant, ne peut lui ravir : celui de père de la Nation. Le respect des anciens et la tradition impériale demeurent tels que, tant qu'il est en vie, personne n'imagine qu'aucun changement puisse se produire.

Tous les autres titres qu'il a jadis portés — secrétaire général du parti, premier ministre, président de la commission militaire du Comité central, c'est-à-dire chef des Armées —, il les a répartis entre les successeurs qu'il s'est choisis. Il ne joue plus qu'un rôle, celui de mystérieux *deus ex machina*. Le public ne saura jamais dans quel sens il a exercé ses arbitrages ou ses impulsions, si tant est qu'il en exerce.

« Il gouverne par son absence »

Deng Xiaoping n'est pourtant pas l'homme dont on ne parle jamais. Quand on demande de ses nouvelles aux dirigeants chinois, ils se hâtent d'affirmer, avec un grand sourire, qu'il va très bien. Mais ils n'en disent pas davantage. Ils laissent entendre seulement qu'il serait incongru pour un homme d'État étranger de demander à le voir. Il n'y a pas eu rupture, mais prise progressive de distance, entre le temps où Deng exerçait directement le pouvoir, et celui où il s'est replacé dans le droit fil du passé impérial, qui veut que le Fils du Ciel soit entouré de mystère et de silence. *« L'Empereur gouverne par son absence »*, écrivait Segalen au début de ce siècle. Si ceux à qui il a délégué son pouvoir ne s'entendaient pas, la foudre leur tomberait dessus. Mais il n'y a pas lieu de la faire tomber : il suffit que l'on sache que la statue du Commandeur est là. Bien que le dernier empereur, en principe, ait été déposé en 1911, la tradition impériale est trop profondément imprimée dans l'inconscient collectif du peuple chinois pour qu'on en change.

Le chef du gouvernement, Li Peng, a été accusé d'avoir provoqué la répression sanglante du mouvement de Tiananmen. En réalité, il ne fait aucun doute que Deng Xiaoping a donné aux militaires l'ordre de tirer sur quiconque s'opposerait à leur progression vers le cœur de la cité. L'armée est passée en force sur les barricades qui tentaient de lui couper la route. Deng Xiaoping s'est lui-même vanté de la tuerie du 4 juin 1989, puisque, quelques jours après, il a réuni les chefs militaires pour leur dire, en résumé : *« Ce que vous avez fait a été vite fait, bien fait. De la belle ouvrage ! Vous avez sauvé le peuple, la République, la Chine, de la contre-révolution qui était en train de triompher et de se répandre dans tout le pays »*.

Par la seule force de son génie

Et pourtant, c'est ce même homme qui avait ouvert la Chine à l'Occident. C'est lui qui, par la seule force de son intuition a senti que, contrairement à une tradition multiséculaire et à l'idéologie en vigueur, la Chine devait se transformer en imitant le monde occidental. Il a proclamé cette doctrine entièrement nouvelle : la Chine ne pourrait échapper à la misère et au sous-développement qu'en s'ouvrant et en se modernisant — deux termes interchangeables.

Il avait parfaitement compris cette nécessité grâce à l'exemple de Singapour, Taiwan, de la Corée du Sud, de Hongkong. Il l'a secrètement démontré, pour éviter toute perte de face, aux cercles restreints du pouvoir suprême. En 1949, au moment où l'armée rouge s'est emparée de l'ensemble de la Chine continentale, tous ces pays voisins étaient au même niveau qu'elle ; trente ans plus tard, ils s'étaient prodigieusement développés grâce à des injections de capitaux et de technologie occidentaux. En revanche, la Chine n'arrivait pas à décoller. Deng décida donc de s'inspirer des *« petits dragons »*.

Il s'est mis à l'école du maître de Singapour, un autre grand Chinois silencieux, Lee Kuan Yew, dont la poigne de fer a permis à cette cité-État de multiplier par trente son niveau de vie en trente ans. Deng a repris pragmatiquement à son compte ses recettes — *« Joint ventures »*, « zones économiques spéciales », exonération d'impôts pour les investisseurs étrangers, transferts technologiques — bien qu'elles fussent parfaitement capitalistes. L'idéologie ne compte pas, seuls comptent les résultats pratiques. En une quinzaine d'années, la Chine allait connaître un nouveau bond en avant — aussi réussi que le premier avait été raté : une croissance moyenne d'environ 10 % par an sur quinze ans. Le triplement du niveau de vie. Un décollage sans exemple, dans l'univers, à ce degré et avec cette ampleur.

Qu'est-ce que le génie, sinon un rêve de jeunesse réalisé avant de mourir ?

À son âge, Deng pouvait-il espérer mieux que de réussir ce dont il avait rêvé dans ses jeunes années ? À savoir, que ce qui restait de son petit groupe de militants durcis dans les épreuves de la Longue Marche, pût léguer aux *« petits jeunes »* de soixante-dix ans un pouvoir intact et une Chine adulte.

Cette prouesse, Gorbatchev — que les étudiants de Tiananmen et le monde occidental lui désignaient comme modèle — n'a pas su l'accomplir. Deng a toutes chances de le faire.

CHAPITRE 30

Deng, mon père

8 février 1995.

La troisième fille de Deng Xiaoping, Deng Rong, passe quelques jours à Paris. Elle est venue présenter une biographie de son père[1], qui s'arrête au 1er octobre 1949, date de la fondation de la République populaire de Chine.

Quand elle naquit, quatre mois plus tard, sa mère, enchantée de ses cheveux abondants, fins et noirs, la surnomma Maomao. Aucune allusion au triomphateur de la Révolution : ce sobriquet signifie littéralement « poilue ».

Ses parents vivaient avec leurs cinq enfants et la belle-mère de son père, née comme lui à Guang'an, dans le Sichuan. Ces provinciaux se transportent à Pékin après la victoire sans se dissocier le moins du monde.

Dans ce premier tome, on apprend beaucoup sur ces décennies obscures, terribles et glorieuses. Mais Maomao ne les connaît que de seconde main, puisqu'elle n'était pas encore venue au monde. Peut-elle en dire plus sur l'histoire immédiate ?

Je l'invite à déjeuner*. Après quelques propos de politesse chinoise, de sa part comme de la mienne, j'entre dans le vif du sujet :

A.P. — *Même si la succession de votre père a été réglée d'avance, comment les choses vont-elles se passer après sa mort ?*

Deng Maomao. — Au début de 1989, mon père a fait connaître à Zhao Ziyang, qui était alors secrétaire général du Parti communiste chinois, son intention de se retirer avant la fin de l'année. Depuis son retour au pouvoir en 1978, Deng a toujours dit qu'il est dangereux que le sort d'un pays dépende d'un seul homme. C'est pourquoi il a préparé très tôt la relève politique. Mais au

---

* Elle est accompagnée de l'ambassadeur de Chine à Paris, Cai Fangbo. À mes côtés, Franz-Olivier Giesbert, Charles Lambroschini et Françoise Lepeltier[2].

printemps 1989, la Chine a connu des troubles politiques graves. Au cours de ces événements, Zhao Ziyang a adopté une attitude opportuniste. Il ne pouvait pas continuer à être secrétaire général du Parti. Le Comité central l'a donc remplacé, sur proposition de mon père, par le camarade Jiang Zemin. À l'automne, lors du Congrès du Parti, mon père a abandonné toutes ses fonctions officielles. Ce n'était pas une décision brusque, elle avait mûri depuis longtemps.

A.P. — *Mais en janvier 1992, il a prononcé un discours retentissant pour préconiser une relance de la réforme économique...*

D.M. — Depuis deux ans que le nouveau Comité central avait été mis en place, mon père se cantonnait dans un rôle d'observateur. Il ne s'occupait plus des affaires courantes.

Beaucoup de gens se sont demandé pourquoi il a profité d'une visite d'inspection dans le Midi, pour encourager la Chine à poursuivre la modernisation de son économie. Voici la raison. Lorsque nous sommes arrivés dans le Sud, mon père a constaté le formidable développement économique de la région. Il a compris le souhait puissant de la population de voir ce développement s'accélérer et s'étendre à tout le pays. Il avait beaucoup réfléchi pendant ces deux ans. Il a pensé qu'il fallait saisir l'occasion de donner à l'économie chinoise une nouvelle impulsion. Seul mon père avait le prestige nécessaire pour rencontrer un grand écho ; c'était ainsi.

A.P. — *Vous faisiez partie vous-même de ce voyage ?*

D.M. — Oui. Il a prononcé son fameux discours au dernier étage d'un immeuble commercial de Shenzhen. J'ai été chargée de prendre des notes. Comme je ne savais pas qu'il allait parler, je n'avais même pas dans mon sac de bloc pour écrire. J'ai demandé qu'on m'apporte des serviettes en papier.

« Ce n'est que mon avis personnel »

A.P. — *Votre père jouait quand même le rôle d'un arbitre ?*

D.M. — Dans cette période, entre l'été 1989 et janvier 1992, il ne voulait pas se mêler de la vie du gouvernement. Mais les grands dirigeants venaient chez nous pour le consulter lorsqu'ils le jugeaient nécessaire, pour une affaire importante : par exemple, le camarade Jiang Zemin. Mon père soulignait toujours : « Ce n'est que mon avis personnel. Je soumets cet avis à la décision du Comité central ». Il était avant tout soucieux de faire ce qu'il fallait pour mener à bien cette transition.

A.P. — *Ce discours de Shenzhen fut perçu en Occident comme une façon délibérée de secouer l'inertie du gouvernement Li Peng.*

D.M. — C'est une interprétation erronée. À cette époque, la Chine traversait une situation difficile et les nouveaux dirigeants voulaient trouver une issue à ces difficultés. Pourtant, ils n'arrivaient pas toujours à faire ce qu'ils voulaient. Mon père s'estimait seul capable de lancer un appel aussi vigoureux. Mais il a toute confiance en Jiang Zemin et en Li Peng. Quant aux rumeurs selon lesquelles il y aurait des litiges entre le Premier ministre et le Président, elle sont tout aussi fausses, je peux vous assurer que les relations entre Li Peng et Jiang Zemin sont excellentes.

A.P. — *Pourquoi votre père est-il allé dans le Sud, plutôt que dans l'Est ou l'Ouest ? Comment a-t-il pris sa décision ?*

D.M. — Il passe tous les hivers dans le Sud, le plus souvent à Shanghai. Cette année-là, il a décidé d'aller dans le Guangdong. La Chine subissait des sanctions économiques imposées par les pays occidentaux. Certains dirigeants étaient un peu pessimistes. Au contraire, mon père trouvait que la Chine tenait enfin une formidable occasion de développement économique. C'est ainsi qu'il a choisi de faire une inspection dans le sud de la Chine.

A.P. — *Jiang Zemin est à la fois chef du Parti, chef des armées, chef de l'État. Il coiffe les trois réseaux qui tiennent la Chine. Il a été installé par votre père. Peut-il être remis en cause à la disparition de Deng ?*

D.M. — Jiang occupe aujourd'hui les trois postes les plus importants. C'est quelque chose de nouveau, mais nécessaire pour la réforme chinoise. Dans le passé, c'était le président du Parti qui était le premier personnage de l'État ; mais il n'était pas concevable que le chef du Parti s'occupe des affaires internationales, puisqu'il est responsable d'un parti et qu'il n'appartient pas à l'appareil d'État.

A.P. — *C'est le Premier ministre qui est le chef réel de l'appareil d'État...*

D.M. — En fait, les fonctions de président de la République sont purement protocolaires. Toutefois, en qualité de président, Jiang est le symbole de l'État, tout en étant le dirigeant suprême du Parti. En Chine, la tradition veut que le chef du Parti soit aussi chef de l'armée. Mais aujourd'hui, il y a une direction collégiale au sein du Parti et de l'armée, à travers le Politburo et le Comité permanent du Politburo.

A.P. — *Le fait que le Comité permanent soit composé de sept membres ne risque-t-il pas de susciter une contestation de Jiang Zemin ?*

D.M. — Si l'un des membres avait une telle idée, on le qualifierait aussitôt de carriériste. C'est la différence entre la Chine et les pays occidentaux. En Occident, il y a des rivalités obscures et des complots pour accéder au pouvoir. En Chine, tout se passe lors des sessions plénières du Parti. S'il se passait quelque chose dans les coulisses, ce serait illégal. La discipline est très sévère.

A.P. — *Lors des événements du printemps 1989, il y a eu quand même un flottement entre la « ligne dure » de Li Peng et la « ligne douce » de Zhao Ziyang. Cette lutte au sein du Comité permanent ne pourrait-elle pas se reproduire ?*

D.M. — Non, parce que la Chine est entrée dans une nouvelle phase de son développement. La population approuve la politique gouvernementale, qui lui garantit la réforme dans la stabilité et l'ouverture sur l'extérieur. Et il n'y a aucune raison pour que cette politique change.

A.P. — *Évoquant les troubles sanglants de 1989 dans une récente interview, vous avez parlé de « tragédie ». Interrogé il y a deux ans par des magazines américains, Jiang Zemin avait, lui, cité Shakespeare et qualifié ces événements de « beaucoup de bruit pour rien ». Ce sont deux jugements opposés.*

D.M. — Le journaliste qui m'interviewait m'avait demandé s'il s'agissait d'une tragédie. Je lui ai répondu : « Ce n'est certes pas une comédie, oui, c'est une tragédie. » Ce fut un grand malheur pour la Chine de connaître de tels troubles. La raison de ces troubles se situait au sein du Parti, et surtout dans l'attitude démagogique adoptée par Zhao Ziyang à l'égard des étudiants. On a dû prendre des mesures rigoureuses pour mettre fin à ces désordres. Si, dès le début, les dirigeants du Parti s'étaient montrés moins flottants, les troubles auraient été beaucoup moins graves. Zhao Ziyang a une responsabilité incontestable.

Pour les Chinois, aujourd'hui, Zhao Ziyang est comme un gros nuage qui s'est éloigné. Il était le dirigeant suprême du Parti, lequel dirige le pays. Il devait se montrer très responsable devant le peuple, en manifestant sa détermination. On aurait évité bien des morts, aussi bien dans l'armée que dans la population civile. Il y a des soldats qui ont été brûlés vifs. Un soldat de moins de vingt ans a été tué et éventré sauvagement. Le lendemain, la population a déposé des monceaux de fleurs à l'endroit où il était tombé.

« Mon père est un soutien moral pour le peuple »

A.P. — *Après la mort de votre père, ne craignez-vous pas que l'on réécrive les événements de 1989 ?*

D.M. — Aujourd'hui, mon père est un soutien moral pour le peuple. Mais pour l'avenir, je ne suis pas inquiète. Quand on évalue après coup un événement, on doit prendre en compte les conséquences qu'il a entraînées. C'est grâce aux mesures très fermes qui ont été prises que la stabilité est revenue dans le pays et que la Chine a pu se développer économiquement. On dit : « La pratique est le seul critère de la vérité. » Sans doute, on réécrirait l'histoire des événements de 1989, si les mesures prises par le pouvoir avaient provoqué une instabilité politique et une dégradation des conditions de vie. La population chinoise est très pragmatique. Quand elle estime juste ce que font ses dirigeants, elle adopte une attitude équitable. Le destin de mon pays ne sera pas déterminé par un homme ou un groupe d'hommes, mais par le milliard deux cent millions d'habitants que compte la Chine.

A.P. — *Vu de l'Occident, Li Peng apparaît comme le principal responsable de la répression de 1989. En revanche, Jiang Zemin, qui n'a pas été directement impliqué puisqu'il se trouvait à Shangai, jouit d'une meilleure image. Pensez-vous que cette différence s'effacera avec le temps ?*

D.M. — C'est un malentendu ! À l'étranger, on n'a vraiment pas compris comment les choses se sont passées. L'Occident a eu cette impression parce que Li Peng se trouvait en première ligne avec Zhao Ziyang et que leurs positions étaient diamétralement opposées. Li Peng va fréquemment à l'étranger ; il y est chaleureusement accueilli. Les délégations étrangères qui viennent à Pékin demandent toujours à être reçues par lui. Tous les hommes d'affaires français qui viennent en Chine souhaitent le voir.

A.P. — *Vous avez été garde rouge, et pourtant votre famille a été victime de la Révolution culturelle. Rétrospectivement, comment expliquez-vous cette situation ?*

D.M. — L'histoire des gardes rouges est compliquée. Au début de la Révolution culturelle, dans mon école, les élèves se sont révoltés contre le directeur. On réalise aujourd'hui combien c'était naïf. Heureusement, mes parents étaient très vigilants. Ils ont interdit aux deux petits gardes rouges de la famille, mon frère et moi, de sortir de la maison. Ils ne voulaient pas que nous participions aux excès de la Révolution culturelle. Ensuite, mes parents ont été assignés à résidence à la campagne. Mon frère aîné et ma sœur ont été emprisonnés à l'université.

A.P. — *C'est alors que votre frère a été jeté d'une fenêtre par les gardes rouges ? Il est resté paralysé des jambes...*

D.M. — Depuis le départ de mes parents, je vivais à la maison avec mon frère cadet et ma grand-mère. Quand l'université nous a prévenus, nous avons téléphoné partout. Nous avons demandé de l'aide à tout le monde. Mais personne ne nous a répondu. En janvier 1969, tous les jeunes ont été envoyés aux champs, sauf mon frère, qui s'est retrouvé dans un hôpital pour handicapés. Il pouvait manger à sa faim, mais il faisait très froid et tous ses biens se limitaient à un vêtement ouatiné. Pour se faire un peu d'argent, il tressait, avec du fil de fer, des corbeilles à papier.

A.P. — *Selon un journal américain, vous auriez dit que votre père était au plus mal. Ensuite, vous avez démenti. Aujourd'hui, quel est l'état de santé de Deng Xiaoping ?*

D.M. — Je suis très mécontente du journaliste qui n'a repris qu'une de mes phrases, en la falsifiant. Je répète ce que j'ai dit : « Mon père va avoir 91 ans. Il ne peut pas rajeunir et un jour il disparaîtra. C'est dans l'ordre des choses. » Je dis toujours la vérité sur la santé de mon père. « Il ne souffre d'aucune maladie en particulier. Il est vieux. Mais il se porte bien pour un homme de 91 ans. »

TROISIÈME PARTIE

DU « DROIT D'INGÉRENCE » À LA SECONDE RECONNAISSANCE

CHAPITRE 31
Un petit signe d'éloignement
1986

Paris, lundi 15 juin 1986.
Pour la première fois, un haut dignitaire chinois se rend en Europe sans venir d'abord en France. C'est un signe qui ne trompe pas : la place de la France en Chine se réduit comme peau de chagrin. Depuis que le général de Gaulle avait été amené, « par le poids de l'évidence et le poids de la raison », à reconnaître officiellement la République populaire en janvier 1964, la France a occupé longtemps, à Pékin, une place privilégiée. Puis les relations entre la Chine et la France se sont peu à peu distendues, ou banalisées, à mesure que les pays occidentaux suivaient notre exemple. Pis encore : la France a perdu, depuis 1981, beaucoup de parts de marché ; là comme partout ; là plus qu'ailleurs.

Bien que je ne sois ni communiste ni sinologue, j'ai été convié, en tant que « vieil ami de la Chine », à bavarder avec le chef du Parti communiste chinois.

Hu Yaobang est un tout petit homme — est-ce pour cela que Deng, tout petit aussi, l'a choisi comme chef du Parti et comme celui où l'on voit aujourd'hui le successeur probable ? On sait, au moins depuis Napoléon, que la petitesse de la taille n'exclut pas l'immensité du pouvoir. Ses yeux bridés étincellent de malice ; son nez aquilin accentue la finesse de son visage. A-t-il souhaité rencontrer un homme qui n'occupe aucune fonction officielle, mais que les Chinois connaissent depuis longtemps et dont ils savent qu'il ne leur farde pas la vérité ?

Le secrétaire général du P.C. chinois est accompagné dans cette visite par Li Peng, vice-Premier ministre, plus spécialement chargé du commerce extérieur. Ils sont venus évoquer à Paris les échanges économiques autant que la politique internationale.

Mais la « cohabitation », dont la France commence l'expérience pour la première fois, les plonge dans la perplexité. Il faut se mettre à leur place. Se peut-il que la France soit dirigée simultanément par François Mitterrand et par Jacques Chirac ? Comment deux adversaires pourraient-ils s'asseoir sur le même trône ? Comment pourrait-on vouloir une chose et son contraire ? A-t-on jamais vu un aigle à deux têtes ?

Hu Yaobang s'interroge visiblement sur cette étrange configuration. Il l'observe comme une poule regarde un couteau. Il a l'air de penser : nous nous entendions bien avec la France quand elle était gouvernée à droite ; moins bien depuis qu'elle est devenue de gauche ; ce bizarre attelage va-t-il la rapprocher à nouveau de nous ?

Il ne m'a pas véritablement posé de question : il est évidemment soucieux de ne pas apparaître comme s'immisçant dans les affaires intérieures françaises. Je prends donc les devants pour l'assurer qu'il n'y a pas grande différence, à propos de la Chine, entre la gauche et la droite, entre l'Élysée et Matignon : des deux côtés de la Seine, on est attaché à maintenir de bonnes relations entre les deux pays. Mais je sens bien que je ne le convainc pas. Ce Chinois est en train de penser que ce Français parle la langue de bois. C'est un comble.

En confiance avec l'Europe

Je l'interroge sur l'expérience en cours depuis décembre 1978, et qu'il applique à la tête du Parti, tandis que Zhao Ziyang l'exécute à la tête du gouvernement. Il ne me cite pas Deng Xiaoping une fois, mais dix, mais vingt. L'ombre de Deng plane sur lui et sur notre entretien. Véritable chef de la Chine — encore qu'il se borne, officiellement, à des fonctions modestes —, il a engagé son pays dans une véritable révolution économique et sociale. Il a tourné le dos aux dogmes marxistes. Il a libéré l'initiative individuelle. Il a mis l'accent sur une méthode de modernisation par symbiose avec les entreprises et méthodes capitalistes. Il peut se prévaloir d'un taux de croissance de 15 % l'an dernier, et du quadruplement du revenu agricole en cinq ans.

L'Europe — particulièrement la France, qui avait été la première, voici vingt-deux ans, à reconnaître Pékin — ne semble pas encore avoir compris ce qui s'est passé depuis dix ans que Mao est mort. Elle ferait bien de se ressaisir.

Avant tout soucieux de réussir leur mutation économique, les dirigeants chinois lui subordonnent leur politique internationale. Ils souhaitent des relations équilibrées dans un monde en paix, et se tournent vers l'Europe, qu'ils voudraient forte et capable de faire contrepoids aux deux blocs.

Hu Yaobang me précise les conséquences du changement : les Chinois ont besoin de l'Europe, et se sentent en confiance avec elle.

La France pourrait redevenir un interlocuteur favori, bien qu'elle ait de toute évidence cessé de l'être. Elle est, comme la Chine, une puissance nucléaire indépendante, membre du Conseil de sécurité des Nations unies. Comme la Chine, elle fonde sa politique étrangère sur le dialogue avec les deux superpuissances et sur des relations étroites avec le tiers monde. Les points de vue chinois et français sur les rapports Est-Ouest et le désarmement sont très voisins.

Dans les relations économiques, la France est en mesure d'apporter à la Chine sa maîtrise de l'énergie atomique et sa haute technologie en fait de transports et de télécommunications.

En outre, les Chinois savent qu'ils peuvent compter sur la France pour la formation de leurs techniciens et qu'ils bénéficient du plus important budget de coopération de notre ministère des Affaires étrangères.

Hu mentionne le développement de l'enseignement du français dans les écoles, dans les universités et même à la télévision, le succès des coproductions théâtrales et des films français auprès du public chinois, et ce qui reste quand même de la faveur que nous avait valu le geste historique du général de Gaulle : les relations entre nos deux pays ne demandent qu'à être intensifiées.

Mais voilà que, depuis 1981, elles ne sont plus très intenses. La France, depuis 1981, a-t-elle une politique chinoise ?

Entretien tout en finesse ; Hu Yaobang l'a ourdi comme une araignée sa toile. Ses propos sont autant d'énigmes : pourquoi est-ce justement un gouvernement *socialiste* qui boude la Chine ?

Aux yeux de nos socialistes, une double trahison

Je m'interroge ; je ne suis sûr de rien ; mais je ne crois pas me tromper. Les socialistes français, après deux ans de cohabitation avec leurs alliés communistes et de collectivisation rapide, allaient sur le mur. Ils se sont alors, à contrecœur, ralliés au capitalisme. Mais celui-ci ne leur paraît acceptable que parce que, partout, il a apporté, ou consolidé, la démocratie à l'occidentale et les droits de l'homme. Comment ces socialistes pourraient-ils admettre la démarche chinoise ? À leurs yeux, la Chine a commis une double trahison vis-à-vis de l'idéal socialiste. Elle s'est résignée à admettre le capitalisme, mais sans faire aucun progrès vers les droits de l'homme et la démocratie à l'occidentale. Elle a doublement fauté.

Les socialistes français rachètent la faute de passer au capitalisme, en se ralliant à la démocratie libérale. Parce qu'ils n'admettent pas la double faute des Chinois, d'autant plus ressentie que la Chine rouge avait été idéalisée, ils entendent la lui faire payer ; ou en tout cas, lui donner une leçon.

Les Chinois, subtils comme ils sont, auront senti cette récusation. Ils souhaiteraient profiter de la pagaille introduite par la cohabitation de l'Élysée et de Matignon, pour lancer un discret signal à travers de « vieux amis de la Chine », même « ennemis de classe » — ou justement à cause de cela, condition pour être entendu par la tête droitière de ce pouvoir bicéphale.

Mais ce ne sont que des suppositions, peut-être des élucubrations.

CHAPITRE 32

Des missiles français pour Taiwan

6 janvier 1990.
Il y a eu la foule des étudiants, puis des intellectuels, puis des badauds, puis du peuple pékinois sur Tiananmen. Il y a eu les chars dans la nuit. L'ordre règne à Pékin.

Le 4 juin, l'émotion a submergé le monde occidental. Après le Printemps de Pékin, l'hiver sur les relations franco-chinoises.

Entre Noël 1989 et le Nouvel An 1990, nous avons frisé la rupture complète avec la Chine.

Après plusieurs émissaires, d'abord français, ensuite chinois, l'ambassadeur de Chine populaire Zhou Jue vient me confier, avec beaucoup d'émotion et de véhémence, le 6 janvier, son inquiétude. La crise est née de notre comportement, depuis juin, plus agressif envers Pékin que celui d'aucun État dans le monde. Elle a éclaté au grand jour à cause de nos pourparlers avec Taiwan.

Pékin avait voulu se montrer aussi « compréhensif » envers l'opinion française, matraquée par les *media* occidentaux, que Paris se montrait « incompréhensif » envers le pouvoir chinois ; celui-ci avait fait le dos rond, en affectant la sérénité.

En revanche, l'affaire des armes à Taiwan était inacceptable. Nos négociations avec Taipeh ont d'abord porté sur six coques de frégates, dotées seulement de leur propulsion. Mais le gouvernement chinois, qui est bien informé et dispose d'intelligences « des deux côtés », sait qu'on prévoit, pour une seconde échéance, quinze frégates qui seront dotées de missiles Exocet et Mistral. La France se rend-elle compte de l'énormité de la décision, qu'elle a virtuellement prise, de livrer à la Chine « nationaliste » des frégates armées de missiles offensifs ? C'est à peu près comme si la Chine livrait frégates et missiles au mouvement nationaliste de Corse. Mes interlocuteurs, au comble de l'indignation, m'envoient cette image en pleine figure.

Je plaide que les deux cas ne sont pas comparables : les soi-disant « nationalistes » corses, qu'il faudrait plutôt appeler « séparatistes » ou « indépendantistes », ne gouvernent nullement la Corse, et ne disposent même d'aucune parcelle de l'île, où ils n'ont pu faire élire aucun député, aucun sénateur, aucun conseiller général, aucun maire. Et pourquoi les États-Unis auraient-ils le droit de livrer à Taiwan des armes, y compris des bateaux de guerre avec leur armement, et pas la France ?

Mes interlocuteurs me répondent que les États-Unis disposaient d'une armée stationnée à Taiwan. Elle garantissait à elle seule la sécurité de l'île, qui était un protectorat américain. Les Chinois ont accepté, en contrepartie du retrait des troupes américaines de Taiwan, que les États-Unis continuent de fournir l'équipement de l'armée taiwanaise. Cet accord sino-américain a été confirmé par le *Taiwan Act* de 1982 et ratifié par les deux parlements. Mais la France n'a aucune raison de se mêler d'armer Taiwan. Elle n'entretient pas de relations diplomatiques avec l'île. Elle ne reconnaît pas son « soi-disant gouvernement », depuis vingt-six ans qu'elle a établi des relations avec Pékin. Taiwan n'a jamais été un protectorat français.

Un renversement d'alliance

Que répondre à ces raisons historiques, qui ne me sont que trop familières ? Bien qu'étant dans l'opposition, j'interviens donc auprès du Premier ministre Michel Rocard et du ministre des Affaires étrangères Roland Dumas. Ils écoutent fort courtoisement ma mise en garde. De ces entretiens, je retire l'impression que, si le « complexe militaro-industriel » a trouvé en haut lieu une oreille à ce point complaisante, ce n'est pas seulement parce que le contrat des frégates serait « juteux », selon leur expression, et précieux pour l'emploi, c'est aussi et surtout pour des raisons politiques. On ne pardonne pas au gouvernement Li Peng le massacre du 4 juin.

Il faut donc lui faire expier sa « faute » en opérant un véritable renversement d'alliance. En 1964, le gouvernement du général de Gaulle avait reconnu qu'il y avait une seule Chine et que le régime de Pékin en était l'unique représentant légitime. Les relations entre Pékin et Taipeh étaient une affaire intérieure chinoise. Il était naturellement exclu que la France fournît à Taiwan des armes offensives... qui ne pouvaient viser que la Chine populaire.

À la fin de notre conversation, Roland Dumas la résume ainsi :
« Cette vente serait déraisonnable et ses conséquences incalculables. Je suis entièrement d'accord avec vous. Je l'ai déjà dit

au Président. Mais il ne m'écoute pas. Pourquoi n'iriez-vous pas le lui dire vous-même ? Il vous écoutera peut-être plus que moi. »

Comme je flaire la raillerie — et qu'en tout cas, je suis décidé à ne pas demander audience à François Mitterrand au cours de ses deux septennats —, je ne donne pas suite à cette invitation.

À la réflexion, il n'est pas étonnant que le gouvernement ait été tenté par ce renversement.

D'abord la poussée du « complexe militaro-industriel » était très forte en faveur de Taiwan, qui paie *cash* ses achats d'armes. Dassault et Matra jouent gros et l'armée elle-même ne peut s'équiper que grâce aux ventes à l'étranger.

Ensuite, ceux qui fixaient la politique chinoise de la France étaient convaincus, comme la majeure part de la communauté sinologique, que le gouvernement Li Peng allait s'effondrer, que la Chine était vouée à l'éclatement et la guerre civile, faute que Deng ait accepté la démocratie.

Un sinologue aussi reconnu que Pierre Gentelle se faisait l'interprète de la plupart de ses collègues en pronostiquant : « Les retards que va prendre la Chine dans sa modernisation, repousseront vers la fin du XXIe siècle l'espoir d'une amélioration substantielle[1]. »

Pourtant, en 1991, la production avait déjà repris son *bond en avant*. Dès janvier 1992, Deng Xiaoping relançait, avec une vigueur qui ne pouvait venir que de lui, la politique de « réformes et modernisation ». Les résultats furent immédiats : une croissance à deux chiffres — déduction faite de l'inflation — pendant quatre années consécutives.

Ainsi, troquer de bonnes relations avec la Chine contre de bonnes relations avec Taiwan, c'était choisir un pays prospère contre un pays déjà en décadence...

Deux gestes

Le 9 janvier 1990, deux nouvelles viennent apporter l'impression d'un certain apaisement : Pékin lève la loi martiale ; Paris renonce à livrer des navires de guerre à la Chine nationaliste. Cette coïncidence n'est l'effet d'aucune négociation.

Si le gouvernement chinois normalise la situation dans la capitale, c'est qu'il n'a plus de craintes. Il n'a pas cédé à la pression internationale ; il manifeste sa confiance en lui-même.

Se boycotter soi-même

En revanche, la pression chinoise a bien été pour quelque chose dans l'infléchissement français. Pékin avait mis sévèrement en garde Paris contre la fourniture de frégates à Taiwan. On comprend que nos responsables de ventes d'armes soient tentés par cette île florissante, qui paie en bon argent. Et comme est décevante l'habitude de Pékin de n'acheter des matériels « sophistiqués » qu'en minime quantité, pour les copier au plus vite et les répandre à travers le monde !

Mais la doctrine, depuis Mao, n'a jamais varié : toute vente d'armement à Taipeh est « ingérence inadmissible » dans les affaires intérieures de la Chine. Ne proclame-t-on pas à l'unisson, de part et d'autre du détroit de Formose, qu'il y a une seule Chine ?

Les Chinois ont rapproché les intentions du gouvernement français de son attitude depuis la répression du mouvement de Tiananmen. Le soutien qu'il a donné aux dissidents chinois n'avait pas valu à nos représentants moins de dix-huit protestations officielles. Le contrat avec Taiwan résulte, aux yeux de Pékin, de la doctrine, claironnée depuis peu en France, du « droit d'ingérence ». Son exécution risquait d'entraîner la rupture des relations diplomatiques entre les deux pays ; ou en tout cas, « à la chinoise », une rupture officieuse, c'est-à-dire une mise en quarantaine féroce de la France dans tous les domaines, à l'intérieur de l'espace chinois.

Cette nouvelle doctrine, ou du moins cette nouvelle mode, risque de mener loin. Elle justifie *a posteriori* le colonialisme. Jules Ferry n'expliquait pas autrement la mission colonisatrice de la France : « apporter la civilisation aux *sauvages* » ou, mieux, « aux *races inférieures* » en proie aux luttes tribales, au cannibalisme et à l'esclavage. Or précisément, ces pratiques ont connu depuis la décolonisation une recrudescence. À quand des expéditions humanitaires pour y mettre fin ?

« Entre nous, rien de changé »

Tandis que la France prenait la tête de la politique de sanctions à l'égard de la Chine, nos partenaires américains, japonais, allemands, etc., ont discrètement renoué les fils.

Tous suivaient l'exemple du président Bush, qui, dès le mois de juillet, envoyait à Pékin deux émissaires secrets, le conseiller pour la Sécurité Scowcroft et le sous-secrétaire d'État Eagleberger, pour assurer qu'il n'y aurait rien de changé dans les relations entre les deux pays. Six mois plus tard, l'opinion s'étant calmée, les deux émissaires secrets revinrent en fanfare, furent reçus par Deng Xiaoping, encombrèrent les écrans de télévision.

L'opinion, la presse et le Congrès avaient été ménagés. Les intérêts de la nation américaine aussi. Cela s'appelle gouverner.

Si nous restons les seuls à boycotter, nous nous boycotterons nous-mêmes. Ce qui commence déjà à être le cas.

Il faut le répéter, au risque de déplaire : notre vertueuse indignation n'a pas amélioré le sort d'un seul dissident ou dirigeant du mouvement de Tiananmen. Pire, si elle avait été suivie par le reste du monde, notre attitude aurait conduit Pékin à sanctionner plus sévèrement encore la dissidence. Il faut méconnaître la psychologie chinoise, pour ne pas voir que ce genre d'action a nécessairement un effet boomerang. Peut-être la leçon a-t-elle enfin porté, puisque le gouvernement français s'est montré, juste à temps, plus conciliant.

Combien de temps la politique étrangère de la France se décidera-t-elle en fonction de l'émotion du moment, si justifiée soit-elle, ou d'un prochain congrès de parti ? Les Français n'auraient-ils pas encore compris que le péché majeur, en diplomatie, est de se laisser guider par la politique intérieure ?

CHAPITRE 33
« La Chine est incontournable »
1990

Une diversion à la chinoise

4 juin 1990.
Comment allait se passer le premier anniversaire de la répression qui a mis fin au Printemps de Pékin ? Il menaçait de remplir à nouveau Tiananmen d'une marée humaine. Le pouvoir s'est prémuni contre ce risque en organisant lui-même sur la place, avec une forte présence militaire, le cent cinquantième anniversaire du début de la guerre de l'Opium, qui tombait aussi ce jour-là : cette date fournissait, en même temps qu'une diversion providentielle, un rappel utile de la méfiance que les Chinois doivent observer envers les démocraties d'Occident, toujours tentées par l'impérialisme.

Les dirigeants ont mesuré, depuis l'an dernier, l'erreur qu'ils avaient commise en hésitant interminablement sur la conduite à tenir devant la contestation estudiantine. « Mieux vaut prévenir que réprimer à la mitrailleuse lourde », a reconnu le Premier ministre Li Peng.

Le dénouement de ce Printemps de Pékin a provoqué la consternation de l'Occident. Les gouvernements démocratiques ont suivi leur opinion, qui a suivi les médias, qui ont suivi les manifestants — leur unique source d'information ; ou, parfois, de désinformation. Le recul d'un an devrait permettre de recouper les sources, pour accéder à une vision binoculaire, la seule par laquelle on peut essayer, sous les simplifications ou amplifications émotionnelles, de retrouver la perspective des faits[*].

---

[*] En août et septembre 1989, je me suis livré en Chine à cette investigation croisée. J'ai interrogé plus de deux cents personnes, depuis le Premier ministre

Des énigmes restent encore à élucider. Deng Xiaoping n'avait jamais cessé de répéter qu'« à la moindre déviation, l'État interviendrait vigoureusement » et que « deux cents morts donneraient vingt ans de tranquillité au régime ». Pourquoi a-t-il laissé le mouvement se poursuivre quarante-neuf jours, alors qu'il avait dénoncé, dès le début, son caractère contre-révolutionnaire ? Le mouvement était-il spontané, ou préparé de longue main ? Encouragé par qui, soutenu par qui ? Les divisions du Parti et de l'armée, qui expliquent les tergiversations du printemps dernier, ont-elles disparu ? La dégradation de l'économie — inflation, faillites d'entreprises, chômage —, qui est une des causes principales du mouvement de Tiananmen, est-elle stoppée ? L'ouverture et la modernisation, qui avaient fait de si grands progrès en dix ans, sont-elles définitivement compromises ? Quel avenir pour la réunification avec Hongkong et Taiwan ? Pourquoi Zhao Ziyang, le grand vaincu de mai 89, n'a-t-il toujours pas fait l'objet d'un procès ? Qui le protège ? Quelles sont les chances des dissidents ?

Quant à l'Occident, il a perdu. Et, d'abord, ses illusions : le combat de la liberté sera, en Chine, une très longue entreprise. Mais il a encore plus à perdre, s'il veut punir la Chine de ce qu'il a entretenu sur elle des idées fausses.

La rupture évitée de justesse

28 avril 1991.

Il n'y a pas eu rupture, mais, entre la Chine et la France, c'est le gel.

Roland Dumas, plus réaliste que son Président et que beaucoup de ses amis, se rend à Pékin pour tenter de « normaliser » nos relations avec la Chine. Levée des mesures de boycottage, contre une amnistie en faveur des condamnés du Printemps de Pékin : donnant, donnant ? Et l'armement de Taiwan ?

On ne peut que se réjouir de voir la France renoncer aux sanctions. Comment pourrait-elle boycotter toute seule un État qui rassemble le quart de l'humanité ? Le chef de notre diplomatie, qui a redécouvert cette vérité première, a reconnu publiquement que la Chine est « incontournable ».

---

et le maire de Pékin jusqu'aux chauffeurs de taxis ou domestiques d'hôtel, en passant par des étudiants, des enseignants, des médecins, des journalistes, des dissidents, les ambassadeurs d'une dizaine de pays, les chefs de missions militaires de nos alliés. Cette enquête a donné lieu à des articles dans *Le Figaro* et dans diverses revues, réunis dans un livre, *La Tragédie chinoise*, paru chez Fayard en juin 1990.

Ensuite, parce que nos partenaires, tout en se joignant en paroles au discours réprobateur de la France, réussissaient à grignoter nos parts de marché. En prétendant sanctionner la Chine, nous nous sanctionnions nous-mêmes.

Les appels de Roland Dumas en faveur des droits de l'homme seront-ils efficaces ? On peut craindre que non. Ses interlocuteurs l'ont écouté avec politesse, sans prendre le moindre engagement. La presse et la télévision de Pékin — c'était inévitable — l'ont présenté en demandeur qui vient à résipiscence. Dans le même temps, les Chinois font discrètement savoir qu'ils ne sont pas dépourvus de moyens de pression. On murmure qu'ils s'apprêteraient à réarmer Saddam Hussein, et à aider Alger à se doter de la bombe atomique. Leur capacité de nuisance envers qui se montrerait inamical est sans commune mesure avec la nôtre à leur endroit.

« La fascination du droit d'ingérence »

Notre gouvernement a lancé la formule provocante de « droit d'ingérence ». Succès médiatique immédiat. Les paladins des droits de l'homme viennent d'adjurer le gouvernement soviétique de lâcher ses chars, et le gouvernement français de larguer ses parachutistes, sur Bucarest, où le peuple roumain lutte pour conquérir sa liberté. Naguère, on demandait que notre flotte fût envoyée dans la Baltique pour soutenir les grévistes polonais. Puis, le 15 décembre 1981, quand le général Jaruzelski déclara l'*état de guerre*, on couvrit d'opprobre le ministre des Relations extérieures, Claude Cheysson, pour avoir dit, avec un réalisme de professionnel : « Naturellement, nous n'allons rien faire. » En attendant que le Premier ministre Laurent Fabius, devant une Assemblée nationale médusée et des caméras captivées, fasse part de son « trouble » du fait que François Mitterrand recevait le général Jaruzelski.

La formule de « droit d'ingérence » a été reprise par des esprits certes brillants, mais qui paraissent avoir du mal à distinguer entre l'obligation d'assistance à des populations en danger et l'immixtion dans les affaires intérieures d'un État souverain (à commencer par le maintien de l'ordre).

Cette dernière attitude n'est conforme ni aux fondements du droit international, ni à notre propre pratique. C'est si vrai qu'on lui oppose, à l'occasion, avec tout autant d'aplomb, le principe, par exemple, de non-ingérence à propos de la Nouvelle-Calédonie.

Accepterions-nous que l'O.N.U. se mêle de notre politique en Corse ? Nous avons bien fait de ne pas nous ingérer dans les affaires algériennes après le massacre d'octobre 1988 (du même ordre de grandeur, selon *Amnesty International*, que celui de Pékin huit mois après, pour un pays cinquante fois plus peuplé). Pourquoi deux poids, deux mesures ?

En revanche, l'assistance internationale à des populations menacées de génocide et à des minorités nationales opprimées est conforme à une tradition internationale comme à la raison. Dès le lendemain de la Première Guerre mondiale, des accords internationaux ont institué une protection des minorités. Les progrès heureusement accomplis dans cette voie à l'occasion de la tragédie kurde permettent d'espérer que ce principe sera mis à l'honneur dans le « nouvel ordre international ».

Encore convient-il, en pareil domaine, de ne pas « rouler des mécaniques » quand on n'en a pas les moyens. Nos parts de marché chinois sont passées, entre 1981 et 1990, de 4 % à 1,5 %, tandis que celles de l'Allemagne (encore occidentale) montaient de 3 % à 6 %. Comme le disent cruellement les Allemands, on ne peut voyager longtemps avec arrogance dans une voiture de première quand on doit se contenter d'un billet de seconde.

Notre ambassadeur au piquet

Roland Dumas est reparti. Il n'a rien obtenu. Rien n'a changé : le gel dure.

Les Chinois sont bien trop subtils pour s'être donné les apparences d'une rupture complète des relations diplomatiques avec la France. Ils s'arrangent tout simplement pour que ces relations n'existent pas. Notre ambassadeur se voit répondre que les interlocuteurs officiels qu'il voudrait voir sont absents. On ne le chasse pas, mais on fait comme s'il n'était plus là. On le met au piquet. Comment ne serait-il pas tenté de rendre la pareille au gouvernement auprès duquel il est accrédité, en n'ayant de contacts qu'avec des dissidents ? D'autant que ce comportement répond à l'esprit des instructions qu'il a reçues pour sa mission.

Des représailles économiques font perdre à l'économie française de nombreux marchés. Notre consulat général et notre poste d'expansion économique à Canton sont fermés.

Nous boycottons la politique chinoise ; Pékin boycotte notre économie... Quand l'ambassade Macartney, en 1793, avait prétendu ne pas se soumettre aux neuf prosternations du *kotow*, les Chinois avaient diminué ses rations de moitié et l'avaient privée de dessert. L'histoire se répète, mais ses leçons ne sont pas retenues.

En attendant, la France saute le pas : elle passe des accords secrets, avec un État qu'elle ne reconnaît pas, pour lui livrer des frégates, des mirages et des missiles qui vont provoquer la rupture avec Pékin et anéantir trente ans d'efforts.

CHAPITRE 34

La « seconde reconnaissance »
1993

Avril 1993.
Dans sa déclaration de politique générale devant le Parlement, Édouard Balladur, désigné comme nouveau chef du gouvernement après le raz de marée des élections législatives de mars 1993, avait annoncé une politique novatrice dans bien des domaines. Mais à peu près uniquement en politique intérieure et européenne. Presque rien en politique étrangère. Absolument rien sur la Chine.

S'il y avait pourtant un domaine où le comportement des gouvernements socialistes pouvait et devait être corrigé à la faveur du cinglant désaveu infligé par le corps électoral, c'était bien celui-là.

Dès le 14 avril 1993, je fis observer au nouveau Premier ministre que la politique de boycottage préconisée, sous le coup de l'émotion, par François Mitterrand au Conseil européen de Madrid en juin 1989, et de nouveau au sommet des Sept à Paris, le 15 juillet, n'avait été nullement appliquée par nos partenaires : ceux-ci, sous des prétextes divers, n'avaient en rien modifié leur politique chinoise, tout en évitant habilement de contrarier leur opinion publique. C'était folie pour la France que de vouloir imposer seule une quarantaine dont elle était la seule victime. C'était encore plus une folie que de vouloir opérer un renversement d'alliance et de vendre des armes offensives — frégates, avions de combat et missiles — à Taiwan, alors que, depuis 1964, nous n'entretenions plus de relations diplomatiques avec le gouvernement « nationaliste », mais considérions le régime de Pékin comme représentant unique d'une Chine unique. Fallait-il renoncer à des relations privilégiées avec un subcontinent de douze cents millions d'habitants, au profit d'une île soixante fois moins peuplée ?

Le Premier ministre m'écouta attentivement. Ces observations correspondaient à ses vues. Il me fit pourtant remarquer qu'autant la Constitution, ainsi que le précédent de la première cohabitation, le laissaient libre d'agir en politique intérieure, voire européenne, autant la politique proprement étrangère relevait au premier chef du « domaine réservé » de l'Élysée. Il ne pourrait donc agir qu'en persuadant François Mitterrand qu'il convenait d'amorcer un virage. Notre ambassadeur à Pékin, tenu en quarantaine par les Chinois, serait hors d'état de le négocier.

Quelque temps plus tard, Édouard Balladur m'avertit qu'il allait charger de cette négociation Jacques Friedmann. Il ne pouvait pas mieux choisir. Ce grand commis de l'État pourrait apparaître à l'Élysée comme revêtu de la neutralité que confère la fonction publique. Ce chef d'entreprise avisé saurait engager des pourparlers, en tenant compte des intérêts vitaux que plusieurs entreprises françaises avaient à ne pas rompre les marchés d'armes déjà conclus avec Taiwan.

Un officieux : « Une politique hostile »

Fin juillet 1993.
Jacques Friedmann, qui était venu me voir avant son départ pour Pékin, me met au courant à son retour, du déroulement de sa mission. Elle n'a pas abouti.

3 septembre 1993.
Me trouvant à Pékin à la faveur d'un colloque international pour le bicentenaire de la mission de Lord Macartney en Chine, j'ai été aussitôt approché par plusieurs émissaires, avant d'être convié à un entretien approfondi par Qian Qichen, vice-Premier ministre et ministre des Affaires étrangères. Je me rendis compte alors que cette première mission était considérée comme « très décevante » par la partie chinoise (tous mes interlocuteurs s'étaient donné le mot).

Le premier à m'alerter fut un universitaire, qui, depuis 1964, avait toujours suivi de très près, souvent comme intermédiaire officieux, la relation franco-chinoise, mais qui n'avait plus accès à l'ambassade de France depuis la détérioration des relations entre les deux pays.

1. Il m'expliqua que les dirigeants chinois avaient reçu comme une blessure profonde, toujours pas cicatrisée, les initiatives qu'avait prises le président Mitterrand à la suite de la répression du mouvement de Tiananmen. Non seulement à Madrid en juin 1989, puis au sommet de l'Arche en juillet, en faisant mettre la Chine à l'index. Mais en présidant le 14 juillet un défilé qu'ouvrait un « carnaval » où figuraient des étudiants chinois de Tiananmen, bandeau

blanc autour du crâne — images projetées par les chaînes de télévision du monde entier.

Tous ces gestes « inamicaux » avaient été d'autant plus vivement ressentis, que les principaux membres du Conseil européen et du G7 s'étaient empressés de faire savoir, par des émissaires et des communications secrets, qu'ils avaient été obligés de suivre la France à cause de l'émotion internationale, mais que leur attitude bilatérale à l'égard de la Chine resterait inchangée.

Quant à la décision de vendre des armes offensives à Taiwan, en rupture complète avec l'esprit et la lettre de l'accord passé entre Paris et Pékin en janvier 1964, elle parachevait la politique hostile adoptée en 1989 par la France.

2. Le ministre des Affaires étrangères chinois est naturellement au courant des propos tenus par certains membres de l'ambassade de France, comme de leurs relations suivies avec des dissidents. C'est de l'activisme antigouvernemental. Les dirigeants chinois ont fait montre de libéralisme en ne demandant pas le rappel de l'ambassadeur, mais ont été satisfaits d'apprendre que celui-ci est enfin rappelé (c'est mon interlocuteur qui me l'apprend).

3. Les dirigeants chinois avaient espéré que M. Friedmann allait leur dire : « Le nouveau gouvernement adopte envers la Chine une attitude toute différente de celle qu'avait suivie le gouvernement socialiste. » Or, il a tenu au contraire à affirmer le principe de la continuité de l'État, malgré les élections de mars dernier. Il a même déclaré que le nouveau gouvernement avait découvert que les contrats signés avant son arrivée allaient bien au-delà de la livraison de cinq coques de frégates sans armes et de 60 Mirage ; que ses prédécesseurs s'étaient engagés à armer les coques vides si Taiwan ne pouvait pas s'arranger pour les armer autrement (en contradiction absolue avec l'assurance donnée en 1990 par le ministre des Affaires étrangères français au vice-ministre des Affaires étrangères chinois qui lui avait été spécialement dépêché à Paris) ; et qu'en plus de 60 Mirage, 15 autres appareils devaient être livrés.

« *Des exigences arrogantes* »

4. M. Friedmann a refusé que puissent être remis en question les engagements de livraison d'armes à Taiwan qui avaient déjà fait l'objet de contrats signés. Pour l'avenir, c'est-à-dire pour l'éventualité de nouvelles ventes d'armes offensives à Taiwan (frégates, sous-marins, missiles, Mirage), il avait indiqué que la France pouvait y renoncer, mais que cette concession devrait être compensée, sous forme de nouveaux contrats, pour un montant comparable au sacrifice consenti.

Les dirigeants chinois ne pouvaient pas comprendre comment, devant des engagements contradictoires, le gouvernement français préférait honorer un engagement clandestin pris devant les autorités d'une province de 20 millions d'habitants « provisoirement » détachée de la Chine, plutôt qu'un engagement solennel et public pris devant le gouvernement légitime d'un pays de 1,2 milliard d'habitants.

Exigences « arrogantes » !

5. M. Friedmann a soutenu le principe selon lequel la France ne pouvait pas admettre d'avoir une moindre liberté que les États-Unis de vendre des armes à Taiwan. Or, les États-Unis partaient d'une situation historique radicalement différente. Pour la faire évoluer, la Chine avait admis, à titre transitoire, que les États-Unis fourniraient à Taiwan des armements « en quantité décroissante ». Les Américains, en décidant de livrer 150 appareils F-16 à Taiwan, sont allés au-delà de la faculté qui leur a été laissée (le gouvernement chinois a élevé auprès d'eux de vives protestations). Mais il s'agit de l'interprétation extensive d'un droit qui leur a été bel et bien accordé, et non de la rupture manifeste d'un engagement solennel.

6. La France aurait tort de placer la question sur le plan mercantile. Par exemple, 20 % des centrales électriques, 50 % du matériel ferroviaire achetés par la Chine ont été fournis par la France. Si les obstacles politiques sont levés, non seulement ces proportions seront maintenues, mais elles peuvent être augmentées. S'ils ne le sont pas, la part française sera réduite à zéro. Déjà, pour de nombreux marchés en cours, les autorités chinoises locales ont reçu pour instruction d'écarter les propositions françaises et de susciter d'autres offres européennes, de préférence allemandes, même quand aucune firme allemande n'était disposée à répondre à l'appel d'offres. Le chancelier Kohl sera reçu en novembre avec les plus grands honneurs ; l'exemple de l'Allemagne, qui a renoncé solennellement *in extremis* à vendre des armes à Taiwan, sera magnifié devant le monde entier.

7. Si la négociation est reprise dans les termes où elle a été entamée en juillet dernier, elle échouera de nouveau. Et, cette fois, irrémédiablement.

L'irréversible

Ainsi, Édouard Balladur a bien hérité d'un dossier tout aussi pourri, encore que moins spectaculaire et pour le moment plus confidentiel, que celui des trois millions de chômeurs ou de l'immigration massive du tiers monde, de l'insécurité ou des séparatistes corses : celui des rapports franco-chinois.

En fait, dans l'absence réelle de contacts avec le pouvoir chinois depuis quatre ans, Jacques Friedmann a placé la barre très haut, de manière, évidemment, à sonder ses interlocuteurs.

À la réflexion, il m'apparaît que deux arguments peuvent pousser les autorités chinoises à tourner la page :

— Un argument négatif : le danger de l'entêtement. Si le gouvernement chinois ne fait pas un geste conciliant pour le passé, la France risque de s'obstiner sur la pente suivie depuis quatre ans ; une situation irréversible serait alors créée.

— Un argument positif : en résistant de part et d'autre à cette tentation, les deux pays pourraient retrouver les relations privilégiées qu'ils avaient entretenues à partir de la décision historique du général de Gaulle et du président Mao. Un voyage de M. Balladur à Pékin permettrait d'enterrer solennellement la querelle.

Les choses en sont arrivées à un point tel que cette « seconde reconnaissance » devient plus difficile que la première.

CHAPITRE 35

« Dans trente ans, on saura la vérité »
1993

12 septembre 1993.
Quelques jours après mon « contact » universitaire, je suis invité à un « entretien », puis à un dîner, par les deux précédents ambassadeurs de Chine à Paris, Zhou Jue et Yao Guang, au Palais de l'Assemblée populaire nationale, sur la place Tiananmen.
Rude rencontre. Ils avaient souhaité me recevoir « seul à seul » à 17 heures, avant le repas, prévu pour 19 heures, auquel était invité notre ambassadeur à Pékin. Estimant qu'il serait désobligeant pour le représentant de la France de l'exclure d'une conversation de fond et de ne l'admettre que pour des agapes, j'ai insisté pour qu'il participe à l'entretien.

Dans les immenses salons impersonnels de ce Palais du Peuple à l'architecture stalinienne, rien n'a changé depuis 1971 : mêmes tapis épais, mêmes tapisseries figuratives, mêmes fauteuils immenses. Sauf que Zhou Enlai n'est plus là...
Les deux ambassadeurs chinois donnent d'intéressants détails sur l'évolution de l'économie du pays, puis on aborde les questions politiques.

« Il ne faut pas copier les mauvais exemples »

L'ambassadeur Zhou Jue. « Pour Hongkong, nous allons vers « un État, deux systèmes ». De même pour Taiwan. On ne se dévore pas l'un l'autre. Nous avons engagé un processus de réunification dans la paix. C'est pourquoi nous ne comprenons pas la décision de la France de vendre à Taiwan des frégates, des missiles et des Mirage, ce qui pousse les autorités de l'île à devenir agressives et les encourage à rejeter le processus pacifique.

L'ambassadeur de France. — Si les Américains n'avaient pas vendu des avions à Taiwan, la France n'en aurait pas vendu.

Z.J. — Il ne faut pas copier de mauvais exemples.

A.P. *faussement naïf* — Pourquoi pratiquez-vous deux traitements différents à l'égard des États-Unis et de la France ?

Je connais la réponse et j'en mesure surtout la justesse. Mais je ne m'attendais pas à une conclusion aussi brutale :

Z.J. — C'est une violation des engagements de la France ! Votre pays a trahi sa parole ! Nous espérons que vous emploierez votre influence à régler ce problème et que le gouvernement français prendra les mesures nécessaires. Jusqu'à ces dernières années, les relations avec la France étaient bonnes, maintenant elles sont devenues vraiment mauvaises. Le rôle de l'ambassadeur dans cette affaire est très important.

(Je comprends pourquoi les deux diplomates tenaient à me voir « seul à seul ».)

A.P. — À Paris, j'ai critiqué le gouvernement d'alors pour son attitude. Je l'ai mis en garde contre la décision de vendre des frégates, des missiles et des Mirage à Taiwan. Mais ce qui est fait est fait. Il faut se tourner maintenant vers l'avenir.

Z.J. — Mais les Allemands avaient prévu de vendre des armes à Taiwan et ils ont finalement décidé de ne pas le faire ! *(Il interpelle notre ambassadeur à travers la table.)* Monsieur l'Ambassadeur, pourquoi avez-vous suivi le mauvais exemple américain et non le bon exemple allemand ?

A.P. — Un ambassadeur ne peut que suivre les instructions qui lui sont données par son gouvernement. Je crois sincèrement que le gouvernement Balladur n'aurait pas pris l'initiative de vendre des armes à Taiwan, et qu'il aurait suivi la même politique que le général de Gaulle. Mais aujourd'hui, il est l'héritier d'une situation. La France a engagé sa parole envers Taiwan entre 1990 et 1993, beaucoup plus encore que nous ne pensions. Il est exclu qu'elle revienne sur cet engagement, en reprenant les armes vendues. C'est le principe de la continuité de l'État.

« En 1964, nous avons pris une position très audacieuse. La France a été la première puissance occidentale à reconnaître la souveraineté exclusive du régime de Pékin sur la Chine, contre toutes les puissances occidentales. Nous avons obtenu que la Chine prenne la place de Taiwan à l'O.N.U., et que, les uns après les autres, tous les pays occidentaux nous suivent. Il nous serait désagréable de penser que les États-Unis, qui se sont permis et se permettent, beaucoup plus que la France, des actes considérés par vous comme inamicaux, seraient laissés libres de continuer, alors que la France serait seule sanctionnée. Il y a un manque d'équité dans ces deux traitements. Selon notre dicton, ce sont là « deux poids, deux mesures ».

L'ambassadeur Yao Guang. — La Chine représente 1 200 millions d'habitants et Taiwan 20 millions. Est-ce comparable ? Comment pouvez-vous hésiter entre les deux ? Vous dites que la France a engagé sa parole avec Taiwan entre 1990 et 1993. Mais elle a engagé sa parole envers la Chine depuis 1964 ! S'il y a contradiction entre ces deux engagements, comment peut-elle faire passer le respect de sa parole envers une province provisoirement séparée, avant le respect de sa parole envers le seul État souverain, qui représente soixante fois plus ?

A.P. — Ce qui est tentant pour les chefs d'entreprise, c'est que Taiwan paie *cash*. La Chine tient ses engagements, mais elle demande d'abord des conditions très avantageuses de paiement. Ne vous étonnez pas que la pression de nos entreprises en faveur de la Chine ne soit pas suffisante pour compenser la pression d'autres entreprises en faveur de Taiwan. Et comme notre situation économique et sociale est difficile en ce moment, c'est un facteur qui compte dans la décision.

Z.J. — Quand il y a un nœud, il faut que celui qui l'a fait le défasse. Tout dépend donc de la France. C'est à elle de prendre des dispositions. M. Balladur a une très forte cote dans le public français, il doit pouvoir résoudre ce problème ; sa cote montera encore. Jamais la Chine n'a eu l'idée de vendre des armes à la Corse.

A.P. — Ce serait un paradoxe insupportable que la France, qui a été la première puissance à reconnaître la Chine, soit celle avec laquelle vous auriez les plus mauvais rapports.

Z.J. — *(Il a pris, à l'adresse de notre ambassadeur, à plusieurs reprises, un ton agressif et même menaçant.)* Les archives découvriront plus tard quel aura été le rôle de l'ambassadeur de France. Dans trente ans, on saura la vérité.

A.P. —Je pense qu'elles révèleront qu'il a obéi à son gouvernement, comme c'est le devoir de tout fonctionnaire. »

En me raccompagnant à mon hôtel, notre ambassadeur, qui est resté très maître de lui, me glisse, avec un humour un peu triste : « C'est bien la première fois qu'on donne autant d'importance à un ambassadeur ».

« Ne pas faire de taches sur les nouvelles pages »

Samedi 18 septembre 1993.

Le ministre des Affaires étrangères Qian Qichen, vice-Premier ministre, est de taille moyenne, la soixantaine, tiré à quatre épingles : ensemble gris, chemise blanche, cravate rayée, chaussettes rouges, chaussures noires, très *british*. Il me reçoit dans un pavillon à la toiture cornue, au cœur de Diaoyutai, l'enclos où séjournent les invités officiels étrangers ; il y dispose d'un local pour les recevoir sans qu'ils aient besoin de franchir les murs. Curieux mariage de tradition chinoise et d'architecture stalinienne : grand salon de style soviétique, avec fauteuils crème et impressions de velours rouge foncé. Par la véranda sur laquelle il donne, on aperçoit le parc raffiné, aux essences multiples.

Qian Qichen a pris l'initiative de cet entretien. Mais j'ai demandé que notre ambassadeur m'accompagne.

Le ministre m'interroge sur le colloque Macartney qui vient de se dérouler à Chengde, l'ancien Jehol, la capitale d'été des empereurs mandchous, où Qianlong reçut, voici exactement deux cents ans, l'ambassadeur britannique, avant de le congédier brusquement parce qu'il renâclait à se soumettre aux neufs prosternements rituels.

A.P. « Ce fut une rencontre manquée entre deux pays. J'espère que ce ne sera pas notre cas. Surtout à l'approche du trentième anniversaire d'une rencontre réussie. Quelques semaines avant le 30 janvier 1964, le général de Gaulle, en Conseil des ministres, a demandé à tour de rôle aux vingt-cinq membres du gouvernement de se prononcer personnellement sur la reconnaissance de la Chine par la France, comme il le faisait quand se posait un grand problème. Parmi les ministres présents alors, nous sommes deux à rester encore dans la vie politique active : M. Giscard d'Estaing et moi-même, qui étions les deux benjamins. Nous avons le sentiment d'avoir participé à une décision historique et sommes demeurés tous deux amis de la Chine. Je serais heureux que les nuages qui menacent nos deux pays se dissipent avant ce trentième anniversaire.

Q.Q. — La France a été la première puissance à reconnaître la Chine. Ce fut un événement capital à l'époque. Je suis d'accord. Le général de Gaulle *(il ne mentionne pas Mao)* a pris une décision très sage. Ce qui s'est passé ensuite l'a prouvé. Tout le monde a imité le geste du général de Gaulle.

« Depuis trente ans, les choses ont changé. Nous avons connu des progrès. Mais dans les relations entre États, il est normal qu'il y ait des nuages. Je souhaite qu'ils s'éloignent. La Chine et la France sont deux grands pays. Il est impensable que des relations tendues subsistent entre eux. M. Giscard d'Estaing est venu nous voir récemment. J'espère que vos deux visites contribueront à réchauffer nos relations.

A.P. — Je ne suis pas envoyé par le gouvernement français. Je suis venu à Pékin à titre privé, à l'occasion de ce colloque scientifique.

Q.Q. — Combien de fois êtes-vous venu en Chine ?

A.P. — Une douzaine de fois. J'aimerais que de bonnes relations soient reprises entre nos deux pays. »

J'aborde le premier l'affaire des livraisons d'armes à Taiwan :

« Quand l'ambassadeur Zhou Jue est venu m'alerter à la fin de 1989 sur la vente des frégates, et plus tard l'ambassadeur Cai Fangbo sur la vente des Mirage, je suis aussitôt intervenu auprès de notre ministre des Affaires étrangères pour le mettre en garde. Cependant, le pays a signé des contrats ; le principe de la continuité de l'État nous interdit de revenir en arrière. Il est impossible de ne pas tenir les engagements de la France. Maintenant, il faudrait se tourner vers l'avenir.

Q.Q. — J'apprécie votre prise de position. Si l'on jette un regard sur ce qui s'est passé, le gouvernement chinois a observé une grande retenue. Il a expliqué de nombreuses fois sa position. On a même envoyé le vice-ministre des Affaires étrangères à Paris pour alerter les autorités françaises. Il est tombé d'accord avec ses interlocuteurs, à deux conditions : qu'il s'agisse de frégates *non armées* ; et qu'il n'y ait pas d'autres contrats de ventes d'armes avec Taiwan. Le gouvernement socialiste français de l'époque a expressément accepté ces deux conditions. Il a alors estimé que le gouvernement chinois *faiblissait*. Il ne s'est pas arrêté, depuis cette date, de poursuivre son action sur une voie incorrecte. La Chine ne s'y laissera plus reprendre.

« Tout récemment, nous avons accueilli un émissaire de votre gouvernement. Les entretiens ont été bien décevants *(il appuie :)* bien décevants. Au lieu d'arrêter les ventes d'armes, le gouvernement français veut continuer à vendre des frégates armées à Taiwan.

« Le gouvernement chinois ne demande qu'à améliorer ses relations avec la France, mais il nous apparaît clairement aujourd'hui que le gouvernement français a l'intention de poursuivre ses ventes.

A.P. — Vous dites que le gouvernement chinois est disposé à améliorer ses relations avec la France, mais vous ne semblez pas prêt à faire la moitié du chemin. Il semble même que vous ne soyez pas prêt à grand-chose.

« Je parle seulement en tant que vieil ami de la Chine. Et je pense que la décision prise à l'égard des ventes de frégates à Taiwan a été une décision malheureuse. Mais le nouveau gouvernement français s'est trouvé devant une situation de fait. C'est pour nous une contrainte, sur laquelle nous ne pouvons revenir.

On aborde ensuite la question rebattue de la différence, vis-à-vis de Taiwan, entre les États-Unis et nous. Il conclut sur ce point :

Q.Q. — Les Américains héritaient d'une situation historique. Après l'annulation des accords de défense, après le retrait de l'armée américaine, il restait la vente d'armes pour assurer la sécurité de l'île. Depuis 1982, nous avons signé un accord sur la cessation de ces ventes. Nous avions accordé aux Américains une dérogation limitée. Ils n'ont pas honoré leur signature. Mais nous entendons bien ne pas les laisser en abuser. Si la France vend des armes à

Taiwan, elle crée un nouveau problème là où il n'a jamais existé. Taiwan n'a jamais été une colonie française.

A.P. — En 1964, la France n'avait pris aucun engagement à l'égard de quiconque, elle se gardait les mains libres. Elle a pris une décision qui nous a valu beaucoup de reproches ; nous nous sommes attiré des critiques non seulement de la part des États-Unis, mais dans tout le monde occidental. Elle vous a permis de sortir de votre isolement.

« Cela devrait nous valoir un peu de compréhension. J'espère que cette page pourra être tournée. Mais elle a été écrite.

« Nous aussi, nous nous trouvons, comme les Américains, devant une situation historique dont nous sommes les héritiers. Si la position prise de votre côté à l'égard de la France était négative, je connais certains groupes de pression parisiens qui en profiteraient pour aller plus loin. On en viendrait à vendre à Taiwan beaucoup plus de 60 Mirage (Taiwan veut, paraît-il, acheter 400 avions de combat), d'autres frégates et des sous-marins que Taiwan nous paierait *cash*. Vous et nous, nous roulerions alors, chacun sur notre pente, vers la politique du pire.

Q.Q. — Comme vous venez de le dire, il faut tourner la page. Mais il serait inutile d'espérer éviter une détérioration croissante de nos relations, si le gouvernement français voulait continuer à faire des taches sur les pages blanches.

A.P. — Si l'on tourne la page, il faut, en ce qui nous concerne, qu'elle soit tournée dans la continuité de l'État. N'oubliez pas que le président de la République est toujours là, qui veille à cette continuité. Et il ne faudrait pas que, pendant les dix-huit mois qui lui restent, soient prises des positions irréversibles. »

Le ministre donne l'impression d'être atteint. Il aperçoit une échéance, pour la France et pour la Chine. Il me serre la main de manière appuyée, en me disant en français « merci » deux fois, avec une certaine chaleur.

CHAPITRE 36
Un problème de confiance
1993

18 septembre 1993.

Le même soir, je dîne avec Liu Shu Qing, président de l'Institut des relations internationales, et avec l'ambassadeur Zhou Jue ; tous deux ont assisté en témoins muets à mon entretien avec Qian Qichen. J'essaie d'aller plus loin avec eux.

A.P. « En 1971, le Premier ministre Zhou Enlai m'avait dit : « Chaque fois que la France sera en concurrence avec un autre pays à des conditions égales de prix et de qualité, elle aura notre préférence pour les contrats. » Nous en sommes loin ! Depuis quelque temps, c'est exactement l'inverse qui se passe. Nos entreprises sont systématiquement éliminées. Comment faire pour changer cette situation déplorable ?

Liu Shu Qing. — Ces dernières années, nos relations connaissent de graves difficultés. Le gouvernement français a décidé de vendre des armes offensives à Taiwan. Il met ainsi des obstacles sérieux à la réunification de la Chine. Nos rapports se détériorent.

A.P. — En 1981, nous avions 4 % de parts de marché dans le commerce extérieur chinois. Ce n'était déjà pas beaucoup. Mais ces 4 % sont tombés à 1,43 %. Pendant ce temps, l'Allemagne est passée de 3 % à 6 %.

Liu. — L'Allemagne a beaucoup de petites et moyennes industries qui commercent avec les provinces. Mais surtout, cette progression est due aux bonnes relations politiques entre les deux pays. L'Allemagne a finalement refusé de vendre des armes à Taiwan, après en avoir eu l'intention.

A.P. — Avant les ventes d'armes à Taiwan, les parts de marché de la France étaient déjà en chute libre. Notre présence relative en Chine régresse dans beaucoup de domaines, que ce soit le commerce, les investissements en co-entreprises, ou la langue française. Le français n'est plus enseigné obligatoirement, comme c'était le cas auparavant dans la plupart des provinces ; et même, il n'arriverait plus qu'en cinquième position, derrière l'anglais, le japonais, le russe et l'allemand.

Liu. — Le peuple chinois veut améliorer ses relations avec la France. Mais avant, il faut régler le contentieux politique. Je sais bien que la mauvaise décision d'armer Taiwan a été prise par le gouvernement socialiste. Mais l'actuel gouvernement peut changer les choses ! Sur le plan économique, il y aurait de grandes possibilités pour la France. Quand les relations étaient bonnes, nous importions des céréales françaises. Nous consommons 400 kilos de céréales par personne et par an.

« Une vingtaine de villes voudront un métro »

A.P. — Que pourriez-vous proposer comme contrats à la France ?

Liu. — D'ici à l'an 2000, il y aura une vingtaine de villes qui voudront se doter d'un métro. Nous aurons besoin du T.G.V., de centrales nucléaires, d'installations de transports et de communications. Nous pourrions offrir à l'industrie française des débouchés beaucoup plus importants que ceux auxquels votre industrie d'armement renoncerait à Taiwan.

A.P. — À Shanghai, vous avez préféré confier le métro à l'Allemagne.

Liu. — Oui, mais il y a Tianjin, Qingdao et beaucoup d'autres villes qui en veulent un.

A.P. — Si notre contentieux était réglé dans les prochaines semaines, il se pourrait que le Premier ministre Balladur vienne en Chine au début de l'année.

« La France s'est engagée par des contrats commerciaux qui la lient irréversiblement. Il est impossible de ne pas tenir les engagements de la France. On ne peut pas faire comme si la parole de la France n'avait pas été donnée par contrat. La crédibilité de la signature française nous interdit de revenir en arrière. Il faudrait donc tourner la page et se tourner maintenant vers l'avenir.

Liu conclut sobrement l'entretien, en des termes que je ne saurais corriger : « Le problème des relations franco-chinoises est désormais un problème de confiance. Il est essentiel de dissiper le climat de suspicion, qui les empoisonne du fait que la France a trahi ses engagements et n'est pas revenue sur cette trahison. Il faut qu'apparaisse un changement réel de politique, par rapport à celle qui a été suivie depuis 1989 et qui n'a cessé de s'aggraver. »

Le rendez-vous d'un anniversaire

6 octobre 1993.

Dès mon retour à Paris, je rends compte oralement au Premier ministre de mes conversations. Il est surpris. Il ignorait à quel point la mission Friedmann de juillet avait « déçu » les Chinois. Mais comment l'aurait-il su ? Notre ambassade n'en avait même pas été informée, tellement ses relations avec les autorités s'étaient dégradées.

Je lui précise ce qui me paraît devoir être la ligne d'une seconde mission. Rester intransigeant pour la bonne fin des contrats signés sous les gouvernements socialistes (bien que la fabrication de ces armements n'ait pas encore commencé et que la complète exécution des contrats ne doive pas avoir lieu avant 1999). Se réserver la liberté de vendre à Taiwan du matériel militaire défensif (missiles à courte portée, chars, camions, etc.) ainsi que tout matériel civil. Mais prendre l'engagement de renoncer, après la complète exécution des contrats signés, à de nouvelles livraisons d'armes *offensives* à Taiwan.

Comme appât, l'idéal serait de pouvoir annoncer que le Premier ministre est prêt à se rendre à Pékin fin janvier, pour le trentième anniversaire, de manière à montrer que cette « seconde reconnaissance » de la Chine populaire par la France est dans le droit fil de la première. Ce geste seul, après la réception triomphale qu'on s'apprête à réserver au chancelier Kohl le mois prochain, pourrait faire obstacle à la mise en scène manichéenne que les Chinois sont en train d'organiser : l'Allemagne, qui a renoncé à vendre des armes à Taiwan, portée au pinacle ; la France, qui a décidé d'en vendre et donne l'impression de vouloir s'obstiner, clouée au pilori.

Je confirme ces propos au Premier ministre par une note.

Toute réflexion faite, Balladur me prévient, quelques jours plus tard, qu'il préfère un calendrier plus détendu : renvoyer Friedmann en décembre, prévoir son propre voyage pour avril et me dépêcher moi-même en janvier à Pékin, avec une délégation officielle, à la fois pour célébrer le trentième anniversaire des relations franco-chinoises et pour préparer psychologiquement et surtout pratiquement la venue du Premier ministre.

Les retrouvailles

Ainsi fut fait. Les conversations exploratoires avaient permis de rapprocher les points de vue. Une seconde mission de Jacques Friedmann à Pékin, entre Noël et le Nouvel An, fut pleinement couronnée de succès.

Le 12 janvier, est publié un communiqué franco-chinois, conforme en tous points à ce qui avait été prévu. Pékin n'exige plus que la France suspende les contrats d'armement offensif déjà conclus. Paris renonce à en signer d'autres.

Ce marché chinois ressemble parfois à un leurre pour les entreprises françaises, dont les mauvais résultats, par comparaison avec l'Allemagne ou même l'Italie, sont bien antérieurs au contentieux sur Taiwan. Il est vrai, le crédit que de Gaulle nous avait ouvert en janvier 1964 a été bien mal utilisé. La plupart des chefs d'entreprise français n'ont pas été assez agressifs. Pendant longtemps, ils ont été portés par l'idée que le marché intérieur français, complété par le pacte colonial, suffisait à assurer leur expansion.

Le choix qu'avait fait le général de Gaulle voici juste trente ans venait d'être confirmé. À la fin de janvier, je conduisis à Pékin une délégation qui comportait notamment l'amiral Philippe de Gaulle et Claude Chayet — le fils de celui qui avait renoué avec la Chine, et celui qui avait rouvert notre ambassade.

La glace était rompue. Nous fûmes reçus avec effusion. Nous allâmes de banquet en banquet. Nous eûmes successivement des conversations approfondies avec le Premier ministre Li Peng, avec le vice-Premier ministre Qian Qichen, avec les vice-ministres des Affaires étrangères et du Commerce extérieur, entourés de leurs principaux collaborateurs.

Les retrouvailles se passaient aussi bien que possible. On entrait, jusqu'au détail, dans les dossiers de coopération entre les deux pays. Il y avait eu des concessions de part et d'autre. Les Chinois auraient voulu, pour normaliser nos relations, que nous renoncions à vendre à Taiwan les frégates et les Mirage que le gouvernement socialiste s'était engagé à livrer. Or, le gouvernement Balladur a refusé de revenir sur les accords conclus si imprudemment. Non seulement les frégates et les Mirage seront livrés à Taiwan*, alors même que l'on n'a pas encore commencé à les construire ; mais nous nous réservons de fournir également l'armement des frégates, alors que le gouvernement socialiste s'était engagé publiquement à ce qu'elles demeurent à l'état de coques vides.

La négociation a été serrée, mais loyale. Nous avons réussi à sortir du piège où les Américains, jaloux d'être concurrencés sur le marché de Taiwan, nous voyaient enfermés avec plaisir, sachant que, si nous armions les frégates, cela provoquerait une aggravation de la tension entre la Chine et la France ; et que, si nous ne

---

* Grâce aux contrats maintenus avec Taiwan, notre industrie de l'aviation militaire, et notamment Dassault, a été sauvée.

les armions pas, nous devrions les reprendre. Projetés sans préparation dans un saut périlleux, nous avons réussi à retomber sur nos pieds.

Le terrain était ainsi déblayé devant le voyage d'Édouard Balladur.

CHAPITRE 37

Plongée au cœur de la centrale de Daya Bay

1993

21 septembre 1993.
Au cours de ce mois, pas un de nos médias n'a fait la moindre allusion à un événement de portée planétaire : le couplage au réseau électrique chinois de Daya Bay — sur une côte de rêve, la première grande centrale nucléaire en Chine, de construction essentiellement française.

Cette copie conforme de notre centrale de Gravelines (Pas-de-Calais) n'a pas demandé moins de sept ans de négociations et d'études (1979-1986) et sept ans de travaux (1986-1993). Elle aura coûté la bagatelle de 20 milliards de francs. Comme son modèle, elle ne comporte pas les tours de refroidissement en béton qui donnent leur allure caractéristique à la plupart des centrales nucléaires : ses réacteurs, construits sur la côte, sont directement refroidis par un puissant brassage d'eau de mer.

Imaginez un des plus beaux sites de la Côte d'Azur, le cap Ferrat ou Èze-sur-Mer, avec des plages de sable fin baignées par une mer d'un bleu limpide, à 80 kilomètres de Hongkong ainsi que de la « zone économique spéciale » de Shenzhen, ville champignon. Ce rivage était désert en 1986.

Une grande centrale nucléaire (comportant d'ores et déjà deux réacteurs de 900 mégawatts chacun qui pourraient être doublés) y est aujourd'hui installée ; alors que seul existait en Chine jusque-là un prototype de faible puissance, non loin de Shanghai. De sa production, 30 % sont destinés à la province du Guangdong ; 70 % seront vendus à Hongkong, qui compte bien sur elle pour assurer sa croissance (encore que les groupes de pression de la colonie britannique, très hostiles à ce projet, aient tout fait pour le faire échouer).

Un secret soigneusement gardé

La presse française a de bonnes raisons pour se taire. Les autorités chinoises ont enrobé cet événement de mystère.

D'abord, à cause de leur tradition d'extrême prudence. Le réacteur n° 1 a divergé dans la nuit du 31 août au 1er septembre. Les Chinois avaient subi des contretemps avec leur unité expérimentale de Qinshan, au sud de Shanghai. Pour Daya Bay, ils ont préféré attendre que le succès se confirme avant de le claironner.

Ensuite, parce que leur conduite ancestrale les incite à se réserver le monopole de l'information vers l'extérieur sur tout ce qui concerne l'État. Valéry Giscard d'Estaing, en séjour en Chine voici quelques semaines, visitait Chengde, la résidence d'été des empereurs mandchous au XVIIIe siècle. L'ancien président de la République voulut photographier le trône où l'empereur recevait l'hommage de vassalité des ambassadeurs étrangers. Il se le vit interdire. Un instant plus tard, le conservateur du palais l'invita à se faire photographier avec lui à côté du trône. « Comment ce qui était impossible il y a quelques minutes est-il devenu d'un coup possible ? — Ce trône est un bien de l'État, classé comme précieux. Seul un fonctionnaire de l'État peut donc le photographier. »

Mais la raison principale de ce silence est ailleurs : en raison de la politique de livraisons d'armes à Taiwan décidée par le gouvernement socialiste en 1990, les relations franco-chinoises traversent une phase délicate. Pékin ne tient pas, jusqu'à nouvel ordre, à donner de l'éclat à la mise en marche de Daya Bay. Certains avaient imaginé qu'Édouard Balladur pourrait venir inaugurer en personne, dans les semaines qui viennent, cette réalisation spectaculaire. Quelle erreur !

Il ne s'agit pas, du reste, de la livraison d'une usine « clefs en main », et encore moins d'un don de la France à la Chine. La Chine achète un transfert de technologie par le biais d'une société mixte, dont elle a assumé complètement la direction. Framatome a fourni les réacteurs. E.D.F. assure le conseil, la formation des techniciens, l'assistance à l'exploitation. G.E.C.-Alsthom a livré les turbo-alternateurs. Cinq ingénieurs américains effectuent un contrôle de qualité. Mais seule la Chine est maître d'ouvrage. Des cadres supérieurs chinois, à la tête desquels le brillant Zan Yun-Long, ont conservé de bout en bout le commandement de l'opération ; ils sont pleinement à la hauteur de leur mission.

C'est le Premier ministre Li Peng qui inaugurera lui-même, le 10 décembre 1993, cette centrale à laquelle il s'était personnellement attaché depuis l'origine, à l'époque où il était ministre de l'Énergie. Il me déclarait avec fierté, voici quatre ans, que le mouvement de Tiananmen n'avait pas retardé d'un jour les travaux en cours. Il les a suivis d'autant mieux qu'il est lui-même ancien ingénieur électricien et que Mme Li Peng était et demeure chef du service qui dirige l'opération depuis Pékin.

Un événement historique

On peut donc expliquer ce silence ; il n'en étonne pas moins, quand on songe à la portée quasi historique de l'événement.

D'abord, pour la Chine et pour le tiers monde.

En 1964, la Chine avait été le premier pays en voie de développement à faire exploser un engin atomique. De nouveau, vingt-neuf ans plus tard, elle est le premier à manifester sa maîtrise du nucléaire civil, qui restait jusqu'à présent le monopole de l'Occident et de l'ex-Union soviétique.

Plusieurs pays en voie de développement, tels le Brésil et les Philippines, se sont essayés, à grands frais mais sans succès, à cette technologie complexe ; elle exige à la fois des compétences scientifiques de haut niveau et, condition beaucoup plus difficile encore à satisfaire, une absolue rigueur d'organisation, de gestion, d'exécution.

Même la Chine a rencontré de grandes difficultés pour faire démarrer la centrale expérimentale de petite puissance qu'elle avait construite sur ses propres plans à Qinshan, en jouant au Meccano avec des pièces importées de divers pays : la cuve du Japon, le cœur de France, les pompes d'Allemagne, la salle de commandes des États-Unis. Après sa mise en service, cette petite centrale a dû rester à l'arrêt pendant près d'un an à la suite de maladies d'enfance.

Quand les Chinois, aussi bien d'outre-mer que de Chine continentale, apprendront la réussite de Daya Bay, ils devraient ressentir — légitimement — une bouffée d'orgueil. Tout comme les Chinois de Taiwan, de Los Angeles ou de Singapour avaient tressailli de joie pour la bombe de Mao, si hostiles qu'ils fussent au régime communiste.

Les pays du Sud partageront leur fierté, devant cette nouvelle réussite du pays qui est apparu dès Bandoung comme le chef de file du tiers monde et qui échappe de plus en plus au sous-développement.

Les dividendes du « tout nucléaire »

La mise en service de Daya Bay est importante aussi pour la France.

Si, dans les années 1980, les Chinois ont choisi la France pour coopérer avec eux dans cette première réalisation, le nucléaire, c'est que Georges Pompidou et son Premier ministre Pierre Messmer avaient lancé en 1974 un ambitieux programme — qu'a confirmé le président Giscard d'Estaing. La France est en pointe dans le monde.

Non seulement l'énergie nucléaire fournit plus des trois quarts de notre électricité, pourcentage sans équivalent ailleurs ; mais notre production à bon marché nous donne une de nos rares supériorités pour l'exportation.

Et surtout, l'expérience que nous ont permis d'acquérir nos 57 réacteurs fonctionnant en France sans incident nous confère en matière de sécurité, après l'accident de Three Miles Island et, à plus forte raison, après la catastrophe de Tchernobyl, une maîtrise qui n'a pas de rivale.

La réussite de Daya Bay va donner à la France la consécration internationale qui lui manquait encore, malgré les centrales vendues en Belgique, en Corée du Sud et en Afrique du Sud ; elle offrira un argument de plus pour pénétrer le marché mondial, longtemps considéré par les États-Unis comme leur chasse gardée. Nous touchons les dividendes de notre « tout nucléaire », tant brocardé, tant attaqué.

Protégée du boycott

De toutes les exportations que peut espérer réaliser la France en Chine, le nucléaire est le seul secteur qui offre une résistance naturelle au boycottage de plus en plus sévère que Pékin est en train d'organiser contre nous.

Le maire de Lyon (alors Michel Noir), pour manifester sa sympathie aux étudiants de Tiananmen, avait rompu l'accord de jumelage entre sa ville et Canton. Ce geste, moralement élégant vu de chez nous, a été suivi de l'élimination de l'offre française pour le métro de Canton, laquelle était sur le point d'être définitivement acceptée : un marché de 3,5 milliards de francs qui s'envole. C'est payer cher, et pour longtemps, une pose médiatique éphémère et, de surcroît, contradictoire, puisqu'elle va priver les Cantonais d'un courant d'échange avec la patrie des droits de l'homme...

Pour les six turbines hydrauliques, de 560 mégawatts chacune, de la centrale d'Ertan, financée par la Banque mondiale, l'offre de Neyrpic, à l'ouverture des plis, était la moins-disante de 4 %. Voilà le groupe français écarté : 400 millions de francs partent en fumée.

Pour la centrale « clefs en main » de Tian Huan Ping, de six tranches de 300 mégawatts (800 millions de francs, également financés par la Banque mondiale), l'offre française, groupée par Cegelec, était de 11 % moins-disante à l'ouverture des plis. La voilà éliminée. Etc.

Mais les centrales nucléaires, c'est autre chose. Elles représentent la meilleure chance pour la présence économique de la France en Chine de ne pas être emportée par la bourrasque qui souffle actuellement sur les relations franco-chinoises.

En trois décennies, Daya Bay est de beaucoup la réalisation la plus importante qui ait été menée à bien par la coopération entre les deux pays. C'est sur elle que les relations franco-chinoises devraient pouvoir pivoter pour reprendre un cours normal.

J'ai rencontré des Français heureux

Il y a en Chine des Français heureux. Ils existent, j'en ai rencontré. Notamment à Daya Bay. Ils étaient 1 800, y compris les familles, au moment le plus fort de la construction de la centrale. Ils ne sont plus aujourd'hui que 830. Ils habitent sur place, dans des villas confortables qui forment un village construit à leur intention.

Après quelques expériences malheureuses, ils ont parfaitement compris comment il fallait se comporter avec les Chinois : non comme en pays conquis ; ni comme des « petits Blancs » dans les anciennes concessions ; ni comme des colonisateurs venus enseigner la civilisation aux sauvages ; mais comme des invités dans un pays de vieille civilisation, qui a provisoirement besoin d'aide technique, et les accueille avec empressement à condition qu'ils ne se croient pas chez eux. Les cadres français qui participent au montage ou conseillent la direction chinoise montrent à celle-ci, m'a-t-il semblé, non une déférence de commande, mais le respect dû à la compétence. Et pourtant, ils savent bien que ce qu'ils apportent est irremplaçable.

Voici Gérard Guérin. Il a trente ans. Il a fait ses classes à l'École des techniciens d'E.D.F. de Gurcy-le-Châtel, près de Provins. Il enseigne inlassablement aux techniciens chinois, dans une salle de simulation d'incidents, comment faire face aux risques mineurs ou majeurs.

Une sonnerie stridente retentit. Des lumières rouges clignotent sur le tableau de bord : une tuyauterie primaire, celle dans laquelle baignent les barres d'uranium, est censée s'être rompue. Le circuit de refroidissement ne fonctionne plus. Si l'on n'y pare pas, le réacteur va s'échauffer dangereusement. D'abord, ne rien faire pendant dix minutes : pour surmonter le *stress* que provoque l'accident, il faut s'interdire toute initiative, jusqu'à retrouver tout son calme et à se remémorer avec précision la procédure à suivre. Une fois le sinistre bien identifié, il suffit d'appliquer tranquillement les mesures prescrites une fois pour toutes.

Gérard Guérin est content de son travail, de sa relation avec les techniciens chinois, des responsabilités qui lui sont confiées, de la prime qui ajoute 50 % à son salaire, du climat de l'entreprise. Il souhaite rester là longtemps encore.

Et voici les femmes des techniciens, à l'approche de 14 heures, accompagnant leurs enfants à l'école française. C'est la plus grande de Chine, avant l'école française de Pékin. Elle assure l'éducation de trois cents petits Français de la maternelle à la seconde (avec le soutien, pour les classes secondaires, du Centre national d'enseignement à distance). Dans une salle de C.M.2, en cours d'histoire (on l'enseigne donc, merveille, à Daya Bay), j'interroge les enfants : « Qui était Jeanne d'Arc ? — Elle était pour la France, elle voulait chasser les Anglais, mais elle s'est fait *piquer*... »

« Ici, me disent quelques mamans, on se serre les coudes. Il n'y a pas de clan E.D.F., de clan C.E.A., de clan Framatome, de clan Campenon-Bernard ou de clan Alsthom ; ni de droite ni de gauche. On s'entraide. On se trouve bien. Pourquoi les Français sont-ils si peu nombreux à s'expatrier ? Il y aurait pour eux tant de belles situations à prendre dans cette province du Guangdong, au lieu d'attendre le R.M.I... »

Essor de la Chine et déclin de la France

L'humour noir de Lénine tinte aux oreilles de l'Occident depuis soixante-dix ans : « Les capitalistes sont si bêtes qu'ils nous vendront jusqu'à la corde pour les pendre. »

Cependant, la prophétie s'est retournée contre l'œuvre du prophète : pour avoir cédé à la fascination du capitalisme, mais en donnant la priorité à la démocratisation sur la libéralisation économique, comme le lui conseillaient les Occidentaux, l'Union soviétique a fabriqué elle-même la corde par laquelle elle s'est pendue.

En revanche — en choisissant d'adopter l'économie de marché et d'ouvrir la Chine aux capitalistes de tous les pays, tout en maintenant la dictature du Parti —, Deng a été assez habile et assez ferme pour faire tomber les capitalistes dans le piège.

Ils ont déjà tant investi en Chine — les Chinois d'outre-mer en tête — qu'ils ne peuvent faire marche arrière. Ils ont favorisé, pour de nombreuses industries de main-d'œuvre et bientôt de services, une « délocalisation » qui est une des causes principales du marasme de l'Occident. Ils se sont passé à eux-mêmes le nœud coulant autour du cou.

À l'heure où l'envol de l'Extrême-Orient aggrave la crise en France, et à défaut de voir les Européens se mettre d'accord pour une attitude protectrice, la pénétration de ces marchés est notre seule riposte possible. L'escabeau sur lequel nous pouvons nous hisser pour éviter l'étranglement, c'est le marché chinois lui-même.

Or, il y a un lien évident entre ces deux phénomènes : l'essor de la Chine et le déclin de la France.

Il ne sert à rien de se lamenter sur les « délocalisations », qui ruinent nos industries de main-d'œuvre par la concurrence de travailleurs payés vingt ou trente fois moins que les nôtres et bénéficiant d'une faible protection sociale. Tant que la Communauté européenne ne se décidera pas à se protéger, et elle n'en prend guère le chemin, nous n'avons pas d'autre ressource que de pénétrer ces nouvelles sociétés de consommation et de partager avec elles leur succès.

Une carte à jouer pour la France

On n'en est que plus amer devant la désinvolture avec laquelle les gouvernements socialistes ont traité nos relations avec la Chine. De notre déprimante performance de 1,4 % des parts de marché, nous tomberions au-dessous de 1 % si les relations entre Pékin et Paris ne s'amélioraient pas. Cependant, l'Allemagne a conquis 6,5 % des parts. Même l'Italie nous a largement dépassés, atteignant 3,5 %.

La conjoncture est à la fois défavorable et favorable à la France.

Défavorable, parce que l'Occident tout entier, États-Unis compris, est en train de reculer en Asie du Sud-Est, alors que les Asiatiques du Sud-Est prennent une part de plus en plus importante dans leurs propres échanges et leur propre développement. Défavorable, parce que la France, handicapée par sa crise et par de mauvais choix en politique étrangère, est devenue la grande absente dans la partie qui s'engage.

Favorable, parce que notre mise à l'écart récente, ainsi que la décadence (beaucoup plus longue) de la Chine, offrent aux échanges de nos deux pays une forte réserve de croissance. Favorable, parce que, dans les diverses provinces chinoises emportées par l'expansion, de nombreux cadres n'attendent qu'un feu vert politique pour signer des accords avec des partenaires français. Favorable, car la bonne performance de l'industrie nucléaire française à Daya Bay, dans un domaine aussi difficile, crée les conditions propres à établir une coopération à long terme.

Encore faudrait-il que les Français comprennent que la seule façon de lutter contre le chômage et la récession, provoqués, au moins en partie, par la concurrence de l'Asie du Sud-Est, c'est de nous exporter nous-mêmes dans cette partie du monde, qui connaît et continuera très probablement de connaître longtemps une croissance spectaculaire.

Encore faudrait-il que les Français préfèrent les risques de l'aventure à la molle sécurité de vivre en assistés. Encore faudrait-il que la fâcheuse brouille qui s'est aigrie entre France et Chine depuis 1989 soit tout à fait dissipée.

CHAPITRE 38
L'équation énergétique
1993

Pourquoi le nucléaire est-il de nature à infléchir l'attitude intraitable de la Chine et à permettre à la France de reprendre avec elle des relations normalisées ? C'est qu'il apporte aux Chinois la résolution d'une équation qui peut devenir insoluble en dehors de lui. Ils sont emportés par une expansion accélérée. Énergie et transports constituent les deux principaux obstacles à leur développement ; le nucléaire est seul en mesure de les surmonter tous deux.

Pour ne pas casser la courbe de la croissance, leur production d'énergie doit s'accroître de 10 à 15 % par an : le rythme de leur expansion, qui s'établit à 10 % par an en moyenne depuis dix ans, est en effet deux fois plus rapide que celui que nous avons connu dans les meilleures de nos « Trente Glorieuses », époque où notre consommation d'électricité doublait tous les dix ans.

Or, d'un bout à l'autre de la Chine, les coupures de courant sont déjà fréquentes. Les usines comme les municipalités sont obligées, soit de mettre leurs employés au repos, soit de s'équiper de groupes électrogènes : dans chaque cas, un énorme gaspillage.

Quand vous visitez une usine, il n'est pas rare que ces deux facteurs se combinent. Des ouvriers, assis en rond, fument ou bavardent, parce que le courant n'arrive pas et que le groupe électrogène est en panne. Les usines qui font les 3×8 (ou seulement les 2×8) sont obligées de travailler au ralenti quand vient la nuit. Ainsi en est-il de l'usine Peugeot, à 25 kilomètres de Canton, en raison de l'éclairage des rues et monuments de la capitale provinciale, de plus en plus illuminée puisqu'il faut faire absolument aussi bien que Hongkong...

Jusqu'à présent, la Chine est livrée au « tout charbon » : 1,2 milliard de tonnes par an consommées — une par habitant. Elle a l'avantage, direz-vous, d'être de loin le premier producteur et de disposer des plus grandes réserves au monde ? Certes. Mais, comme ses mines sont concentrées dans le Nord, il faut transporter le charbon sur de longues distances : problème gigantesque et lancinant. Près de la moitié des trains et des camions s'y consacrent, alors que les réseaux de la route et du rail sont déjà saturés et délabrés. Les trains charbonniers ont priorité sur les trains de voyageurs, qui en sont réduits à des moyennes de l'ordre de 40 kilomètres à l'heure. D'ici au T.G.V., dont on parle déjà, il y a encore loin.

Daya Bay va représenter moins de 2 % de la capacité d'énergie électrique installée. Mais si la Chine, forte de ce premier succès, se convertit au nucléaire, elle peut, à long terme, échapper à la fois au goulot d'étranglement de l'énergie et à celui des communications.

Nul n'en est plus convaincu que le pionnier de Daya Bay, le Premier ministre Li Peng, et que l'actuel patron de l'entreprise, Zan Yun-Long.

Ce Chinois de cinquante-neuf ans, très occidentalisé, arbore un solide optimisme. Son visage rond et jovial, ses yeux pétillants d'intelligence derrière des lunettes cerclées d'or, rayonnent d'une autorité sereine. Il a l'art, que j'ai pu apprécier, de tirer des conclusions claires d'un débat confus, de faire des choix et de les imposer.

Il connaît tous les chiffres. Il les projette sans hésiter à l'horizon 2015-2020. Il a fallu quatorze ans pour réaliser cette première centrale. Il n'en faudrait plus que six pour réaliser sa copie à quelques kilomètres plus loin sur la même côte. Il serait à portée de la Chine de lancer chaque année la construction de vingt réacteurs, l'équivalent de dix Daya Bay.

Ces chiffres, avec lesquels jonglent les planificateurs chinois, ne sont gigantesques qu'en apparence. Ils sont à la mesure du défi que lancent au pays sa démographie, sa croissance et son ambition.

C'est un pari analogue, toutes proportions gardées, qu'avait fait sur le nucléaire le gouvernement français, quand il a mesuré en 1973-1974 les dégâts qu'allait occasionner à notre économie notre dépendance à l'égard du pétrole. Nous recueillons aujourd'hui les fruits de ce choix : il faut vingt ans entre une décision stratégique de cette nature et la pleine perception de ses effets.

Les Trois Gorges de la toute-puissance

Il aura fallu beaucoup plus de vingt ans pour que Li Peng prenne l'an dernier la décision de construire le barrage des Trois Gorges, sur le haut Yangzi Jiang, ce projet pharaonique dont on parle depuis des siècles et auquel on avait toujours renoncé.

La recherche de l'énergie n'est sans doute pas le seul mobile de ce projet. Bien des empereurs avaient déjà été tentés par l'idée de contrôler la puissance de ce dragon furieux. Celui qui y réussirait garantirait à sa dynastie de long siècles de toute-puissance. Mao, Zhou Enlai, Deng Xiaoping en ont rêvé : ils savaient que le Parti ne serait pas détrôné, s'ils réussissaient cette gageure. Les bienfaits du Yangzi, par la prospérité qu'il apporte, ont toujours été payés cher par les millions de morts que provoquaient ses colères. Mater les rapides entre Chongqing et Wuhan, ce serait domestiquer un titan imprévisible, qui hante l'imaginaire chinois et que tant de contes agrandissent à l'infini.

Après de longues études et tergiversations, la décision de principe de construire le barrage des Trois Gorges, déjà conçu par Sun Yat-Sen quatre-vingts ans plus tôt, a été prise en 1992 par Li Peng, ingénieur hydraulique de formation avant de devenir ministre puis Premier ministre. Le lac de retenue s'étirera sur 600 km et remontera jusqu'à Chongqing. Ce sera le plus grand barrage et le plus vaste lac du monde : plus d'un million de personnes déplacées*, des milliers de villages, de pagodes et de temples engloutis. Un des plus beaux paysages du monde va disparaître. Pour produire dix fois plus d'électricité que la centrale nucléaire de Daya Bay.

Que l'énergie soit nucléaire ou hydro-électrique, les écologistes, et il y en a en Chine plus qu'on ne croirait, ne seront de toute façon pas contents. Le climat de toute la Chine en sera modifié. Le barrage représentera en cas de conflit un énorme danger virtuel. Les populations déplacées ne se consoleront pas d'avoir quitté ces lieux magiques. Et peut-être, sans doute même, va-t-on engloutir à jamais des richesses archéologiques uniques au monde, comme les soldats et cavaliers de terre cuite de Xian, qui ne pourront plus être atteints.

Ce ne sera pas le moindre de nos regrets que de ne plus pouvoir assister à ce spectacle envoûtant : le petit paquebot à cinq ou six étages, où l'on embarque sur un quai de Chongqing, et qui s'élance entre les parois rocheuses.

Après la nuit passée dans une cabine confortable, il faut, pour monter jusqu'au pont supérieur d'où l'on apercevra mieux le paysage, cette Lorelei de Titans, enjamber des dizaines de Chinois couchés à même le pont, roulés dans une couverture. Un peu plus haut que le niveau du pont supérieur, à l'aplomb du fleuve, serpentent sur l'immense paroi rocheuse d'anciens chemins de halage abandonnés depuis longtemps, mais qui semblent entretenus comme s'ils devaient servir encore.

Par moments, les rapides tourbillonnent tellement, que les moteurs accélèrent pour le maintenir au milieu de la passe vertigineuse. La rencontre avec une embarcation qui remonte poussi-

---

* Dont déjà 300 000 viennent de l'être en 1996.

vement le fleuve vous coupe le souffle, surtout si votre bateau est en train de doubler un train de lourdes barges.

Le Yangzi Jiang cessera d'étaler son cours tumultueux entre les hautes falaises à pic, qui ne laissent apercevoir, en fait de ciel, qu'une longue trouée de lumière.

Pour l'écologie de la planète

Les écologistes occidentaux commencent à comprendre que le charbon est, de toutes les sources d'énergie, la plus nuisible à l'environnement : fumées, poussières, pluies acides, effet de serre, changements de climat ; cependant que le nucléaire, si certaines conditions sont réunies, est la plus écologique (avant même l'hydraulique, qui atteindra ses limites avec le barrage des Trois Gorges, sur le haut Yangzi Jiang, chantier si pharaonique que l'électricité n'en sortira pas avant vingt ans).

La combustion du charbon dans le monde prend des proportions inquiétantes. Les Chinois poursuivraient-ils pendant seulement vingt-cinq ans leur expansion actuelle, ils consommeraient en 2020 autant d'énergie électrique par habitant que les Américains aujourd'hui. Il faudrait alors, s'ils s'en tenaient au charbon, qu'ils en brûlent dans leurs centrales thermiques 7 milliards de tonnes par an, le double de toute la production mondiale actuelle.

Depuis la conférence de Rio de l'an dernier, l'idée commence à percer que ces enjeux sont essentiels pour le siècle à venir ; que la consommation de charbon est la plus polluante ; que le nucléaire est une source propre, économe en matières premières, à peu près illimitée dans le temps, à bon marché ; et la plus sûre si elle est parfaitement maîtrisée : depuis un demi-siècle qu'elle existe, elle n'a pas provoqué en France une seule mort, à la différence de tous les autres types d'énergie, qui en ont causé chacun, dans notre seul pays, des centaines.

Or, le nucléaire est arrêté dans le monde depuis Tchernobyl, exception faite — à rythme modeste — de la France, du Japon, de Taiwan et de la Corée. Si la Chine suit l'exemple de ces quatre pays, elle peut faire basculer la planète vers le redémarrage en force du nucléaire, renouant avec la vocation de l'Empire du Milieu à donner le ton à l'univers.

Le choix du réseau nucléaire

Pékin a une raison non dite de privilégier la diffusion du nucléaire et donc le modèle de Daya Bay. La capitale risque d'être débordée par les initiatives des provinces maritimes, en train de décoller à vive allure et soucieuses d'assurer leur autonomie énergétique. Elle ne pourra peut-être pas s'opposer à une multiplication hétéroclite de centrales au charbon, au fioul, au gaz, etc. Mais, en matière nucléaire, la suprématie du pouvoir central s'imposera en raison de l'impératif de sécurité et de rigueur, et de la nécessité d'un système aisément reproductible.

Sécurité, reproductibilité : la France, à cet égard, donne plus de garanties qu'aucun de ses concurrents.

Parce que la société Framatome, bénéficiant d'un monopole, a pu et su franciser et standardiser la filière, américaine à l'origine, de l'eau pressurisée ; alors que l'industrie nucléaire américaine, dispersée entre une trentaine de compagnies rivales et jalouses de leurs secrets, n'a pu concentrer une pareille expérience.

Parce qu'il sera plus aisé et beaucoup plus rapide pour les Chinois de reproduire à un grand nombre d'exemplaires le modèle de Daya Bay que de se lancer vers de nouveaux modèles (quitte, ne nous faisons pas d'illusions, à se passer de plus en plus de notre aide).

Parce que la Chine, portée par sa culture confucéenne, qui privilégie l'harmonie et l'intérêt général, est apte à effectuer un choix capable d'entraîner un mouvement planétaire. Ce serait sa revanche sur le monde anglo-saxon — d'opinion aujourd'hui massivement anti-nucléaire —, lequel vient de l'humilier à nouveau par le choix du site olympique de l'an 2000.

CHAPITRE 39
Un voyage controversé
1994

Avril 1994.

Bizarrement, ce voyage d'Édouard Balladur et d'Alain Juppé en Chine, au mois d'avril 1994, a eu fort mauvaise presse. Ce n'était pas par manque de journalistes français : une centaine étaient montés à bord de notre avion pour couvrir l'événement. Les quelques témoins qui ont pu participer aux conversations du Premier ministre et du ministre des Affaires étrangères avec *tous* leurs interlocuteurs ont constaté qu'elles avaient atteint leur objectif : renouer avec la Chine des liens qui s'étaient, non seulement distendus, mais rompus.

Comme aucun programme n'avait été prévu pour les journalistes, ils se morfondaient pendant les entretiens, auxquels ils ne participaient naturellement pas. Peut-être eût-il été plus efficace d'en emmener moins et de leur organiser un programme...

Ils se laissèrent convaincre, ou se convainquirent mutuellement, qu'il n'y avait d'autre légitimité en Chine que celle des dissidents. Ils parurent n'être venus que pour chercher les traces de 1989 et en faire parler les témoins. Ils ne courraient d'ailleurs aucun risque s'ils cherchaient à en interviewer, puisqu'ils étaient couverts par l'immunité attachée à tous les participants de ce voyage, et puisque leur séjour ne durerait que trois jours. Comment ne pas céder à cette tentation ?

Cependant, les autorités chinoises suivaient tous les faits et gestes des dissidents. Après Wei Jingsheng à Pékin, trois autres dissidents à Shanghai furent mis à l'écart par la police pendant la durée du voyage pour qu'ils ne rencontrent pas de journalistes. Ces dissidents regagnèrent leur domicile le lendemain de notre départ.

Quand Khrouchtchev et Brejnev étaient venus en France, n'avions-nous pas « mis au vert » — ou expédié en Corse — des dizaines de dissidents et de manifestants virtuels ? La presse française a pourtant focalisé son attention sur ces dissidents, comme si cette affaire était plus importante que le voyage lui-même. Ce n'est pas un arbre, c'est une branche qui a caché la forêt...

Étranges hypothèses

Il fut raconté que ces arrestations avaient été décidées par le Premier ministre chinois pour humilier son homologue français, auquel il aurait voulu faire payer cinq années de boycottage de la Chine par la France.

Curieux raisonnement. La Chine s'était amplement payée de notre boycott, pendant quatre années de marchés rompus, de portes fermées et, à l'encontre de notre ambassadeur, de vexations incessantes, de dérobades, de propos injurieux. Mais face à Édouard Balladur, qui précisément avait voulu réussir la réconciliation, il n'y avait que gratitude amicale.

Soupçonner Li Peng d'avoir voulu faire payer à son homologue français les quatre ou cinq années qui avaient précédé cette seconde reconnaissance, c'est comme si l'on avait soupçonné, en 1964, la Chine de Mao et Zhou Enlai de vouloir faire payer au gouvernement du général de Gaulle les quinze années qui avaient précédé la première reconnaissance.

Plus étrange encore, on se mit à imaginer que Li Peng, en jetant ce poil à gratter dans le voyage de Balladur, se vengeait de n'avoir pas été invité le premier en France — l'honneur allant au président Jiang Zemin.

Il est exact que l'Élysée et Matignon préféraient inviter d'abord celui qui ne soulevait aucune objection personnelle, ni de François Mitterrand, ni de la gauche française, ni de la presse, puisqu'il se trouvait à Shanghai pendant le Printemps de Pékin.

Mes interlocuteurs chinois — avec lesquels je n'avais cessé de garder le contact, à Pékin en janvier et en avril, à Paris entre les deux — avaient bien, en effet, demandé avec insistance que cette invitation fût adressée au Premier ministre, responsable des relations avec l'étranger et de l'économie. Mais ils avaient finalement admis qu'il valait mieux inviter d'abord Jiang Zemin, pour que cette première visite se passât bien. Il est donc exclu que les autorités aient cherché à faire perdre la face à Édouard Balladur. Et comment le chef du gouvernement chinois aurait-il pu user de rétorsions contre l'invitation faite au chef de l'État, de l'armée et du Parti — son propre chef ?

Des premiers aux bons derniers

Jamais, sous la Ve République, voyage à l'étranger ne fut à la fois aussi utile et aussi mal compris. Beaucoup de gens persistaient dans l'erreur d'analyse dont le gouvernement français était enfin revenu grâce à un changement de majorité. Ils croyaient toujours qu'en coupant les ponts avec la Chine populaire, on pourrait la punir et même l'obliger à changer de politique pour les droits de l'homme...

Est-ce à dire qu'il faut garder le profil bas sur ce sujet ? Le profil haut adopté par les gouvernements socialistes avait été totalement inefficace. Plus discrètement, Édouard Balladur a remis à Li Peng une liste de détenus sur lesquels il appelait son attention. Celui qui était en tête de liste a été libéré quelques jours plus tard. C'est moins tonitruant, mais peut-être plus utile.

Il ne s'agissait pas de soustraire la Chine aux obligations universelles envers la dignité de chaque être humain — opposant ou dissident. Ni même de relativiser les droits de l'homme en Chine : mais de trouver le moyen le plus sûr de les y faire reconnaître dans les faits, en entourant de milles liens ce pays enfin arraché à son solipsisme.

L'enjeu économique de la seconde reconnaissance

1964-1994 : je ne pouvais que ressentir de la tristesse à constater qu'on avait perdu beaucoup de temps pour revenir à la case départ. En 1964, la France jouissait à Pékin de tout le prestige d'avoir été la première à reconnaître le fait chinois. En 1994, nous étions bons derniers à effectuer la même reconnaissance.

Nous n'avons pas perçu les dividendes pratiques de notre clairvoyance diplomatique. La politique hostile à Pékin, menée par les gouvernements socialistes à partir de 1989, était contraire à l'esprit qui guida de Gaulle en 1964, lorsqu'il décida de reconnaître la Chine populaire, sans aucunement approuver le régime, mais en constatant que celui-ci gouvernait bel et bien le pays depuis quinze ans. Était-il concevable que notre ambassadeur, *seul de tous les chefs de mission occidentaux*, ne fût reçu par aucun responsable chinois et ne pût en recevoir aucun ? Il était urgent de rétablir le dialogue avec la Chine. Édouard Balladur a mis fin à une très grave brouille avec un pays que Roland Dumas proclamait lui-même « incontournable ».

L'enjeu économique n'est pas mince. Le P.N.B. chinois est déjà au niveau de celui du Japon. Son rythme de croissance est fabuleux. Ce dynamisme crée d'énormes besoins.

D'abord, les communications. La Chine doit se doter de routes, d'autoroutes, d'ouvrages d'art, de moyens de transport : voitures, camions, avions, locomotives, trains à grande vitesse, métros — pour les quinze villes qui en souhaitent un.

Les télécommunications : trois foyers sur cent seulement disposent du téléphone, alors que tous le désirent. Le téléphone portable explose.

L'énergie : la Chine a besoin de centrales thermiques au nord où abonde le charbon, hydro-électriques au centre où coulent de grands fleuves, nucléaires au sud où on ne trouve ni l'un ni les autres.

Dans ces trois grands secteurs, la France peut et doit occuper une grande place. Sans oublier les céréales. Li Peng a annoncé que notre blé serait le bienvenu, alors qu'il était refusé depuis deux ans. Plus les Chinois entreront dans la société de consommation, plus ce marché prendra d'ampleur.

Mais avant de mettre la balle dans le camp des hommes d'affaires, il fallait faire un geste politique. Les relations entre la France et la Chine étaient verrouillées. Les voilà déverrouillées.

Les Chinois peuvent faire jouer à plein la concurrence entre la France et l'Allemagne. Si l'attitude de la première leur déplaît, ils se tournent aussitôt vers la seconde. D'importantes ruptures de contrats nous ont été ainsi infligées. Nous avons, par exemple, perdu le métro de Canton. Les Chinois ne sont-ils pas, même, allés chercher nos partenaires européens, surtout allemands ou italiens, pour qu'ils soumissionnent dans des marchés qui ne les intéressaient pas, de façon à évincer les entreprises françaises, fussent-elles moins-disantes ?

Le chancelier Kohl, en novembre 1993, est revenu de Pékin les poches bourrées de contrats initialement destinés à la France. Le gouvernement allemand a très bien compris que les dirigeants chinois détestaient perdre la face. Il a donc exprimé de façon moins gesticulatoire que nous sa réprobation de certains aspects de la politique de Pékin.

Nos médias n'ont paru s'occuper, pendant ce voyage, que du sort de quelques dissidents, interpellés par la police chinoise, justement pour qu'ils n'aient pas de contact avec les journalistes. Certains ont interprété comme une insulte à la France, un geste que les autorités chinoises présentent comme une précaution nécessaire au bon déroulement de la visite. La presse allemande ne s'est pas gendarmée, lorsque des dissidents avaient été mis à l'écart pendant la visite du Chancelier en Chine en novembre dernier.

Être forts pour être entendus

Comment expliquer que les droits de l'homme créent des problèmes dans l'opinion française quand il s'agit de la Chine, mais pas quand il s'agit d'autres pays ? Par exemple, l'URSS pendant un demi-siècle ; ou l'Algérie, qui a annulé les élections lorsque les islamistes étaient sur le point de les gagner... Le regretté Jean Lecanuet s'était rendu à Pékin, en 1991, à la tête d'une délégation sénatoriale. À son retour, il m'avait dit avec humour : « Je me demandais pourquoi la gauche ne fait aucun cas du fait qu'en Algérie, l'armée a tué des centaines ou des milliers de jeunes et, au contraire, s'indigne tant du massacre de Pékin. J'ai trouvé la réponse. Pour nos socialistes, les dirigeants algériens, ce sont des *potes*, alors que les dirigeants chinois ne le sont pas. »

Ils ne le sont pas parce qu'ils ont été des *camarades* qui ont fait rêver, et qu'on voudrait les punir d'avoir brisé ce rêve ; on leur en veut de se réveiller.

Mais, à l'inverse, ne jetons pas le bébé avec l'eau du bain. Il n'y a aucune raison d'être cyniques, et d'étouffer tout sentiment pour rafler les marchés.

D'abord, à la différence de l'Allemagne, de l'Italie et du Japon, la France est un des cinq membres permanents du Conseil de sécurité et une des cinq puissances nucléaires — tout comme la Chine. Elle a des responsabilités mondiales. Quant aux droits de l'homme, c'est en France qu'ils ont été élaborés et exprimés pour la première fois comme une proclamation à portée universelle. C'est un drapeau que nous devons déployer. Mais en prenant grand soin de nous garder de toute arrogance.

En politique internationale, ce ne sont pas seulement les bons sentiments qui jouent ; ce sont aussi et surtout les réalités. Donc, les rapports de force.

Elle ne méritait pas de réponse, l'incroyable campagne de presse qu'a déclenchée la gauche. Celle-ci aurait pu se faire plus discrète, en observant que de Gaulle avait mis la France au premier rang en Chine, que les gouvernements socialistes l'ont mise au dernier depuis 1989, et que le gouvernement Balladur l'a remise dans les tout premiers. Qu'y-a-t-il d'humiliant dans le fait de passer du dernier rang au premier ?

Ce qui ne suffit pas pour influencer les dirigeants chinois. Mais qui est indispensable pour se faire entendre d'eux.

CHAPITRE 40

Les deux premiers Chinois à Paris
1994

Septembre 1994.
Moins de cinq mois après le voyage d'Édouard Balladur à Pékin, la France, le 9 septembre 1994, accueille en grande pompe Jiang Zemin, chef de l'État, du Parti unique, de l'armée. « Visite d'État », avec déroulement maximum de tapis rouges.

La France est la première nation d'Europe occidentale à recevoir officiellement le n° 1 chinois depuis 1989, après avoir été celle dont les relations avec la Chine s'étaient le plus détériorées.

Pourtant, des journaux continuent à présenter l'interpellation de quatre dissidents chinois pendant le voyage d'Édouard Balladur, comme un raffinement prémédité pour blesser la dignité du Premier ministre et, à travers lui, de la France.

Quelle méconnaissance de la réalité ! Entre l'amertume, voire l'exaspération, senties en septembre 1993 chez les dirigeants chinois, et l'accueil de janvier 1994, le compromis intervenu avait produit ses effets. Les mines renfrognées, la glaciation avaient fait place aux sourires engageants, à une douce chaleur. Notre nouvel ambassadeur, François Plaisant, a vu s'ouvrir toutes les portes qu'on avait claquées au nez de son prédécesseur.

Alors qu'en décembre 1993, Li Peng avait inauguré la centrale de Daya Bay *hors de la présence de tout représentant officiel de la France,* comme s'il s'agissait d'une réalisation purement chinoise, on prendra soin de donner le plus d'éclat possible, le 14 juillet 1995, à la négociation finale de la convention pour Daya Bay II.

Une nouvelle rupture évitée

Avril 1996.

Un an et demi après le chef de l'État chinois, c'est le chef du gouvernement, Li Peng, qui prend le chemin de Paris. Son voyage avait été opportunément retardé : il valait mieux attendre la visite apaisante de Jiang Zemin, ainsi que la fin d'une cohabitation qui rendait les retrouvailles fragiles, tant que celui qui avait engagé la rupture après le 4 juin 1989 restait à l'Élysée.

Jacques Chirac lui ayant succédé, cette visite se présentait sous les meilleurs auspices. C'est elle qui allait consacrer concrètement les retrouvailles, puisque, en Chine, c'est le Premier ministre qui prend les décisions pratiques en matière d'échanges, de commerce extérieur, d'investissement ; lui qui donne ses instructions aux ministères techniques, aux entreprises et aux ambassades chinoises ; lui qui signe les contrats, choisit Airbus ou Boeing, commande les centrales nucléaires à l'un, les centrales thermiques à l'autre.

Patatras ! Tout a failli être remis en cause.

Le mardi soir, 9 avril, au journal de 20 heures, on pouvait voir la mine de Li Peng s'allonger à mesure qu'il descendait de sa passerelle : il était encore tout sourire en sortant de la cabine et s'était rembruni à chaque marche. Que s'était-il donc passé ?

Le lendemain, ce fut bien pis. Les invités du Premier ministre avaient été priés de se présenter au Quai d'Orsay à 19 h 45 pour le dîner qu'il donnait en l'honneur du Premier ministre chinois et de Mme Li Peng.

Après un entretien avec Alain Juppé et Hervé de Charette, Li Peng devait rejoindre les invités à 20 heures dans le salon de l'Horloge. La délégation chinoise n'arrivait toujours pas, alors que les Chinois sont d'une grande ponctualité. Plus les quarts d'heure passaient, plus il fallait se rendre à l'évidence : un incident sérieux était en train de se dérouler. Enfin, les deux Premiers ministres et leurs suites nous rejoignirent quelques minutes avant 22 heures.

Deux membres de la suite chinoise, au cours de l'apéritif qui suivit, se hâtèrent de me raconter leur vision de l'incident.

D'abord, le Premier ministre chinois n'avait pas été accueilli à l'aéroport par son homologue français, mais seulement par un ministre technique. Certains hauts fonctionnaires français avaient repoussé d'avance ce reproche : Édouard Balladur, deux ans plus tôt, n'avait été reçu à l'aéroport de Pékin que par un ministre technique. Certes, répondaient nos interlocuteurs, mais le protocole chinois est différent : un simple ministre attend le chef d'État ou de gouvernement à l'aéroport, l'accompagne à sa résidence et, de là, sur la place Tiananmen, où le Premier ministre l'accueille, passe avec lui la revue des troupes, avant que celles-ci défilent devant eux deux ; or, un simple ministre français a accompagné le Premier ministre chinois pour passer devant le piquet d'honneur. Nulle part, le Premier ministre français n'a présenté les troupes, le drapeau et l'hymne à son homologue chinois.

En outre, aucune dame ne figurait dans le groupe qui accueillait les visiteurs, alors que Mme Li Peng et les autres dames de la délégation chinoise faisaient partie de la visite officielle. Le mercredi matin, Mme Juppé, souffrante, s'excusa de ne pas assister au repas du soir. Mme Li Peng et toutes les Chinoises de la suite se décommandèrent aussitôt pour ce dîner. (Les fonctionnaires français affirment qu'il y avait eu avec le protocole chinois de longues négociations conclues par un accord. Où s'est glissé le malentendu ? On ne le saura jamais.)

Enfin, les agences de presse diffusèrent dans l'après-midi le texte d'un toast d'Alain Juppé qui parlait longuement des droits de l'homme. L'ambassade de Chine demanda à Matignon, et obtint, confirmation de ce texte.

C'en était trop pour Li Peng. Il décida d'annuler le dîner, déjà privé de sa participation féminine. Un collaborateur de Jacques Chirac s'employa pendant deux heures à réduire le différend. Le dîner eut lieu, sans toasts, comme initialement prévu.

Les plats avaient été gardés au chaud. Mais pour tenir les relations franco-chinoises à la bonne température, il faut des maîtres queux très attentifs.

Cette visite mal commencée a été sauvée le lendemain, par Jacques et Bernadette Chirac. Le premier a bousculé son emploi du temps pour consacrer à Li Peng un long entretien et un déjeuner intime qui n'avaient pas été prévus. La seconde a renoncé à un déplacement à Londres pour déjeuner avec Mme Li Peng en tête à tête et lui tenir compagnie.

Sans doute Jacques Chirac se souvenait-il de la blessure qu'avait ressenti son maître Georges Pompidou, quand des manifestants israélites à Chicago l'avaient bousculé, en compagnie de son épouse, sous les yeux d'une police passive. Pompidou avait réagi sèchement en dénonçant « cette tache sur le front de l'Amérique ». Nixon avait lavé la tache en venant présider lui-même, avec bonne grâce, le banquet d'adieux marqué d'un toast à l'humour détendant : « C'est la première fois, dans l'histoire des Etats-Unis, que le Président remplace le vice président ».

Parce que c'est elle, parce que c'est nous

Les rapports entre la Chine et la France commencent à avoir une longue histoire. On peut en tirer quelques leçons.

La première, c'est que les Chinois sont d'une extrême susceptibilité. Tout manque d'égards est interprété par eux comme une nouvelle offense qu'on entend leur infliger, comme pendant les cent dix ans de l'humiliant « partage du melon ». Le protocole est leur protection contre l'offense.

La deuxième est que la Chine existe, qu'elle se développe à une rapidité surprenante ; qu'elle est l'indépendance même, farouchement ; qu'elle est de plus en plus consciente de son potentiel. Entretenir des rapports diplomatiques avec elle, c'est parler avec les hommes qui gouvernent un pays peuplé comme vingt-deux fois la France.

La troisième est que de bonnes relations politiques n'entraînent pas forcément les échanges économiques, mais que mauvaises, elles les bloquent à coup sûr. Or, en France, les forces hostiles à Pékin, médiatiquement puissantes, et qui n'ont pas fait leur deuil de la mythique Chine rouge de leur jeunesse, s'ingénient à impressionner nos dirigeants.

La quatrième est que, pour la Chine, notre pays compte. Par le crédit que nous avait ouvert l'initiative de De Gaulle, même si nous en avons insuffisamment profité. Par le fait que nous sommes, comme elle, une puissance nucléaire indépendante, membre permanent du Conseil de sécurité. Par notre rôle en Europe. Par la qualité de nos performances technologiques.

Voilà ce que nous sommes pour elle et ce qu'elle est pour nous. Parce que c'est elle , parce que c'est nous.

Le pays des droits de l'homme

Notre pays s'honore d'avoir, le premier au monde, formulé une Déclaration universelle des droits de l'homme. Il est donc normal qu'une manifestation se soit déroulée sur la place du Trocadéro, qui leur est précisément dédiée (pourquoi, d'ailleurs, n'a-t-elle pas réussi à réunir, à l'appel de Laurent Fabius et de Mgr Gaillot, plus de quelques centaines de personnes ?) Mais l'État français, lui, doit gérer, dans des circonstances difficiles, l'ensemble des intérêts nationaux.

C'est ce qu'a compris Jacques Chirac, en ne parlant des droits de l'homme — à Bangkok en mars, pour le premier « sommet euro-asiatique », et de nouveau à Paris en avril — que dans une conversation privée avec Li Peng, tout en proclamant que la France devait prendre une plus large part dans les échanges de la Chine.

Croyons assez à la vertu des droits de l'homme pour avoir confiance que les échanges — de toutes natures — produiront des effets qui ne seront pas seulement économiques. Déjà la Chine se rend compte, au seuil de l'Organisation mondiale du commerce, qu'elle se doit de garantir des règles stables et crédibles. Droit des contrats et respect des droits de l'homme se révéleront vite inséparables. La notion d'état de droit s'imposera par une nécessité intérieure. Elle ne sera plus un placage occidental, mais la conséquence de la ligne même qu'avait imposée Deng, et dont les suites n'ont pas fini de se dévider.

À la longue, on ne peut libérer l'économie, sans sécréter une liberté qui déborde du champ économique. Nous avons misé en 1964 sur cet effet à long terme. Il commence à se faire sentir. À condition d'éviter tout froissement, pour ne pas en contrarier l'apparition.

Quand le Premier ministre britannique Lloyd George décida d'établir des relations avec l'Union soviétique, pourtant abreuvée de sang, il répliqua aux protestations des belles âmes : « On peut toujours commercer avec les cannibales, cela ne signifie pas que nous approuvons le cannibalisme. » Il ajouta, pince-sans-rire : « C'est probablement le meilleur moyen de leur suggérer d'autres usages culinaires. » Les Chinois n'apprécieraient pas, mais pas du tout, qu'on leur appliquât cette comparaison. Mais ils peuvent comprendre qu'une caricature en dit quelquefois plus qu'un long discours.

CHAPITRE 41
Un chantier pour la France
1996

Le « *boom* » économique qui, d'un voyage à l'autre, rend méconnaissables tant de villes chinoises*, c'est avant tout le *boom* des *joint-ventures*, les co-entreprises sino-étrangères — cette formule qu'à l'instar de Singapour, Deng a si fort encouragée depuis 1980. Les Chinois fournissent le gros œuvre, la main-d'œuvre, les matières premières ; le « capitaliste » apporte le savoir-faire, les machines, l'encadrement. Au bout d'une période de trois ou quatre ans, le capitaliste retrouve sa mise ; il retire ses techniciens à mesure que le personnel chinois est formé ; à son gré, il rapatrie ses bénéfices, ou les réinvestit.

Irréversible

Septembre 1996.
À vrai dire, c'est la Chine dans son ensemble qui est placée sous le sigle « J.V. », abréviation de *joint-venture*. Elle vit une aventure conjointe. Elle a tout misé sur cette bizarre conjonction.

D'un côté, les cinquante millions d'adhérents du Parti ont le plus souvent en commun de souhaiter maintenir sa cohésion interne et d'être prêts, s'il le faut, à rétablir l'ordre public par des actions de force. (Il est vrai que des nuances dans la vigueur de leur détermination les distinguent ; que le Parti n'a jamais été une entité

---

* Tout particulièrement, je peux en témoigner, Shanghai, au centre de la région côtière ; Canton, au sud ; Xiamen, entre les deux, face à Taiwan ; Shenzhen, près de Hongkong ; et au nord, Dalian, qui réunit l'ancienne Dairen des Japonais et l'ancien Port-Arthur des Russes.

homogène ; et que beaucoup de contestataires de 1989 ont été des gens du système.)

En face, si l'on peut dire, le Capital échappe aux apparatchiks. Il devient une force indépendante. Le Parti, devenu pragmatique sous la houlette de Deng, le grand pourfendeur des utopies, s'en est avisé. Il en tient même compte. Il sait qu'il doit étouffer tout dissentiment en son sein, en tout cas qui soit visible de l'extérieur : sinon, la confiance, oxygène de l'économie de marché, disparaîtrait — avec les capitaux.

Pour conserver cette confiance, la Chine honore sa signature. On a raconté, ici ou là, que c'est le contribuable qui supporte finalement le poids du commerce avec la Chine. Ce sont des légendes. La Chine n'a jamais demandé de remise de dettes, ni d'étalement des remboursements. Elle souhaite obtenir des crédits, mais quand l'échéance arrive, elle paie « rubis sur l'ongle ».

D'autre part, le Parti tient à placer la Chine à son rang — le premier — dans le concert des nations ; même si l'ambition de beaucoup de Chinois se limite à être traité d'égal à égal par les Grands de ce monde. Pour les dirigeants, l'ouverture de la Chine au monde fait partie de l'irréversible. Ce pays fier peut s'accommoder des critiques sur les droits de l'homme. Mais il ne s'accommoderait pas longtemps d'être mis au ban de la société économique internationale.

Si extraordinaire que cela paraisse, le pragmatisme impose donc à celui de tous les partis communistes du monde qui s'était montré le plus extrême dans la haine du capitalisme occidental, de se faire l'allié du capitalisme et de s'ouvrir à l'Occident.

Des vins franco-chinois prospèrent

Près de Tianjin (Tientsin), j'avais visité par deux fois, en 1986 et 1989, les installations de Remy-Martin, une des premières « co-entreprises » franco-chinoises. Des vignes greffées avec des boutures de ceps français. Des barriques, des chais, des caves flambant neuf, matériel venu tout droit de France, utilisé sous le contrôle de cadres français. Cette *joint-venture* a vite conquis un vaste marché, avec *Dynasty* : un vin blanc, à partir de cépages de riesling, dans des bouteilles de vin d'Alsace ; un vin rouge, avec des cépages de saint-émilion, dans des bouteilles de bordeaux. Sous ces deux étiquettes, treize millions de bouteilles sont vendues chaque année.

Toutefois, cas très rare parmi les J.V., le partenaire français s'est retiré. Après avoir retrouvé sa mise — et fort au-delà — il a « rapatrié » ses « expatriés ». Il ne garde plus qu'un pourcentage symbolique du capital et des dividendes.

Pernod-Ricard a imité la première période de l'exemple Remy-Martin. Mais alors que celui-ci, partant de rien, avait bâti à neuf, celui-là a choisi de faire alliance avec une entreprise chinoise en difficulté, *Beijing Wineries*, qu'il a rachetée : trois cents employés, dirigés par cinq de nos compatriotes. Ils ont été formés dans le moule d'une entreprise socialiste. La première réforme qui leur a été imposée par l'encadrement français a été de supprimer les nombreux lits, où ils avaient coutume de dormir à diverses heures du jour. L'extrême égalitarisme du système n'encourageait pas le zèle : 100 *yuan* seulement séparaient le salaire mensuel le plus élevé, 600 *yuan* (400 francs), du plus bas, 500. On s'est hâté d'introduire des primes incitatives.

Pernod-Ricard semble avoir bien relevé ce défi. Pour 200 hectares de vignobles, il a fait venir de France par avion des boutures de cépages réputés — chardonnay, riesling, muscat de Frontignan, gamay. Une marque est née, *Dragon Seal,* le « sceau du dragon » : dix millions de bouteilles, pour sept produits différents.

Ce n'est pas une mince affaire que de s'introduire dans un marché qui ne vous attend pas. Pourtant, *Dynasty* puis *Dragon Seal* ont réussi à habituer les consommateurs chinois à des vins totalement différents des liqueurs très sucrées qu'ils buvaient, et même à faire considérer ces crus nouveaux comme des produits supérieurs, qu'on réserve pour les fêtes familiales, ou qu'on trouve dans les grands hôtels.

L'autorité publique encourage ces vins français. Elle s'inquiète de l'utilisation, pour fabriquer l'alcool blanc traditionnel comme le maotaï, de céréales dont la Chine est à court, ce qui l'oblige à en importer ; alors que le vin d'Europe produit en Chine la rendrait autonome.

Mais où sont donc les P.M.E. françaises ?

Pour conquérir le marché chinois, il faut se battre. Pourquoi les patrons français n'en seraient-ils pas capables ? On ne peut parcourir la Chine profonde, monter dans un ascenseur d'hôtel pour étrangers, sans rencontrer des Italiens ou des Allemands. Les uns voyagent pour prospecter, les autres demeurent sur place, sachant bien qu'on ne peut aboutir, dans ce pays, qu'en mettant de son côté la durée, et grâce à la confiance qu'on finit par inspirer.

Les Chinois, quand ils ont à choisir entre deux entreprises, savent admirablement faire monter les enchères. Encore faut-il être admis à la concurrence.

La France vient de remonter, entre 1994 et 1996, de 1,4 % à 2 % des importations chinoises ; mais le taux de couverture n'est que de 53 %. La Chine s'intéresse toujours moins à ce que la France peut lui vendre, que la France aux produits chinois ; le nombre des co-entreprises franco-chinoises a été multiplié par deux et demi en deux ans et demi. Mais nous sommes toujours dépassés par l'Italie et par l'Allemagne. Même la Suisse nous devance en investissements.

Sur le plan économique, la comparaison entre nos résultats et ceux de l'Allemagne est très instructive. Les Allemands ont triplé leur part du marché chinois pendant que la nôtre était divisée par trois. La tendance suivie par nos échanges de 1989 à 1993 allait inexorablement faire passer nos exportations au-dessous de 1 %. Alors que nous sommes le deuxième exportateur du monde par habitant et détenons 6 % des parts du marché mondial.

La plupart des exportations françaises vers la Chine sont le fait des grandes entreprises, qui arrachent de gros contrats du type Airbus, centraux téléphoniques, grands travaux, centrales nucléaires. Par rapport aux Allemands et aux Italiens, c'est la faiblesse de nos P.M.E. qui fait la différence.

Les organisations allemandes de P.M.E. se sont réunies pendant trois jours en ce mois de septembre 1996, à deux bonnes centaines de participants, en présence des partenaires chinois, au *Nouvel Hôtel Beijing* où je suis descendu : repas en commun matin et soir, démonstrations, projections d'images, photos, graphiques, etc. Il ne faut pas s'étonner si Allemands et Italiens, qui étaient placés loin derrière les Français en 1981, leur sont passés loin devant.

Les Allemands déploient encore plus d'énergie pour investir que pour vendre. Ils considèrent que les *joint-ventures* sont les meilleurs placements. De fait, elles représentent un vaste potentiel de formation, complété par des bourses et des échanges, auxquels participent, non seulement l'État fédéral, mais les *Länder*.

Particulièrement, les Italiens sont très présents. Ils viennent par petites équipes, qui restent longtemps et négocient au coup par coup. Le patron ne vient que pour la signature, quand toutes les difficultés sont levées.

Les Italiens ont compris avant les autres l'intérêt qu'il y avait à suivre ou, de préférence, à précéder ce mouvement. C'est sûrement, se sont-ils dit, vers les territoires autonomes que les Chinois vont faire dériver le plus possible d'entreprises étrangères. Il y a déjà encombrement sur la côte, notamment pour les industries légères ; la priorité doit porter désormais sur les terres de l'intérieur ; les pionniers bénéficieront d'une prime.

Ils ont semé leurs J.V. jusqu'en Mongolie et au Gansu. Ils ont construit et installé un hôpital à Lhassa. Des ambulances y circulent avec leurs klaxons à deux tons, portant l'inscription « Don du gouvernement italien ». Si le gouvernement français en avait fait autant, il y aurait sûrement chez nous de grandes consciences pour crier à la trahison de l'idée humanitaire.

On reproche souvent, en Chine, aux patrons français de passer en coup de vent : espérant emporter les marchés, ils repartent bredouilles — à moins de céder beaucoup dans la négociation ; car celui qui a tout son temps gagne infailliblement sur celui qui a peur de manquer son avion.

Maints patrons de P.M.E. françaises m'ont fait part de leur pessimisme. D'abord, ils se battent entre eux, alors que les Allemands, les Italiens, les Anglais sont organisés pour coopérer. Ensuite, ils se battent avec les organismes français. Avant d'entreprendre la moindre démarche, il faut passer par le C.F.C.E. (Centre français du commerce extérieur), le C.F.M.E. (Comité français des manifestations économiques à l'étranger), l'A.C.T.I.M. (Agence pour la coopération technique et industrielle), etc. (Ils oublient que ces organismes ont été créés pour les aider.)

Ces chicanes une fois franchies, ils peuvent enfin se battre avec les organismes chinois. Ce qui réclamerait qu'ils soient représentés en Chine par un bureau permanent. Rares sont ceux qui en ont les moyens ; et ils n'aiment pas se grouper avec des collègues, en qui ils voient des adversaires.

Quand on voit les P.M.E. allemandes ou italiennes, dont les représentants parcourent la Chine en tout sens, on ne peut être qu'admiratif. Les P.M.E. françaises devraient s'organiser, se grouper, demander à leurs chambres de commerce d'envoyer plus souvent des missions d'études ; prendre davantage contact avec nos conseillers commerciaux de Pékin et de Shanghai, ainsi qu'avec celui de Canton qui avait été éloigné par rétorsion et qui est désormais réinstallé ; créer ensemble des sociétés de représentation ou des bureaux permanents.

Face à la bureaucratie économique

Si nos P.M.E. ont fait preuve d'une grande frilosité, à l'inverse, quelques grandes sociétés — comme Citroën, Renault, Alcatel, Alsthom, Framatome, E.D.F., la Lyonnaise, Air Liquide, Rhône-Poulenc, Danone, L.V.M.H. — se sont montrées dynamiques et performantes.

Malgré l'occidentalisation, le système d'organisation soviétique perdure. Plusieurs dizaines de ministères techniques régentent chacun leur domaine : l'un, l'industrie métallurgique ; l'autre, l'électricité ; un troisième, le charbon. Ainsi *Sinochem*, « industrie chimique chinoise », a la haute main sur la chimie. Toutes ces administrations segmentées sont chapeautées par une dizaine de commissions d'État, qui ont un rôle plus politique et se tiennent en étroit contact avec les commissions correspondantes du Comité central. Le noyau dur du système communiste, n'est-ce pas la bureaucratie économique ?

Dans ces conditions, rien ne vaut de se faire baliser la piste par le pouvoir politique. Quand un ministre ou, mieux encore, un chef de gouvernement amène avec lui des industriels, les portes s'ouvrent. Qu'il s'agisse de soumissionner ou d'accéder aux Archives impériales, la méthode la plus efficace reste la même : *politics first*.

En revanche, on ne peut qu'être réservé sur l'efficacité des jumelages de villes, voire de départements ou de régions. Ils ne tiennent que par des impulsions individuelles. On part tout feu tout flamme, sans programme d'action ; on se disperse en voyages, en banquets, en invitations. Le tout est anarchique. Il n'en sort ni projets suivis, ni même, sauf exception, créations d'emploi. Il faudrait une politique d'ensemble, une stratégie ; et même un dirigisme, que la direction des Relations économiques extérieures serait bien placée pour assumer. Encore faudrait-il qu'un effort d'organisation soit effectué.

La société française Total a frisé le fiasco à Dalian (Dairen-Port-Arthur), dans le Liaoning (Mandchourie). Sinochem ne voulant rien entendre, elle était sur le point d'abandonner son projet de raffinerie de pétrole en co-entreprise. Li Peng est intervenu et a rajouté comme partenaire à Sinochem — trop récalcitrant — Sinopec, le grand complexe pétrolier d'État, qui a mené à bien le projet.

C'est encore une intervention politique de Li Peng qui a permis de faire l'économie des sept années de négociations et de concurrence entre firmes qui avaient été nécessaires pour Daya Bay I. La centrale nucléaire de Daya Bay II a été attribuée de gré à gré. Elle sera installée à Lingao, sur la côte de la mer de Chine, à 5 kilomètres de Daya Bay I. Le principe en a été acquis sur décision personnelle de Li Peng au mois de décembre 1994, confirmé par une lettre d'intention de janvier 1995. Le marché a été conclu en juillet 1995, malgré une grave panne survenue à Daya Bay I au premier semestre 1995. On parle déjà d'une Daya Bay III, qui serait installée vers Macao.

CHAPITRE 42

« Se jeter à la mer »
1996

Septembre 1996.
Le contexte dans lequel les J.V. se créent et travaillent n'est pas toujours favorable. Les entreprises privées chinoises estiment que les entreprises d'État bénéficient abusivement du poids de la puissance publique.

Parmi celles-ci, certaines ont été privatisées, mais elles gardent des liens étroits avec leur administration d'origine. Ce que nous appelons « pantoufler » se dit en chinois « se jeter à la mer ». La métaphore évoque une dangereuse aventure. Mais l'interaction entre le public et le privé reste forte, et prévient pas mal de dangers. Comme la mer, dans son reflux laisse des flaques sur la plage, l'État, en se retirant, a offert à ses fonctionnaires de somptueuses prébendes. Est-ce très différent de chez nous ?

Les entreprises vraiment privées se plaignent souvent de pratiques commerciales déloyales. Si telle entreprise concurrente rafle les marchés, c'est qu'elle a « graissé la patte » d'une autorité, ou parce qu'elle est d'État, ou parce qu'elle bénéficie de faveurs inavouables de l'administration. Mais allez le prouver. Il est toujours aisé de lancer une rumeur pour « sauver la face ».

Ainsi, les taxis de Shanghai se sont vu imposer des normes auxquelles, seule dans toute la Chine, la marque allemande Audi pouvait satisfaire. « Ce n'est pas un hasard », chuchotèrent aussitôt ses concurrents.

Mais faut-il toujours incriminer les autres ? P.S.A. rencontre plus de satisfactions avec Citroën qu'avec Peugeot. Beaucoup de choses dépendent du partenaire. N'est-ce pas que Citroën a un vrai partenaire industriel, l'usine Dongfeng (« Vent d'Est »), tandis que Peugeot doit se contenter de la municipalité de Canton ?

Peut-être aussi la marque au lion de Belfort a-t-elle eu le tort de ne pas sentir l'évolution de la société chinoise. Elle fabriquait et vendait très bien il y a quelques années un modèle périmé en France. Elle a cru pouvoir continuer. Mais les nouveaux bourgeois recherchent désormais des modèles bourrés d'électronique et d'accessoires raffinés, comme en offrent Mercedes ou Toyota. Pour la rusticité, les Chinois préfèrent Volkswagen. Une Audi fabriquée à Chang Chun, dans la province du Jilin (Mandchourie), connaît un grand succès.

Une nouvelle ville « française » dans le Farwest tartare ?

Le grand succès des *joint-ventures* a donné pleinement raison au pari de l'ouverture fait par Deng Xiaoping en 1978. Forts de ce succès, les Chinois vont se permettre d'être plus exigeants. Dans les premières années, étant très demandeurs, ils acceptaient tout ce qui se présentait. Aujourd'hui, ils s'apprêtent à demander que les investisseurs étrangers participent plutôt à des équipements lourds qu'à des industries légères, et investissent à l'Ouest plutôt qu'à l'Est, en Chine profonde plutôt que sur les côtes, et jusque dans les territoires autonomes. Pour éviter que ne s'aggravent les décalages entre la côte favorisée et l'intérieur défavorisé, ils vont créés des pôles de développement là où il n'y en avait pas.

Les Français ont commencé de suivre. Le patron de la Société française d'ingénierie urbaine, Pierre Lesage, a été somptueusement reçu par le maire de la municipalité d'Urumqi, Wu Dunfu, et les dirigeants de la région autonome du Xinjiang. Le projet consiste à créer une « cité du XXIe siècle ». Cette ville nouvelle serait conçue pour devenir un pôle de développement dans cette région arriérée, mais dont le potentiel est vaste, puisque l'élevage, l'eau, les minerais et l'énergie y abondent.

Les entreprises françaises qui investiraient dans cette ville nouvelle coopéreraient avec les autorités chinoises pour exploiter l'ensemble de ces ressources. Le projet se déroulerait à la charnière des deux siècles. La ville serait édifiée selon des normes ultramodernes, mais dans le respect du style local.

Ce projet revêtirait d'autant plus d'importance qu'il serait le premier à concerner une région si éloignée des côtes, habitée par des minorités surtout musulmanes, dominées par les Ouïgours, et où les Han sont loin d'être majoritaires.

Faire aimer la baguette de pain

Des patrons français qui réussissent, il en existe, j'en ai rencontré. Depuis le début des années 1980, qui avait coïncidé avec le lancement de la politique des *joint-ventures* et avec celui du socialisme en France, jusqu'en 1989, il ne s'était créé que moins de 200 *J.V.* franco-chinoises. Entre 1989 et 1994, pratiquement aucune. Alors qu'il s'en ouvrait des milliers au profit des États-Unis, du Japon, de l'Allemagne, de l'Italie, de Taiwan. Depuis 1994 jusqu'en septembre 1996, le nombre des co-entreprises franco-chinoises est passé de 200 à 500 : 150 % de croissance en deux ans.

Une parmi d'autres, dont le succès est éclatant : « Vie de France ». Des Français ont pris le pari de faire aimer aux Chinois la baguette de pain, le croissant et la brioche, le chausson aux pommes et la tarte aux quetsches. Alexandre Vilgrain a réussi à faire comprendre aux Chinois qu'ils ne pourraient pas faire de bon pain et de bonne croissanterie, tant qu'ils ne feraient pas de bonne farine. Il a donc racheté deux minoteries en Chine et les a modernisées. Là-dessus, il a ouvert quatre boulangeries-pâtisseries-salons de thé dans différents quartiers de la capitale. Les cinquante palaces de Pékin s'y approvisionnent en croissants et brioches. De l'extérieur, ces magasins ne paient pas de mine. La philosophie du patron français de cette co-entreprise paraît être : « pour vivre heureux, vivons cachés ». En tout cas, l'intérieur est très avenant. Le public chinois raffole de ce qu'il y trouve ; ces magasins ne désemplissent pas.

Les énarques chinois

Les étudiants chinois s'interrogent avec autant d'anxiété que leurs camarades français : quelles études faut-il faire ? Quels diplômes conquérir, qui puissent déboucher sur une situation stable ?

Les *joint-ventures* et les situations qui permettent de se rendre à l'étranger sont les emplois les plus demandés. Pour celles-ci comme pour celles-là, l'anglais ou plutôt l'américain sert de Sésame. Aussi ne faut-il pas s'étonner si les études de français sont désertées et si les étudiants chinois sont attirés par les États-Unis. Il est vrai que, si la France accordait 10 000 bourses au lieu de 2 000, les étudiants chinois les prendraient toutes. Ce ne serait pas un mauvais placement.

Ce fut en tout cas un excellent placement que de faire entrer à l'E.N.A. quelques élèves chinois — un à trois par promotion : c'est peu coûteux et d'un bon rapport.

Un jeune diplomate, Liu Huijie, m'avait guidé plusieurs années de suite, au cours de mes pérégrinations d'un bout à l'autre de la Chine dans les années 1980. En 1984, nous avions rendu visite ensemble, à une quarantaine de kilomètres de Shanghai, à un « paysan nouveau riche* ».

Comment était-il possible que cet illettré gagnât soixante fois plus que lui, qui avait fait à l'université sept ans d'études supérieures ? C'est dans cette colère, m'a-t-il avoué plus tard, que sa nouvelle vocation est née. À la fin des années 1980, il est venu en France avec une bourse pour suivre les cours de l'E.N.A. comme élève étranger, déjà bien décidé à « pantoufler ».

Dès son retour en Chine, il a quitté le ministère des Affaires étrangères, en vue de fonder une entreprise pour le public chinois le plus exigeant. Profitant des relations qu'il s'était faites en France, il a créé une fromagerie. Il a travaillé d'abord avec Roquefort ; mais l'affinage et la maturation se sont révélés trop complexes. Il a fait affaire avec une entreprise picarde, pour en fabriquer et en vendre le fromage. En coopération avec elle, il l'a commercialisé, avec 20 personnes, sous le nom de « Petit Picard », apprécié de Chinois qui ne savaient même pas qu'il existât des fromages, ni une Picardie.

Encouragé par ce succès, il a créé une deuxième entreprise, vouée à la charcuterie. Elle fabrique, avec 30 employés, en co-entreprise avec une firme française, des raviolis farcis d'andouillette, ou de pâté de porc, ou de foie gras. Troisième entreprise, de 15 salariés, en liaison avec une P.M.E. de Milan : torréfaction de café *brasilia* et fabrication de pastilles de café moulu, emballées séparément dans du papier d'aluminium ; chacune fournit une tasse de café *espresso* quand on verse dessus de l'eau bouillante. Exquis — et encore introuvable en France.

Ces trois entreprises sont si prospères qu'il se dispose à en créer une quatrième pour faire du cidre : la Chine est le premier producteur mondial de pommes, mais ignore le cidre.

Bien qu'il soit heureux de gagner beaucoup d'argent, il vit modestement et réinvestit ses gains dans ses entreprises, à la fois pour consolider ses succès et pour ne pas exciter la jalousie : car ses anciens collègues regardent son parcours avec une envie qu'alimente le mépris ancestral des mandarins pour les marchands.

Ils sont trente anciens élèves chinois de l'E.N.A., qui se réunissent tous les mois (en faisant signe à tel ou tel de leurs camarades français résidant en Chine). La plupart sont restés dans la haute administration. D'autres ont préféré au service public le service de leur public.

Tel Liu Huijie. Tel Wang Dadong, qui, responsable de plus d'une dizaine de milliers d'ouvriers, dirige une usine de minibus Renault.

---

* Voir ci-dessus chapitre 9, p. 83.

Tel, encore, He Yi, qui dirige Danone à Shanghai. Il a choisi la nationalité française, pour mieux se protéger contre des retours de bâton. Riboud, l'ayant rencontré, ne l'a pas laissé échapper.

Pour donner le goût du yaourt aux petits Chinois, He Yi le fait distribuer à la sortie des écoles, à la manière dont Pierre Mendès-France avait fait distribuer du lait dans les écoles. Les enfants, qui y prennent goût, obtiennent ensuite de leurs parents qu'ils achètent le produit — complété par des biscuits BSN.

Tout est possible en Chine

Si j'avais à m'adresser à un jeune Français inquiet de l'avenir mais ayant l'esprit d'aventure, je lui dirais : « Ne soyez pas frileux ! Ne reculez pas devant les difficultés ! Ne vous morfondez pas entre nos frontières ! Ne vous perdez pas dans les méandres administratifs ! Tout est possible en Chine à celui qui croit. Nos chambres de commerce sont maintenant équipées pour vous aider avant votre départ, et disposées à le faire. À l'arrivée, notre service d'expansion économique à Pékin est fort bien organisé et informé. »

Nos P.M.E. sont mal équipées pour conquérir le marché chinois ? Précisément, cette lacune à combler est une chance pour qui voudra la combler. C'est ainsi que se créent déjà des bureaux de consultants, qui s'intéressent aux projets français en Chine, allant du plus petit (une superette) au plus grand (un métro), et s'occupent de monter les dossiers et d'entamer les négociations.

Tout peut devenir matière à co-entreprise. Air China publiait une de ces revues mensuelles qu'on glisse dans la pochette de chaque siège et qu'on appelle *inflight* dans le jargon international. Elle était si peu attrayante qu'aucune entreprise étrangère ne songeait à y insérer sa publicité.

L'agent d'une publication française est allé trouver la direction de la compagnie en apportant un projet. Il a montré comment cette pauvre revue pouvait être transformée en un produit attrayant, sur papier glacé, avec de belles photos et des textes brillants, support publicitaire qui, au lieu de coûter de l'argent, en rapportera beaucoup. Affaire conclue.

La Chine vous attend, maintenant que les relations entre les deux pays sont revenues au *beau fixe*.

Elle ne demande, au bout de trente-deux années où une avance éclatante a été si mal mise à profit, qu'à rattraper treize années de stagnation, dont cinq d'hostilité déclarée. Elle est en train de passer du sous-développement, où vit encore la plus grande partie du pays, à la pointe de la modernité. Pour effectuer ce trajet, elle a besoin de beaucoup d'autres co-entreprises, quitte à les localiser de plus en plus vers l'intérieur du territoire. La gamme des secteurs qui vont s'accroître dans le pays est vaste. Tandis que notre économie se traîne aux lisières de la récession, la Chine s'efforce, sans y arriver, de faire baisser sa croissance au-dessous de 10 % ; car au-dessus, comme ce fut souvent le cas depuis une quinzaine d'années, l'emballement la menace. Ah ! si notre problème était celui-là...

Et sur place, adressez-vous à ceux des trente énarques chinois qui ont choisi de s'enrichir. Vous cesserez alors de dire ou de penser du mal de l'E.N.A.

Exporter la technologie, ou mourir

Août 1996.

Dans l'avion Paris-Pékin, j'avais longuement bavardé avec le patron d'une petite entreprise (Klein, 200 salariés à la Plaine-Saint-Denis). Ensuite, avec le directeur commercial d'une grosse entreprise de verrerie, La Cristallerie d'Arques, J.-G. Durand et Cie (11 000 ouvriers).

Le premier, Jean-Pierre Ulmann, « équipementier ferroviaire », fabrique des fenêtres de wagons de chemin de fer (et accessoirement des tourniquets pour supermarchés). Les Chinois les lui achètent, faute de posséder le secret de fabrication. Leurs tourniquets se coincent ; leurs fenêtres, se dilatant avec la chaleur et se contractant avec le froid, ne s'ouvrent pas l'été et ne se ferment pas l'hiver... Ils souhaitent donc un transfert de technologie. Ce patron — traits énergiques, cheveux blancs en brosse — est disposé à faire une *joint-venture*.

Seulement, ses interlocuteurs voudraient l'obliger à en faire six — puisque l'unique société d'État de naguère s'est fractionnée en entreprises complètement autonomes. Il n'a pas les moyens d'investir six fois. Il va essayer de négocier pour trouver une formule. Il ne voudrait pas renoncer. Il sait qu'il est voué à la récession et au débauchage dans l'hexagone, s'il ne parvient pas à exporter dans ces *« pays nouvellement industrialisés »*, dont la Chine est le noyau et maintenant le modèle.

Benjamin Leblond, *« export-manager »*, directeur de la cristallerie, monte aussi une « J.V. ». Aucune hésitation sur l'intérêt immédiat de sa firme. Toutefois, le transfert de technologie permettra aux Chinois, dans quelques années, non seulement de se passer de leur partenaire occidental, mais de le supplanter dans tout l'Extrême-Orient, en exportant les mêmes produits moins cher et à moindre frais. N'est-ce pas l'accomplissement de la sinistre prophétie de Lénine, tant de fois citée ? « Les capitalistes sont si aveugles, qu'ils nous vendront jusqu'à la corde pour les pendre. »

« Entre-temps, me répond-il, nous aurons progressé ; une nouvelle technologie remplacera celle que nous leur aurons vendue. »

Je me fais l'avocat du diable : « Mais comment progresserez-vous sans investir ? Et sans bénéfices, comment investirez-vous ? Vous vivez au ralenti, pendant qu'ils avancent à pas de géants. Ce sont eux qui inventeront de nouvelles technologies, comme ils ont inventé jadis le papier, la boussole, l'imprimerie, la poudre à canon. Ils sont si ingénieux ! »

Il hoche la tête. Ce n'est pas son problème. Peut-être, à long terme, est-ce un marché de dupes. Mais dans l'immédiat, son entreprise n'a pas d'autre possibilité d'échapper au marasme. Exporter sa technologie, ou mourir.

Les vases communicants

Septembre 1996.
Dans l'avion du retour, je rencontre encore trois chefs d'entreprise. Tous sont satisfaits d'avoir conclu des accords de co-entreprise : l'un pour des feuilles en aluminium ; l'autre pour du mobilier de bureau ; le troisième pour de l'ingénierie informatique. Je les taquine en leur citant la phrase fétiche de Lénine. Ne sont-ils pas en train de payer cher le droit de se faire étrangler ?

Ils lèvent les bras en souriant. Bien sûr, une fois que leur partenaire chinois aura compris et appris les secrets de fabrication, il ne se fera pas faute de copier parfaitement le même produit. Mais que faire d'autre ?

« Nous ne pouvons rien contre la mondialisation ! Le phénomène du village planétaire, ça veut dire les vases communicants. Ça veut dire la concurrence à outrance. Si nous ne communiquons pas notre savoir-faire, d'autres communiqueront le leur, qui est voisin du nôtre. Et nous aurons perdu sur tous les tableaux. Car nous n'empêcherons pas les Chinois de fabriquer aussi bien que les Occidentaux et beaucoup moins cher, donc de se passer d'abord de nous chez eux, puis de nous concurrencer victorieusement hors de chez eux. Et nous n'aurons rien tiré d'eux. Alors que nous pouvons faire, grâce à eux, d'importants bénéfices, qui nous permettent de consolider nos entreprises. Car les vases communicants, ça veut dire aussi que la Chine, avec ses 10 ou 12 % de croissance, nous permet de doper nos pauvres 1 à 2 %.

— Mais croyez-vous, avec ces bénéfices, répliquai-je, pouvoir embaucher des chômeurs chez vous ? Quand vous délocalisez votre entreprise, vous créez des emplois en Chine, non en France. »

Un geste vague, puis un long silence. Enfin, cette réplique jaillit :

« Et vous croyez que moi, ça ne me fait pas mal au cœur, chaque fois que je vais en Chine et que je reviens en France ? Là-bas, des zones industrielles qui s'équipent et se remplissent en quelques semaines, des chantiers partout. Et chez nous, des zones industrielles en friche, des queues devant les agences pour l'emploi, des clochards couchés sur les bouches de métro ?

— Et l'on voudrait, dit le spécialiste en informatique, que nous leur donnions des leçons pour la manière de conduire leur société ? Tenez. Ils ont réussi à juguler leur surpopulation. Ce n'est pas rien, pour un pays de douze ou treize cents millions d'habitants. Regardez les Algériens. Quand nous leur avons donné leur indépendance, ils étaient neuf millions ; vingt ans après, ils avaient doublé ; maintenant, ils sont à trente et, dans vingt ans, ils seront soixante millions. Ils ne font pas le moindre effort pour éduquer leur population à la contraception. C'est un tabou.

— Naturellement, répond le fabricant de matériel de bureau, ils comptent pouvoir se déverser chez nous. Mais ils ne cherchent pas non plus à faire des *joint-ventures*, c'est trop capitaliste à leur goût.

— C'est bien simple, conclut le fabricant de papier d'aluminium, à mesure que la Chine s'enrichit, nous nous paupérisons. Elle s'*occidentalise*, et nous nous *tiers-mondisons*.

— Les voilà bien, les vases communicants... »

Demeure historique et entreprises de pointe

À Pékin, un jeune Français qui a fait fortune en Chine m'a ménagé un dîner d'hommes d'affaires *expatriés*. Serge Dumont est le type du *self-made-man*. Il a appris sur le tas. Sa compétence est reconnue ; il a su se rendre irremplaçable.

Il est installé, au bord du lac du Palais d'Été, dans un superbe pavillon aux toits retroussés, classé monument historique ainsi que plusieurs de ses meubles.

Dans le dédale du Palais d'Été, il serait impossible de le dénicher. Rendez-vous, donc, au bar d'un grand hôtel en périphérie de Pékin, sur le chemin. Nous attendent quelques-uns des représentants des plus grandes firmes industrielles ou bancaires de France. Nous nous rendons en convoi au Palais d'Été. Une fois franchie une porte militairement gardée, il nous faut encore un bon quart d'heure de marche sous une galerie, le long du lac que la lune baigne d'un clair-obscur laiteux. Pour nous éviter de nous rompre le cou sur des marches inopinées, on nous pourvoit de petites lanternes — que nous appelons vénitiennes, mais qui, comme tant d'autres inventions chinoises, nous sont venues de Chine par la Route de la Soie.

Notre hôte a appris le chinois, voici vingt ans, à Taipeh (où, paraît-il, je l'ai tiré d'un mauvais pas, à l'aéroport, alors que ses papiers n'étaient pas en règle). Il a payé ses études aux Sciences-Po taiwanaises en faisant la plonge dans un bar. Il a monté de petites sociétés dans l'île puis à Pékin, jusqu'à former une entreprise de relations publiques qu'il a vendue (à prix d'or, dit-on) à l'une des premières sociétés américaines du genre, laquelle l'a maintenu comme *chairman for greater China* — la Chine et ses prolongements.

Il nous fait les honneurs de son palais. Zhou Enlai couchait dans ce lit. Mme Mao réunissait la bande des Quatre dans ce salon en bois de rose.

Une scène d'opéra chinois nous accueille ensuite dans le jardin. Elle est jouée, dans des costumes de jadis, par des acteurs au visage peint en blanc, ceux-là mêmes qui tiennent ce rôle à l'affiche (c'est un soir de relâche).

1996 : « On nous fait bon visage »

Tous ces hommes d'affaires n'ont qu'un mot : de 1989 à 1994, ils ont vécu un cauchemar. Aucune demande auprès des autorités chinoises n'aboutissait. Toutes les portes se fermaient. Leur chiffre d'affaires plongeait. Tous conviennent qu'il faudra plus de temps pour remonter la pente qu'il n'en a fallu pour la dégringoler.

Mais au moins, leurs perspectives sont désormais bonnes. Les Français sont accueillis avec le sourire. On leur fait partout bon visage. Ils n'ont d'autre adversaire à combattre que la concurrence, qui est rude, et dont les Chinois jouent à merveille.

Ce résultat, encourageant dans l'ensemble, n'empêche pas certaines entreprises de connaître de sérieuses difficultés. Dans une *joint-venture*, tout dépend de la fiabilité du partenaire : s'il est pourri par la corruption ou la mauvaise gestion, l'association sera bancale. Mais les réussites éclatantes abondent, comme ce fabricant de casseroles-qui-n'attachent-pas : il a déjà installé deux usines en Chine.

Est-ce dans ces casseroles qu'a été préparé ce repas raffiné que nous servent des domestiques virevoltants, comme on a dû en servir ici sous les empereurs mandchous ? Un dîner de l'ancienne société pour des partenaires de la nouvelle.

QUATRIÈME PARTIE

LA MÉTAMORPHOSE CHINOISE

Carnets de route 1996

CHAPITRE 43

Le sage de Singapour
1996

Un romancier chinois qui vit en France, et que les médias se disputaient pendant le mouvement de Tiananmen, est venu me dire discrètement, quinze jours après : « En Chine, en cas d'émeute, un chef qui ne tue pas n'est pas un chef. Les Chinois n'ont jamais connu votre démocratie, sauf quelques semaines en 1912. Dans un pays peuplé de centaines de millions d'hommes, on n'introduit pas, en quelques années, les libertés publiques à l'occidentale. On ne passe pas, du jour au lendemain, du totalitarisme à la démocratie. Le vrai modèle politique et social, pour la Chine, n'est pas occidental ; c'est un modèle chinois : Singapour. »

J'ai retenu la leçon. Je ne manque pas de retourner de temps à autre dans cette ville chinoise qui rayonne dans tout l'Extrême-Orient, éclairée par mon vieil ami Lee Kuan Yew.

À Singapour la Chinoise, le produit national par tête vient de dépasser, depuis janvier 1996, celui de la France. Pékin peut y voir la fécondité d'un mariage entre la liberté économique et le despotisme politique. Cette réussite a consacré Lee Kuan Yew, qui fut pendant plus de trente ans Premier ministre de la cité-État et qui reste aujourd'hui son homme fort, l'homme le plus prestigieux de l'Asie. C'est aussi parce qu'il a très délibérément introduit, dans la dialectique du développement, un facteur culturel propre à la tradition chinoise. Il a démontré l'inattendu : à savoir que le confucianisme, que l'on prenait pour une cause d'immobilisme, peut, moyennant le respect des règles de l'économie de marché, favoriser le développement.

À nos yeux d'individualistes, qui croyons de moins en moins à l'au-delà de nous-mêmes, entreprendre des actions qui aboutiront après la durée d'une vie humaine — comme jadis nos bâtisseurs de cathédrales — est un marché de dupes. Pour les Chinois, le culte des ancêtres enracine la solidarité entre les générations — celles qui ont précédé, mais aussi celles qui suivront.

Aussi, c'est à cinquante, à cent ans, que les Chinois échafaudent des plans. Se sacrifier pour construire, investir sur l'avenir, programmer la croissance dans la longue durée : ces facteurs se révèlent producteurs de progrès, tout autant que notre activisme technicien. Il y a là une puissante ressource de dynamisme collectif.

Sous l'impulsion de Deng Xiaoping, et sur les conseils de Lee Kuan Yew, les Chinois ont adopté l'« économie sociale de marché » — formule qui fut aussi celle d'Adenauer et d'Erhard, celle du « miracle allemand ». (Il est vrai qu'on peut traduire aussi « économie *socialiste* de marché ».)

Les Chinois mangent des hamburgers à l'américaine, roulent en voitures allemandes, boivent du cognac français. Mais ils agissent en cela comme leurs ancêtres collectionnaient les *singsong*, les boîtes à musique venues d'Europe. Ils restent chinois.

Il faut s'y résoudre : la Chine sera chinoise. Nous ne relèverons le défi que nous lancent les Chinois, qu'en acceptant la réalité de leur identité, et en faisant l'effort de comprendre ce qu'elle a d'original, de riche et de vivifiant.

Je suis donc allé une fois de plus m'entretenir avec Lee Kuan Yew, à Singapour, de la Chine. Il a été non seulement le père du « miracle » de la cité-État, mais l'inspirateur du « miracle » chinois, dont il a fourni le modèle : sociétés mixtes sino-étrangères, zones économiques spéciales, ports francs, etc. Il est un symbole de réussite du libéralisme économique, qui n'exclut pas un rôle énergique et même autoritaire de l'État. Il fait figure de sage de l'Extrême-Orient, auquel les hommes d'État étrangers viennent demander conseil.

La Chine dépassera les États-Unis

22 décembre 1995.
Alain Peyrefitte. — *Les trois quarts des Singapouriens sont chinois ; mais des Chinois qui ont assimilé les techniques les plus avancées d'Occident. Votre P.N.B. par habitant vient juste de dépasser celui des Français. Pensez-vous que les Chinois de Chine connaîtront la même réussite*[1] *?*
Lee Kuan Yew. — Ils changeront très lentement. Ils désirent obtenir les technologies modernes, ce qui signifie s'exposer au monde. Ils voudraient bien les avantages sans les inconvénients. C'est le problème d'Internet. Ils voudraient contrôler l'information. À mon avis, plus ils prendront de l'assurance, plus ils s'ouvriront. Pour la première fois depuis la dynastie Tang, ils veulent apprendre

du reste du monde, ils ont soif d'enrichir leurs connaissances grâce à l'étranger. Ils savent que le retard de leur pays résulte de leur enfermement jusqu'à l'époque de Deng Xiaoping. Deng leur a ouvert les yeux.

A.P. — *Que se passera-t-il d'ici vingt ou vingt-cinq ans ? Pensez-vous que la Chine sera la première du monde pour son produit national brut ?*

L.K.Y. — Je pense que la Chine, en 2020, dépassera les États-Unis par son P.N.B. À condition, bien sûr, qu'aucune guerre, aucun chambardement ne survienne dans le pays.

A.P. — *Et en 2050 ?*

L.K.Y. — En P.N.B. total, avec une population de 1 400 millions, la Chine dépassera l'Europe et les États-Unis réunis. En P.N.B. par habitant, les Chinois atteindront peut-être en moyenne un tiers des Américains ou des Européens.

A.P. — *Ne croyez-vous pas qu'alors, les jeunes Chinois seront attirés par la vie facile des Occidentaux et relâcheront leurs efforts ?*

L.K.Y. — Bien sûr, ils vont changer de comportements, de mode de vie, comme nous, ou les Taiwanais, ou les Japonais. Mais leurs valeurs fondamentales — l'éducation, le civisme, le travail, les sacrifices au profit des générations futures — ne changeront guère, car c'est leur culture de base. Regardez les Japonais, avec leurs quarante ans de prospérité : les dix premières années, de 1945 à 1955, avaient été très dures ; en 1955, ils ont commencé à s'en sortir. Voyez les jeunes aujourd'hui : qu'ils soient entrés dans la vie active ou qu'ils étudient, ils travaillent beaucoup plus que les Américains ou les Européens. Les Chinois feront de même. Ça n'empêche pas qu'ils aient envie de posséder ce qu'ils voient autour d'eux : des vêtements élégants, des lunettes de marque, des bars à karaoké. Ils voudront faire du tourisme, voir du pays. Mais la plupart continueront à travailler dur ; en tout cas, tant qu'ils n'auront pas atteint votre niveau de vie.

Quand les Chinois auront connu quarante ans de prospérité — grâce à l'épargne, au travail, aux valeurs familiales, en préparant l'avenir des générations futures de manière à leur assurer un niveau de vie plus haut que le leur —, alors ils continueront à prospérer. Je pense que d'ici à 2050, ils suivront la même courbe que le Japon ou la Corée.

« L'individu est fait pour la société »

A.P. — *Vous pensez que le confucianisme est une clé permettant l'accès au progrès. Mais les Chinois de Chine voudront-ils toujours suivre une stricte discipline confucéenne ?*

L.K.Y. — Je ne suis pas sûr que cette discipline doive être décrite comme si stricte que cela. L'essence de l'éthique confucéenne, c'est qu'une société s'améliore si l'individu s'améliore. Pas au travers des lois et règlements. Mais si un individu est bon, alors sa famille est bonne, ses voisins sont bons, la communauté est bonne, la nation est bonne. J'aimais dire à mes fils : « Si tu prends soin de toi et de ta famille, si tu as confiance dans l'avenir, ton pays sera en de bonnes mains, il ne t'arrivera rien de mal. » C'est cette conviction qui a nourri de nombreuses générations de Chinois. Nous pouvons espérer que, se fondant sur ce credo, ils empêcheront la société de sombrer dans la pagaille. Le système américain fut instauré par des hommes selon lesquels la société existe pour offrir à l'individu la plus grande liberté ; c'est devenu la liberté d'échanger de la cocaïne ou du crack, la liberté de se tirer les uns sur les autres. C'est tout à fait étranger à l'éthique confucéenne. Nous, c'est l'inverse : l'individu est fait pour la société.

A.P. — *Mais, parmi les pays imprégnés de l'éthique confucéenne, les uns ont prospéré, tandis que la Chine piétinait.*

L.K.Y. — Parce que la Chine s'était coupée du monde et imitait seulement l'Union soviétique. Elle vient de changer radicalement de politique.

A.P. — *Vous avez joué un rôle prépondérant comme inspirateur de Deng Xiaoping.*

L.K.Y. — C'est trop dire ! Je me suis contenté d'organiser une visite de Deng Xiaoping à Singapour. Il s'est rendu compte par lui-même de ce que nous sommes : une société chinoise à 76 %, mais dans un environnement multiracial ; complètement moderne dans son image, dans son gouvernement, dans son organisation. Il a remarqué que les gens ne crachent pas dans la rue ici, comme ils le font encore en Chine. Il a vu une société chinoise ordonnée et prospère. Cela l'a vraiment impressionné. La presse chinoise nous a ensuite décrits comme une oasis pour les touristes, pour les logements sociaux, pour l'industrialisation, pour notre capacité à attirer des entreprises étrangères. Quand les Chinois ont voulu à leur tour attirer des investisseurs étrangers, ils se sont penchés sur nos usines, nos zones industrielles. Ils ont préféré notre exemple à celui de Hongkong. De nombreuses délégations chinoises ont visité Singapour.

A.P. — *Vous leur avez servi de modèle...*

L.K.Y. — Oui. Nous leur avons donné un avant-goût de ce qui était réalisable en Chine s'ils adoptaient l'organisation moderne, la technologie occidentale, tout en conservant les traditions familiales, la volonté de travailler pour les générations à venir.

A.P. — *Vous avez étudié dans une université anglaise. Et vos deux fils ?*

L.K.Y. — Aussi. Mais ils ne sont partis en Angleterre que quand ils étaient de jeunes adultes, vers vingt ans. Nous leur avions inculqué ici nos valeurs, notre culture, de sorte qu'elles soient indéracinables. Mes petits-enfants, c'est autre chose... Leurs parents travaillent tous les deux. Alors leur éducation a été beaucoup influencée par les dessins animés américains, la publicité et la télévision. Sur quoi cela débouchera-t-il ? On le saura dans quinze ans.

« La Chine et Taiwan seront réunies un jour »

A.P. — *Croyez-vous à la réunification de la Chine avec Taiwan ?*
L.K.Y. — Si la Chine ne se désintègre pas, ou ne retourne pas au chaos, je n'ai aucun doute que la Chine et Taiwan seront réunis un jour. Quand ? Je ne peux le dire. Je formule le vœu que ça n'arrive pas trop tôt, car cela pourrait être catastrophique. Penser à s'unir avec Taiwan et à se rapprocher avec l'Occident, c'est un aiguillon pour les Chinois. Je dis aux dirigeants de Pékin : « Si vous aviez repris Taiwan dans les années 1950, vous auriez été perdants, vous auriez hérité d'un Taiwan sans technologie ni capitaux. Il vaudrait mieux laisser Taiwan seul pendant encore cinquante ans ou plus, et vous auriez accès aux laboratoires américains, à la recherche, à la science, et ils vous procureraient les meilleurs investissements et les technologies de pointe. Ce n'est pas un rêve. »

A.P. — *Comment voyez-vous le transfert de Hongkong à la Chine le 1er juillet 1997 ?*
L.K.Y. — L'économie de Hongkong continuera sans entraves, car les Chinois en ont besoin. Ils savent qu'un homme d'affaires étranger préfère signer des contrats à Hongkong, car les règles sont claires. Ils ont conscience de l'avantage qu'ils ont à conserver tout cela. Ce qui partira, peu à peu, dans les dix années à venir, c'est le vernis cosmopolite que les Britanniques, les Américains, les Européens, confèrent à Hongkong. Cela deviendra peu à peu une ville de plus en plus chinoise, comme Canton. C'est inévitable.

A.P. — *Est-ce la Chine qui fera la conquête de Hongkong, ou Hongkong qui fera celle de la Chine ?*
L.K.Y. — En ce moment, Hongkong a littéralement capturé Canton et tout le voisinage. La télévision montre le style de vie occidental, les dernières coupes de cheveux, les téléphones portables, des gens bien habillés, un niveau de vie supérieur. Beaucoup de Chinois, dans toute la province du Guangdong, se sont mis en tête d'imiter cela. Mais, d'ici à trente ans, je crois que Shanghai prendra la place de Hongkong et deviendra le centre du commerce international, de la finance internationale, des expositions industrielles,

des produits finis. Shanghai sera la vitrine de la Chine et lui donnera le ton.

A.P. — *Pensez-vous que la réunification de Hongkong et de la Chine servira de modèle à celle de la Chine et de Taiwan ?*

L.K.Y. — C'est ce qu'on pense à Pékin.

A.P. — *Mais pas à Taiwan.*

L.K.Y. — En effet, les Taiwanais ne veulent pas être en position de faiblesse. Ils ont les moyens de négocier.

A.P. — *Êtes-vous prêt à vous investir dans le rapprochement entre Taiwan et le continent ?*

L.K.Y. — Pas vraiment. Je peux être un messager, pour des communications embarrassantes. Mais je ne puis influencer la décision des dirigeants de Taiwan. Personne ne le peut, pas même les Américains.

A.P. — *Que pensez-vous des revendications chinoises sur les îles Spratly ? Les voisins de la Chine en paraissent inquiets.*

L.K.Y. — Avant que la question de Taiwan ne devienne aiguë, les Chinois avaient des revendications fermes sur le sujet. Depuis, c'est la question de Taiwan qui est pour eux à l'ordre du jour. Leur ministre des Affaires étrangères, Qian Qichen, a déclaré qu'ils se conformeraient aux réglementations maritimes des Nations unies.

A.P. — *Pensez-vous que l'Inde représente un défi pour la Chine ?*

L.K.Y. — Question délicate. Je pense que l'Inde se développera, mais pas aussi vite que la Chine. J'ai été déçu par l'Inde. Son système est décousu et indiscipliné. Ses dirigeants disent qu'ils ne peuvent pas contrôler l'action des compagnies au niveau national et au niveau de chaque État. Exemple : nous avions accepté d'envoyer massivement des touristes de Singapour en Inde, par une association entre Singapour Airlines et les compagnies indiennes. Mais les compagnies indiennes y étaient opposées. Le projet a avorté. Le gouvernement de Delhi n'a pas imposé une décision.

C'est un exemple parmi tant d'autres. Bon nombre de régions ne se développent pas. Il faudrait changer la nation. En Chine, il y a une seule culture, une seule langue pour 95 % de la population. En Inde, combien de races, de langues différentes !

« Sans ce versant doux de la puissance »

A.P. — *La Chine va-t-elle dominer la seconde moitié du XXIe siècle comme les États-Unis ont dominé la seconde moitié du XXe ?*

L.K.Y. — Je n'en suis pas sûr. La suprématie des Américains n'a pas été seulement économique et militaire. Leur style de vie est attirant, particulièrement pour les intellectuels, pour les professions libérales. Des centaines de milliers d'étudiants du monde entier s'y sont rendus. D'ici à cent ans, je doute que la Chine puisse offrir un genre de vie aussi agréable. Le pays est surpeuplé. Il n'a ni Grand Canyon, ni Californie, ni Floride. Ce sera une puissance au sens strict. Mais sans ce versant doux de la puissance : la littérature, la musique, les arts. La peinture chinoise, vous pouvez la voir ici... J'ai fait accrocher ces tableaux, les artistes sont d'ici. Mais ce n'est pas comparable à un Rembrandt. La cuisine chinoise peut plaire. Mais la musique... Savez-vous qu'il n'y a que cinq tons, alors qu'en Occident, vous avez l'octave ? Notre gamme est très limitée. Les Chinois, aussi, sont un peuple plus inhibé. Les chanteurs de variétés américains, comme Michael Jackson ou Madonna, n'ont aucune retenue ! Ils bondissent et hurlent ! Je ne vois pas la Chine enfanter ce genre d'artistes. Et pourtant, ce sont eux qui plaisent à la jeunesse.

A.P. — *Quand la Chine deviendra la première puissance économique, son message aura plus de poids : tout comme le message américain a d'autant plus de prestige que les Américains sont en tête pour tout. Les Chinois ne pourront-ils alors dépasser leur régionalisme, trouver une autre dimension, prétendre à l'universalité ?*

L.K.Y. — Dans certains domaines, oui, s'ils conservent leurs valeurs fondamentales. Mais pour les modes de vie, ils ne donneront pas l'exemple, sauf peut-être pour la gastronomie, éventuellement la mode. Je ne les vois pas gagner l'attention du monde. Les Américains ont hérité leur langue de l'Empire britannique ; il y a deux cents ans, les Anglais ont imposé leur langue sur tous les continents. Le message américain va droit au but, il n'a pas besoin d'être traduit : les paroles des chansons, les blagues même sont comprises partout. Je ne vois pas le monde entier parler le mandarin dans deux cents ans ; ni écouter un commentateur chinois sur C.N.N. ou une chaîne équivalente ; ni apprécier les chansons ou les plaisanteries chinoises ! Qui comprendrait ?

A.P. — *La diaspora chinoise est répandue dans le monde entier.*

L.K.Y. — Non, elle ne compte que 50 millions d'individus à peine... et ses membres parlent anglais.

A.P. — *Ils sont restés attachés à la Chine. Ils veulent y retourner pour y être enterrés.*

L.K.Y. — *(Rire.)* Ça se fait de moins en moins.

A.P. — *L'organisation d'une communauté entre la Chine, Taiwan et la diaspora est-elle envisageable ?*

L.K.Y. — La Chine et Hongkong vont finalement être réunies, puis Macao ; la Chine et Taiwan vont se rapprocher pour s'unir un jour. Mais les Chinois de la diaspora *(rire)*, en Asie du Sud-Est, en Amérique, en Australie ? Non ! Ils doivent s'intégrer à leur pays d'adoption et ils ne transmettront plus la culture chinoise à leurs enfants. Les Sino-Américains de la deuxième ou troisième génération ne parlent même pas chinois. Ils ont peut-être conservé quelques habitudes alimentaires ou médicales, l'acupuncture, les plantes... mais ils sont américains. Tout ça ne peut pas former une communauté organique. À mon premier voyage en Chine, en 1976, j'ai emmené ma fille. Sa scolarité s'était déroulée en chinois. En Chine, elle comprenait tout. À la fin du voyage, quand nous avons franchi la frontière à Hongkong, elle s'est tournée vers sa mère et moi, et elle a dit : « Quel soulagement ! » Nous sommes devenus très différents. Même aujourd'hui, c'est une grande question. Nous recevons tout le temps ici des Chinois pour qu'ils s'initient aux affaires, mais cela crée des problèmes parce que nous avons des approches différentes.

« *Il n'y a aucun risque d'invasion de la Chine* »

A.P. — *Comment envisagez-vous la sécurité régionale en Asie, avec une Chine qui devient si puissante ?*
L.K.Y. — Je ne vois pas en Asie de force capable d'assurer notre sécurité sans l'aide des États-Unis.
A.P. — *Mais la Chine refuse les organisations de sécurité internationales.*
L.K.Y. — Elle refuse de soumettre sa politique de sécurité à une décision multilatérale. Elle a le sentiment qu'on lui force la main s'il faut suivre les règles des Nations unies. Elle veut développer sa capacité militaire propre, et elle y parviendra.
A.P. — *Contre quel péril la présence américaine protège-t-elle la région ? Cette présence n'est-elle pas une menace pour la Chine ?*
L.K.Y. — Il n'y a pas de risque d'invasion de la Chine...
A.P. — *Que pensez-vous des essais nucléaires réalisés par la Chine ? De sa politique nucléaire ?*
L.K.Y. — Elle souhaite, et à mon sens ce n'est pas déraisonnable, combler le fossé technologique qui la sépare de la Russie et des États-Unis.
A.P. — *Pour traiter au même niveau ?*
L.K.Y. — Bien sûr ! Mais je doute qu'elle parvienne au même niveau, si le gel des essais nucléaires doit être instauré en 1996 ou 1997.
A.P. — *Et les essais français ?*
L.K.Y. — Notre ministre des Affaires étrangères est cosignataire, avec les pays de l'A.S.E.A.N., d'une protestation de principe : je suis donc lié par cette action du gouvernement. Mais si, en tant que Français, je voulais que la puissance nucléaire de la France soit crédible, j'aurais fait les essais ; je m'efforcerais d'amener notre technologie à un niveau aussi proche que possible de celui des Russes et des Américains. Ce qui signifie avoir Greenpeace sur le dos. Mais, en fin de compte, quand vous êtes menacés, faites-vous

appel à Greenpeace pour vous protéger ? Si les sympathisants de Greenpeace appelaient à manifester pour obtenir le désarmement nucléaire de la Russie et des États-Unis, ils seraient plus utiles.

A.P. — *Une dernière question. Qui sont pour vous les grands hommes de ce XXe siècle ?*

L.K.Y. — Pour moi, les grands hommes du siècle auront été Churchill, Mao, de Gaulle et Deng. Ils ont changé le monde. C'étaient des géants, avec de grandes idées.

Mon petit magnétophone s'arrête. Nous poursuivons un moment.

Le respect d'autrui, me dit-il en substance, passe par le relativisme culturel.

Relativisme d'une nation à l'autre. Chaque peuple est unique et tous sont différents.

Relativisme dans le temps. Le progrès de la Chine populaire, par rapport à l'état dans lequel elle se trouvait voici un demi-siècle, saute aux yeux de quiconque veut bien les ouvrir, y compris en matière de droits de l'homme ; à commencer par le droit de subsister, la famine étant enfin surmontée ; par la liberté collective, c'est-à-dire l'indépendance ; par le droit de ne pas être conforme à un modèle imposé, de s'informer ailleurs, de poursuivre son propre intérêt.

Il n'est tout de même pas banal d'entendre un pareil éloge d'un régime communiste dans la bouche de l'homme qui a façonné le plus capitaliste des États du monde. Qui croirait encore aux idéologies ?

CHAPITRE 44

La métamorphose chinoise

Août 1996.
Que la Chine s'ouvre au monde et se modernise à vue d'œil, il suffit, pour s'en convaincre, de prendre un avion chinois, ou, à défaut, de mettre le pied dans l'aéroport de Pékin, et de comparer le spectacle avec celui qu'offraient mes dernières arrivées.

Au décollage, on vous distribue, non plus des bonbons acidulés au goût pharmaceutique, mais d'exquis caramels. Les magazines à la disposition des voyageurs ne sont plus des bulletins grisâtres sur mauvais papier, mais de belles revues bilingues anglais-chinois sur papier glacé, bourrées de publicité étrangère. Les hôtesses sont accortes et portent un uniforme seyant, à l'occidentale.

Depuis 1994, le nombre des avions rangés en bord de piste et la fréquence des vols se sont fortement accrus. Air China a échangé ses vieux Ilyouchine rudimentaires contre des Boeing 747 — en attendant les Airbus commandés. La compagnie chinoise assure trois vols hebdomadaires Pékin-Paris, en neuf ou dix heures sans escale par la Sibérie ; tandis qu'Air France s'en charge quatre jours par semaine, dans des avions identiques et en suivant le même trajet, moitié moins long que par le Sud.

Les vestes « Mao » et pantalons gris, qui naguère ne souffraient pas d'exception et, il y a encore deux ans, demeuraient assez nombreux, ont disparu. Le grand hall est bondé. Les inscriptions en chinois sont doublées de leur traduction en anglais. D'eux-mêmes, les employés, y compris pour la livraison des bagages, vous parlent anglais.

Une autoroute à péage

L'autoroute vers Pékin, que j'ai vu construire dans l'été 1993, puis inaugurer à l'automne, était encore presque vide en 1994. La voilà bien chargée. Non loin d'elle, serpente toujours, pleine de charme, la vieille route bordée de platanes où chantent les cigales — déserte. À l'approche de Pékin, un portique rouge flamboyant et or : le poste de péage, qui fonctionne comme ceux d'Occident, mais a été construit en forme de *pailou* — ces arcs de triomphe que l'on dressait jadis dans les rues pour une fête.

Dans Pékin, le changement vous saute au visage : les artères, naguère désertes, où les autos filaient à vive allure, sont embouteillées. Des taxis rouges, les plus chers, strictement individuels ; crème — qui assurent le service des grands hôtels ; jaunes — populaires, ils prennent plusieurs passagers à la fois. Beaucoup plus encore d'autos particulières — appartenant à des étrangers si elles arborent une plaque noire, à des Chinois si elles portent des plaques bleues ; ces dernières dominent. Les encombrements n'ont plus rien à envier à ceux de Paris ou de Londres.

Alors qu'il n'existait à Pékin qu'un hôtel « international », du style de ceux de Hongkong, voici une douzaine d'années, on en compte aujourd'hui plus de cinquante. On me loge au Grand Hotel Beijing, l'un d'entre eux, avec les autres participants du *Forum du XXIe siècle* auquel je vais participer. Il appartient à l'État, qui le réserve, en priorité, aux invités officiels. C'est le prolongement luxueux, vers la place Tiananmen, du vieil Hôtel de Pékin, à l'architecture stalinienne, où étaient parqués autrefois les étrangers et qui, bien que récemment rénové, ne reçoit plus guère que des Chinois. Pékin dispose de cinquante hôtels de luxe flambant neuf. Le plus grand d'entre eux, *China World,* a été construit par la société française SEA.

Un exemple de leur confort. Les grands hôtels sont équipés de messageries électroniques, avec enregistrement de la voix. Le client, averti dès qu'il rentre par un clignotant, entend directement, soit à la réception, soit dans sa chambre, la voix de son correspondant. Les hôtels de même catégorie en France sont loin d'être dotés de ce raffinement.

D'innombrables gratte-ciel aux vitres-miroirs. Dans les grandes artères, des magasins dont la devanture pourrait passer pour occidentale. Partout, des travaux, des palissades derrière lesquelles on aperçoit des grues. Les entrelacs de bambous, qui servaient traditionnellement de squelettes aux immeubles en construction, sont maintenant remplacés par des poutrelles métalliques. Nouveau pas vers l'abandon des pratiques coutumières.

Dans les vieilles ruelles bordées de petites masures, les *hutong*, on voit des quartiers disparaître, sous prétexte de lutter contre les taudis. Deux fructueuses opérations immobilières s'ensuivent : l'une, pour édifier sur place des immeubles modernes ; l'autre, pour reloger dans de grands ensembles de banlieue les habitants de ces taudis. Il ne faut pas trop s'étonner, si un scandale de corruption a éclaté dans la municipalité : l'ancien maire, Chen Xitong, que j'avais longuement interrogé dans l'été 1989, en résidence surveillée ; un des maires-adjoints de Pékin chargés des affaires immobilières, emprisonné ; un autre suicidé...

Le vieux Pékin disparaît : le cœur d'une ville change plus vite que le cœur des humains. Un de mes amis de l'université Beida, un archéologue, s'arrache ce qui lui reste de cheveux, de voir ces éventrations sacrilèges. Il se rassure, toutefois : certains commenceraient à prendre conscience de la valeur du patrimoine.

Où sont passés les motards ?

Malgré la multiplication des voitures, les cyclistes, protégés par des barrières dans des pistes réservées, n'ont guère diminué. En revanche, la foule qui se pressait sur les trottoirs est beaucoup moins dense : sans doute y a-t-il un transfert d'une catégorie à l'autre. Les automobiles se multiplient, les piétons se raréfient, les cyclistes fournissent l'étape intermédiaire.

Deux types de transports qui avaient beaucoup de succès manquent au tableau. On ne voit plus ces camions, où s'entassaient en plein vent des hommes et des femmes debout, serrés comme des épis de maïs. Disparues aussi, les motos et mobylettes, qui se faufilaient partout à vive allure. Les autorités assurent que c'est pour éviter la pollution. Les résidents occidentaux observent que cette interdiction n'a été formulée dans aucune autre grande ville, où la pollution menace au moins autant. Une explication différente se murmure : au printemps 1989, les motards, qu'on appelait trompe-la-mort, parcouraient la ville en tous sens, comme l'éclair, pour apporter les consignes des meneurs. Les autorités ne semblent pas souhaiter courir à nouveau de tels risques.

C'est la vitesse des transformations qui étonne. À cette cadence, on est tenté de croire qu'une puissance égale à celle des États-Unis s'implante dans la vieille Chine. Et que d'ici une génération, cette puissance pourrait bien être, en effet, la première — si rien ne vient perturber son actuel développement.

CHAPITRE 45

Une fièvre de conférences internationales

À peine mes valises posées à l'hôtel, je saute dans une voiture de l'ambassade pour rejoindre le congrès de l'IFLA (Fédération Internationale des associations de Bibliothèques et Bibliothécaires), dont je dois prononcer le discours de clôture. Vaste salle moderne de trois mille places, dotée de tous les accessoires qu'exigent aujourd'hui les conférences internationales. La Chine est prise d'une fièvre de colloques : au cours de ce séjour, je ne participerai pas à moins de trois.

Pourquoi la Chine tient-elle à héberger des congrès internationaux ? À l'évidence, parce qu'elle veut montrer au monde qu'elle s'ouvre à lui et qu'on accourt chez elle. Il est loin, le temps où elle s'enfermait, sous Mao comme sous les empereurs mandchous, dans une autarcie qui frisait l'autisme. Elle veut permettre à ses différentes catégories professionnelles de s'intégrer à la communauté internationale. Par exemple, la communauté des sportifs : ce fut le grand succès des Jeux d'Asie en 1990, dans un superbe village pour athlètes, qui aurait eu à peine besoin d'être agrandi pour accueillir les Jeux Olympiques. Puis vint la mobilisation puissante de 1993 pour obtenir les J.O. de l'an 2000, et l'immense déception que Sidney eût été préféré à Pékin. Le Congrès mondial des Femmes, et tant d'autres réunions internationales tenues à Pékin, ont un peu, en 1995, apaisé la fierté nationale blessée.

Pour mes trois colloques, je me retrouverai nez à nez avec le Premier ministre Li Peng qui, infatigable, les inaugure tous. À l'IFLA, il adresse un message de « chaleureuse bienvenue » : « Les bibliothèques renferment des trésors de connaissance et jouent un rôle irremplaçable pour le développement de la civilisation dans le monde. La tenue de cette 62e conférence de l'IFLA en Chine, pays d'ancienne et longue civilisation qui s'efforce de promouvoir activement la culture moderne, est d'une grande importance pour l'essor des bibliothèques en Chine et dans le monde. »

On me prévient que certains intervenants anglo-saxons ou nordiques ont voulu parler des droits de l'homme dans leur communication. Les Chinois ne se sont pas laissé surprendre : à chaque fois, si bref ou si long que fût le passage, les interprètes s'abstenaient de traduire. Les participants n'avaient pas été prévenus, mais le bouche-à-oreille avait fonctionné à la première interruption de l'interprète. Dès lors, ces manifestations, les choses étant ce qu'elles sont, ne pouvaient guère avoir d'autre utilité que de vérifier la persistance du phénomène... et de donner bonne conscience à l'orateur.

Au pupitre, je succède au président de l'IFLA, un Américain noir, le bibliothécaire de l'université Georgetown de Washington. La plupart des participants coiffent aussitôt leurs écouteurs : preuve que, Chinois ou étrangers, ils comprennent l'anglais et non le français. Les bibliothécaires qui se dispensent d'interprétation sont si minoritaires que j'en ressens de la tristesse.

Les inventions captées

De quoi parler, pour clore un congrès de bibliothécaires en Chine ? Évidemment, de la naissance et des progrès du livre, donc de la Chine. Notre Antiquité ne disposait pas vraiment du livre, mais du rouleau. Le livre n'a pris son essor qu'avec les inventions chinoises — papier, xylographie, imprimerie à caractères mobiles —, plusieurs siècles avant que l'Europe ne les adoptât.

Au XVIIIe siècle avant notre ère, remontent les premiers caractères chinois tracés sur des crânes humains, carapaces de tortue, chaudrons de fer. Le livre apparaît en Chine plusieurs siècles avant notre ère. Puis il trouve dans l'impression xylographique d'abord, dans des caractères mobiles ensuite, sa dimension essentielle : la multiplication.

Le papier lui-même, que nous associons si spontanément au livre, à la revue, au journal, est un produit tardif, que précédèrent le papyrus, le parchemin ou la soie. Les Chinois, les premiers, inventent cette pâte de chiffons, qui sèche en crêpes fines sur lesquelles le pinceau peut si bien écrire. Après en avoir fait des vêtements et des souliers, ils découvrent que le pinceau peut parfaitement y calligraphier. Ils utilisent donc le papier comme support d'écriture vers le IIIe siècle de notre ère, — soit une avance de près d'un millier d'années sur l'Europe.

Dans la Chine impériale, on imprime en xylographie sur papier dès les premiers siècles de notre ère. Le métier d'imprimeur apparaît. Le plus vieux texte *imprimé* du monde qui soit encore en notre possession en provient : c'est un soûtra bouddhique, paru quelque temps après le grand interdit de 845 — un texte clandestin, sans doute : merveilleux symbole de liberté au service de l'intelligence !

La technique des caractères mobiles ? Gutenberg n'a pas été le premier à l'utiliser : les Chinois l'avaient précédé de quatre siècles. Elle est conçue par Bisheng en 1041. Les caractères sont en terre cuite ; lors de l'impression, ils sont solidarisés avec de la résine végétale, de la cire et de la cendre de papier. Mais l'immense quantité de caractères différents nécessaires à la composition d'un texte idéographique rend pratiquement inopérante cette invention, géniale en soi. Elle n'est utilisée en Chine que de façon assez sporadique, alors même que les imprimeurs la perfectionnaient en recourant à des matériaux plus solides : bois, émaux, métaux ; alors même qu'ils inventaient une boîte sans couvercle, divisée en casiers et contenant les caractères d'imprimerie, que nous nommerons la « casse », et qui facilitait grandement la manipulation. En Europe, en revanche, la souplesse de l'écriture alphabétique allait permettre la généralisation rapide de l'imprimerie à caractères mobiles.

Ce n'est ni la première, ni la dernière fois que les Chinois inventent, mais que l'Occident bénéficie plus de leur invention qu'ils ne l'ont fait ; ils en venaient même à oublier leurs propres secrets de fabrication, par exemple pour les allumettes ; comme si leur organisation sociale et économique les frappait de léthargie, les privant des avantages qu'aurait dû leur assurer leur créativité. La poudre ou la boussole ne furent pas mieux utilisées.

Quelques cahiers de papier imprimés sous une couverture cartonnée, et un seul regard suffit à ranimer Li Po — ce merveilleux poète chinois du VIIIe siècle, en pleine période Tang, ce bohème habitué des tavernes, qui, un soir où il avait trop bu, voulut, sur une barque, embrasser l'image de la lune dans l'eau, et se noya.

Faut-il que la fierté nationale des Chinois ait été blessée par cent dix ans d'humiliations ? Ils applaudissent vivement : c'est s'applaudir soi-même. Les francophones aussi, tout heureux de n'avoir pas besoin d'écouteurs.

La bibliothèque la plus ancienne
et la plus moderne

Le Congrès mondial des bibliothécaires est une bonne occasion de montrer aux congressistes la Bibliothèque nationale de Pékin. Elle représente à elle seule une prodigieuse collision culturelle, puisqu'elle juxtapose le patrimoine le plus ancien et les aménagements les plus futuristes.

Elle est riche de ses trésors plurimillénaires. Idéogrammes gravés sur des écailles de tortue du XVIe au XIVe siècle avant J.-C. Manuscrits et xylogrammes d'avant le Xe siècle de notre ère, conservés pendant un millier d'années dans les grottes sèches de Dunhuang, avant d'être découverts en 1908 par le Français Paul Pelliot. Recueil Yongle qui, achevé en 1407, a compilé plus de 11 000 volumes. Recueil Qianlong, qui en a rassemblé 79 000 en 1782.

La plupart de ces pièces rares sont conservées, sous garde militaire, dans le palais impérial de la Cité interdite. La nouvelle Bibliothèque nationale, construite dans la périphérie en 1987, au milieu du « jardin des Bambous pourpres », met à la disposition des lecteurs les microfilms de ces reliques, ainsi que 16 millions de livres.

Bâtiment immense, au style encore traditionnel, mais qui utilise les derniers outils de l'électronique : salles d'ordinateurs pour consulter les catalogues informatisés ; salles audiovisuelles ; immenses salles de lecture qui peuvent accueillir de 7 000 à 8 000 lecteurs par jour ; ateliers de restauration des documents anciens et de microfilmage ; accès automatisé aux livres chinois. C'est une société française qui vient d'installer un système complet d'archivage et de gestion électroniques des documents.

Jusqu'à l'installation de cette « Très Grande Bibliothèque », les bibliothécaires de Pékin ignoraient tout de l'informatique comme encore aujourd'hui la quasi-totalité des bibliothécaires en Chine. Seuls, quelques centaines de bibliothécaires-informaticiens sont capables, maintenant d'accéder à ces techniques. Mais le matériel est là, sous leurs yeux, entre leurs mains. Et les Chinois vont vite.

Ils ont d'autant plus de mérite à brûler les étapes, que leurs ordinateurs doivent travailler, non seulement avec des alphabets réduits — comme le latin, le mongol et l'ouïgour —, mais avec les 40 000 caractères chinois de base, ainsi qu'avec les alphabets complexes de Corée, du Tibet et du Japon. Il leur faut donc créer des systèmes différents et cependant corrélés. La Bibliothèque nationale de Pékin, gardienne du plus ancien et du plus vaste patrimoine de livres légué au fil des siècles, est aussi celle qui fait les pas les plus rapides vers les techniques de demain.

Une surprise : j'y suis retourné deux fois, à des heures et jours de la semaine différents. Chaque fois, les immenses salles de lecture étaient vides. Ce qui s'appelle *vides*. Personne, pour bénéficier de la magnifique installation d'un patrimoine incomparable. La République des Lettres chinoises serait-elle devenue Cité interdite ? Où sont les intellectuels ? Ont-ils disparu ? Ont-ils peur de laisser derrière eux les fiches marquées à leur nom ? De révéler leurs curiosités, de les consigner dans l'ordinateur ? Bizarre...

CHAPITRE 46
Frénésie d'emprunts

Les progrès de l'anglais et de l'américanisation, on en voit les signes se multiplier. Les pousse-pousse avaient disparu pendant la Révolution culturelle, comme une survivance, contraire à la dignité humaine, du colonialisme. Ils sont revenus en force. Les tireurs de pousse vous pressent de monter dans leurs engins : *Come here! Cheap!*

Américanolâtrie

Les mendiants, dans le souterrain sous la place Tiananmen, vous tendent la main : *Money, please! Money!* Les colporteurs vous attirent pour vous vendre des canettes de bière ou du Schweppes : *Drink! Good price!* Les enfants avec lesquels vous avez bavardé vous crient joyeusement quand vous partez : *Bye bye!*

Partout, triomphe le Coca-Cola. Les Marlboro résistent à la propagande officielle contre le tabac. On trouve un Mac Do dans chaque quartier. En revanche, notre Maxim's, trop cher, a dû fermer ses portes ; les Chinois ne s'y rendaient que s'ils étaient invités par les Occidentaux.

Les tee-shirts portent des images de Mickey ; la construction d'un Disneyland à Shanghai serait en cours de négociation. Les séries *made in U.S.A.* font fureur à la télévision. Sur les toits, dans les avenues, les publicités américaines rivalisent avec les japonaises.

Les effectifs d'étudiants chinois à l'étranger sont révélateurs : quelque 70 à 80 000 en Amérique, 20 000 au Japon, 10 000 en Allemagne, 5 000 en Grande-Bretagne... et 2 000 dans notre pays, qui a fait un bond en arrière, dans ce domaine comme dans les autres, après 1989.

Des amis universitaires, francophiles et francophones, me font part de leur découragement : l'anglais est devenu la langue unique de la richesse et du progrès. Ils voudraient bien que leurs enfants, leurs étudiants parlent notre langue. Mais la pression est inexorable. Le français est en train de devenir ce que le latin ou le grec sont en France : une langue de culture, réservée aux lettrés. Un Chinois ne peut être embauché dans une co-entreprise, une *joint-venture*, ou se rendre à l'étranger, que s'il parle couramment l'anglais.

Même les entreprises françaises recherchent des Chinois parlant anglais : ce sont eux qui leur rendent le plus de services. L'« université européenne », soutenue par la Commission de Bruxelles, dispense son enseignement uniquement en anglais. Même un centre franco-chinois de formation à la gestion des entreprises, qui fonctionne avec succès à Pékin et « sort » chaque année 40 étudiants francophones, doit faire sa large place à l'anglais. Et naturellement, tout cadre chinois de quarante ans ou moins parle un excellent anglais — alors que les cadres japonais sont loin de se donner toujours la peine de l'apprendre.

L'étrange relation sino-américaine

Les Américains, objets de tant d'admiration imitative de la part des Chinois, n'en éprouvent guère de gratitude. Assez souvent, au contraire, ils ne cachent pas un certain mépris pour la Chine, dont ils considèrent que les progrès, si fulgurants soient-ils, ne sont dus qu'au pillage des inventions et technologies occidentales, c'est-à-dire essentiellement américaines.

C'est une façon de retourner contre les Chinois la vision qui leur est si familière : les Européens n'ont pu conquérir le monde que grâce aux inventions chinoises, la boussole et le gouvernail qui leur ont permis les grandes navigations, la poudre à canon qui leur a ouvert les grandes conquêtes, le papier et l'imprimerie qui leur ont conféré la suprématie intellectuelle.

Les deux peuples peuvent entretenir longtemps ce petit jeu du droit d'auteur. Mais le mépris ne saurait se justifier, ni celui que nourrissaient les Chinois à l'égard des Barbares jusqu'à la fin du XIXe siècle, ni celui qu'affichent aujourd'hui tant d'Occidentaux à l'égard d'un régime qu'ils jugent illégitime et d'une prospérité dont la Chine leur serait, selon eux, entièrement redevable. Il n'est pas sain que les deux ensembles appelés à se partager d'ici peu l'hégémonie mondiale, fondent leur relation sur un mépris réciproque.

C'est d'autant moins sain que les Américains voudraient entretenir avec la Chine un dialogue exclusif. Ils savent quelle fascination l'*american way of life* exerce sur les Chinois. Ils voudraient en tirer pour eux-mêmes tout le parti politique et économique possible.

Il appartient à des pays comme la France de mettre les Chinois en garde contre cette captation, en leur faisant sentir le danger, pour eux, d'une relation de monopole.

Une peinture et une musique à l'école européenne

Août 1996.

Dans la grande avenue Chang'an, au « Centre artistique de la terre rouge », se tient une exposition de peintres pékinois. J'ai hâte de m'y rendre : je ne me lasse pas de cet art. Cette vieille terre a été peinte et chantée tant de fois ! Tant de paysages ont suscité des poèmes, qu'apprennent par cœur les enfants, en même temps que des peintures sur soie, qui transforment un site en obsession ! L'art chinois, si imprégné du décor des montagnes, leur confère en retour sa dimension spirituelle. J'aime ces ciels immenses nimbés de brume, ces pics escarpés, ces ravins vertigineux, ces oiseaux de proie, ces minuscules personnages écrasés par une nature inquiétante.

Las ! les peintres exposés tournent le dos aux pratiques traditionnelles de l'art chinois.Ce dédain n'est pas nouveau, du reste. Pendant la Révolution culturelle, on brossait les scènes réalistes des « thèmes révolutionnaires contemporains », — combattants mitraillette au poing, drapeaux rouges, tracteurs, fonderies, pylônes électriques.

Aujourd'hui, voici des artistes qu'inspirent uniquement les écoles européennes, surtout françaises. L'un est un émule de Millet ; on dirait qu'il transpose *L'Angélus* dans un paysage de rizières et qu'il a fait ses classes à l'école de Barbizon. Un autre est impressionniste : il donne du Claude Monet. Celui-ci imite Modigliani ; celui-là Dubuffet, ce troisième Magritte. Deux peintres, pour me remercier de ma visite, m'offrent un verre : j'ai le choix entre Pepsi-Cola et Sprite.

Entrons dans la grande salle de concerts voisine : *Beijing Concert Hall,* dit le fronton. Répétition d'orchestre. Dans le foyer, de grands portraits de musiciens uniquement européens : Bach, Mozart, Beethoven, Brahms, Tchaïkovski, Debussy. M'assaille le souvenir des confidences chuchotées, après la tornade de la Révolution culturelle, par des professeurs au Conservatoire de Shanghai[*], les yeux encore écarquillés d'horreur. Tous ceux d'entre eux qui s'adonnaient à la musique occidentale, c'est-à-dire la plupart, avaient été

---

[*] Voir plus haut, p. 93.

victimes de brimades cruelles de la part de leurs étudiants ; certains s'étaient suicidés pour échapper à ces supplices.

Que les temps ont changé ! Dans le grand auditorium, de jeunes gens écoutent attentivement. Le chef, en chandail jaune et jeans, fait recommencer patiemment son orchestre : un piano à queue, une trentaine de violons, huit violoncelles, quatre contrebasses, deux percussions, deux flûtes traversières, une quinzaine de cuivres. Je demande à mes voisins de qui est ce morceau, dont l'audition, qu'on me pardonne, me semble un vrai supplice chinois. « C'est du Boulez, m'explique-t-il ; un grand musicien français... »

Pour la culture du quotidien, on se tourne vers l'Amérique. Pour la haute culture, celle surtout qui se passe de langage, c'est à l'école de l'Europe qu'on se met naturellement, presque sans y penser.

Et peut-être est-ce pour cela que la « Très Grande Bibliothèque » de Pékin est si vide de lecteurs. Ce n'est pas vers le patrimoine chinois que les intellectuels vont chercher les réponses à leur angoisse de modernité.

CHAPITRE 47

Un dimanche à la campagne

1er septembre 1996.

Nous partons de bon matin avec Jean Leclerc du Sablon, le correspondant permanent du *Figaro*, vers le nord en direction de la Mongolie. La Jeep que nous a prêtée Francis Deron, correspondant permanent du *Monde*, pour nous permettre de passer sur tous terrains, n'eût pas été nécessaire : cette route, que j'avais connue en terre battue, est maintenant confortablement asphaltée.

Sans aucune autorisation, les diplomates, journalistes, touristes, hommes d'affaires, qui naguère devaient quémander un permis et se laisser surveiller par un accompagnateur, sont libres d'aller où ils veulent, avec qui ils veulent. Non seulement on accepte partout les touristes, y compris dans les régions autonomes, mais on les encourage à aller partout.

On trouve des pompes à essence à de courtes distances, alors que pour partir en voiture, il fallait, récemment encore, se munir de jerricans. (De même, il y a maintenant des pompes partout dans Pékin, non sur les grandes artères, mais dans de petites rues.) Des stations partout, jusqu'à Harbin au Heilongjiang, ou à Kashgar au Xinjiang. Motos, mobylettes, voitures, 4X4, tout est bon pour s'échapper pendant le week-end. L'essence, c'est le carburant de la liberté.

Beaucoup d'usagers de voitures particulières, de motos et de cars ont eu la même idée que nous. Sur le talus, des marchands de pastèques, de pêches ou de raisins ; des vendeuses de tissus.

Première ville, Huairou, à 55 kilomètres de la capitale. C'est là que, lors du Congrès mondial des femmes en septembre 1995, on a parqué les organisations non gouvernementales venant des cinq continents, qu'elles fussent religieuses ou sociales, libérales ou conservatrices. Seules les organisations gouvernementales étaient hébergées à Pékin. On craignait que des associations de femmes réputées remuantes (« Homosexuelles », « Femmes libérées », « Islamistes », « Amnesty international », admises officiellement en Chine pour la première fois) ne se livrent à des manifestations au centre de Pékin. De fait, on assista à une rude empoignade entre les Iraniennes islamistes et les Algériennes anti-islamistes — les unes et les autres n'étaient, semble-t-il, « non gouvernementales » que de nom.

C'est encore à Huairou qu'on a retrouvé, au printemps de 1995, le corps de Wang Baosen, le vice-maire de Pékin, qui se serait suicidé après la découverte du scandale de corruption dans le gouvernement municipal.

Au centre de la ville, un marché en plein air offre une grande variété de vêtements à bon marché ; de la lingerie féminine pend sur des fils tendus — spectacle qu'on n'aurait pu voir sous la pudibonde Révolution culturelle. Voici un revendeur de vieilles selles de vélo, qui en essaie deux ou trois sur la bicyclette de son client. Voilà des policiers en uniforme qui tiennent boutique : tous les fonctionnaires sont encouragés à se livrer, dans leurs heures de liberté, à des activités lucratives, ce qui permet de ne pas augmenter leur salaire. Les miliciens sont autorisés à rester en tenue s'ils veulent vendre de la bijouterie ou des vêtements au marché dans leurs jours de repos. Leur échoppe est la plus achalandée — prestige de l'uniforme. Des jeux d'argent, en principe interdits, prospèrent sous leurs yeux débonnaires et peut-être complices — « roues de la fortune » en bois, roulettes rudimentaires avec leur tapis pour casinos de plein air.

Nous reprenons la route vers le nord, en nous enfonçant dans les monts Jundu Shan. De-ci, de-là, de petits barrages coupent la rivière Bai He, que nous longeons ; ils forment autant de viviers, où se multiplient les truites. Les Pékinois raffolent de cette pêche. Ils lancent inlassablement leur hameçon, où pend un morceau d'entrailles... de truite ; une forme de mouvement perpétuel. Ils font ensuite rôtir leur prise sur un barbecue et s'en régalent en pique-niquant.

On ne paie ni la location de la canne à pêche, ni l'appât, ni le dépeçage, mais seulement la truite une fois rôtie. Des groupes de jeunes nous invitent jovialement à partager avec eux la pêche, la table et les provisions emportées.

La civilisation des loisirs

Tous les Chinois ont reçu du gouvernement un cadeau inespéré. À partir du 1er mai 1995, ils ont eu droit à un samedi libre sur deux. Et depuis le 1er mai 1996, *tous* leurs samedis sont libres. Cette conquête de la « semaine anglaise », dont nous n'avons bénéficié que dans les années 1960 sans qu'elle nous fasse grand effet, les a impressionnés autant, semble-t-il, que les congés payés ont marqué les Français en 1936.

Et maintenant, comment occuper les fins de semaine ? Les Chinois entrent à pleines voiles dans la civilisation des loisirs. Un énorme marché du tourisme est en train de naître *pour eux*, et non plus seulement pour les étrangers venus *chez eux*, qu'ils se contentaient jusque-là d'observer avec envie. Les pédalos du lac Beihai, les barques à tête de dragon du Palais d'Été ont longtemps suffi à combler leur goût du farniente.

Les Collines Parfumées, à quelques lieues de Pékin, restent un lieu de promenade d'amoureux, surtout en septembre, quand les érables deviennent rouges. L'architecte sino-américain Pei, l'auteur de la Pyramide du Louvre, a construit dans un style original, avec des portes toutes rondes conformément à la tradition chinoise, un hôtel qui se voulait de luxe, mais qui, faute sans doute d'être une *joint-venture*, c'est-à-dire d'avoir patiemment formé aux normes occidentales son personnel chinois, ne paraît pas très bien tenu. Les visiteurs du samedi et du dimanche ne l'en envahissent pas moins.

On va visiter les douze tombeaux Ming — et même le treizième, si l'on donne la pièce au gardien. On pousse jusqu'à la Grande Muraille, où s'amoncellent les cars.

Mais ces promenades archiconnues ne suffisent plus aux Pékinois. Ils ont envie de s'évader. La montagne les attire. Ils achètent du matériel de camping, d'escalade, de marche, de cyclotourisme. Ils convoitent de plus en plus la voiture individuelle. Un nouveau phénomène de société naît sous nos yeux, massif d'emblée, comme tout en Chine.

Villages de la montagne

Le chemin se fait de plus en plus escarpé. Soudain, la Grande Muraille apparaît. Non pas rebâtie à neuf, comme dans les trois tronçons les plus proches de Pékin, Badaling, Mutianyiu et Gubeiku, où s'agglomèrent les visiteurs du dimanche. Il ne reste ici que des ruines. Mais le pointillé qu'elles tracent suffit à ressusciter cette folie vertigineuse : un haut rempart avec tours, créneaux et chemin de ronde montant à l'assaut des pics, dévalant vers la vallée, zigzaguant avant de regrimper encore. Peut-être moins pour interdire le passage aux assaillants éventuels que pour marquer un territoire, celui de la civilisation, séparé de la barbarie par cette invraisemblable barrière.

Nous croisons ou dépassons des enfants qui portent vaillamment sur le dos un lourd cartable à l'occidentale. Bien que ce soit dimanche, leur école a voulu les réunir, puisque c'est le

1ᵉʳ septembre, jour de rigueur pour la rentrée : la règle, c'est la règle.

Ces villages de la montagne ne sont pas atteints par l'électricité. Ou bien elle leur est fournie par des générateurs au fioul, ou bien ils tirent l'énergie de panneaux solaires qu'on aperçoit sur les toits.

Des maisons sont en cours de construction, de la main de ceux qui vont y habiter. D'autres villageois se sont arrêtés de travailler ce dimanche ; ils ont bien le droit, eux aussi, de pêcher dans les torrents ; ou de jouer au *mahjong* ; ou encore de regarder simplement passer les autos, spectacle encore nouveau.

Quand la voiture s'arrête et qu'on fait quelques pas dans un village, les paysans cherchent à engager la conversation, alors que naguère ils se fermaient, par peur de se faire convoquer par la police. L'ambassadeur, François Plaisant, me raconte que lorsque sa femme photographie des paysans sur le seuil de leur petite maison et revient sur les lieux deux ou trois semaines plus tard pour leur donner leur portrait, ils n'en finissent pas d'exprimer leur gratitude, avec de grands éclats de rire.

Les habitudes tyranniques du week-end, que nous connaissons si bien chez nous, commencent à s'installer en Chine. Déjà, le vendredi soir, les avenues de Pékin qui conduisent vers la sortie sont plus encombrées que d'ordinaire, et, le samedi et le dimanche, la circulation est réduite.

Toujours plus

Dans l'été 1971, la chaleur était si étouffante dans les *trois fours* de la Chine, Chongqing, Wuhan et Nankin, que, pour rafraîchir nos chambres, on plaçait près de nos lits, dans de vastes baquets de bois, des pains de glace. Ils fondaient entièrement pendant la nuit : la vapeur qui s'en dégageait nous permettait de trouver le sommeil.

Comme cette époque paraît lointaine ! Pas d'hôtel qui n'ait son climatiseur. La plupart des logements, après s'être équipés de ventilateurs, de réfrigérateurs, de transistors, s'ornent d'une télévision. Quand un ménage a eu les moyens de se faire installer un climatiseur, il pense aussitôt à s'acheter une voiture. Toujours plus...

Le consommateur chinois n'est jamais satisfait. Surtout dans les deux mégapoles de Pékin et de Shangai, qui avoisinent, la première treize millions d'habitants, la seconde quinze : comme si l'étouffement qui pourrait naître de pareilles concentrations humaines appellait en compensation plus de confort à domicile.

À travers toute la Chine, ces dernières années, la civilisation des loisirs ne cesse de progresser. À Shenzhen, le parc d'amusement « Fenêtres du monde » reproduit (sans autorisation) 138 merveilles.

La plus regardée est une tour Eiffel réduite au tiers, soit 108 mètres de haut, avec ascenseur et restaurant au premier étage.

Sur les Routes de la Soie

Les Chinois, les Han, s'aventurent même en touristes sur la Route — ou plutôt les Routes — de la Soie. Que la fascination de la Route persiste pour les voyageurs venus d'Occident, ce n'est pas une information. Mais qu'elle s'exerce aussi, désormais, sur les Chinois eux-mêmes, c'est une nouveauté.

À travers le désert de Gobi, le long du désert de Takla-Makan — celui « d'où l'on ne revient pas » —, s'égrène un chapelet d'oasis, comme celle de Gaochang, dont les ruines se dessèchent éternellement sous le soleil accablant. C'est là que chameaux et chameliers prenaient quelque repos. Ils n'allaient jamais jusqu'au bout de la Route, se contentant d'une, deux ou trois étapes avant de rentrer chez eux. Ainsi, seules les marchandises, passant d'une caravane à l'autre, franchissaient les espaces — beaucoup plus abondants dans le sens Est Ouest que dans le sens inverse : l'Ouest devait payer en bon argent. Et les montures et leurs accompagnateurs, sauf ceux de la dernière étape, ne rencontraient pas les destinataires.

La Route de la Soie reliait ainsi la Chine à l'Occident, mais sans les mettre en contact. Aujourd'hui, les Han la parcourent en curieux : au-delà des étendues vides, des oasis rares, que cherchent-ils ?

La cohérence de leur histoire ? Ce souvenir, qui devient un patrimoine, souligne que, depuis toujours, la Chine était plus exportatrice qu'importatrice. Autrement dit, elle créait plus de richesses qu'elle n'en recevait de l'extérieur : elle avait moins besoin du monde que le monde d'elle.

Ou bien, veulent-ils retrouver le chemin de l'Occident ? Ou le souvenir de leur puissance ? Ou quelque nouveau mariage entre l'Empire du Milieu et l'appel de l'« ailleurs » ? Quel secret viennent-ils ici chercher, pour rester, dans l'échange, eux-mêmes ?

CHAPITRE 48

Le Ciel s'est dégagé

Quelle est la part de satisfaction et de mécontentement, dans cette population à l'apparence beaucoup plus souvent gaie que renfrognée, mais quelquefois comme absente ? Gaie, elle l'était d'ailleurs quand il n'y avait guère de quoi, en pleine Révolution culturelle.

Quand nous nous mettons mentalement à sa place, nous autres Occidentaux, la seule idée de vivre dans un régime qui se proclame lui-même « dictature du prolétariat », avec tout ce que cela suppose de contraintes, nous paraît insupportable. Mais pour une majorité de ces Chinois, qui avaient été pendant tant de siècles, et restaient encore, voici trente ou quarante ans, sujets à la disette, à la crainte de famines meurtrières, à des purges sanglantes, aux persécutions anti-religieuses, à la terreur policière, pour eux qui dans toute leur histoire n'ont jamais connu que des régimes despotiques, en est-il de même ?

Sans aucun doute, ils ont une grande satisfaction : celle de la nourriture assurée. Même ceux qui dorment à la belle étoile, aux alentours de la gare de Pékin ou de Shanghai, ont en poche les quelques *renminbi*, qui leur permettront de s'acheter un sandwich ou un bol de riz. Les soupes populaires viennent en aide à ceux qui ne peuvent pas se débrouiller par eux-mêmes.

« As-tu pu bien manger ? »

La nourriture a toujours été l'obsession du Chinois. Le 14 mai 1989, quand les étudiants de Tiananmen ont entamé leur grève de la faim, l'émotion fut intense : comment pourraient-ils supporter un seul jour de jeûne ? Les Pékinois, bouleversés, basculèrent dans leur camp. Nous sommes habitués à des grèves de cinquante, cent, voire cent quarante-deux jours — celle d'Anis Nakache, l'assassin de

Chapour Bakhtiar, qui arracha au président Mitterrand ce mot glacé : « S'il veut poursuivre sa grève, c'est sa seule responsabilité. » La peur de la famine, venue du fond des âges, ôte aux Chinois une pareille placidité. « As-tu pu bien manger ? » se disent-ils en guise de bonjour. Maintenant, quatre-vingt-quinze Chinois sur cent savent qu'ils ont pu et vont bien manger. Le Ciel s'est dégagé pour eux.

Si vous visitez une unité de travail, vous voyez souvent les travailleurs en train de grignoter, quand ils ne font pas carrément la pause pour une véritable collation. Quant aux enfants, on les gave de friandises et de Coca-Cola. On voit maintenant des enfants obèses, comme aux États-Unis. À en croire les autorités, il y a en Chine plus d'obèses que de chômeurs (entre 4 et 5 %).

Le rêve de la réussite individuelle

Une autre satisfaction évidente : l'extension des libertés. Chacun a le droit — au moins théorique — de choisir soit d'étudier soit de travailler, d'entrer dans une branche d'activités ou dans une autre, de vivre à la campagne ou à la ville, de prendre des initiatives, de créer une entreprise.

Bien sûr, pour être admis à l'université, la sélection est sévère ; quant aux entreprises, il y a plus de demandes que d'offres d'emploi. Partout, la lutte pour la vie remplace l'égalitarisme et l'assistance garantie. Les autorités affirment que le chômage proprement dit est faible. Pourtant, le maire de Shanghai a évoqué un taux de chômage supérieur à 12 %. Il a organisé récemment un forum international sur ce sujet et a révélé des données préoccupantes.

N'empêche : chacun peut rêver qu'il gagnera de l'argent, s'élèvera dans l'échelle sociale, s'achètera une moto, une voiture, un pavillon, et, pourquoi pas, deviendra millionnaire, voire milliardaire, comme d'autres qu'il connaît, ou dont il entend parler.

Le rêve chinois rejoint le rêve américain : celui de la réussite individuelle.

Communiquer avec l'extérieur

Jusqu'à ces dernières années, les Chinois n'avaient ni les moyens, ni même le droit de sortir des sentiers battus. Leur vie était jalonnée de tabous. Tout ce qui n'était pas autorisé était défendu. Aujourd'hui, tout ce qui n'est pas défendu est autorisé.

Certes, il subsiste des interdits municipaux, provinciaux, nationaux. Mais Chinois et étrangers peuvent circuler partout en Chine — sauf au Xinjiang et au Tibet ; et encore : beaucoup de journalistes ou de routards ne s'en privent pas. Les Occidentaux de Pékin, qui étaient naguère enfermés dans un cercle étroit autour de la capitale, comme ceux de Moscou, sont libres de voyager.

Jusqu'en 1992, les contacts privés avec les Chinois étaient redevenus difficiles pour les étrangers : à la suite des événements de Tiananmen, les contrôles s'étaient aggravés. Aujourd'hui, il n'est plus besoin de se voir en cachette ; on va chez eux, on sonne à leur porte sans qu'ils craignent d'être dénoncés par leurs voisins.

La télévision a apporté une liberté complémentaire. Les chaînes occidentales sont toutes captées dans la province de Canton. Mais partout en Chine, en ville comme à la campagne, on peut voir des paraboles comme autant de grands champignons blancs. Ce sont des bénéficiaires individuels de dérogations — les mêmes qui ont accès à Internet et à la « poste informatique », ou « courrier électronique », *l-mail* (electronic mail). En outre, les unités de travail, « pour leur information », les hôtels, pour les touristes, en sont pourvus. Les Chinois ont le sentiment d'une liberté de communication avec l'extérieur, que toute limitée qu'elle soit, ils n'avaient jamais connue dans leur histoire.

L'orgueil des succès collectifs

Satisfaction encore, l'orgueil des succès collectifs remportés. Que la Chine se transforme sous leurs yeux ; qu'elle dispose d'un armement thermonucléaire, vende des fusées et missiles dans le monde entier et mette sur orbite des satellites étrangers, voire américains ; qu'elle figure en tête de *tous* les pays du monde pour la croissance depuis 1979, malgré sa population sans égale ; qu'elle double la France comme quatrième puissance commerciale (tout comme Singapour nous a doublés en niveau de vie) ; que l'on évoque la possibilité pour elle de dépasser la production des États-Unis dans vingt ans : tout cela aurait de quoi tourner bien des têtes. Davantage encore, les têtes d'un peuple qui se considérait jusqu'au siècle dernier, non seulement comme le plus puissant du monde, mais comme détenteur de « la seule civilisation sous le Ciel ».

Les Jeux olympiques d'Atlanta, dans l'été 1996, ont provoqué un choc psychologique parmi les Chinois. Non qu'ils aient été entièrement satisfaits : ils ne pourront l'être que lorsqu'ils obtiendront la première place. Mais, compte tenu de leur entrée récente dans la course, arriver en quatrième position, aussitôt après les États-Unis, la Russie et l'Allemagne, c'est déjà un succès prometteur. Seuls les commentateurs américains ont fait la fine bouche. Ainsi, un présentateur de la N.B.C. a insisté sur l'incapacité de la Chine, malgré l'étendue de sa population, à figurer parmi les trois premiers. Ce n'est pas le genre de défi qu'il est opportun de lancer à la Chine !

Longtemps frustré d'orgueil, ce peuple voit de nouveau se profiler à l'horizon cette première place mondiale, qu'il semblait avoir quittée à tout jamais pour tomber au rang des plus misérables pays du tiers-monde.

Pour les Chinois, la « face » et la collectivité nationale sont des valeurs essentielles. La face de la collectivité prime tout.

CHAPITRE 49

« Les Chinois peuvent dire non »

D'ordinaire, quand je m'apprêtais à partir pour Pékin, je signalais à l'ambassadeur de Chine populaire à Paris l'intérêt que j'éprouverais à m'entretenir avec une ou plusieurs hautes personnalités chinoises. Pas question de demander à voir l'une plutôt que l'autre. Pas question de savoir d'avance laquelle ou lesquelles je pourrais rencontrer ; je ne l'apprenais que sur place, la veille ou quelquefois le matin même de l'audience.

Cette fois, tout est d'avance transparent. J'avais émis le souhait de rencontrer le vice-Premier ministre et ministre des Affaires étrangères Qian Qichen ; le Premier ministre Li Peng ; et, si possible, le président de la République Jiang Zemin, successeur de Deng Xiaoping comme chef du Parti et de l'armée. On m'annonce que je les rencontrerai successivement tous trois ; on m'offre même un entretien avec ce dernier en exclusivité mondiale pour *Le Figaro*. Le tout, sans doute, en souvenir de mes discrets efforts pour réconcilier les deux pays. Les heures et lieux m'ont été notifiés avant mon départ.

Un monde multipolaire

Premier rendez-vous : avec Qian Qichen, dans Diaoyutai, une autre Cité interdite où sont reçus les invités officiels : maisons aux toits retroussés, disposées autour d'un lac, dans un parc aux essences rares et aux parterres de fleurs soigneusement entretenus. À cette résidence ceinte de hauts murs, où il m'est arrivé à plusieurs occasions d'être hébergé, je préfère un hôtel du centre de Pékin qui permet de flâner à sa guise.

Notre ambassadeur m'accompagne. On nous introduit dans un pavillon où Qian Qichen m'avait déjà reçu à deux reprises. Nous attendons quelques instants dans un premier salon, où l'occidentalisation a fait des progrès : une frise grecque, comme autour d'un temple dorique, alterne triglyphes et métopes — réductions en stuc de la Vénus de Milo, du Discobole, du Lanceur de javelot...

Les portes s'ouvrent toutes grandes : Qian Qichen me tend les deux mains, pendant que la télévision et les photographes officiels nous mitraillent. Nous nous asseyons dans les immenses fauteuils de velours doré. Deux changements seulement : les housses en dentelle blanche, qui protégeaient la totalité du fauteuil, ne recouvrent plus que les accoudoirs ; les crachoirs en forme de pots de chambre, qui m'avaient quelque peu étonné à mes premiers voyages, ont disparu.

Qian Qichen est tout sourire, alors que nous eûmes dans ce même salon, en 1993-1994, des discussions tendues. « Nous nous sommes souvent vus ces dernières années, me dit-il gaiement. Mais nos efforts communs ont été couronnés de succès. Maintenant, les relations entre nos deux pays sont au beau fixe. »

Après ces aimables propos qui sont filmés, les cameramen se retirent. Le soir, ces images feront l'ouverture des actualités télévisées. Comme auparavant, l'essentiel des journaux d'information, qui se succèdent toutes les heures à partir de 19 heures, est consacré aux activités des principaux dirigeants du pays.

Je confirme que l'amélioration des relations avec la Chine n'est pas pour la France une question de circonstances, mais un objectif de politique à long terme, dans l'esprit de la reprise des relations entre Paris et Pékin décidée en 1964. Pour la France du président Chirac comme pour celle du général de Gaulle, la Chine est une.

Qian souligne qu'aucune puissance ne peut prétendre dicter ses volontés aux autres, dans un monde complexe et désormais multipolaire.

« Cinquante ans, c'est promis »

La position de la France au sujet de Taiwan est appréciée à Pékin. Au contraire, les États-Unis ont grandement sous-estimé les répercussions du voyage du président de Taiwan, récemment réélu au suffrage universel (voyage qui aurait coûté cent millions de dollars au dirigeant taiwanais). Lee Teng-hui aurait déclaré qu'aux États-Unis, tout s'achète. Il se serait même vanté de pouvoir acheter un siège aux Nations unies. Le président Clinton a envoyé son conseiller pour la sécurité dire qu'il allait rectifier sa politique ; mais il sera jugé à ses actes.

Deux contrastes m'intriguent. Entre la sévérité des critiques incessantes de la presse et du Congrès américains envers la Chine, et les assouplissements pratiques qu'adopte Clinton, comme l'avait déjà fait Bush. Entre la méfiance proclamée des dirigeants chinois à l'égard des États-Unis, et l'influence croissante des mœurs américaines sur la vie quotidienne en Chine.

Qian me répond que les pressions américaines dépendent du rapport de forces entre le Congrès, donc l'opinion, donc la presse, et l'exécutif, qui est obligé d'être plus réaliste. Avec sa politique d'ouverture, la Chine prenait le risque de laisser pénétrer des influences délétères. Forte de sa vieille civilisation, elle a les moyens de résister. À preuve le livre qui vient de paraître, *Les Chinois peuvent dire non*. C'est l'œuvre de jeunes gens qui connaissent mal le monde extérieur, mais elle reflète une large partie de l'opinion. On s'arrache ce livre dans les librairies de Pékin. Il est un des signes qui permettent aux Chinois de se rendre compte avec bonheur qu'ils ont changé de siècle et de condition.

Les exercices militaires du printemps dernier dans le détroit de Taiwan ne risquent-ils pas de ternir à nouveau l'image de la Chine dans le monde, qui s'était bien améliorée depuis 1989 ? Comment la Chine entend-elle traiter Hongkong ?

Qian Qichen prend un ton apaisant. Ces exercices de l'armée étaient un signal adressé aux séparatistes, pour leur faire comprendre concrètement ce qui se passerait s'ils prétendaient détacher Taiwan de la Chine.

Quant à Hongkong, Pékin fait preuve d'une grande modération et, comme promis, respectera pendant cinquante ans, à partir du 1er juillet 1997, l'autonomie interne et le capitalisme de Hongkong.

CHAPITRE 50

La levée du secret

Septembre 1996.
Congrès mondial des archivistes. Li Peng, qui vient « l'honorer de sa présence », glorifie le travail international d'archives : « Chartistes de tous les pays, unissez-vous ! » Il est aisé de constater que les Chinois applaudissent plus que les nombreuses délégations occidentales.

Au passage, le Premier ministre fait allusion au « secret des archives ». Les pratiques, sur ce point, varient d'un pays à l'autre. Ne faudrait-il pas les rapprocher ? La France, par exemple, enferme dans le secret pendant soixante ans les comptes rendus des Conseils des ministres, alors que les États-Unis les ouvrent au bout de vingt ans.

Dans l'esprit de l'ouverture décrétée en décembre 1978, la Chine a résolu d'ouvrir ses archives. Il est étrange de voir la Chine se ranger elle-même — au moins en paroles —, sans que personne le lui ait demandé, parmi les pionniers de la transparence ; alors que la France deviendrait, par comparaison, un mauvais élève de la classe...

Après deux cents ans de secret d'État

Il est vrai que, pour le moment, la Chine se contente de donner à des chercheurs occidentaux accès à des pièces qui étaient soigneusement enfermées depuis deux cents ans.

Tel est justement le sujet d'un autre colloque — le « symposium » organisé, dans le sillage du Congrès mondial des archivistes, par les Archives impériales de la Cité interdite, à l'occasion d'une singulière publication* : la totalité des documents chinois consacrés à l'expédition en Chine de l'ambassadeur britannique Macartney, entre 1792 et 1796.

Ce magnifique ouvrage in-quarto de 850 pages est réalisé en fac-similé — à l'encre de Chine, pour les « mémoires » au Palais ou du Palais et les « édits » impériaux ; en vermillon, pour les « apostilles » calligraphiées par l'empereur Qianlong. Il constitue la première coédition franco-chinoise de l'histoire.

Cette ambassade auprès de la cour mandchoue avait fait couler beaucoup d'encre. Pourtant, on ne connaissait que le regard des Anglais. La vision des Chinois manquait. Elle n'avait jamais été publiée ; de nombreux points demeuraient obscurs. Il me paraissait impossible que la « bureaucratie céleste » n'eût pas consacré une correspondance abondante à cette mission sans précédent. En 1980, je demandai à un professeur d'histoire de l'université Beida de Pékin, Zhang Zhilian, de m'aider dans cette investigation.

La plupart de ces documents étaient enfouis dans des sacs de jute, ou dans des coffres en bois de santal — réputé pour son efficacité contre les charançons. À mesure de leur mise en ordre, je reçus peu à peu, les années suivantes, l'autorisation, dans un premier temps, de les faire recopier patiemment par un étudiant chinois ; comme cette copie, toutefois, était source d'erreurs, on finit par me remettre des microfilms des 275 pièces les plus importantes de cette correspondance.

---

* Cette compilation est l'aboutissement de seize ans de travail de recherche, en coopération confiante avec des universitaires et archivistes chinois, une vraie *joint-venture* culturelle : « *Yingshi Magaerni fang Hua dang'an shiliao huibian, Compilation des matériaux historiques des Archives impériales concernant la visite en Chine de l'ambassadeur britannique Macartney*, réalisée sous la direction de Xu Yipu, directeur des Archives impériales, et d'Alain Peyrefitte, membre de l'Institut de France, préfaciers ; compilateur, Qin Guojin, directeur-adjoint des Archives impériales ; conseillers scientifiques, Zhang Zilian, professeur d'histoire à l'Université Beida et Pierre-Henri Durand, chargé de recherches au CNRS. » Éditions des Archives n° 1, Pékin, et Fayard éditeur, Paris, septembre 1996.

Le directeur des Archives de France, présent au Congrès mondial des Archivistes, m'affirme que nous n'avons jamais réalisé l'équivalent en France. Nous rendons possible à Pékin ce que nous serions bien incapables, pour des raisons budgétaires, de faire à Paris. En France, Électricité de France n'aurait sûrement pas accepté de contribuer à un tel financement. Alors que, en vue de la publication à Pékin d'un ouvrage d'une valeur inestimable pour les chercheurs, historiens et sinologues, le directeur général d'EDF n'était pas mécontent, à la veille de la signature, encore hypothétique alors, de Daya Bay II, de montrer que son entreprise pratiquait en Chine un mécénat désintéressé. Application à des projets culturels, à laquelle se prête aisément la Chine de Deng Xiaoping, des principes de l'économie libérale.

Elles constituaient, face à la version britannique, un inappréciable contre-témoignage. Je les fis entièrement traduire par des spécialistes de la langue bureaucratique sous la dynastie mandchoue avant de les utiliser pour faire le récit de cette ambassade. Puis je présentai l'ensemble et chacune de ces pièces et les publiai en France*. Il me parut dès lors souhaitable, ne fût-ce que pour convaincre les sceptiques, que ces travaux fussent complétés par la reproduction photographique de la totalité des pièces relatives à cette ambassade, que recelaient les Archives impériales.

Le secret gardé pendant deux siècles est levé. La politique d'ouverture adoptée à l'appel de Deng Xiaoping en décembre 1978 s'est donc étendue au domaine le plus reclus de la vie des Chinois.

Il y a là tout un symbole, tant il est vrai qu'en Chine, l'histoire était réservée, depuis les origines, au gouvernement, qui disposait seul des archives. Les voies de la recherche historique, en Chine et en Occident, peuvent maintenant converger. Une mise à niveau de plus, entre deux univers qui s'ignoraient.

Ennemis du dehors et ennemis du dedans

Un point demeure à élucider : Macartney s'est-il ou non prêté devant l'empereur à la nonuple prosternation, ou *kotow*, le front heurtant le sol, que prescrivait un protocole immuable ? Les Anglais et leurs récits répondent *non*. Les Chinois et leurs archives répondent *oui*. La confrontation des textes, ainsi que les témoignages des missionnaires occidentaux, suggèrent fortement que les Anglais consentirent à un compromis : agenouillements, suivis d'inclinaisons de tête. Juste assez, aux yeux des Anglais, pour être admis à l'audience sans perdre leur dignité. Pas assez, aux yeux des Chinois, qui firent payer cher cette incongruité aux envoyés du « souverain des mers », en les renvoyant prestement bredouilles ; mais il ne fallait pas qu'un texte enregistré aux Archives révélât cette entorse aux rites et pût servir de précédent.

L'apport le plus intéressant de ces archives est ce qu'elles révèlent sur l'attitude de l'Empire du Milieu. Sous Qianlong, dont le règne de soixante ans correspond aux règnes de Louis XV et Louis XVI et à notre Révolution jusqu'au Directoire, le pouvoir, qui paraît si triomphant, dominateur et sûr de soi, est en réalité inquiet. La pire menace ne vient pas des Barbares, mais des sujets « félons » qui chercheraient à établir des rapports avec eux. Ennemis du dedans et ennemis du dehors ne se ligueraient-ils pas ?

---

* *Un choc de cultures — La vision des Chinois*, Paris, Fayard éditeur, 1991.

Cette conduite du pouvoir mandchou, maître du réseau capillaire et nerveux qui irrigue toute la Chine, est surprenante : les Anglais, en 1793, étaient à mille lieues de penser à subvertir les Chinois. Leur mise sous haute surveillance n'était pas justifiée. Peut-être le serait-elle davantage sous le pouvoir actuel ?

C'est du moins ce que pensaient les vétérans de la Longue Marche, les troglodytes de Yan'an, anxieusement réunis autour de Deng et de Li Peng au printemps 1989 : qui « tire les ficelles » des meneurs du mouvement de Tiananmen — intellectuels et étudiants abusés, lesquels « jouent, sans même s'en rendre compte, le rôle de marionnettes » ? Ce sont les « agents de l'étranger ». L'*intelligentsia* est synonyme d'*intelligence avec l'ennemi*.

Obsession d'hier et d'aujourd'hui. Actualité torride de cette histoire enfouie et déterrée. S'il y a une attitude que le pouvoir chinois ne peut pas supporter, ce sont des complicités entre les adversaires du dehors et les dissidents du dedans. Autrement dit, l'ingérence. C'est avant tout pour l'avoir acceptée et pour en avoir vécu que le Guomindang a été battu et chassé. Les Chinois ne l'ont pas oublié. Ne l'oublions pas.

CHAPITRE 51

Li Peng : signes discrets d'allégeance au chef

Septembre 1996.
Cette fois encore, le Premier ministre qui gouverne douze cent cinquante millions de Chinois m'attend à Zhongnanhai — la Cité vraiment interdite, à proximité de Tiananmen. Malgré l'annonce, maintes fois répétée, de sa chute imminente, Li Peng est en fonction depuis huit ans.

Les lourdes portes ne s'ouvrent qu'après de soigneuses vérifications. Les miliciens qui assurent la circulation à l'extérieur et à l'intérieur de la haute enceinte ressemblent outrageusement à des robots. Ils font de brusques gestes saccadés pour indiquer le chemin à suivre — tandis que les automates de Disney font tout pour faire croire qu'ils sont bien vivants.

Le Premier ministre me reçoit dans le « Pavillon de la Clarté pourpre », tendu de pourpre, fauteuils pourpres, moquettes pourpres sur lesquelles sont jetés d'épais tapis chinois. Il a été édifié par l'empereur Qianlong pour fêter sa victoire de 1757 contre les Éleuthes (ou Dzoungars), qu'on extermina alors — six-cent mille hommes furent passés au fil de l'épée. Des portraits des généraux victorieux ornèrent longtemps ces murs. Je ne suis jamais entré dans ce pavillon sans frémir d'horreur.

Paroles d'accueil : Li Peng se réjouit de voir une fois de plus un « vieil ami de la Chine, et cette fois quatre mois seulement après la précédente » (qui avait lieu à Paris[*]). « Vous êtes de ceux qui s'attachent le plus efficacement depuis de nombreuses années à améliorer et développer les relations sino-françaises. Nous sommes très satisfaits de constater que ces relations se sont améliorées du

---
[*] Voir chapitre 40.

tout au tout. Nous apprécions et admirons la politique chinoise du président Chirac. »

Exit la télévision, qui se contentera de ce préambule, mais le fera passer en ouverture de toutes ses émissions de la soirée.

Touchant les droits de l'homme, « sujet auquel la France est très sensible », je forme le vœu qu'on pourra trouver un langage commun, tout en reconnaissant qu'il peut exister des approches différentes.

Li Peng insiste sur les vertus du dialogue. Il rend hommage aux efforts de la France pour parvenir à un compromis à la Commission des droits de l'homme de Genève au printemps dernier, et exprime l'espoir d'un succès l'an prochain*.

Je me réjouis des acquis de son récent voyage en France, notamment en matière d'avions. Mais j'émets le souhait que nos échanges commerciaux se rééquilibrent, puisque les importations françaises ne sont couvertes qu'à moitié par nos exportations.

Li Peng se fait rassurant. Depuis que les nuages qui s'amoncelaient sur le ciel des relations franco-chinoises ont été dissipés, de belles perspectives s'ouvrent dans le IXe plan quinquennal (1996-2000), qui en est à ses débuts.

Li Peng cite des chiffres flatteurs pour la baisse de l'inflation et le taux de croissance ; tout en faisant le modeste, pour conclure que son pays ne peut être considéré par personne comme une menace.

Je lui raconte que plusieurs de mes interlocuteurs, au cours de ce séjour, se référant à la prophétie de Napoléon, « *Quand la Chine s'éveillera...* », m'ont exprimé leur inquiétude à propos de sa conclusion : « *le monde tremblera* ». Qu'en pense-t-il ? « Mais non ! Le monde n'a aucune raison de trembler ! La Chine a encore un immense chemin à parcourir avant de s'arracher partout à la misère ; et quand elle aura réussi, elle n'aura pas d'autre tentation que de jouir de sa prospérité ! »

La Chine ne menace ni ne menacera personne

Li Peng insiste : « La Chine est le pays le plus peuplé du monde. Pour la moderniser, nous avons besoin d'un environnement mondial durablement en paix. À l'avenir, même si nous nous développons toujours plus, nous ne serons jamais une menace pour personne. Nous n'opprimerons ni n'envahirons aucun pays. Nous avons trop longtemps souffert de l'oppression étrangère, pour imposer une telle souffrance à d'autres. La Chine a toujours poursuivi une politique

---

* La condamnation de Wang Dan, depuis cet entretien, a sans doute diminué la probabilité de ce succès.

de paix ; une longue tradition de relations de bon voisinage l'anime. Elle s'est toujours opposée à toute forme d'hégémonie. Nous soutenons que toute nation, petite ou grande, riche ou pauvre, est membre à part entière de la communauté internationale. Nos forces militaires ne nous coûtent que 1,5 % de notre produit national brut et nos armes sont purement défensives. Peu de nations peuvent en dire autant. Jamais la Chine ne se lancera dans la course aux armements, ni dans l'expansion militaire. Opposée à l'hégémonie de quiconque, la Chine ne saurait poursuivre un pareil objectif en ce qui la concerne. Elle se dévouera sans relâche à la cause de la paix. Les Chinois ne veulent rien d'autre qu'être les amis des Asiatiques et des autres peuples du monde. »

Li Peng a une grande reconnaissance à l'égard de Jacques Chirac, dont l'intervention personnelle a permis que son voyage à Paris d'avril dernier — mal commencé — se terminât on ne peut mieux. La France est seule avec la Chine à s'affirmer face aux États-Unis. Il se félicite des progrès de nos relations économiques (notamment pour l'*avion de cent places*, encore qu'il reste des problèmes techniques). La France joue dans le monde un rôle incommensurablement supérieur à son importance démographique et la Chine souhaite lui voir jouer un rôle plus important encore.

Le principe "Un pays, deux systèmes", élaboré pour permettre non seulement le retour de Hongkong, mais la réunification avec Taiwan s'appliquera-t-il réellement à Hongkong l'an prochain ? Et ensuite à Taiwan ?

Li Peng s'exclame : « Mais bien sûr ! Et Taiwan pourra même garder son armée, à la seule condition de renoncer à toute revendication d'indépendance. »

La fierté d'être Asiatique

Il est catégorique : pas d'Asie sans Chine, ni de Chine sans Asie. « L'émergence de l'Asie, particulièrement l'émergence des pays asiatiques en voie de développement, a été possible, parce qu'ils ont choisi en toute indépendance les voies de leur progrès, à la lumière de leurs propres réalités. Leur succès est un grand encouragement pour les autres pays en développement. L'émergence de l'Asie a accru la puissance des pays en voie de développement dans leur ensemble ; elle doit permettre la sauvegarde de leurs droits et de leurs intérêts. La Chine est en Asie, et son destin est étroitement lié à celui du reste de l'Asie. Le développement de la Chine repose sur la prospérité et la stabilité de l'Asie ; le développement de l'Asie, sur la prospérité et la stabilité de la Chine. Pour l'heure, la Chine jouit de la stabilité politique, de la prospérité économique, de la paix ethnique et du progrès social ; les Chinois vivent et travaillent dans la paix et ont confiance en l'avenir. »

D'ailleurs tous les Asiatiques ont le droit d'être fiers de leur héritage : « Il convient que le monde entier accorde le plus grand respect à notre héritage asiatique. À travers les millénaires de l'histoire humaine, les peuples de l'Asie ont créé un trésor spirituel. Aujourd'hui, la civilisation orientale continue d'imprégner des masses humaines. Les faits démontrent que la richesse de la tradition culturelle et morale de l'Asie est un puissant facteur de progrès social et humain. Le monde dans lequel nous vivons aujourd'hui est un monde ouvert. Si un pays ou une région veut parvenir au développement, il lui faut tirer leçon de toutes les réussites du génie humain. L'Asie a besoin du monde, mais le monde a besoin de l'Asie. »

L'Asie des nations

Pas question de faire une « Asie intégrée », une « supranationalité asiatique », une « Fédération d'Extrême-Orient ». La Chine est championne de « l'Asie des nations », comme la France l'est de « l'Europe des nations » :

« La diversité des peuples de l'Asie est un héritage de l'histoire. Nous sommes profondément différents les uns des autres, qu'il s'agisse de nos systèmes sociaux, de nos croyances religieuses, de notre niveau économique ou de notre mode de développement. Cette diversité ne doit pas faire obstacle à une coopération profitable à tous. Mieux, elle devrait favoriser nos échanges, nous offrir la chance d'additionner nos progrès. À condition que chaque gouvernement respecte sans restriction l'indépendance des choix des autres ».

La succession

Que va-t-il se passer quand Deng disparaîtra ? Va-t-on assister à des règlements de comptes ? À propos de la Chine, il ne faut jamais jurer de rien. Elle est non seulement vouée à être gouvernée par de grands silencieux, mais elle est elle-même une grande silencieuse. Bien téméraire qui prétend y percer les mystères du système.

La direction du Parti s'est prémunie contre ce risque en modifiant son mode de fonctionnement : au Politburo (une trentaine de membres) et à son Comité permanent (sept membres), les décisions doivent être prises à l'unanimité. On n'interprète pas cette disposition comme un risque de blocage par le droit de veto conféré à chaque membre de ces deux instances, mais comme l'obligation absolue d'arriver à un consensus. Au moins en théorie, c'est la garantie qu'aucun dirigeant ne pourra plus, comme le fit Mao, imposer au pays sa politique personnelle. Ce système rigoureusement collégial est censé faire échapper la Chine, après la mort de Deng, aux risques d'une guerre de succession.

Après avoir été adoubé par Deng en mai 1989 comme chef du Parti, Jiang a fait confirmer sa prépondérance par ses promotions successives. L'un de ses proches, Wu Bang guo, son collaborateur intime depuis l'époque ou il était maire de Shanghai et son cadet de quinze ans, a été tout spécialement chargé de bourrer la direction du Parti de Shanghaiens fidèles. Wu est en même temps chargé de sauver l'industrie d'État, qui a du mal à se défendre devant la croissance du secteur privé et qui doit rester rigoureusement socialiste dans cette société de plus en plus capitaliste.

Jiang a eu le temps d'établir ses réseaux. Dans le Parti, où il maîtrise le Comité central et le Politburo. Dans l'armée, dont il est le chef comme Président de la Commission militaire et où il est doublé par deux secrétaires qui lui sont proches, l'amiral Liu Huaching véritable patron de l'armée et n° 6 du Comité permanent, et le général Zhang Wannian, chef d'état-major général depuis 1992 après être entré à seize ans dans la célèbre VIIIe armée dont Deng Xiaoping était le commissaire politique.

Ces deux officiers généraux, respectés par les cadres de l'armée pour leurs faits d'armes, permettraient à Jiang de pallier son manque d'expérience militaire et d'être assuré de la loyauté de l'armée.

Jiang Zemin ne paraît plus concurrencé par Li Peng. Tout au plus le serait-il par Qiao Shi. Celui-ci — peut-être pour faire oublier qu'il avait été pendant longtemps chef du service secret et que, numéro 3 du Comité permanent du Politburo, il en est le plus ancien membre — a pris une attitude légaliste. Au printemps 1989, il s'est abstenu quand la décision a dû être prise de faire entrer les tanks dans Pékin. Devenu président de l'Assemblée nationale en 1995, il répète que la loi est la même pour tous, que tous les Chinois sont égaux devant elle. Il a découvert les délices de la procédure.

L'homme qui exercera le pouvoir suprême après Deng pourrait bien être l'un des trois entre qui Deng a partagé ses précédentes fonctions : Jiang Zemin, président de la République mais surtout secrétaire général du Parti et chef de l'armée ; ou Li Peng, le chef du gouvernement, celui qui supporte l'odieux de la répression du mouvement de Tiananmen alors qu'il n'a obéi qu'aux ordres de Deng Xiaoping, mais qui a tenu solidement en mains le pays ; ou encore Zhu Rongji, vice-premier ministre responsable de l'Economie ; à moins qu'il s'agisse du triumvirat de ces hommes-clés.

Au cours des dernières années, on s'est souvent demandé lequel serait « l'homme fort », de Jiang Zemin ou de Li Peng. En avril

1994 encore, plusieurs de nos interlocuteurs chinois se montraient déçus qu'Édouard Balladur eût transmis une invitation à venir en France à Jiang Zemin, et non à Li Peng, de qui dépendait en réalité la conduite de l'État, des relations internationales, de l'économie. Aujourd'hui, Li Peng me confie : « Je sais que le camarade Jiang Zemin vous reçoit demain ; nous avons parlé ensemble de votre entretien. Vous ne devez pas oublier que Jiang est *le noyau du groupe dirigeant de la Chine.* »

Le surlendemain, je revois Li Peng : « Alors, me demande-t-il, votre rencontre avec le président Jiang Zemin ? S'est-elle bien passée ? »

Signes discrets d'allégeance au chef, qu'il n'aurait sans doute pas donnés quelques années plus tôt. Ou je me trompe fort, ou Jiang Zemin s'installe pour durer, dans le fauteuil où Deng l'a assis en 1989, à la place du malheureux Zhao Ziyang.

Li Peng a reçu un second mandat quinquennal de Premier ministre, qui doit le conduire jusqu'en mars 1998. Il sait que c'est le XVe Congrès du Parti, à l'automne 1997, qui décidera de son sort ultérieur. Jiang Zemin aura, selon toute vraisemblance, la haute main sur ce Congrès et sur le Comité central qui en sera issu. Il ne faut pas s'étonner si Li Peng multiplie les témoignages d'une parfaite unité de vues. Pourquoi prendrait-il sa retraite ? En Chine, un homme d'État de son rang et de son expérience ne la prend pas avant ses quatre-vingts ans.

Ce qui n'empêche pas la plupart des experts d'annoncer qu'une tornade va s'abattre sur le régime à la mort de Deng Xiaoping. Notons qu'il leur est arrivé de se tromper...

CHAPITRE 52

Idéologiquement apaisée

Août-septembre 1996.
    Un à un, je retrouve mes amis intellectuels. Autrefois, dans les années 1970, ils n'acceptaient de me voir qu'en groupe, dans des réceptions officielles. Puis, dans les années 1980, ils voulurent bien prendre un verre avec moi dans un bar ; ils tenaient à me montrer, et sans doute à montrer à d'autres, qu'ils ne me voyaient qu'en public. Ils n'échappaient toujours pas à la langue de bois, sauf s'ils étaient sûrs que personne ne les entendrait. Si l'on voulait en réunir plusieurs dans un repas, on les condamnait à ne proférer que des banalités.
    Depuis 1992, ils sont devenus un peu moins méfiants les uns des autres. Même dans un repas à quelques-uns, ils se laissent aller à l'humour et à la confidence, fût-ce en baissant un peu la voix. Ils m'invitent à aller les voir chez eux. Pour ne pas les compromettre, je préfère le plus souvent leur donner prudemment rendez-vous au bar de mon hôtel. Ils ne se livrent que lorsqu'ils se trouvent avec moi en tête à tête. Plusieurs me proposent, spontanément, de converser plus tranquillement sur la terrasse de ma « suite » ; il leur arrive de me demander de laisser allumées la télévision ou la radio. D'évidence, ils ont encore peur des micros.

Liberté surveillée

    Malgré la libéralisation qui a repris depuis 1992, ils sont encore sur leurs gardes ; surtout à l'approche du prochain congrès du Parti. Mao les détestait et ils le lui rendaient bien. Les souffrances infligées par la Révolution culturelle n'étaient pas faites pour les réconcilier avec lui. Depuis lors, ils soupçonnent toujours, plus ou moins, le pouvoir de vouloir revenir aux mêmes pratiques : contrôles, pressions, dénonciations, inquisition. Ce n'est pas la confiance qui les étouffe. Aussi ne faut-il pas s'étonner s'ils cherchent à s'expatrier.

Quel rôle joue, dans leur morosité, la faiblesse de leur situation matérielle ? Un professeur d'université gagne 2 000 *yuan* par mois (1 350 francs). Un professeur du second degré, la moitié. Bien que celui-ci ait, objectivement, deux fois plus de raisons de se plaindre que celui-là, c'est l'inverse qui se produit. Car les professeurs d'université rencontrent dans les colloques leurs collègues occidentaux, auxquels ils savent n'être nullement inférieurs. Ils constatent qu'en Europe ou aux États-Unis, ils gagneraient quinze fois plus ; bien davantage, même, s'ils jouaient le rôle de consultants pour des sociétés. Ne serait-ce pas une raison suffisante d'aller exercer ses talents là où ils seront mieux rémunérés, avec la liberté en prime ?

Ici, la liberté progresse par capillarité dans le corps social. Elle progresse, incontestablement ; trop, beaucoup trop, aux yeux des cadres du Parti et de l'armée. Elle reste quand même surveillée ; trop, beaucoup trop, aux yeux des intellectuels.

Pas question, donc, de détailler telle ou telle conversation. Mais mon impression d'ensemble, en cet été 1996, est que l'atmosphère s'est détendue. Même si le pouvoir est aux aguets pour ne pas se laisser surprendre à nouveau ; surtout à un an du prochain congrès du Parti, et à dix-huit mois de la fin du mandat de Li Peng, donc de son éventuel renouvellement.

Un nouveau syncrétisme

Le Printemps de 1989 à Pékin aura été une forte secousse. Mais la Chine me paraît en cet été idéologiquement apaisée. Dans les rues, les banderoles agressives des slogans maoïstes — « Tenons haut levé le drapeau de la Révolution », « Écrasons la tête de chien du Khrouchtchev chinois », « Combattons énergiquement le révisionnisme », « Redoublons d'ardeur pour la lutte des classes », etc. — ont complètement disparu. On ne voit plus que des calicots utilitaires : « Traversons aux passages pour piétons », « Cyclistes, restez sur votre piste », « Parents, faites attention à vos enfants », « Protégez l'environnement ».

Le parfum moralisateur, qui s'était éventé dans les années 1980, est revenu depuis la répression du mouvement de Tiananmen. L'ordre moral fleurit sur les murs : « Il faut suivre la règle », « Enfants, respectez vos parents ».

Lei Feng, le soldat modèle de l'Armée rouge, disciple zélé de la pensée-maozedong, popularisé pendant la Révolution culturelle, a repris du service : disponible, se mettant en quatre pour la veuve et l'orphelin, toujours avec le sourire ; bref, un modèle d'héroïsme au quotidien. Il est de nouveau montré en exemple. Dans les écoles et même dans les entreprises, on distribue des prix d'héroïsme à son image.

Le seul slogan de Deng Xiaoping que j'aie repéré n'est autre que celui qui sert de pensée suprême aux Chinois d'aujourd'hui : « Enrichissez-vous ! » Qu'il y ait contradiction entre une pareille directive et les exploits héroïques de la Longue Marche, les Chinois ne paraissent pas le remarquer. Ils ont toujours été portés au syncrétisme : un peu de confucianisme, un peu d'École des Lois, un peu de bouddhisme, un peu de taoïsme, ainsi a fini par se constituer un fonds commun religieux, qui a servi jusqu'à nos jours de substrat aux mentalités chinoises. Un peu de marxisme-léninisme, un peu de maoïsme, un peu de capitalisme, beaucoup de sinité, tel est le nouveau syncrétisme qui fait la Chine moderne. Comme la cuisine chinoise, il associe les goûts les plus opposés et juxtapose les plats les plus divers.

Mme Liu Shaoqi, une veuve très courtisée

Les tout nouveaux billets de 100 *yuan* arborent, en profils de médaille, les figures du maréchal Zhu De, du président Liu Shaoqi, du Premier ministre Zhou Enlai et de Mao Zedong. Oubliés, les combats de titans qui ont pu les opposer de leur vivant. Effacées, les « lignes » qui se sont croisées, brisées ou décroisées. Les voilà tous quatre, par cette réconciliation posthume, conjointement ennoblis comme pères fondateurs de la Chine moderne. Deng les rejoindra sûrement après sa disparition, lui qui a su à la fois honorer ensemble ces quatre morts et, à la différence de Mao, refuser qu'on célébrât son culte de son vivant.

La veuve de Liu Shaoqi figure parmi les participants de notre « Forum du XXIe siècle ». Bien qu'elle n'y prenne pas la parole, elle y est très courtisée. Pendant les pauses, il se trouve toujours des universitaires chinois pour aller lui faire des compliments.

Zhang Zhilian me présente à elle. Il a deviné qu'elle essaie de « filer à l'anglaise », pour ne pas risquer de faire de la peine à ceux qui vont prendre la parole et qu'elle n'entendra pas. Elle cherche la sortie, mais voudrait éviter qu'on la voie. Nous la raccompagnons pour avoir l'air de nous promener en jasant. Elle rit avec élégance. Elle a cette gaieté des Chinoises âgées qui les fait paraître beaucoup plus jeunes. Elle a été tout heureuse, dans ce Forum, de montrer aux étrangers, par sa seule présence, que la Révolution culturelle n'est plus qu'un lointain souvenir.

Zhou Enlai est aujourd'hui sanctifié. On le crédite d'avoir réussi à maintenir la Chine à peu près debout, malgré la tourmente de la Révolution culturelle. Les intellectuels, qui détestaient Mao, ont reporté sur lui leur reconnaissance, pour avoir évité le pire. Et puis, il était des leurs.

Cependant, le médecin de Mao, le docteur Li Zhisui, dans le livre que chacun lit sous le manteau, *La Vie privée du président Mao,* et qui est cruel pour Mao, ne l'est guère moins pour Zhou, qu'il présente comme un opportuniste, prêt à plier à tous les caprices du maître. Et je ne suis pas sûr, pas sûr du tout, que Zhou Enlai soit sanctifié par la veuve de Liu Shaoqi, pas plus qu'il n'a été couvert d'éloges devant moi par Peng Zhen*. Mais, je n'interprète qu'un silence.

Une société complexe

Je retrouve un journaliste chinois, qui était venu m'interviewer à Paris. Il est assez « libéré » pour ne pas hésiter à prendre Air France si cet avion lui est plus commode qu'Air China ; naguère, prendre la compagnie chinoise était une obligation absolue. Il vit en France et revient en Chine une fois par an. Il essaie de se faire une idée équilibrée de l'opinion. Celle-ci, autrefois, était simple. Il y avait les gens du Parti, ou leurs émules, qui récitaient la langue de bois du moment ; puis la population, qui était longue à se livrer.

Maintenant, me dit-il, la société est devenue à la fois plus complexe et plus transparente. Pour la saisir, il faut diversifier ses contacts : cadres du Parti, universitaires et intellectuels de tous ordres, chefs d'entreprise, administration. Il est loin, le temps où le Parti contrôlait tout et où il était dangereux de dévier de la « ligne ». L'évolution marquée depuis la mort de Mao a été seulement suspendue après la répression du mouvement de Tiananmen ; elle a repris depuis trois ou quatre ans. La parole est beaucoup plus libre. Les risques que l'on prenait, quand on se hasardait à critiquer en privé, ont presque disparu. Presque...

Pourtant, d'autres intellectuels m'assurent qu'ils ressentent en ce moment un resserrement du contrôle, à l'approche du Congrès de l'automne 1997. Ils se plaignent d'un « serrage de vis » idéologique et culturel. Une fermeture se manifesterait dans la propagande. Ils s'attendent à ce que la reprise en main s'accentue à la veille du Congrès**. Il ne faut pas que la presse occidentale s'imagine qu'elle pourra recommencer à semer le désordre. Ils assurent que le pouvoir préfèrera un désert culturel, plutôt que de laisser se propager de mauvaises pensées.

---

* Voir chapitre 7.
** De fait, elle semble avoir commencé en octobre 1996, après le plénum.

La plupart mettent cependant ces oscillations en perspective. Sous la Révolution culturelle, non seulement on les envoyait à la campagne « pour se faire réformer par les paysans », mais on proclamait qu'il valait mieux « être rouge qu'expert ». Bien que ce slogan ne soit pas repris à l'envers, tout se passe comme si on l'avait bel et bien retourné.

Il n'est plus rare de constater qu'ici ou là, la puissance du Parti s'incline devant celle de la compétence. Un expert profite du pouvoir que lui donne sa formation, face à des apparatchiks médiocrement instruits, pour imposer ses vues, parfois même pour s'emparer des leviers de commande.

Que reste-t-il de Mao ?

9 septembre 1996.
Dans de vieilles rues, on peut déceler encore quelques sentences de Mao à demi effacées. Le *Petit Livre rouge*, qui, tiré à des centaines de millions d'exemplaires, valait 2 *fen* dans les années 1970 (c'est-à-dire 6 de nos centimes d'alors), est devenu objet rare et précieux : on en trouve chez les brocanteurs pour 50 *yuan*, environ mille fois le prix d'achat compte tenu de la dépréciation du *yuan*.

En ce jour, le vingtième anniversaire de sa mort est presque passé sous silence. Pourtant, quels chefs ont été l'objet d'un tel culte de la personnalité ? Sa traversée du désert se prolonge. Quelle ironie, pour le grand vainqueur de la Longue Marche !

La file d'attente se forme toujours sur la place Tiananmen, devant le mausolée de Mao, les lundi, mercredi et vendredi matins. Il y a quelques années, elle serpentait sur toute la place et l'attente durait une à deux heures, malgré l'interdiction de s'arrêter devant le cercueil de verre. Elle est aujourd'hui réduite à quelques dizaines de mètres ; on n'y sent plus la même ferveur. La momie est toujours là, d'un teint tellement cireux qu'on se demande si elle n'est pas vraiment en cire. L'immense portrait au-dessus de la porte Tiananmen, lui aussi, est toujours là, propre et net. On m'assure qu'il en existe plusieurs exemplaires qui servent par roulement pendant le nettoyage.

Mais les lieux où l'effigie du Grand Timonier n'a pas été touchée se comptent désormais. Les Chinois vont-ils oublier jusqu'au souvenir de Mao ? « Oublié, mot terrible. Qu'une âme ait péri dans les âmes ! », comme écrit Michelet.

Je ne crois pas à cet effacement. Les peuples dominés ont des réactions à très long terme ; et l'on ne doit pas oublier la force incoercible, de génération en génération, de l'humiliation ; ni leur gratitude à l'égard de leurs compatriotes qui y ont mis fin, à quelque prix que ce fût.

Deng, en amenant pas à pas les Chinois à se libérer de l'emprise du Père fondateur, mais sans jamais lui faire « perdre la face », est en train de faire mentir, à force de pragmatisme, à la fois ceux qui poussaient Mao contre lui et ceux qui le poussaient contre Mao.

Oui, pour les Chinois, la « face » prime tout : précisément, ils l'avaient tous ensemble perdue, depuis que la politique de la canonnière, entamée en 1839 par les « longs nez », avait prouvé sa terrible efficacité destructrice. Et même, depuis que la dynastie mandchoue s'était emparée en 1644 du trône des Ming, montrant que des envahisseurs étrangers n'ayant pas froid aux yeux étaient capables de régner près de trois siècles sur mille fois plus de Chinois. Au prix de cruelles souffrances, Mao leur a rendu leur fierté collective en 1949, en remplaçant décidément la dynastie mandchoue par une dynastie authentiquement chinoise.

Le jugement lapidaire de Deng Xiaoping a fait jurisprudence : « Mao a eu raison à 70 % et tort à 30 % ». Dans ce compromis, chacun trouve son compte, y compris les intellectuels déportés par la Révolution culturelle, qui ont été rassurés de voir hissées à nouveau sur le pavois ses premières victimes, Liu Shaoqi, Deng Xiaoping, Peng Zhen.

Et Deng a eu la sagesse de ne vouloir humilier ni ceux qui avaient cru en Mao, ni ceux qui s'étaient opposés à lui. À son tour, son successeur va-t-il vouloir réconcilier sans humilier ?

CHAPITRE 53

« Réévaluation » de Tiananmen ?

On parle de plus en plus d'une « réévaluation » des événements de 1989. Non seulement entre Occidentaux, mais entre Chinois. On en cite déjà des signes avant-coureurs. Les jugements se modèrent. Les étudiants sont de moins en moins présentés comme manipulés par des « bandits » qui les auraient poussés à commettre des actes « antirévolutionnaires ». On entend dire, de ci de là, que leurs revendications, et même, aux yeux de certains, leurs actes, étaient « positifs ».

Des fonctionnaires loyaux, des membres du Parti communiste chinois ont fait circuler une pétition pour demander que soit « réévaluée » l'année 1989. Cent soixante-dix messagers ont recueilli des signatures. La pétition réclamait en outre la liberté de la presse, une lutte plus énergique contre l'inflation et contre la corruption. Les personnes sollicitées auraient signé sans difficulté. Les pétitionnaires n'ont été ni licenciés, ni même inquiétés le moins du monde.

On ne peut donc exclure que les événements dits de Tiananmen soient réévalués, comme l'a été la Révolution culturelle. Pendant qu'elle se déroulait, on en parlait dévotement : on disait « avant » ou « après la Grande Révolution culturelle prolétarienne », comme nous disons « avant » ou « après Jésus-Christ ». Aujourd'hui, on reconnaît le plus officiellement du monde qu'elle fut la cause d'immenses souffrances pour le peuple chinois, qu'elle fit perdre dix ans à son développement, qu'elle provoqua la mort de centaines de milliers, peut-être de plusieurs millions de gens, qu'elle en déporta de 60 à 80 millions, qu'elle broya la classe intellectuelle.

« Elle a sacrifié deux générations », me disait, au cours du Forum du XXIe siècle, un ancien doyen de l'institut des langues étrangères de Pékin : « Une génération de professeurs, qu'elle a envoyés à la campagne et qui ont dû abandonner à tout jamais les recherches qu'ils avaient entreprises : ils sont tout au plus redevenus capables d'enseigner ; mais ils sont incapables de faire avancer leur science. Une génération d'étudiants, qui pendant dix ans ont raté leurs études et ne les reprendront pas. »

Et tout cela, pourquoi ? Pour se débarrasser de Liu Shaoqi, de Deng Xiaoping, de Peng Zhen et de quelques autres. N'était-ce pas disproportionné ? Pourquoi s'en prendre à tant de millions de gens, alors que les vraies cibles se comptaient sur les doigts de deux mains ?

Je demande à ce grand universitaire si la réévaluation qu'on ferait un jour de la répression du mouvement de Tiananmen ne comporterait pas des jugements aussi sévères que ceux qu'on porte aujourd'hui sur la Révolution culturelle. Il ne l'exclut pas, mais ne le croit pas : « La répression du 4 juin était le prix à payer pour en sortir. Il n'y avait pas d'autre moyen de venir à bout de l'émeute qui s'était propagée dans tout Pékin, qui se propageait dans toute la Chine, que de faire entrer en force dans Pékin les troupes de la loi martiale. Si l'on ne s'y était pas résolu, la subversion l'aurait emporté et il en serait résulté inévitablement une guerre civile de dix, vingt ou trente ans. Une opération rapide, en une nuit, était le point de passage obligé. »

La thèse officielle est même que les autorités ont été trop compréhensives : dans quelle capitale du monde, le pouvoir aurait-il permit à des dizaines de milliers d'étudiants d'occuper la place centrale pendant sept semaines ? N'est-il pas évident qu'au bout de deux ou trois jours, les forces de l'ordre auraient nettoyé le terrain à coups de matraques, de jets d'eau ou de grenades lacrymogènes ? C'est pour avoir reculé devant cette mesure de simple police, que les autorités chinoises, à force de tergiversations reflétant leurs conflits internes, ont été acculées à la force brutale.

Tel m'a paru être un sentiment répandu parmis mes interlocuteurs intellectuels. Il faut les presser de questions, car ils n'aiment guère aborder ce sujet, sensible entre tous. En général, on préfère se taire. Mais personne n'oublie.

Les responsables moins que tout autre. Ils veillent avec soin, par exemple, à ce que la qualité de la nourriture dans les restaurants universitaires s'améliore, pour éviter de créer des causes de mécontentement. Car ils devinent sans doute qu'une allumette suffirait à faire reprendre l'incendie.

N'empêche, la « réévaluation » n'est plus exclue. Certains en carressent l'hypothèse.

Zhao Ziyang épargné

Si réévaluation il devait y avoir, et si elle devait aller jusqu'au bout, c'est-à-dire devenir un enjeu de pouvoir et ne pas se borner à un geste de conciliation à l'égard d'une opinion qui garde sa sympathie pour les jeunes de Tiananmen, personne ne pourrait aussi bien que Li Peng « porter le chapeau ». Jiang Zemin, au contraire, a eu la chance de demeurer le plus souvent à Shanghai pendant le Printemps de Pékin. Il pourrait être l'ordonnateur de ce « révisionnisme ».

Il est d'ailleurs étrange que le partisan de la négociation avec les étudiants, Zhao Ziyang, n'ait jamais été inquiété, ni chassé du Parti, ni même obligé de faire son autocritique. On s'est contenté de le priver de ses responsabilités au sein du Parti. On s'est gardé de monter contre lui un procès à grand spectacle (spectacle du verdict, non du déroulement). Il est libre de ses mouvements.

Il est vrai que, à la différence de Hu Yaobang, Zhao Ziyang n'apparaissait pas aux étudiants, en mai 1989, comme leur sauveur. Il était au contraire, au moment des événements, fort impopulaire : on taxait de corruption lui et les siens ; on l'accusait d'avoir provoqué l'inflation par sa mauvaise gestion. Quand il a supplié les étudiants d'arrêter leur mouvement, l'indulgence qu'il leur avait marquée dès le début n'a pas été retenue par tous en sa faveur. Si les meneurs ont repoussé ses avances, c'est en partie au moins parce qu'elles venaient de lui. Quand il a été mis en minorité devant le Bureau politique, des étudiants ont manifesté leur satisfaction : « On l'a fait tomber ! » (D'autres, en revanche, ont bien compris que c'était une mauvaise nouvelle pour eux.)

Manifestement, on l'a épargné. Aurait-il eu trop de choses à dire ? « Il est libre », affirment les officiels. Mais on sait bien qu'il n'est pas libre de faire n'importe quoi. Il est donc, parmi les grands dirigeants, la principale victime de 1989. Mais les jeunes technocrates qui ont travaillé avec lui sont restés très unis et forment un réseau puissant dans les grandes entreprises, la finance, les « commissions de conseil ».

De là à penser qu'il serait en réserve de la République...

« Ce que vous nous avez pris »

Beaucoup d'intellectuels chinois, qui avaient cru pouvoir prendre modèle sur l'U.R.S.S. de Gorbatchev en 1989, avouent aujourd'hui s'être trompés : en voulant tuer les fantômes de Lénine, de Staline et de Brejnev, les Russes ont « laissé le diable sortir de la bouteille ». Le pouvoir chinois a su l'en empêcher.

Les intellectuels insistent : « Nous sommes un pays si arriéré ! Nous comptons tellement d'illettrés ! » Mais si vous abondez dans ce sens, vous vous ferez mal voir. C'est comme quand ils vous font un cadeau : « Oh ! ce n'est qu'un petit souvenir insignifiant, sans aucune valeur. » Il convient de ne pas les prendre au mot. Ils vous en voudraient beaucoup de ne pas protester. Ils ne vous le diraient pas, mais ils n'en penseraient pas moins.

En réalité, les responsables chinois sont de plus en plus sûrs d'eux-mêmes, de leur pouvoir, de leur avenir collectif. Ils ont la fierté de se sentir les meilleurs, grâce à cet esprit de solidarité qui anime et qui ressemble à du nationalisme, pour ne pas dire du chauvinisme. Ils ne doutent plus que l'avenir soit à eux, puisqu'ils ont, collectivement, le talent, le nombre, la solidarité. Même les intellectuels, dans leur ensemble, n'échappent pas à ce syndrome de confiance.

« On dit, en Occident, que nous copions et que nous n'inventons pas », m'a confié, à la fin d'un repas arrosé de *Dynasty* façon vin d'Alsace, un professeur de l'université Qinghua. « Que nous n'avons pas inventé la bombe atomique, mais que ce sont des chercheurs venus des laboratoires américains qui ont amené avec eux les secrets de fabrication. Et après ? Du jour au lendemain, une trentaine de scientifiques américains d'origine chinoise ont quitté les centres de recherche atomique des États-Unis pour se transporter en Chine comme un essaim d'abeilles. Pourquoi l'ont-ils fait ? Parce qu'ils sont patriotes. Leur amour de la patrie les a déterminés à retourner dans la terre de leurs ancêtres pour y accomplir des progrès décisifs. De nos jours, aucune invention n'appartient longtemps à personne. Les secrets sont vite connus. Ce qui compte, c'est la capacité intellectuelle et la volonté collective d'aboutir. Nous avons inventé la boussole, grâce à laquelle vos vaisseaux ont conquis les sept mers et les cinq continents. Nous avons inventé le papier et l'imprimerie, grâce auxquels vous avez submergé le monde de vos livres et de vos idées. Nous avons inventé la poudre à canon, grâce à laquelle vous avez gagné toutes les batailles. Il n'est que justice que vous nous restituiez aujourd'hui un peu de ce que vous nous avez pris, en nous faisant participer à vos inventions. »

Je lui demande pourquoi, dans ces conditions, beaucoup d'intellectuels veulent quitter la Chine, font la queue devant les ambassades de Corée du Sud, du Canada ou d'Australie, s'inquiètent de ce qu'ils ressentent comme un resserrement des contrôles, à l'approche du XVe Congrès de 1997.

Mon commensal balaie l'objection d'un revers de la main : « Sur douze ou treize centaines de millions de Chinois, il y en a forcément qui ne se comportent pas comme les autres. Mais qu'est-ce qui vous dit que ceux-là ne vont pas chercher fortune dans des pays avancés, pour revenir ensuite chez nous avec un plus grand savoir-faire ? »

En tout cas, la Chine est si plastique qu'elle assimile tout. Rien ne l'étonne. Elle s'adapte sans peine au changement. Elle le fait vite sien.

Les droits de l'homme

Le « souverain mépris » du régime de Pékin pour les droits de l'homme est souvent dénoncé dans les démocraties occidentales. L'est-il aussi en Chine ?

Oui et non. Oui, à voix basse, dans des milieux restreints. Non dans les masses, pour le moment du moins. Mais bien des intellectuels chinois dénoncent, loin de tout témoin, les contraintes dont s'accompagne la libéralisation économique.

Pourquoi, se demandent-ils, les Chinois du continent seraient-ils moins dignes que les Chinois de Taiwan, de Hongkong ou de Singapour, d'accéder à des libertés que la Charte des Nations unies reconnaît à tous les hommes ? Ces exemples ne prouvent-ils pas que ni la race, ni la culture chinoises ne sont incompatibles avec les droits de l'homme ?

Pourquoi les atteintes à des droits sont-elles le fait tantôt de la législation, fortement répressive, tantôt d'agents de l'État, qui, au mépris des lois, abusent de leurs pouvoirs sans subir de sanctions ?

Pourquoi tout opposant est-il considéré comme dissident ? Pourquoi pourchasse-t-on toute dissidence comme une menace à l'ordre établi ?

Pourquoi des membres d'ethnies minoritaires, ou des fidèles des diverses religions, sont-ils en prison pour délit d'opinion ? Pourquoi l'expression d'une différence culturelle est-elle considérée comme une menace pour la sûreté de l'État ?

Pourquoi des centaines de milliers de personnes sont-elles déportées dans des camps de travail, sans même avoir été inculpées ?

Pourquoi la torture est-elle encore en usage ?

Pourquoi la peine de mort est-elle appliquée si massivement et si arbitrairement, comme si l'on voulait surtout effrayer la population ? Dans l'été de 1996, les journaux chinois ont annoncé très ouvertement que l'opération « Frappez fort », destinée à lutter contre la criminalité, avait déjà entraîné l'exécution de plus de 1 500 personnes. On applique plus souvent la peine de mort en Chine que dans tous les autres pays du monde réunis. Les motifs de la peine capitale vont du meurtre ou du « sabotage contre-révolutionnaire » au « vol simple », au « braconnage de tigres », à la « détention illégale d'armes à feu », au « faux et usage de faux », à la « diffusion de documents pornographiques ».

La politique de contrôle des naissances serait accompagnée de mesures brutales. Les responsables de la planification familiale emmèneraient de force des femmes enceintes à l'hôpital pour avortement — ou, si elles se cachent, prendraient leur mari en otage, jusqu'à ce qu'elles se constituent prisonnières.

De grands pas vers les libertés

Cependant, les mêmes intellectuels, après avoir commencé par émettre ces critiques, reconnaissent que, depuis 1980, de grands pas ont été faits dans le sens des libertés. Non seulement chacun est libre de circuler à l'intérieur du pays (à certaines exceptions près, comme les « zones économiques spéciales »), ce qu'on n'imaginait pas jusque-là ; mais il est de plus en plus facile de partir pour l'étranger. Si la population flottante, venue des campagnes les plus pauvres pour chercher du travail, s'est multipliée jusqu'à atteindre quelque 60 à 70 millions d'individus, c'est justement l'effet de la faculté offerte à chaque campagnard de quitter sa commune.

Ces intellectuels murmurants reconnaissent aussi que l'immensité de la Chine et sa surpopulation lui rendent difficile une évolution vers la démocratie que l'on a pu observer — à une date d'ailleurs toute récente — dans de petits territoires peuplés de Chinois. Et si la répression est à ce point sévère contre la corruption, contre les trafics de tous ordres (drogue, matériel pornographique) et contre les délits économiques (fraude fiscale, corruption, vols, *hold-up*), c'est justement parce que la libéralisation rapide de l'économie a multiplié les tentations. Un gouvernement autoritaire n'est pas de trop pour la traversée du gué : il faut contrôler les effets de ces libertés-là, pour permettre à la situation de se stabiliser.

On dirait que Deng Xiaoping a parfaitement assimilé la « loi de Tocqueville » : « Plus une société améliore son sort en se réformant, plus elle devient fragile et risque de se rompre. »

Deng Xiaoping a senti d'instinct que la Chine ne pouvait entreprendre, simultanément, sa transition vers l'économie de marché et sa transition vers la démocratie. Justement parce que ses structures et ses comportements se transforment à vive allure dans le sens des libertés *économiques*, elle ne peut se permettre de faire en même temps des concessions aux libertés *politiques*. Accordées prématurément, les secondes empêcheraient le pays de s'adapter aux premières.

Une approche culturiste

Les Chinois, y compris des intellectuels, apprécient l'approche qu'on pourrait appeler *culturaliste* de leurs problèmes : chaque peuple a sa culture, sa tradition, ses mentalités, ses comportements instinctifs. Ce qui est vrai pour l'un n'est pas vrai pour l'autre. Pour les pays d'Extrême-Orient, imprégnés de culture confucéenne, l'individu est fait pour la société ; alors que pour les pays de civilisation gréco-judéo-chrétienne, la société est faite pour l'individu.

Efforçons-nous d'avoir le regard de l'ethnologue, ou plus exactement de l'éthologue : celui qui compare les mentalités, les mœurs, les comportements des divers peuples. Or, la plupart des observateurs refusent, par idéologie, d'admettre que les Chinois sont différents de nous, que les peuples ont des réflexes collectifs différents. Ils craindraient d'être taxés de « racisme ». C'est confondre la race, fait biologique, et la culture, fait psychologique.

Il faut croire au relativisme culturel. La presse américaine s'indigne qu'un jeune Américain résidant à Singapour avec ses parents ait été frappé de quatre coups de canne sur les fesses, parce qu'il avait peint des graffiti sur une douzaine de voitures. Mais, inversement, les Asiatiques ne comprennent pas que les armes soient en vente libre aux États-Unis et qu'il y ait plus d'assassinats chaque année dans la seule ville de New York que dans l'ensemble du Japon.

Relativisons donc. Nous avons la manie, parce que nous proclamons que les hommes sont *égaux*, de croire qu'ils sont *pareils*. Eh bien non ! ils sont égaux en dignité et en droits, mais ils ne sont pas pareils en fait. Un homme ou un petit groupe, isolés, peuvent s'intégrer complètement dans un pays étranger ; en revanche, un peuple ne peut pas s'assimiler à un autre peuple. Les différences subsistent de génération en génération. Si le jeune vandale américain n'est pas content d'avoir été rossé à Singapour, il n'a qu'à retourner en Amérique. Si un Togolais en France n'est pas content parce qu'il est poursuivi pour avoir excisé sa fille, il n'a qu'à retourner au Togo. Il faut accepter les lois et coutumes du pays dans lequel on vit.

Les lois étant le reflet des mœurs, des traditions, des mentalités, ce n'est pas de l'extérieur qu'on peut les changer. Elles ne peuvent évoluer que de l'intérieur. La télévision, la radio, l'instantanéité de l'information, la multiplication des échanges font beaucoup pour rapprocher les cultures et les normes par une imprégnation insensible : bien plus que toutes les harangues moralisatrices et toutes les tentatives de faire perdre la face aux dirigeants d'un pays, lesquelles ont presque toujours un effet-boomerang. Mais cette évolution prendra beaucoup de temps.

Singapour, cité-État chinoise à 75 %, qui est passée, en trente ans d'indépendance, du niveau économique du tiers monde à celui d'un pays européen, fournit au gouvernement chinois le vrai modèle : prospérité libérale mais régime autoritaire.

Lee Kuang Yew, pendant plus de trente ans Premier ministre de Singapour, a fourni l'exemple de la réussite aux Chinois. La transformation de la Chine depuis 1978 s'est faite sous son inspiration. L'un de ses proches, Goh Kongswee, résidait en permanence en Chine pour conseiller les Chinois sur la manière d'installer des zones économiques spéciales, ou pour leur enseigner la technique des *joint-ventures*.

Voilà comment les Chinois ont suivi un chemin inverse de celui de Gorbatchev. Ils n'ont pas libéralisé la politique : ils ont libéralisé l'économie et conservent le despotisme pour maîtriser cette mutation.

D'ailleurs, les libertés dont disposent les Chinois depuis quelques années ne cessent de s'étendre, tout en restant, selon notre optique, très limitées. L'important est de réussir la transition.

Le compromis historique plutôt que la guerre civile

En libéralisant les échanges avec l'extérieur, en se ralliant à l'économie de marché, le pouvoir communiste a introduit dans la société chinoise une dose énorme et indéterminée de liberté. Il a engagé un processus libérateur, dont il essaie de contrôler le rythme et l'étendue, mais dont on aurait tort de sous-estimer la vigueur.

Certes, le progrès des libertés économiques entraînera nécessairement une revendication de libertés politiques. On l'a vue surgir en 1989 ; et elle reviendra sans doute tôt ou tard, sous une forme ou sous une autre. Mais cette forme ne sera pas forcément une révolution démocratique à l'image de l'Occident. Il était peu avisé, en 1989, de l'imaginer sur le modèle qu'acclamaient les manifestants de Tiananmen : soit celui de 1789 — que savaient-ils de la Révolution française ? ; soit celui de la *perestroïka* de Gorbatchev — que savaient-ils des tendances profondes de la société soviétique ? Tout comme il fut peu avisé, quand vint la répression, de n'y voir qu'un putsch sans lendemain de vieillards aveugles...

Or, tout s'est passé, depuis cette date, comme si les éléments les plus actifs de la société chinoise s'accommodaient du compromis historique que leur offrait le Parti communiste. Comme s'ils avaient perçu, dans le scénario du petit théâtre de Pékin, l'image réduite à la façon d'un *bonsaï*, de ce que pourrait être une guerre civile aux dimensions de la Chine.

Il faut se souvenir, avec Marx, que « le chemin de l'enfer est pavé de bonnes intentions ». La Chine entend être traitée en pays souverain. Pour elle, l'ingérence, c'est le viol colonial, perpétré de concert par les nations « civilisées ». Cela, la Chine ne l'a pas oublié. Ne l'oublions pas.

De 1991 à 1995, le droit à la survie, le préalable de tous les autres, a encore progressé parmi les masses. Plus personne ne meurt de faim ou de malnutrition.

De ce droit au développement, tous les autres droits de l'homme devront découler à la longue : droit au travail, droits civiques, droits politiques, droits juridiques, droits des femmes et enfants, droits des minorités ethniques.

La Chine s'approche enfin — à pas comptés, certes très comptés — de notre conception des droits de l'homme. Là encore, la voie chinoise n'est pas la nôtre. Deux siècles nous séparent de la sortie de notre Ancien Régime. Un demi-siècle seulement séparent les Chinois de la sortie du leur. Question de rythme, question de rites. Évitons une nouvelle querelle des rites.

CHAPITRE 54

Sur le trône de l'Empereur

Une blague court à Pékin. Elle consiste à décomposer le nom du président de la République. *Jiang* : le fleuve, *Ze* : inonde, *min* : le peuple. Inondation dévastatrice ? Inondation bienfaisante qui dépose son limon ? Dans la presse occidentale, il est de bon ton de considérer que Jiang Zemin n'est pas assez connu pour monter sur le trône ; Deng a essayé de l'imposer, mais la greffe ne prend pas ; il manque de « charisme ».

Il faut reconnaître qu'il a eu un prédécesseur malheureux, Hua Guofeng, mis en place par Mao après la mort de Zhou Enlai. Moins d'un mois après la mort de Mao, Hua faisait arrêter la « bande des Quatre », sans se douter qu'elle seule faisait barrage à celui qui allait le dévorer. Dès août 1977, le XIe Congrès du Parti rétablit Deng Xiaoping dans ses fonctions. Hua saute comme un bouchon de champagne. Tel serait, selon beaucoup de journalistes occidentaux, le sort promis à Jiang après la mort de son protecteur, Deng Xiaoping.

La quasi-totalité de mes interlocuteurs chinois, y compris des contestataires de 1989, font aujourd'hui une toute autre analyse. Entre Jiang et Hua, rien de comparable. Hua était inconnu à l'étranger, et presque autant en Chine. Il n'avait ni alliés, ni hommes de main, ni clientèle, ni prestige. L'homme auquel tout le monde pensait, le plus souvent avec espoir, quelquefois avec crainte, c'était Deng Xiaoping. Mais où serait le nouveau Deng ?

C'est dès la fin de mai 1989, au plus fort de la crise, que Deng avait intronisé Jiang comme chef du Parti. Celui-ci, qui avait eu la chance d'être maire et chef du Parti à Shanghai, n'avait pas été mêlé directement aux désordres de Pékin. Il apparaissait comme intact. C'était « celui autour duquel tout le monde pouvait s'unir » : comme Deng le déclara lui-même dans un message daté du 31 mai, qui vient d'être révélé par la publication de ses *Textes choisis*.

Depuis plus de sept ans, Jiang a donc pu placer ses hommes de confiance dans tous les rouages du Parti.

Il a depuis lors succédé à Deng Xiaoping comme président de la Commission militaire, c'est-à-dire chef des armées, et au général Yang Shangkun comme président de la République.

À partir de mai 1989, le processus de prise de pouvoir par Jiang Zemin a été exactement l'inverse de celui de Mao à partir de mai 1966 : Mao, par la Révolution culturelle, avait chassé, sous la furieuse poussée des jeunes, les apparatchiks qui lui étaient en majorité hostiles. Jiang Zemin a mis paisiblement ses hommes en place dans tous les rouages du parti : Comité permanent, Politburo, Comité central, Congrès. Pourquoi se défierait-il du Parti, puisqu'il le tient dans ses mains ?

Au sein du Parti, le jeu des relations s'est établi dans cette perspective. Les réseaux de Li Peng, le patron du gouvernement, ou de Qiao Shi le légaliste, président de l'Assemblée nationale, ou de Zhu Rongji, patron de l'économie à la réputation d'incorruptible, ou d'autres qui pouvaient aussi prétendre à assumer le pouvoir, semblent deviner qu'ils ont peu de chances d'y réussir. Ils se feraient, dit-on, conciliants, ou même humbles, à l'égard du réseau de Jiang Zemin. Des rééquilibrages s'amorcent.

Pourquoi donc, me disent mes amis, se soucier de la succession de Deng ? Elle a été assurée à petits pas depuis 1989. Aucun rival de la taille du Deng de 1976 ne se profile à l'horizon. Il n'est pas pertinent de se demander qui sera le successeur de Deng, puisqu'il siège déjà sur le trône de l'Empereur.

Les lourdes portes de Zongnanhai

3 septembre 1996.
Il faut que notre voiture, impérieusement guidée par des miliciens-automates juchés sur des podiums circulaires, traverse un labyrinthe d'allées désertes, bordées d'arbres et de pavillons aux toits retroussés, pour qu'enfin nous arrivions sur une colline en bordure d'un lac.

Notre entretien a été fixé à 9 heures à Zhongnanhai, la Cité interdite, soigneusement gardée, où vivent et travaillent secrètement les hauts dirigeants. Il durera jusqu'à 10 h 15.

Jiang, tout sourire, m'accueille sur le seuil d'un vaste salon qui occupe toute la dimension du pavillon. Nous nous connaissons déjà bien, de Chine et de Paris. Il me fait asseoir, me complimente sur ma « bonne forme » ; je lui réplique en le complimentant sur la sienne. Il me fait remarquer que nous n'avons qu'un an de différence. Après ces propos inspirés de la politesse chinoise, nous entrons dans le vif du sujet.

Je lui pose des questions sur l'attitude de la Chine vis-à-vis de Hongkong et de Taiwan et sur sa politique internationale, ainsi que sur sa situation économique et sociale*.

La première partie de l'entretien est filmée par la télévision chinoise. Elle en diffusera de nombreux extraits, en tête de journal, tout au long de la soirée qui suivra la publication par *Le Figaro*, le 6 septembre ; le *Quotidien du Peuple* en diffusera l'intégralité le lendemain.

La télévision se retire. Nous passons à une conversation plus libre. Jiang me demande de transmettre ses salutations cordiales au président Chirac et à son épouse, dont il attend avec impatience la visite l'an prochain, « de préférence au printemps, au moment où les fleurs s'épanouissent ». Je lui transmets un message oral dont le président français, sachant que je le verrais, m'a chargé la veille de mon départ de Paris.

Puis, à titre personnel, je lui fais remarquer que la position prise par la France ne devrait plus changer désormais. D'abord parce que le président Chirac, qui l'a définie, en est garant pendant son septennat. Ensuite parce que l'implantation des entreprises françaises, qui multiplient les accords de coopération, sera devenue irréversible.

« La troisième génération »

J'essaie de placer une question sur la succession de Deng Xiaoping. « Apparemment, elle a déjà eu lieu, puisque c'est vous qui l'assurez. Mais pourrait-on savoir comment vous voyez vous-même la réponse à cette question, que les observateurs et les journalistes occidentaux se posent obstinément ? »

Il esquive la question, à la chinoise, avec une habile modestie. « Après plus de soixante-dix ans de luttes menées par le Parti communiste chinois, l'ancien régime a été renversé, la Chine nouvelle a été créée. La voie socialiste a été explorée. On a connu des hauts et des bas. Plusieurs générations d'équipes de dirigeants chinois se sont succédé.

« La première génération a eu à sa tête le président Mao. Le camarade Deng Xiaoping était l'un des membres de cette équipe dirigeante.

« Après avoir adopté la politique de réforme et d'ouverture sur l'extérieur, la deuxième génération des dirigeants chinois a eu à sa tête le camarade Deng Xiaoping.

---

* Voir chapitre suivant. Je suis autorisé à publier les réponses de Jiang Zemin à ces questions, en exclusivité mondiale pour *Le Figaro*.

« Mais depuis l'ouverture du XIVe congrès du Parti communiste chinois tenu en octobre 1992, le camarade Deng Xiaoping a confié la barre à une troisième génération. Celle-ci a suivi fermement la voie tracée par le camarade Deng Xiaoping sur la construction de la Chine selon les caractéristiques nationales.

« À l'occasion du XIVe congrès du Comité central du Parti communiste chinois, j'ai fait le rapport au nom du Comité central. Je peux vous dire que la troisième génération de dirigeants chinois va succéder à la tâche accomplie par la deuxième génération et qu'elle avance à grands pas dans ce sens. »

« Une démocratie à la chinoise »

Inutile d'insister. J'aborde un sujet un peu moins délicat — la diffusion, par la voie économique, de la culture de liberté. « À mesure, lui fais-je remarquer, que la prospérité se développe et que la pauvreté recule, vos compatriotes vont exprimer des exigences nouvelles pour les libertés individuelles. Ne croyez-vous pas que cela provoquera des transformations politiques, et pas seulement économiques ? »

Jiang Zemin me répond que la voie fixée par Deng Xiaoping reste la bonne. La Chine a son système politique propre. « Autrement dit, sur le plan politique, nous maintenons l'organe suprême du pouvoir de la Chine, qui est l'Assemblée populaire nationale. » (C'est bien la première fois que j'entends cette affirmation, mais elle est conforme à la dernière rédaction de la Constitution.) « Cette Assemblée est différente d'un Parlement à l'occidentale.

« Nous allons améliorer sans cesse notre système démocratique et légal. Mais il s'agit d'une démocratie à la chinoise, ce n'est pas une démocratie à l'occidentale. Nous vivons dans un monde à mille facettes, et le monde évolue vers la multipolarisation. Je pense que le modèle politique ou économique doit être divers, en fonction de la personnalité de chaque peuple. »

Comme preuves de cette diversité, Jiang Zemin invoque *Notre-Dame de Paris* d'Hugo, *La Dame aux camélias* d'Alexandre Dumas fils, *Le Père Goriot* de Balzac. En me montrant sa connaissance des lettres françaises et son attrait pour elles, il cherche à me séduire.

Mais il se sert aussi d'elles pour me morigéner. Il me cite la lettre de Victor Hugo, oubliée en France et bien connue en Chine ; il s'en est fait montrer l'original à Paris, quand il y est venu en septembre 1994. Cette lettre s'adresse à un capitaine anglais de l'expédition de Chine de 1860 qui demandait au poète, alors installé à Guernesey, ce qu'il pensait du sac du Palais d'Été. Hugo lui avait répondu : « Il y avait une merveille du monde, le Palais d'Été. Cette merveille a disparu. Deux bandits y sont entrés. L'un a pillé, l'autre a incendié. Ils sont revenus en Europe, bras dessus, bras dessous, en riant. »

Jiang Zemin a la délicatesse de ne pas me citer la fin de la lettre, bien qu'il doive la savoir par cœur : « Nous, Européens, nous sommes les civilisés, et les Chinois sont les Barbares. Voilà ce que la civilisation a fait à la barbarie. Devant l'Histoire, l'un des deux bandits s'appelle la France, l'autre l'Angleterre. J'espère qu'un jour viendra où la France renverra à la Chine ce butin spolié ; en attendant, il y a un vol et deux voleurs. »

Jiang ajoute simplement, sans m'inviter à faire en sorte que la France passe à l'acte : « En Chine, certains ont préconisé que soit restauré le Palais d'Été, *Yuanmingyuan*. Je me suis rendu à ce Palais pour l'inspecter. J'ai estimé qu'il valait mieux laisser à nos générations futures ces ruines intactes. Nous avons à leur égard un devoir de mémoire. »

Comme pour effacer ce qu'aurait d'un peu sévère ce rappel, il reprend aussitôt : « La France a donné naissance à beaucoup de grands penseurs. Nous nous sommes beaucoup inspirés de la Grande Révolution française. La voie suivie par la Chine a été liée à l'histoire de France. J'ai mieux connu l'histoire de la Grande Révolution française, à travers le livre de Dickens, *Un conte de deux villes*. »

« Après la séparation, il y a les retrouvailles »

Très souriant, il me montre deux calligraphies en énormes caractères, qui couvrent les murs aux deux extrémités du pavillon : un poème du président Mao sur « Le printemps » ; un autre, du poète Su Dongpo (appelé aussi Su Shi), du Xe siècle : « Après la tristesse, il y a la joie ; après la séparation, il y a les retrouvailles ; après l'obscurité de la nuit, il y a la pleine lune. Les vrais amis se retrouvent toujours. »

Il conclut : « Aujourd'hui, selon le calendrier lunaire chinois, c'est un jour où les amis se retrouvent. Nous nous sommes retrouvés. Je souhaite que Jacques Chirac vienne ici un jour de pleine lune *(rire)*. »

Le président est de plus en plus détendu. Il donne l'impression d'avoir tout son temps. Quand nous nous levons, il m'entraîne sur la rive du lac. Il me fait les honneurs du « Pavillon de la Vaporisation », à cause de la vapeur qui s'élève de l'eau après les journées chaudes. Il me montre l'emplacement où l'impératrice Cixi (Tseuhi) avait fait enfermer le jeune empereur Guangxu comme fou, parce qu'il prétendait faire des réformes...

Le rire éclate, franc et gai. Il doit penser que le même sort aurait pu attendre Deng Xiaoping et beaucoup d'autres, mais qu'ils ont su, eux, y échapper.

CHAPITRE 55

Jiang Zemin explique le Grand Bond chinois

Un entretien qui doit être rendu public n'est propice ni aux anecdotes, ni aux confidences, ni à la liberté de ton. Pour le président Jiang Zemin, c'est un acte officiel — un geste dont la signification est politique.

Il manifeste que la Chine apprécie d'avoir retrouvé des relations normales et confiantes avec la France, et que les dirigeants chinois ont le désir de s'expliquer devant l'opinion publique française — dont ils connaissent les interrogations, les réticences.

Mais en même temps, il s'adresse au peuple chinois, dont la télévision est quasiment la seule distraction ; en tout cas, elle fournit l'instrument le plus efficace de formation de l'esprit public.

Ses mots sont pesés pour faire d'une pierre deux coups. Les chiffres qu'il avance sont écrits sur une feuille de papier. Ce que ces mots et ces chiffres font passer, me semble-t-il, c'est la grande cohérence de la « ligne » politique suivie par la génération que Deng a installée aux commandes.

Soixante millions de paysans seulement vivent en dessous du seuil de pauvreté

Alain Peyrefitte. « *Économiquement, la Chine est en plein boom. Ne risquez-vous pas la surchauffe ? On parle d'une inflation à 25 %.*
Jiang Zemin. — Ce chiffre est très exagéré. Certes, le développement de l'économie chinoise est si rapide que, fatalement, des problèmes surgissent. Mais nous avons pris des mesures pour renforcer le contrôle macro-économique ; elles nous ont permis d'obtenir des résultats notables dans la maîtrise de l'inflation, qui n'aura

été qu'un phénomène temporaire. En 1994, la hausse des prix de détail avait atteint un pic de 25,2 %. Mais, très vite, le taux annuel a été ramené de 21,7 % en 1994 à 14,8 % en 1995. Il a été maintenu au-dessous de 10 % au cours des neuf derniers mois. La hausse des prix pour toute l'année 1996 ne dépassera pas 10 %, c'est maintenant une certitude.

Entre-temps, un bon élan de croissance s'est maintenu. Dans la première moitié de cette année, le volume global du P.I.B. a atteint 2 975,6 milliards de *yuan*, en augmentation de 9,8 % sur la même période de 1995. Ce rythme d'expansion est en harmonie avec l'ensemble des conditions actuelles de la Chine. Donc, pas question de surchauffe.

A.P. — *On parle de quarante millions de chômeurs et d'une centaine de millions de gens sous-employés.*

J.Z. — Exagéré ! La population chinoise est très nombreuse. L'offre de main-d'œuvre, évidemment, ne peut pas satisfaire toute la demande. Ce phénomène durera longtemps. Par moments, il pourra devenir grave. Mais les autorités, aux divers échelons, attachent une grande importance à ce problème ; elles ont créé en masse de nouveaux postes de travail. Ces dix dernières années, le taux des chômeurs inscrits a toujours été maintenu à moins de 3 % dans les villes* ; il est relativement bas par rapport à celui des autres pays du monde, y compris certains pays développés.

A.P. — *Mais on parle aussi d'une centaine de millions d'ex-paysans qui courraient les routes à la recherche d'un travail plus rémunérateur et qui, en l'an 2000, pourraient bien être deux cents millions...*

J.Z. — Encore une exagération ! Il y a, bien sûr, de la main-d'œuvre rurale excédentaire, donc de l'exode rural. Mais notre gouvernement a déjà pris des mesures énergiques. Les faits prouvent qu'elles sont efficaces : elles montrent une voie correcte, pour aujourd'hui comme pour demain. *Primo,* nous avons encouragé les paysans à doubler leurs activités agricoles par d'autres : de petites industries, du tertiaire, la construction de bourgs, des travaux d'infrastructure dans les campagnes. Il s'agit de réaliser, sur place ou aux alentours, la reconversion de la main-d'œuvre excédentaire. *Secundo,* nous avons planifié — et assuré en bon ordre — le transfert d'une partie de la main-d'œuvre rurale vers les villes et les zones côtières.

A.P. — *Ne craignez-vous pas que l'agitation se développe dans les campagnes ?*

---

* Le maire de Shanghai a parlé de 12 %. Faut-il ou non inclure dans ce chiffre la « population flottante », en provenance des régions rurales, qui se trouvent présentement sur le territoire de la commune ? Ce n'est pas clair.

J.Z. — Des opinions étrangères, notamment celles de certains pays occidentaux, poussées par divers motifs, posent souvent la question de savoir si la Chine sera en mesure de maintenir sa stabilité, et, plus particulièrement, si les campagnes ne vont pas s'agiter. Je peux répondre clair et net. La Chine d'aujourd'hui est stable et elle sera à même de maintenir une grande stabilité à l'avenir.

Depuis l'avènement de la Chine nouvelle, nos masses paysannes ont pu, dans leur ensemble, vivre et travailler en paix. Les campagnes n'ont pas connu d'agitation et elles n'en connaîtront pas. N'oubliez pas que la Chine est un État socialiste, fondé sur l'alliance des ouvriers et des paysans. Garantir les intérêts des ouvriers et des paysans, c'est vraiment l'essence de la politique de notre parti et de notre État. Notre parti a de tout temps prêté une vive attention aux régions rurales. C'est d'ailleurs ce qui n'a cessé de permettre la victoire de la révolution et les succès de la transformation de la Chine.

A.P. — *Bien sûr, les paysans avaient été dans la décennie 1980-89 les premiers bénéficiaires des réformes de Deng Xiaoping : la plupart ont de quoi manger et se vêtir. Mais, dans la nouvelle société de consommation, ils manquent de disponibilités financières. Ils rêvent encore des « trois nouveautés » (télévision, réfrigérateur, machine à laver), tandis que la population des villes en arrive déjà aux « nouvelles trois nouveautés » (téléphone, voiture, appartement). L'écart se creuse.*

J.Z. — Les paysans, qui représentent l'écrasante majorité de la population chinoise, ont vu leurs conditions de vie matérielles et culturelles s'améliorer. Aujourd'hui, sur les neuf cents millions de paysans chinois, un peu plus de soixante millions seulement — un sur quinze — demeurent au-dessous du seuil de pauvreté, c'est-à-dire à court de nourriture et de vêtements. C'est un succès remarquable dans l'histoire de la Chine, voire dans celle du monde. Donc, les paysans adhèrent entièrement au socialisme. Même s'ils ont dû affronter beaucoup de difficultés, ils ont fait preuve de compréhension ; ils ont conscience qu'ils seront à même de les surmonter, sous la direction du Parti et du gouvernement. Voilà pourquoi nos campagnes ont connu un pareil essor et ont maintenu la stabilité du pays.

A.P. — *Aujourd'hui, est-ce que cela continue d'être vrai ?*

J.Z. — Au cours du processus de transformation du pays, l'écart entre les ressources des citadins et celles des paysans, évidemment, s'est un peu élargi. Le Parti et le gouvernement sont en train de prendre des mesures pour soutenir et augmenter les revenus des paysans par la politique des prix. Nous avons la certitude que l'écart entre les villes et les campagnes se réduira peu à peu.

A.P. — *Mais le fossé s'agrandit entre les zones côtières riches de l'Est et les régions arriérées du Centre et de l'Ouest.*

J.Z. — Nous sommes en train de prendre ce problème à bras-le-corps. Au cours du IXe plan quinquennal, nous nous sommes mis en devoir de réduire cet écart. Voici l'essentiel de ces mesures. D'une part, nous privilégierons la mise en valeur des ressources et la construction d'infrastructures en Chine du Centre et de l'Ouest ; nous orienterons vers ces régions les industries qui nécessitent une forte concentration de main-d'œuvre ; nous garantirons des prix rationnels pour les produits primaires provenant directement des matières premières ; nous renforcerons la prospection des ressources en Chine du Centre et de l'Ouest ; nous augmenterons le soutien financier à ces régions ; nous leur affecterons par priorité des crédits venant de l'extérieur ; nous y attirerons davantage d'investissements étrangers. D'autre part, l'État demandera aux provinces maritimes elles-mêmes de fournir une assistance à ces régions en retard. Nous sommes convaincus que, grâce à ces mesures et grâce aussi aux efforts des masses populaires et des cadres du Centre et de l'Ouest, nous pourrons réduire graduellement ces écarts de développement.

Les dirigeants de Taiwan cherchent à diviser la Chine

A.P. — *Maintenant que les élections à Taiwan sont passées, envisagez-vous, monsieur le Président, une rencontre avec Lee Teng-hui ?*

J.Z. — J'ai proposé l'an dernier d'entamer des négociations, de part et d'autre du détroit de Taiwan, sur la réunification pacifique de la Chine. Premier pas : les deux parties pourront conclure un accord sur la cessation formelle des hostilités, selon le principe d'*une seule Chine*. Sur cette base, elles contracteront l'obligation commune de sauvegarder la souveraineté et l'intégrité territoriale de la Chine et élaboreront un plan pour resserrer les liens « entre les deux rives ». Quant aux visites des dirigeants de Taiwan sur le continent, j'ai affirmé qu'ils y seraient les bienvenus, sous la condition préalable de reconnaître qu'il n'existe qu'une Chine. De notre côté, nous sommes prêts à accepter les invitations de Taiwan à nous rendre dans l'île.

A.P. — *Après l'élection de Lee Teng-hui comme président de Taiwan, c'est lui qui a proposé de se rendre en Chine continentale. La première réaction de Pékin a été négative. Quels autres gestes devrait-il faire pour que votre réponse soit positive ?*

J.Z. — Si les autorités de Taiwan ont vraiment le désir sincère de nous rencontrer, elles devront renoncer à leurs manœuvres politiciennes qui tendent à créer sur la scène internationale « deux

Chines » ou « une Chine, un Taiwan ». Elles devront renoncer à leurs agissements qui visent au prétendu retour de Taiwan aux Nations unies, ou à toute autre activité séparatiste. En même temps, elles devront entamer au plus tôt des actions concrètes ; par exemple, instaurer une liaison postale, commerciale, maritime et aérienne directe. Hélas ! ce que nous voyons aujourd'hui, c'est bien le contraire ! Tout récemment, le vice-président taiwanais se livrait ostensiblement à des activités visant à diviser la Chine. Peut-on encore créditer les autorités taiwanaises de la moindre sincérité pour une rencontre « entre les deux rives » ?

A.P. — *Le 30 janvier 1995, vous aviez défini un plan en huit points pour le retour de Taiwan sous le contrôle de Pékin. Ce plan est-il toujours d'actualité ?*

J.Z. — Bien entendu ! Mes huit propositions décrivent le processus de réunification pacifique de la patrie. Elles sont guidées par le seul intérêt de l'ensemble de la Chine. Elles respectent l'histoire et les réalités. Elles sont tout à fait raisonnables et effectivement réalisables. Le gouvernement chinois est prêt à les appliquer sans faute. Il s'emploiera à intensifier les relations « entre les deux rives » du détroit et à créer de meilleures conditions pour la réunification.

A.P. — *Pour Hongkong, la position de la Chine semble se durcir à mesure que l'échéance du 1er juillet 1997 se rapproche. Par exemple, les habitants de la colonie britannique ont récemment élu un Conseil législatif ; vous avez décrété qu'il sera supprimé dès le retour de Hongkong à la Chine. Ne craignez-vous pas de tuer la poule aux œufs d'or ?*

J.Z. — Notre position est cohérente. L'actuel Conseil législatif a été formé en violation de la Déclaration conjointe sino-britannique. Par conséquent, il n'est plus possible de réaliser l'arrangement, dit « train direct », envisagé auparavant par le gouvernement chinois, à savoir que les membres de la dernière session du Conseil législatif siégeraient à la première session du Conseil législatif de la nouvelle « région administrative spéciale » de Hongkong. La responsabilité en revient entièrement aux Britanniques. Le Conseil législatif devra donc cesser son mandat le 30 juin 1997, avec la fin de l'administration britannique à Hongkong. En vertu de la décision pertinente de notre Assemblée nationale, la Commission préparatoire de la « région administrative spéciale » de Hongkong instituera donc un Conseil législatif provisoire. Après 1997, le premier Conseil législatif de Hongkong sera créé. Ces mesures, loin de porter préjudice à la prospérité de Hongkong, visent justement à ménager une transition dans la stabilité.

A.P. — *La Chine est en train de prouver qu'elle peut maintenir un taux de croissance de 10 % en moyenne depuis quinze ans, sans avoir créé un système parlementaire à l'occidentale. Mais pourrez-*

vous à la longue concilier à Hongkong le contrôle par Pékin et les libertés locales ?

J.Z. — Quand la Chine aura recouvré sa souveraineté sur Hongkong, elle appliquera les prescriptions de la Déclaration conjointe sino-britannique : « administration de Hongkong par les Hongkongais » et « large autonomie ». Nous nous conformerons au principe « un État, deux systèmes ». Le régime social et économique capitaliste de Hongkong, de même que son mode de vie, demeureront inchangés ; les lois déjà établies y seront maintenues pour l'essentiel.

La liberté de la presse a des limites

A.P. — *Mais l'économie de Hongkong ne doit-elle pas une part essentielle de son succès à une justice indépendante, qui assure le respect des contrats, et à une presse libre qui, par exemple, garantit que les informations financières ne sont pas manipulées ?*

J.Z. — La région administrative spéciale de Hongkong jouira d'un pouvoir judiciaire indépendant, y compris en dernière instance. Sous le régime britannique, Hongkong a été privé de la juridiction en dernier ressort. Quant à la liberté de la presse, elle doit, partout dans le monde, être organisée par la loi. Aucun pays ne peut admettre une liberté absolue, qui dépasse les limites de la loi. La liberté de la presse et les autres droits et libertés dont jouissent les habitants de Hongkong seront pleinement garantis par la loi.

Notez bien que la prospérité de Hongkong n'est pas due, comme vous le dites, « à une justice indépendante et à une presse libre ». Pour l'essentiel, elle est l'œuvre de la population de Hongkong ! Elle est en outre liée à l'ouverture et à l'essor économique de l'intérieur du pays. Après le retour de la colonie dans le giron de la mère patrie, les habitants de Hongkong, avec un état d'esprit tout neuf, sauront, une fois qu'ils seront devenus maîtres du territoire, édifier un Hongkong toujours plus prospère.

A.P. — *Le président Clinton a annoncé, voilà trois mois, qu'il renouvelait en faveur de la Chine la clause de la nation la plus favorisée. Est-ce un succès chinois ?*

J.Z. — L'octroi mutuel entre la Chine et les États-Unis du traitement de la nation la plus favorisée est tout simplement conforme au principe de réciprocité. C'est un arrangement, à l'avantage mutuel des deux pays, qui permet de développer normalement leurs échanges. Nous espérons que les dirigeants américains feront preuve de sagesse pour trouver une solution à ce problème, sans qu'elle puisse être continuellement remise en question. Les Américains devront abandonner toute politique commerciale discriminatoire contre la Chine*.

Pas d'immixtion sous prétexte des droits de l'homme

A.P. — *Le président Clinton a annoncé que, désormais, il renonçait à lier le commerce et les droits de l'homme. La Chine a-t-elle donc gagné sur toute la ligne ?*

J.Z. — La position du gouvernement chinois sur ce point est claire et constante. Il s'oppose fermement à ce qu'un pays, sous prétexte de droits de l'homme, critique à tort et à travers, fasse des commentaires irresponsables, se permette de s'immiscer dans les affaires intérieures d'autrui. La Chine est toute prête à procéder, dans l'égalité et le respect mutuel, à des échanges de vues avec les États-Unis, à condition qu'ils renoncent à intervenir dans les affaires intérieures de la Chine et à provoquer un affrontement.

A.P. — *La Chine est un partenaire essentiel pour les États-Unis (et réciproquement). Pourtant, vos relations ne cessent de connaître des hauts et des bas.*

J.Z. — La Chine et les États-Unis sont tous deux des pays très influents dans le monde. Des relations saines entre eux sont conformes à leurs intérêts communs. Bien plus : elles profiteront à la paix, à la stabilité et à la prospérité universelles, notamment dans la région Asie-Pacifique. Déjà, en 1992, j'ai souligné que la Chine et les États-Unis devraient réduire les frictions et désamorcer tout conflit. Aujourd'hui, ce principe demeure toujours valable.

A.P. — *Mais que faudrait-il faire pour mieux établir, selon la formule américaine, « sécurité, stabilité et prévisibilité » ?*

J.Z. — Il faut que les deux pays s'en tiennent aux principes que je vous ai déjà énoncés : respect mutuel de la souveraineté et de l'intégrité territoriale, non-ingérence dans les affaires intérieures, égalité et avantages réciproques. Il faut aussi qu'ils adoptent une attitude correcte au sujet de Taiwan et qu'ils procèdent par consultations sur un pied d'égalité, pour régler les problèmes concrets qui peuvent se poser dans les relations bilatérales.

---

* La clause de la nation la plus favorisée assure à la Chine un excédent commercial sur les États-Unis de dix milliards de dollars, mais doit être renouvelée chaque année par un Congrès très attentif au respect des droits de l'homme. La Chine a besoin des États-Unis plus qu'elle n'a besoin de la France. Elle peut nous remplacer par l'Allemagne, elle ne peut pas remplacer les États-Unis. Le renouvellement, chaque printemps, de la clause de la nation la plus favorisée équivaut à un couperet dont les Américains se servent pour obtenir des concessions.

Ces temps derniers, grâce à des efforts de part et d'autre, les rapports sino-américains ont tendance à s'améliorer. Nous espérons que les États-Unis tiendront davantage compte de l'évolution du monde, donc de leurs intérêts fondamentaux, et qu'ils prendront des mesures effectives en observant strictement pour le long terme la politique d'*une seule Chine*. Nous souhaitons qu'ils suivent cette ligne autrement qu'en paroles : en actes, au lieu de provoquer des différends et des frictions.

A.P. — *N'avez-vous pas trouvé que le Japon utilisait un ton nettement plus sec à l'égard de Pékin, particulièrement au moment de vos essais nucléaires ?*

J.Z. — La Chine et le Japon sont de proches voisins, séparés seulement par un bras de mer. Des relations de bon voisinage et de coopération entre eux serviront leurs intérêts ; elles profiteront à la paix et au développement en Asie-Pacifique. À l'heure actuelle, les rapports sino-japonais se révèlent stables dans leur ensemble. Bien sûr, certains problèmes et différends subsistent encore.

A.P. — *Ne jugez-vous pas inquiétante la montée au Japon d'un certain « révisionnisme » à propos de l'histoire de la Seconde Guerre mondiale et des horreurs infligées alors à la Chine ?*

J.Z. — Il est de fait que certains membres du gouvernement japonais, face aux problèmes historiques, n'ont pas une attitude correcte. La guerre déclenchée par les militaristes nippons, il y a un demi-siècle, a plongé le peuple chinois et d'autres peuples asiatiques dans un abîme de souffrances. C'est un fait historique incontestable. Le gouvernement chinois applique ce dicton : « Le souvenir du passé sert de guide pour l'avenir » ; ou cet autre : « L'accident de la charrette de devant doit servir de leçon à celle qui la suit. » Nous espérons que le gouvernement de Tokyo adoptera sur ce point une attitude raisonnable, pour tirer les leçons du passé et gagner ainsi la confiance des pays et des peuples d'Asie qui ont été victimes de l'agression. Cependant, au Japon, il arrive de temps en temps que certains se lèvent pour falsifier ostensiblement l'histoire et embellir l'agression. Surtout depuis quelque temps. Certains membres du cabinet japonais sont allés jusqu'à se recueillir les uns après les autres au sanctuaire Yasukuni pour raviver le souvenir de Hiteki Tojo et consorts. Certains députés de la Diète se sont même répandus en propos absurdes pour essayer de camoufler les crimes commis par les militaires japonais pendant la guerre d'agression contre la Chine.

Ces incidents prouvent qu'il existe, en effet, au Japon, une force qui tente toujours de faire revivre les rêves militaristes du passé. Ces actes et paroles suscitent immanquablement l'indignation chez les Chinois et les autres peuples asiatiques. Quelle voie le Japon prendra-t-il dans l'avenir : celle du développement pacifique, ou d'autres voies ? Cette question appellera une grande vigilance. Le

Japon doit éliminer des conceptions réactionnaires de l'histoire. C'est seulement ainsi qu'il pourra améliorer son image internationale et établir des rapports confiants avec ses voisins.

La Chine est un marché vaste et prometteur

A.P. — *Maintenant que les États-Unis vous ont donné satisfaction en renonçant à lier le commerce et les droits de l'homme, verrez-vous encore un intérêt à favoriser les pays d'Europe ?*
J.Z. — Les États-Unis ont adopté une position lucide en renonçant à ce lien. Évidemment, cela favorisera le développement ultérieur des rapports économiques sino-américains, ainsi que l'évolution normale du commerce international. Mais il n'y a pas lieu de craindre des répercussions défavorables sur les liens économiques et commerciaux entre la Chine et l'Europe.
A.P. — *Désormais, sera-t-il plus difficile à Airbus de placer ses avions en Chine ?*
J.Z. — La politique du gouvernement chinois consiste à développer les rapports économiques et commerciaux entre la Chine et les autres pays, dans le respect de nos principes : égalité, avantages mutuels, complémentarité réciproque. C'est justement à partir de ces principes que les compagnies d'aviation chinoises ont commandé l'an dernier des avions à Airbus Industrie, qui pourra, nous en sommes convaincus, occuper une place favorable sur le marché international des avions civils, en améliorant sans cesse ses services et la compétitivité des prix.
A.P. — *Sur le vaste marché chinois, y a-t-il de la place pour tout le monde, ou certains pays seront-ils plus favorisés que d'autres, en fonction de leurs affinités politiques avec la Chine ?*
J.Z. — Chaque État, grand ou petit, possède des points forts et peut donc occuper une place qui corresponde à ses atouts. La Chine est un marché vaste et prometteur. De bonnes relations bilatérales permettront d'intensifier les échanges économiques et de favoriser les firmes attirées par le marché chinois. Mais, en fin de compte, la place réelle d'un pays dans les échanges économiques avec la Chine, ce sont ses entreprises qui la conquièrent par la concurrence.

Nous accueillons favorablement le rôle constructif que la France joue sur la scène internationale

A.P. — *Le président Chirac veut lancer les énergies françaises vers l'Asie et la Chine. C'est pourquoi il a tellement insisté pour convaincre nos partenaires européens de tenir à Bangkok le premier sommet Europe-Asie. Les États-Unis ont tout fait pour empêcher la* réussite de ce projet. *Quel intérêt portez-vous à cette ambition française ?*

J.Z. — La multipolarisation s'accélère. C'est un des traits principaux de l'échiquier mondial. Les relations entre l'Asie et l'Europe en ont profité pour enregistrer de nouveaux progrès, dont nous nous réjouissons. La réussite du premier sommet Asie-Europe a traduit la volonté commune des pays des deux continents d'intensifier leur coopération. Le président Chirac et les autres chefs d'État ou de gouvernement asiatiques et européens ont apporté des contributions positives à ce sommet. Nous en exprimons notre satisfaction. De belles perspectives s'ouvrent pour l'Asie et l'Europe.

A.P. — *Estimez-vous que la France, qui a favorisé votre entrée à l'O.N.U., a des positions proches des vôtres ? Par exemple, quand il s'agit de reconduire le mandat de M. Boutros-Ghali, ou d'obtenir que le tiers-monde se fasse mieux entendre.*

J.Z. — La Chine et la France sont, l'une comme l'autre, membres permanents du Conseil de sécurité des Nations unies et assument de lourdes responsabilités quant au maintien de la paix et de la sécurité internationales. Elles occupent une place importante dans les affaires onusiennes. Nous soutenons le rôle constructif que la France joue sur la scène internationale. Sur de nombreux problèmes internationaux d'importance majeure, nos deux pays ont des points de vue proches ou similaires, et entretiennent de bonnes relations de coopération sur le plan de la diplomatie multilatérale. Nous sommes disposés à renforcer avec la France la coordination de nos attitudes dans les différents domaines au sein de l'O.N.U. C'est l'intérêt des deux pays. C'est de nature à favoriser une meilleure solution des problèmes planétaires. Et à sauvegarder les intérêts des pays du tiers monde. »

CHAPITRE 56

Bouleversements dans une vallée reculée

Dans les superettes de quartier, la caissière se sert tantôt d'une enregistreuse électronique avec un scanner qui lit les codes-barres ; tantôt, pour les fruits et légumes qui n'en sont pas pourvus, du boulier venu de la nuit des temps. D'une seconde à l'autre, elle passe d'un siècle à l'autre, d'un millénaire à l'autre.

Dans la même rue, à quelques dizaines de mètres l'une de l'autre, une pharmacie à l'occidentale avec des spécialités américaines, allemandes et même françaises, mais surtout chinoises ; une boutique d'apothicaire traditionnel avec des pots de fleurs séchées, des « simples », des peaux de serpents, des cornes de buffle en poudre... En commun aux deux officines, le matériel d'acupuncture, les aiguilles, les mannequins où figurent les « méridiens » et les « points ».

Ce peuple de très ancienne civilisation s'adapte avec aisance à la modernité. Comme cette caissière, comme ces officines, toute la Chine fait le grand écart entre son passé et son avenir. Il est surprenant qu'elle n'en éprouve pas plus de déchirures.

Mais dans les campagnes reculées, que se passe-t-il ? Une sinologue venue de France poursuit, dans le cadre de l'École pratique des hautes études*, des investigations dans une haute vallée du Shanxi, province pauvre entre toutes — le district de Wutai, « les cinq terrasses » ; sans se priver de parcourir les autres provinces du centre de la Chine. Depuis une douzaine d'années, ce chercheur accumule ses observations. Je les entends toujours avec profit. Résumons en deux pages ce qui en remplira un jour plusieurs centaines.

Les réformes adoptées en décembre 1978, appliquées à Wutai à partir de 1982, ont apporté aux paysans chinois ce dont ils n'auraient jamais osé rêver. Elles leur ont donné d'abord les terres,

---

* Odile Pierquien-Tian, déjà évoquée, dix ans plus tôt, au chapitre 14.

ensuite la liberté d'entreprendre, enfin le droit de circuler. Les effets sont multiples et contrastés.

Les jeunes hommes abandonnent la culture à leurs pères, qui, à partir de la cinquantaine, rechigneraient à s'adapter à une vie nouvelle, et aux femmes — comme, pendant la guerre, les femmes de prisonniers dans nos campagnes. Ils font face en se bornant à l'essentiel.

Il s'ensuit une certaine négligence. Entretenue naguère avec autant de minutie qu'un jardin, la terre donne des signes d'abandon. Les herbes folles l'envahissent. Les poiriers sont mal taillés. Les canaux d'irrigation s'assèchent, parce que les pompes sont en panne ou parce que les viviers se sont multipliés : nombre de paysans se sont transformés en pisciculteurs, trouvant plus productif et moins fatigant de se livrer à l'élevage d'alevins. Du coup, depuis le tournant des années 1989-1990, on ne se donnait plus la peine d'irriguer la vallée, qui semblait menacer de retourner à la friche.

Les pouvoirs publics viennent tout juste de réagir, en 1996, contre cette menace. Ils ont augmenté fortement le prix des céréales, du coton, de l'huile, des cultures maraîchères. Cette stimulation a été aussitôt efficace. Les pompes se sont remises en marche, les canaux se sont remplis, l'eau des barrages a remonté vers les champs. Une certaine euphorie s'est répandue — du Shanxi au Sichuan.

Mais l'agriculture continue, et sûrement continuera, à rapporter beaucoup moins que l'industrie. Aussi voit-on s'installer de plus en plus de petites et moyennes entreprises dans les bourgs. Excellente pratique pour l'aménagement du territoire, mais nouvelle menace pour l'agriculture et pour l'environnement.

Dans ces petites usines, la plupart des hommes et des femmes sont employés à plein temps. Même pour des gens de tempérament industrieux et travailleur, il est difficile d'accomplir simultanément les tâches de l'ouvrier et celles du paysan. En outre, le recours aux engrais et aux insecticides finissait par revenir plus cher qu'il ne rapportait, quand venait le moment de vendre des céréales à l'État. Nouvelle raison pour passer du rendement maximal à la production minimale. Il devenait plus profitable de se consacrer à la coopérative ou aux entreprises privées du bourg voisin ; ou à défaut, d'aller chercher fortune ailleurs.

Du Nord au Sud de la Chine, que vont devenir ces cultures en terrasse — blé au Nord, riz au Sud — qui s'étagent sur les collines ? Jusqu'à quand ces sculpteurs de montagnes continueront-ils à se donner tant de mal, alors que les produits du sol rapporteront de moins en moins par rapport aux productions des villes ?

Sous le signe de la déstabilisation

Ce qui se passe dans ce district rural et même à Taiyuan, capitale du Shanxi, est loin de rendre compte de la totalité de la Chine. Par exemple, à Nankin, les entreprises étrangères ou l'État répandent tellement d'argent, que les petites entreprises de sous-traitance croissent comme des champignons. Les paysans y viennent, attirés de loin par des salaires de l'ordre de 10 à 15 000 *yuan* par an (entre 6 600 et 9 900 francs au taux de change, ce qui nous paraît bien faible, mais qui leur semble énorme).

Mais, quel que soit le degré de prospérité, toute cette évolution rapide est placée sous le signe de la déstabilisation.

Sous des aspects divers. Ainsi, l'exode rural déstabilise des régions entières, et en même temps les brasse, les mobilise, forge une identité commune, oblige chacun à échapper à l'illettrisme et à s'arracher à un dialecte pour se mettre au mandarin.

Un risque existe : que la Chine du Centre et de l'Ouest — où les salaires varient de 100 à 1 000 *yuan* par an, exceptionnellement 2 000 — ne se modernise pas et au contraire se paupérise encore plus, tandis que les villes et la côte continueraient à croître et absorberaient un exode rural sans limite.

On a le cœur serré quand on ne peut gagner la gare de Pékin, de Shanghai, de Wuhan ou de Canton qu'en enjambant des hommes couchés à même le sol. Mais ces « SDF » ne sont pas des exclus ; plutôt des aventuriers. Ils comptent parmi ces soixante ou quatre-vingts millions de ruraux, peut-être davantage, que la libéralisation voulue par Deng Xiaoping a autorisés à quitter leur village, alors qu'ils y étaient jusque-là attachés par leur *hukou* — leur rigoureux certificat d'hébergement — comme un serf du Moyen Âge à sa glèbe. Ils vont tenter leur chance dans les villes, surtout dans les zones côtières.

Faut-il vraiment compter ces paysans comme chômeurs, vagabonds, voire mendiants ? Notre sinologue n'estime nullement que ce soit le cas. Ces hommes sont attirés par la ville et par un gain supplémentaire, tels, jadis, nos ramoneurs de Savoie ou nos bougnats d'Auvergne. Leur famille reste au village. Ils reviennent chez eux après un emploi temporaire dans un chantier — pour trois, six, voire douze mois. Ce sont des travailleurs migrants. Beaucoup plus rares sont les familles qui migrent en corps et viennent grossir la capitale de la province ou la sous-préfecture.

La famille peut continuer durablement à cultiver la terre, pendant qu'ils essaient de trouver un sort meilleur. Ils gagnent quelque argent et l'envoient au pays. Leur vagabondage est la contrepartie de leur liberté et de l'attrait des villes saisies par la fièvre de l'opulence. Qu'ils aient trouvé ou non un travail, il faut bien qu'ils retournent dans leur village, où ils sont attendus par les leurs. Il est obligatoire de prendre son billet trois, voire sept jours à l'avance, suivant la destination. Pendant ce délai, ils ne vont pas dépenser leurs économies en prenant une chambre d'hôtel : ils attendent donc aux alentours de la gare. Ils n'échappent pas encore à la pauvreté. Mais au moins, ils ne sont plus fixés à un destin inexorable, comme une chèvre à son piquet.

La suppression du *hukou*, ce passeport intérieur si contraignant, a été à la fois une délivrance et une cause de désorganisation : on n'exige plus de quiconque d'habiter en un endroit définitif, c'est-à-dire en résidence surveillée ; mais si, parmi ces migrants qui vont à l'aventure, il y a de vrais vagabonds, la police saura vite les repérer et les récupérer.

Les à-coups de l'évolution

La déstabilisation est souvent liée aux à-coups de cette évolution. En 1989 et en 1991, sous l'impulsion de Zhu Rongji, le gouvernement, ayant observé que les banques prêtaient inconsidérément, a resserré les cordons avec vigueur. Maintes entreprises, étranglées, ont dû fermer leurs portes. On peut craindre que beaucoup d'autres P.M.E. aillent de nouveau vers l'échec, si elles ne sont pas soutenues par les banques.

La diffusion industrielle répand la pollution jusque dans la Chine profonde. L'environnement est menacé. Le long de la rivière Huai, dans les provinces de Henan et d'Anhui, des usines de pâte à papier ont pollué la nappe phréatique, dont l'eau n'est plus potable. On a été amené à fermer ces usines, faute d'avoir adopté à temps une stratégie de traitement des rejets. Aubaine pour des entreprises françaises spécialisées, comme la Compagnie générale des Eaux et la Lyonnaise, laquelle s'est taillé la part du lion.

Toutes les usines qui tirent leur énergie du charbon provoquent une pollution grave. Les petites entreprises n'ont pas les moyens de s'équiper de filtres anti-pollution ; elles ne peuvent tenir qu'à condition de faire un maximum de profits et un minimum de dépenses. Dans leur voisinage, il devient de plus en plus difficile de boire, de manger, de respirer, de vivre.

Démocratie locale

L'évolution affecte la masse chinoise sous un autre aspect encore — à savoir, le modeste commencement d'une démocratie locale qui ne soit plus une simple fiction, ou un simple habillage du pouvoir du Parti. Des élections locales se sont sérieusement développées depuis la fin des années 1980. Sous l'impulsion de Peng Zhen*, vétéran de la Longue Marche et président de l'Assemblée nationale, la Chine s'était lancée dans un grand projet de démocratie locale. En 1987, a été promulguée une loi organique sur les comités de village, de manière à enraciner la démocratie sur le terrain. En 1992, plus d'un million de villages, où vivent 900 millions de Chinois, avaient établi leurs comités. Pendant cet été 1996, une partie d'entre eux sont soumis à réélection.

Plusieurs témoins, chinois ou européens, qui ne se connaissaient pas entre eux, me l'ont confirmé. Il ne serait donc plus vrai de dire que la démocratie est inconnue en Chine. Que tant de villages soient appelés à élire leurs représentants, et qu'il y ait jusqu'à dix candidats pour le même siège, prouve bien qu'une démocratie locale commence à fonctionner. *Souvent, les élus ne sont pas membres du Parti* (bien qu'on ne dispose d'aucune statistique sur ce point).

Pendant la campagne électorale, les villages se sont couverts de calicots : « Exercez vos droits de citoyens. » Des journalistes accrédités à Pékin ont demandé au service de presse du *Waijaobu* (le ministère des Affaires étrangères chinois) l'autorisation de suivre de près ces élections sur le terrain. On leur a répondu fort civilement : « Vous n'avez besoin d'aucune autorisation. Tout le monde est libre, maintenant, de circuler à sa guise en Chine. Et les élections sont publiques. »

Toutefois, mes informateurs m'assurent que, parvenus sur place, ils se sont vu — souvent mais pas toujours — refuser l'entrée du bureau de vote : « Les gens du village ne veulent pas voir les étrangers quand ils votent. » Pudeur de néophytes ? Souci spontané d'écarter des observateurs trop sourcilleux ? L'avertissement, m'ont-ils précisé, était proféré sur un ton fort poli. Ce n'était pas un interdit venu d'en haut : c'était seulement la "volonté" démocratique de la base »...

Au-dessus de ce niveau du village, ceux du district, de la préfecture, de la province et du pays s'empilent en pyramide. Dès le district, les élections s'effectuent au second degré ; comprenez que les « élus » sont largement désignés par le pouvoir, c'est-à-dire par le Parti.

On encourage la compétition électorale, mais jusqu'à un certain point seulement, car on craindrait des déchaînements de violence. « Après cinq mille ans de féodalisme, me disent volontiers en privé

---

* Qui entendait construire en Chine l'État de droit et s'y est bel et bien attelé de façon efficace. On dirait qu'il a médité Tocqueville, qui démontrait comment l'esprit démocratique naissait par l'apprentissage de la démocratie dans les institutions locales.

les responsables chinois, le peuple est pris de vertige quand on lui parle de démocratie. »

Concrètement, il faut le reconnaître aussi, la décentralisation a ses limites. L'individualisme, la passion de gagner de l'argent tant qu'on le peut encore — sait-on jamais ? — sont en train d'effacer le respect ancestral des traditions, des autorités et de la discipline. La gestion par district ou par village fonctionne souvent si mal, que l'on en vient à demander à l'État et au Parti de reprendre la situation en main.

Que ce niveau de vie moyen se soit fortement élevé, n'empêche pas que l'écart se soit creusé entre les plus et les moins favorisés, au point de devenir souvent insupportable. D'autant qu'il est aggravé par la corruption, apanage de ceux qui détiennent le pouvoir politique ou économique.

Shang Baifa, maire-adjoint de Pékin chargé des affaires immobilières : en prison. Chen Xitong, ancien maire de la capitale, en résidence surveillée. Et beaucoup d'autres aussi, dont on parle moins. Un mot court à Pékin : « Si vous luttez contre la corruption, vous ruinez le Parti ; si vous n'arrêtez pas la corruption, le peuple vous chassera. » « Mais, m'a dit malicieusement une universitaire de l'université de Qinghua, le problème est-il tellement différent pour les partis multiples de vos démocraties occidentales ? »

Que 60 à 70 millions de Chinois restent au-dessous de la ligne de pauvreté ; que des provinces déshéritées comme le Gansu, le Qinghai, le Ningxia, le Shaanxi, sans parler des régions autonomes de Mongolie, du Xinjiang, du Tibet et du Guangxi, soient presque tout entières en-dessous du seuil de pauvreté — voilà qui exige qu'un pouvoir fort ait la capacité et la volonté de redistribuer les ressources. Les régions riches ne se priveront pas d'elles-mêmes de leurs ressources. Il faudra bien qu'elles en soient privées par les actes autoritaires, d'un pouvoir reconnu comme légitime.

La Chine se familiarise peu à peu avec ce dilemme du progrès : est-il mieux conduit par des jacobins ou des girondins, par la centralisation d'un pouvoir plus « éclairé » que la base, ou par la multiplication des initiatives sur le terrain ? Comme souvent en Chine, les deux choix coexistent. Ils sont mis en tension — avec un résultat qui, pour le moment, si l'on prend quelque recul avant de se permettre de juger, n'est pas si mauvais que cela.

CHAPITRE 57

Le compte à rebours

À Pékin, sur la place Tiananmen, une grande horloge fait le compte à rebours, seconde par seconde, du temps qui reste à courir jusqu'au 1er juillet 1997, date du retour de Hongkong à la mère patrie. Il y a quelques années, Deng Xiaoping affirmait qu'il s'efforcerait de vivre jusqu'à ce jour et se rendrait alors à Hongkong, dût-on l'y mener en fauteuil roulant. Même si le Ciel refuse cette ultime faveur au vieil empereur, ces deux images attestent l'importance que la nation chinoise accorde au retour en son sein de la colonie britannique.

Nul ne saurait le lui reprocher. Qu'on se souvienne de la joie des Français quand l'Alsace-Lorraine leur fut rendue ; de la fierté des Allemands quand la Sarre retourna dans le giron par référendum en 1953 ; ou de l'enthousiasme qu'a soulevé la chute du mur de Berlin, en 1989.

L'Occident s'interroge sur le sort de Hongkong et de Taiwan. La Chine a sa réponse, toujours la même : « Un État, deux systèmes ». Une seule diplomatie, une seule défense, mais la liberté économique pour Hongkong et pour Taiwan, quand l'une puis l'autre auront rejoint la mère patrie.

Que se passera-t-il le 1er juillet 1997 ? Personne ne peut l'assurer au juste.

Quand Chris Patten s'en ira

On sait que, le 30 juin au soir, en compagnie du prince de Galles, le gouverneur britannique Chris Patten sortira majestueusement de la rade sur le *Britannia*. À Pékin, on lui applique déjà la parabole du célèbre « cochon pèlerin », qui se regarde sur une face du miroir et, se trouvant laid, retourne le miroir, dont l'autre face lui renvoie une image tout aussi laide. Il aura perdu, dit-on, sur les deux tableaux. Il aura déçu les Chinois de Hongkong, qui espéraient le voir obtenir pour eux des garanties plus précises et des droits plus sûrs que l'accord-cadre conclu en 1984 par Mme Thatcher et Deng Xiaoping. En les réclamant avec insistance, il aura vivement irrité ses interlocuteurs de Chine populaire et créé un climat défavorable à une transition en douceur.

Et pourtant, il s'est battu avec énergie pour créer le fait accompli de la démocratisation. Pékin a eu beau jeu de lui répondre qu'il fallait y penser plus tôt : en cent cinquante-six ans, les Anglais avaient tout le temps d'installer une démocratie dans la colonie. Trop tard !

Quand, en 1994, le gouverneur Chris Patten met en œuvre l'élection au suffrage direct d'un *Legislative Council*, en vue de démocratiser les institutions locales, Pékin annonce, avant même la tenue du scrutin, que seront démantelées les institutions mises en place dans l'ex-colonie par décision du « Legco ». En clair, le Conseil législatif installé par les Anglais sera dissous. 60 000 personnes quittent alors Hongkong. En 1995, le gouvernement chinois réclame les dossiers des hauts fonctionnaires de la colonie et laisse entendre qu'en raison de l'attitude britannique, Hongkong ne jouira pas nécessairement, après 1997, du haut degré d'autonomie promis en 1984. En 1996, le nombre des départs est encore de quelque 6 000 par mois. Plus inquiétant, peut-être : 60 % des jeunes diplômés indiquent qu'ils souhaitent quitter le territoire. On murmure qu'aux yeux des maîtres de Zhongnanhai, Pékin qui n'ont pas oublié le mouvement de Tiananmen, Hongkong serait une « base subversive » ; et que, pour ceux qui quittent le territoire, l'exil serait une « question de survie ». Or, beaucoup reviennent, faute d'avoir trouvé, dans un pays d'adoption, le poste répondant à leurs capacités.

Ces impulsions ne relèvent-elles pas de la psychose, plus que de la *Realpolitik* ? Les départs sont surtout le fait de Chinois, immigrés récents, traumatisés par la misère qu'avait provoquée le Grand Bond en avant, ou épouvantés par les violences de la Révolution culturelle ou la répression de 1989. Quant aux Européens implantés de longue date, leur conviction est qu'ils ont intérêt à garder leur place, toute leur place à Hongkong. L'avenir montrera peut-être qu'ils courent moins de risques que leurs cousins demeurés à Harare (ex-Salisbury), au Zimbabwe, ou à Pretoria.

Certes, le chômage y a fait son apparition ; la Bourse est morose ; le marché immobilier piétine un peu. Mais la croissance demeure. Qui croira Hongkong en danger, quand on voit que les côtes du Guangdong ne sont plus qu'un immense chantier tourné vers le développement ?

Pour devenir, vers 2020, la première puissance économique du monde, la Chine a besoin de Hongkong, comme elle a besoin de la diaspora, comme elle a besoin de s'ouvrir au monde entier. Sans doute va-t-elle moins *absorber* que *rejoindre* Hongkong.

Tous les fers au feu

Les questions pratiques demeurent : comment se rendre à Hongkong après le 1er juillet 1997 ? Comment s'obtiendront les visas d'entrée pour les étrangers et de sortie pour les Chinois ?

Devant toutes ces incertitudes, on observe depuis quelques années un double mouvement. De plus en plus nombreux, les hommes d'affaires et cadres de la colonie se sont réservé un abri en Australie, ou à Taiwan, ou aux États-Unis, ou au Canada ; ils y ont investi le gros de leur fortune ; mais ils resteront dans la colonie britannique jusqu'au dernier moment. Ils se disposent même, si tout va bien, à investir davantage sur Hongkong et même en Chine continentale, à bâtir des *joint-ventures*. Ils font simultanément acte de défiance et de foi dans l'avenir de Hongkong.

Il n'est pas exclu que l'exode sporadique constaté depuis douze ans relève d'une méconnaissance de l'évolution du régime chinois, y compris aux postes dirigeants. « Chris Patten est parfait pour l'Europe, m'a dit en confidence un fonctionnaire britannique installé à Hongkong depuis quarante ans ; mais il n'a rien compris à la Chine. Renforcer unilatéralement le pouvoir du *Legco*, c'était rompre les accords tacites de respect du *statu quo*. Nous allons en sentir les conséquences. »

Certes, les Chinois savent tirer profit des fautes de leurs partenaires, et c'en était une de passer outre à leur allergie au suffrage universel. Mais le risque est-il si grand de voir Hongkong payer cher l'imprudence britannique ? En 1984, je me demandais[1] si Hongkong et Taiwan, loin d'être engloutis par le communisme, ne finiraient pas par imposer leur système au continent chinois... Le développement fulgurant des « zones économiques spéciales », notamment dans le Guangdong tout proche, suggérait fortement cette hypothèse encore incongrue : les événements l'ont confirmée.

« Économie socialiste de marché »

La Chine, qui avait promis « un État, deux systèmes », a fait mieux jusqu'à maintenant que de tenir sa promesse. Elle s'achemine vers un système unique, qu'elle se délecte d'avoir baptisé, avec ce goût qu'ont les Chinois pour les formules qui ménagent la « face » : « économie socialiste de marché ». Démarquage de la formule qui permit aux sociaux-démocrates allemands de ne pas, eux non plus, « perdre la face » en se ralliant à l'« économie sociale de marché », inventée onze ans plus tôt par Ludwig Erhard.

La prospérité de Hongkong est, par excellence, le fruit du marché. Lu Ping, chargé par Pékin de la rétrocession de Hongkong, affirmait, en juin 1996, lors d'une tournée d'explication dans le Sud-Est asiatique : « Tout continuera comme par le passé : lois, système économique, organisation du gouvernement... Nous avons besoin d'un pont vers le marché occidental. » *Business as usual !* Ce mandarin distingué s'exprimait en anglais. Les Chinois ont trop de sens pratique pour tuer la poule aux œufs d'or... Pékin n'acceptera jamais que son autorité soit mise en doute à aucun moment, mais n'ignore pas que la brutalité pourrait nuire à son crédit. La nature des choses devrait lui inspirer la prudence.

Li Peng m'a confirmé que la passation des pouvoirs entre Londres et Pékin s'effectuerait dans les meilleures conditions possibles. Certes, le gouvernement chinois est décidé à dissoudre le *Legco*, où ses partisans déclarés ne représentent que 10 % des élus. Mais il a désigné, sur les vingt personnalités nommées en 1995 au comité consultatif appelé *Hongkong Affairs Council*, une dizaine de professeurs d'université, d'écrivains, de journalistes et d'hommes d'affaires considérés comme *apolitiques*. Choix éclairé, et signe de conciliation. « La direction chinoise pense qu'elle peut réaliser un équilibre, remarque l'avocat d'affaires Lo Tak-shing. Un peu de *yin*, un peu de *yang* ; c'est ainsi qu'elle s'appuie sur la communauté d'affaires. » Les hommes peuvent mentir en paroles ; leurs placements ne mentent pas. Les constructions d'immeubles à Hongkong sont considérées comme remboursées au bout de quatre ans par les bénéfices tirés de leur location. C'est un « retour sur capital » fort rapide. Mais si les capitalistes n'avaient pas eu confiance dans l'avenir de Hongkong, on se serait arrêté de bâtir en 1993. Or, cette année-là, les ouvertures de chantiers se sont emballées. Elles se sont maintenues, depuis lors, à un bon niveau.

Quant aux investissements en Chine intérieure, les capitalistes de Hongkong manifestent un optimisme raisonné. Ils parient sur la poursuite des réformes sur le continent. Pour eux, Hongkong, qui est d'ores et déjà fortement impliqué dans le développement des provinces côtières, est appelé à jouer un rôle privilégié dans la stratégie industrielle et financière de la Chine. Ils n'oublient pas que 60 % des capitaux étrangers investis en Chine continentale proviennent de Hongkong (et de Macao).

Le président de Wharf Holding, un des principaux groupes financiers du territoire, envisage la création d'une vaste « zone économique spéciale », qui engloberait, outre Hongkong et tout le Guangdong, les principaux centres économiques de la vallée du Yangzi, de Shanghai à Wuhan. Même si ce n'est pas Hongkong qui fait main basse sur le continent, on peut dire que le modèle de Hongkong y fait tache d'huile.

Changer de maîtres, non de système

L'enjeu est trop important pour que rien soit laissé au hasard. Si Hongkong avait à souffrir de la disparition de son statut colonial, quelle perte de crédit pour la Chine et notamment pour les réformes engagées depuis décembre 1978 ! Il y a, du reste, dix ans déjà que les autorités chinoises et britanniques pratiquent une cogestion de fait. Le groupe de liaison qui réunit leurs représentants respectifs est saisi de toutes les affaires de nature à peser sur l'avenir du territoire après 1997 — ainsi, les concessions des services publics, ou l'expansion des zones aéroportuaires du nouvel aérodrome de Chep Lak Kok.

Qui sera le premier administrateur du territoire, après le départ des Britanniques ? Il sera élu à la fonction suprême par un collège à la discrétion de Pékin après le départ du dernier gouverneur. Des noms circulent, il y aura sans doute plusieurs postulants, en tout cas plusieurs candidats à la candidature. Le ministre de l'Information de Pékin, porte parole de Li Peng, m'a dit en riant : « Personne ne peut savoir qui sortira du chapeau. Le collège qui l'élira sera fatalement libre de sa décision. La démocratie, c'est l'incertitude. »

Les risques viendront sans doute moins de Pékin que des innombrables féodalités de l'Empire, y compris les féodalités financières, que le gouvernement Li Peng a invitées à se montrer « bons patriotes » et à racheter les sociétés de Hongkong. C'est ainsi que plus de 2 000 entreprises de la Chine de l'intérieur ont investi à Hongkong 42 milliards de dollars : plus que tout l'investissement étranger en Chine. Si guerre il y a, ce sera la guerre la plus capitaliste qui puisse être : la guerre des capitaux.

Un juriste, élu au *Legislative Council*, m'explique : « Hongkong pourrait bien devenir un champ de bataille pour provinces, municipalités et corporations chinoises. » Ce ne serait guère différent de ce qui se passe en Europe, en Amérique ou ailleurs.

Au total, les intérêts financiers des anciens colonisateurs pourront être maltraités par l'ordre nouveau ; l'ordre économique pourra flotter quelque temps ; mais il ne devrait pas être bouleversé. Le Hongkongais moyen, au lieu de se contenter de parler un mauvais *pidgin* fait de cantonais et d'anglais, devra sans doute apprendre à parler (aussi) mandarin : « Il y a vingt-cinq ans, quand je suis entré dans l'administration du territoire, dit un fonctionnaire, l'important était de parler anglais ; aujourd'hui, c'est de parler chinois. »

Les *biaoshu*, les cousins du continent, seront tentés — ils le sont déjà — par le mirage hongkongais. Ils sauront adopter le vieil adage britannique : *Fail in London, gain in Hongkong*. La lutte pour la vie, le *struggle for life* à la Darwin, continuera, sans avoir rien à envier à notre modèle libéral. Hongkong va changer de maîtres, non de système.

CHAPITRE 58
Fragilités

Le développement n'est pas une idylle. C'est une mise sous tension d'innombrables énergies et appétits. C'est aussi leur mise en circulation et leur interactivité — laquelle prend normalement les formes de l'échange, mais peut aussi déboucher sur le conflit. Les espaces économiques passent par des États, outils puissants pour la réalisation des ambitions humaines, pour l'intégration de l'ordre économique et de l'ordre social ; mais également, sujets aux conduites irrationnelles. À l'intérieur de chaque société, comme entre sociétés, il apparaîtra forcément des zones de friction ou de fragilité.

Nous avons déjà identifié quelques points de difficulté.

L'attitude face à l'environnement en est un. Plus la croissance est rapide, plus l'environnement est négligé et plus vite sont consommées les énergies naturelles. La question du charbon en Chine n'est pas un problème mineur. Non que le pays s'expose à en manquer, mais les quantités formidables qu'il brûle pourraient avoir sur son environnement, en quelques décennies, des effets aussi dévastateurs que le déboisement chinois au cours des derniers siècles... Substituer le pétrole au charbon nécessite des importations coûteuses ; et l'énergie nucléaire, de coûteux investissements... Mais là, certainement, est la clé.

Un autre sujet de préoccupation, nous l'avons vu, est le vieillissement rapide de populations où l'espérance de vie ne cesse de multiplier les vieillards, pendant que l'ambition d'une vie prospère y raréfie les enfants. La Chine vieillit et vieillira d'autant plus mal que la politique de l'enfant unique lui donnera une pyramide des âges reposant sur la pointe. Les plus de soixante ans sont aujourd'hui 13 % ; ils seraient 36 % en 2050. À ce rythme, l'Asie rattrape l'Europe ; mais sur ce point, ce n'est pas rassurant pour elle.

La segmentation du marché chinois

D'autres difficultés apparaissent, au fur et à mesure que nous connaissons mieux la Chine.

La mise en place du marché chinois sera lente, tant il est morcelé. Chaque province et, à l'intérieur même des provinces, chaque district est un monde en soi. La société Coca-Cola s'imaginait pouvoir alimenter l'ensemble de la Chine du Sud à partir de l'île d'Hainan : quatre cents millions de consommateurs potentiels, avait-elle estimé. Il lui fallut déchanter. Les quatre cents sont devenus quatre : les habitants de la région d'Haikou. Il lui a fallu investir dans dix-neuf sites différents.

La Chine n'est pas un marché de douze ou treize cents millions d'hommes ; elle est la juxtaposition de quatre ou cinq cents marchés comptant chacun, au mieux, trois ou quatre millions de consommateurs. Ce sont des fiefs commerciaux, avec leurs fournisseurs, leurs débouchés, leur clientèle et un protectionnisme de routine qui n'a rien de fiscal, mais qui pénalise la croissance. Là aussi, il faut renverser des barrières : les plus résistantes, celles qui sont dans les têtes.

Les provinces commencent à le faire. La tâche sera de longue haleine. Il reste plus aisé de transporter du matériel de Singapour à Hangzhou, à cinq mille kilomètres, que de Hangzhou à Nanchang, dans la province voisine. Cela revient moins cher et va plus vite. Il est vrai que, d'une province à l'autre, on change de peuple et de langue : du Zhejiang au Jiangxi, ce sont des siècles d'habitudes et de préjugés qui séparent les Chinois.

Tant qu'une unité de production sera, à cause de la pesanteur des mentalités, vouée à ne servir qu'un secteur géographique, l'expansion chinoise à l'intérieur du pays demeurera problématique. Ce qu'il faut à la Chine, c'est devenir son propre marché commun...

Le sabre et le pinceau

Cet immense pays n'a qu'un ennemi potentiel : lui-même. Si l'État a la main molle, il s'écroule ou éclate ; s'il a la main trop rude, il déchaîne l'insurrection. Depuis que la Chine a été unifiée pour la première fois, il y a plus de vingt-deux siècles, elle a subi, à chaque siècle ou presque, des cataclysmes sociaux d'une grande violence. Elle pourrait connaître demain dans certaines régions une de ces révolutions, non plus de la misère, mais de la jalousie sociale, à côté de laquelle les désordres de la Révolution culturelle feraient figure de simple avertissement.

Le pays ne dispose pas vraiment encore des structures d'un État moderne : cadre juridique, système judiciaire, administration, système fiscal sont encore insuffisants. Il souffre gravement du manque d'infrastructures. En 1986, Deng Xiaoping invitait ceux qui faisaient fortune à verser des contributions volontaires aux communes, aux provinces... Dans ce monde du développement encore sauvage, il n'y a que deux structures propres à enrayer l'anarchie : le sabre et le pinceau. Autrement dit : le Parti, appuyé sur l'armée ; et le confucianisme, légué par les livres classiques, présent dans toutes les têtes chinoises et comme revivifié par sa traversée du désert.

Le sabre et le pinceau seront-ils suffisants pour endiguer le dynamisme qui déborde, depuis que Deng lui a audacieusement ouvert les vannes, en 1978 ? C'est, dans l'attente de la lente implantation de structures modernes, la question la plus sérieuse. Car la Chine, précisément parce qu'elle s'est éveillée, risque d'éclater. On atteint au Guangdong des taux de croissance de 30 % l'an. Au Yunnan, au Sichuan, la croissance dépasse rarement 2 ou 3 %. Des régions côtières développées, face aux régions de l'intérieur attardées, et qui seraient affamées si les provinces maritimes ne leur venaient pas en aide. Des riches toujours plus riches, face à des pauvres abandonnant leur terre.

La Chine se développe sur le fil du rasoir. Un écart important, et c'est l'embrasement. Le Chinois est frugal, endurant au malheur. Cependant, la faim le rend fou, s'il s'y mêle un sentiment d'injustice. La faim s'éloigne, mais l'iniquité menace. Une fois lancé dans sa révolte, le Chinois a la conviction que le Ciel soutient sa colère, que les dirigeants n'ont plus le « mandat du Ciel ». Bien avant la Déclaration des droits de l'homme, les Chinois avaient acquis la certitude que la révolte est légitime, contre un pouvoir qui n'assure pas le riz quotidien et la sécurité élémentaire.

Riches toujours plus riches

Dans certains secteurs de l'activité industrielle, on atteint des taux de croissance de 30 % l'an. Les chiffres d'affaires offrent aux entrepreneurs et aux entreprenants des profits à peine croyables. Il y a des millionnaires, des milliardaires chinois.

Voici une jeune femme qui n'a pas dépassé la trentaine : elle dirige une chaîne de restaurants et compte sa fortune en millions de dollars. Voilà un patron, qui avait en poche l'équivalent de 3 000 dollars, il y a dix ans — un prêt de sa famille ; il brasse aujourd'hui pour 10 millions de dollars de marchandises. Tel autre roule en Mercedes, possède une luxueuse villa, entretient des concubines, jongle avec les dollars par millions et fait circuler des contrefaçons de matériel audiovisuel ou de montres suisses qui s'enlèvent comme des pains cuits à la vapeur. « Laissez un Chinois travailler, il fera un miracle », écrit Max Weber. En langage plus moderne, on dirait qu'il fait un malheur... Les contrefaçons, dans lesquelles les Chinois excellent aujourd'hui, comme hier quand ils fabriquaient la porcelaine « ancienne » dont ils fournissaient les amateurs européens, sont un sujet de friction grave avec les États occidentaux. Mais l'État chinois a tant à y gagner qu'il feint de ne pas savoir.

Les nouveaux riches chinois, eux, ne s'y laissent pas tromper. Les productions de luxe qu'ils achètent sont authentiques. Elles viennent des États-Unis, d'Angleterre, de France : vêtements, meubles, voitures, vins, alcools, parfums. Tout leur est bon, sauf parfois le goût : les parvenus sont de tous les systèmes, mais ils fleurissent plus nombreux dans les pays où règne la liberté d'entreprendre. S'enrichir est devenu aujourd'hui, en Chine, non seulement un droit mais un devoir civique.

Le pays a même ses mécènes, voire ses âmes charitables. Un chef d'entreprise ayant fait fortune dans les lotions capillaires a offert un lycée et un collège au district de Mandchourie où la Révolution culturelle l'avait envoyé, à l'âge de quinze ans, garder les cochons.

Mais comment s'étonner que les villes de la côte exercent leur fascination ? Des dizaines de millions d'hommes de l'intérieur abandonnent la houe, attirés par la ville comme les phalènes par la lampe, dans l'espoir de trouver un travail plus rémunérateur. Les chantiers géants nécessitent une main-d'œuvre gigantesque. Mais l'offre étant plus forte que la demande, des millions de Chinois sont refoulés chaque semaine vers les campagnes. Qu'adviendra-t-il si, sous la conduite d'un chef charismatique comme la Chine en a souvent produit, ces miséreux deviennent enragés ?

En face, les pauvres

Qui dit riches, dit pauvres. « Aujourd'hui, constate un Chinois de Shenzhen, fleuron des zones économiques spéciales, il y a moins de différence de mode de vie entre un jeune Chinois instruit et un Occidental, qu'entre ce jeune Chinois et un ouvrier pauvre. »

Des pauvres, il y en a dans le secteur qui demeure protégé par le socialisme. Ainsi, les ouvriers des entreprises déficitaires de l'État, où l'on estime à 23 millions les personnels en surnombre. Leur situation ne peut que s'aggraver, si l'on applique effectivement la règle limitant à 4,5 %, tout au long du plan quinquennal 1996-2000, la hausse annuelle de leur salaire, quelle que soit l'inflation.

Des pauvres, il y en a parmi les vieux : à la fin des années 1980, moins de 30 % des retraités chinois touchaient une pension. La situation ne s'est pas améliorée. Des pauvres, il y en a surtout dans les campagnes. En 1993 déjà, le gouvernement chinois reconnaissait qu'il y avait dans le pays plus de 100 millions de travailleurs ruraux sous-employés ou inemployés. Pour nourrir le pays, il suffirait de 40 millions d'agriculteurs proprement dits. Ils sont 300 millions, parmi 900 millions de ruraux.

Les perspectives de plein emploi s'estomperont avec la baisse inévitable du taux de croissance. On parle, alors, de 250 millions de chômeurs. Ce serait le retour à la misère absolue, dans un pays qui, pour l'heure et dans le milieu rural, ne comporte plus qu'une frange très étroite de personnes vivant sous le seuil de pauvreté...

On trouve, en contravention avec toute législation, des ouvriers qui travaillent 70 heures par semaine, vivent entassés dans des cabanes de bois et de tôle, et ne perçoivent pas l'équivalent de 500 francs par mois. Des gamines se prostituent ; le crime crapuleux continue à se propager...

Quel espoir, face à cette situation ? Le marché chinois n'est pas saturé ; il y a en général une demande supérieure à l'offre. Que le marché s'assouplisse, que l'investissement se poursuive sur sa lancée, et la Chine sera sauvée : mais dans l'attente, le péril est réel. Les dirigeants en concluent que l'heure n'est pas venue, mais pas du tout, de lâcher les rênes.

CONCLUSION

La première puissance mondiale

Les relations des Occidentaux avec la Chine font penser à celles des héros d'un roman de Virginia Woolf : un couple qui tour à tour se livre aux transports les plus amoureux et soudain se déchire. La Chine nous apparaît un jour comme un pays de rêve ; le lendemain, comme un infâme régime policier, d'ailleurs tout près de s'effondrer. Or, elle ne mérite vraiment « ni cet excès d'honneur, ni cette indignité ». Et si notre regard sur la Chine échappait à la passion — ou à la mode ?

Une fois encore, 1996 se traduit, pour l'Extrême-Orient, par un fabuleux taux de croissance. La Chine, pour la quatrième fois consécutive, s'adjuge le titre de « puissance économique de l'année ». La Corée du Sud a été invitée à adhérer à l'O.C.D.E. L'A.S.E.A.N. *(Association of South East Asia Nations)* est devenu un groupement économique international de première grandeur. Certes, pour le Japon, on parle de récession : mais quelle nation industrialisée ne lui envierait ses 110 milliards de dollars d'excédent commercial ?

Depuis la Chine, milliardaire en hommes, jusqu'aux 250 000 habitants de Brunei, un tiers de l'humanité est décidé à gagner au soleil une place au moins égale, ou très supérieure, à celle qu'il occupait depuis les origines. À quoi doit-on cette explosion du dynamisme humain ? À la libération de l'initiative économique longtemps bridée ; mais aussi au fait que chaque nation apporte aux stimulations de la concurrence la réponse de son génie.

La quatrième rencontre

La nouvelle caractéristique de l'Extrême-Orient est qu'il est désormais tout entier voué au développement, alors que tant d'autres régions paraissent s'engloutir dans la spirale de la misère. C'est que le développement n'est pas en Asie, comme on l'a trop dit et trop cru, un produit d'importation. Il est le résultat d'un mariage subtil. Les peuples de l'Extrême-Orient avaient une longue tradition politique, des systèmes sociaux éprouvés, une culture raffinée, bien avant l'arrivée des Européens. Cette richesse d'hier est un atout pour demain. Luxun avait raison, en 1935, de soutenir que « pour les pays en devenir, point de raccourci » ; mais il n'était pas fondé à le dire de la Chine, ni de la plupart des pays d'Asie ; car ils n'étaient pas en devenir à partir de rien. Leur brillant passé leur offre des autoroutes pour l'avenir.

Le problème de la Chine est seulement d'avoir raté trois fois sa rencontre avec l'Occident : une première fois, dans le refus nationaliste de la dynastie mandchoue ; une deuxième, en 1911, dans l'emprunt superficiel et catastrophique de la démocratie occidentale ; et la troisième, dans l'adoption d'un anti-occidentalisme très occidental — le marxisme. La quatrième rencontre pourrait être la bonne : elle le sera si la Chine y retrouve, par l'ouverture et la modernité mêmes, la fidélité à ses plus fortes permanences. C'est le miracle qu'avait réussi d'emblée le Japon de l'ère Meiji. La Chine à son tour est-elle entrée dans son Meiji ?

Le XXIe siècle

La Conférence consultative du peuple chinois (une sorte de Chambre haute, à côté de l'Assemblée nationale populaire) a organisé, en ce mois de septembre 1996, un « Forum international du XXIe siècle ». Quelle sera la place de l'Extrême-Orient et particulièrement de la Chine dans le monde, au siècle prochain ?

Au *Grand Hôtel Beijing*, je tombe sur Henry Kissinger (« *dear Henry »,* toujours habile à faire des déclarations élégamment percutantes) ; puis sur l'ancien chancelier Helmut Schmidt (que je n'avais pas revu depuis longtemps et qui n'a pas pris une ride malgré ses soixante-dix-huit ans). Voici Lee Kuan Yew, le sage de Singapour. Voilà l'ancien Premier ministre japonais Takeshita, et l'ancien secrétaire d'État américain Schultz. Les autres participants sont des hommes politiques chevronnés, et surtout des universitaires, parmi lesquels les économistes dominent.

Le devoir de patience

Lee Kuan Yew, qui a séjourné, étudiant, à Oxford mais aussi à Edimbourg, sait pratiquer la douche écossaise. Il adresse au Forum, où les Chinois composent l'essentiel de l'auditoire, un message fort différent de ce qu'il me déclarait il y a quelques mois à Singapour.

Certes, il ne doute pas que le XXIe siècle verra l'Asie, notamment la Chine, retrouver sa place dans le monde — la première. Sera-ce dans vingt, cinquante ou cent ans, il ne saurait l'affirmer. Visiblement, il penche pour la première date... pourvu que la Chine n'explose pas et que l'ensemble de l'Extrême-Orient reste fidèle à la tradition confucéenne.

Mais alors, faudra-t-il craindre cet essor déjà inscrit dans les cieux ?

Lee s'interroge sur le thème de l'inquiétude suscitée par le montée en puissance de la Chine. *Le monde* devra-t-il *trembler* ? Lee ne l'exclut pas. Devant des intellectuels essentiellement chinois, réunis à Pékin, il insiste crânement sur ce risque, qu'il n'avait pas voulu évoquer devant une oreille française. Il appelle le pays de ses ancêtres à une extrême modération. En raison même de sa prospérité croissante, la Chine doit éviter de donner à l'Occident l'impression que, devenue forte et industrialisée, elle voudrait se revancher de toutes les indignités et humiliations qu'elle a subies depuis deux siècles.

Les États-Unis eux-mêmes, si puissants qu'ils soient, sont soucieux, à l'idée qu'un jour la Chine serait capable de contester leur prééminence.

Lee invite aussi la Chine à apaiser les craintes des « petits » pays d'Asie. Ils n'ont aucune envie de redevenir des vassaux, obligés de payer tribut et d'effectuer les neuf génuflexions du *kotow*.

Voilà pourquoi, de l'Orient à l'Occident, on tourne les yeux vers Taiwan et Hongkong.

Si la Chine s'y prend mal avec eux, les coûts politique et économique pourraient être très élevés. Lee prêche la patience. Les habitants de Hongkong mettront du temps avant de s'habituer au changement ; avant de comprendre que leur destin est indissociable de celui de la Chine. Pour Taiwan, même patience — et d'ailleurs, il n'y a pas lieu de craindre : l'île ne peut pas obtenir l'indépendance, même si les Américains le veulent, contre le gré d'une Chine unie et économiquement forte. En attendant, il est de l'intérêt de la Chine de laisser l'île prospérer, en encourageant les échanges avec elle et les investissements taiwanais sur le continent.

Lee met enfin nos hôtes en garde contre la tentation militaire. De nombreux pays pressentent avec malaise le développement des capacités militaires de la Chine pendant les dix à vingt ans à venir. Un des apaisements que la Chine peut offrir serait de rendre transparent son système de défense. Elle diminuerait alors les craintes de ses voisins, et dissiperait l'idée que la Chine est un danger pour le reste du monde. La Chine a tout à gagner à être ouverte sur ses intentions d'acquérir des armements modernes. D'autant que les analystes occidentaux voient volontiers la montée de la Chine comme un facteur déstabilisateur.

Mais Lee veut dissiper ces craintes et faire profession d'optimisme. Les civilisations asiatique et occidentale, avec leurs forces si différentes, créeront une synergie dans de nombreux domaines. La montée de l'Asie orientale et de la Chine ne plongera pas le monde dans les ténèbres. Au contraire. La Chine doit absorber le meilleur des États-Unis, de l'Europe et du Japon, afin de devenir tout à fait compétente sur le plan technologique. Ces interactions vont régénérer la civilisation chinoise dans la grande compétition mondiale. À son tour, la Chine apportera à l'Occident vigueur et énergie nouvelles.

Grandir sans s'étendre

Henry Kissinger ne cesse de tenir la vedette. De bon matin, sur la terrasse au-dessous de la mienne, il est interviewé par plusieurs télévisions. En privé, il a le langage le plus *realpolitik* : « Les Chinois ont toujours été dirigés par un gang. Celui qui est au pouvoir en ce moment y est pour longtemps. C'est donc avec lui qu'il faut s'entendre. »

Cet habitué des colloques aime la Chine et la Chine l'aime. Après vingt-deux ans de lutte idéologique contre le régime de Pékin — et même de lutte armée, lors de la guerre de Corée —, les États-Unis, sous son impulsion, ont pris le tournant de la « politique des petits pas ». Le virage les a conduits à reconnaître la Chine populaire. Même s'il a fallu encore attendre huit ans (1971-1979), c'est lui qui a donné le coup de pouce décisif.

Il connaît donc, mieux que d'autres, les dangers que représenterait un conflit entre la Chine et les États-Unis, et mesure le bénéfice que l'ordre mondial tirerait d'une coopération entre les États-Unis et la Chine.

Son intervention au Forum est écoutée dans un grand silence. Il évoque le chemin parcouru : en vingt-cinq ans, un pays essentiellement agricole s'est transformé en grande puissance industrielle. Des réformes profondes sont en cours. Le niveau de vie des Chinois s'est fortement amélioré. Tout cela résulte d'un pouvoir éclairé, ainsi que de la force morale du peuple chinois.

Faut-il *trembler* ? Sans poser la question aussi directement que Lee, Kissinger apporte une réponse rassurante, en soulignant un changement essentiel. Naguère, les nations ne pouvaient opérer de changements à leur avantage, au milieu de l'équilibre établi, que grâce à l'expansion territoriale. Aujourd'hui, la technologie permet à une nation d'accroître sa puissance, tout en restant sur son propre territoire : Singapour l'a prouvé avec éclat.

Les intérêts américains en Asie vont au-delà du domaine économique. Les principaux conflits dans lesquels les États-Unis ont été impliqués depuis la guerre ont eu lieu en Asie. La paix mondiale dépend de la relation des nations asiatiques les unes avec les autres, et de toutes avec le reste du monde.

La Chine veut que les États-Unis contribuent à sa croissance et à ses relations avec des puissances voisines. Les États-Unis ont besoin de la coopération chinoise dans ces domaines également, ainsi que dans ceux de la prolifération nucléaire, du transfert des technologies d'armements et de l'établissement de relations commerciales libres à l'échelon international. Ce devrait être la clef du dialogue sino-américain pour les dix années à venir au moins.

« Ce qu'un dirigeant chinois n'acceptera jamais, c'est l'idée que les États-Unis accordent leur coopération comme une faveur précaire, au parfum de chantage, qui pourrait être retirée quand ils le souhaitent. » Là, les applaudissements des Chinois, longtemps contenus, se déchaînent.

Les trois superpuissances

Helmut Schmidt s'attire, lui aussi, un beau succès. Il reproche aux États-Unis et à l'Occident de faire des procès d'intention à la Chine. Pékin a (ou n'a pas) la capacité militaire de réunifier de force Taiwan au continent. Ce qui est sûr, c'est que, depuis longtemps, elle avait la capacité de reprendre Hongkong de force ; au contraire, elle a usé de diplomatie. Les Américains et les Européens devraient reconnaître ce fait comme une grande preuve de modération.

Helmut Schmidt, il y a dix ans, ne voyait que trois puissances mondiales : les États-Unis, l'U.R.S.S. et la Chine. La situation n'a pas changé, malgré la fin de la guerre froide et en dépit des apparences : la Chine, les États-Unis et la Russie, et eux seuls, appartiennent toujours à la catégorie des superpuissances. Il ne doute pas qu'au début du XXIe siècle, ils demeureront ou redeviendront les puissances les plus importantes au monde.

Il a appuyé, voici vingt ans, l'initiative de Valéry Giscard d'Estaing de provoquer un « sommet » des sept pays du monde les plus industrialisés. Il adresse aujourd'hui un appel aux Sept pour que la Chine et la Russie, ainsi que l'Inde, soient invitées à participer à ces sommets.

L'ancien chancelier fédéral déplore que des Allemands prétendent donner aux Chinois d'arrogantes leçons sur les droits de l'homme. « Il y a seulement cinquante ans, cette nation a perpétré les plus graves crimes contre l'humanité, dont le génocide de millions de Juifs. Que les Allemands aient au moins la pudeur de se taire ! »

Fallait-il vraiment aller jusque-là ? Je ne suis pas sûr que les Chinois l'en estiment davantage, même s'ils l'acclament. Ils n'aiment ni perdre la face, ni qu'un autre la perde volontairement devant eux.

Enfin, l'ancien chancelier note qu'il existe un complexe d'infériorité japonais caché, peut-être subconscient, vis-à-vis de la civilisation chinoise. Si l'on compare ce qui s'est passé après-guerre au Japon et en Allemagne, celle-ci a eu plus de chance que celui-là : « Nos voisins et ennemis de toujours, les Français, nous ont tendu la main, en signe de réconciliation. Rien de tel pour le Japon, qui, de fait, ne bénéficie toujours pas de l'amitié de ses voisins dans la région. Ils n'ont qu'un ami, ou plutôt un allié : les États-Unis. Mais cette relation est ambiguë. Le Japon est l'un des géants de ce monde d'aujourd'hui. Cependant, la Chine le dépassera en moins d'une génération. Il faudra bien que ces géants se réconcilient. »

Les trois journées du Forum, qui abondent en interventions suggestives, convergent vers cette conclusion — joyeuse ou inquiète, suivant le cas — que j'ai essayé de dégager : après quatre ou cinq siècles de domination sur la planète, les Occidentaux, au siècle prochain, céderont leur prééminence à l'Asie du Sud-Est. À ce tournant de l'Histoire, on ne voit pas d'autre précédent que celui, précisément, qui, voici cinq cents ans, a lancé les Européens sur toutes les mers du globe. C'est une formidable transformation du monde. Puisse la Chine ne pas être tentée d'en abuser !

Colosse en mouvement

La Chine est un colosse en mouvement, au sein d'un Extrême-Orient en développement. Voilà une donnée cardinale pour le monde de demain.

En 1996, la Chine a sans doute déjà dépassé la France et même l'Allemagne ; elle devient la troisième puissance économique du monde. Elle étend son emprise, fournit en armes le tiers monde, s'initie au marché des lanceurs spatiaux, est devenue le vivier, le poulailler et le grenier du Japon, et en absorbe la technologie en attendant de concurrencer son industrie.

La Banque mondiale estime qu'à l'horizon 2005, dans un monde où le commerce aura, globalement, connu un accroissement de 6 % l'an, l'Extrême-Orient aura poursuivi sa croissance à un rythme sensiblement inférieur à celui qu'il connaît depuis 1990, mais plus fort que partout ailleurs. Sur cette lancée, il sera devenu, à l'horizon 2020, le plus puissant foyer économique du monde. Hongkong, Singapour et Taiwan devraient avoir un P.I.B. *par habitant* supérieur de plus de 50 % à celui des États-Unis, estimé à 42 000 dollars. Le Japon et la Corée, avec 38 000 dollars, devanceraient la Malaisie et la Thaïlande, avec un produit par tête de 28 000 dollars — double de celui de la Chine : 14 000 dollars. Pour sa part, l'Indonésie atteindrait 12 000 dollars. À la même date, le produit par tête de l'Inde serait de 4 000 dollars...

À l'horizon 2050, la Corée devrait avoir dépassé les États-Unis ; la Thaïlande et la Malaisie talonneraient le Japon ; la Chine atteindrait un produit de 35 000 dollars par tête, pour une population de 1,4 à 1,5 milliard d'habitants. Le P.I.B. chinois serait de quelque 50 000 milliards de dollars, soit le double de celui escompté pour les États-Unis — et six fois celui prévu pour le Japon.

Au rendez-vous de l'effort

Le développement est contagieux en Asie. Pauvre Mongolie ou riche Corée du Sud, des relations économiques de plus en plus étroites se nouent entre voisins. La croissance de la Corée du Sud, proche de 10 %, talonne celle de la Chine, avec laquelle les échanges se multiplient. La Mongolie, complètement soviétisée pendant soixante-dix ans, a privatisé son économie. Mais son P.I.B. reste l'un des plus bas du monde.

La Corée du Nord doit s'agiter dans la zone démilitarisée, pour rappeler au monde qu'elle existe encore. Éloquente Corée ! Deux nations jumelles. Au Nord, l'étatisme dont beaucoup rêvaient hier ; au Sud, un des pays les plus industrieux du globe, grâce à la liberté d'entreprendre. Mais c'est la Corée du Sud qui se débat dans un processus de démocratisation difficile.

Au sud du sous-continent chinois, les pays de l'A.S.E.A.N. (qui existe depuis 1967) montrent, avec une croissance moyenne qui oscille entre 5,1 % pour les Philippines et 9 % pour le Vietnam, une vitalité comparable à celle de leurs voisins du nord. Dominant de haut, Singapour la chinoise reste le modèle. Son P.I.B. par tête a dépassé celui de la France en janvier 1996.

Tous ces pays, à des degrés divers, se mettent à répondre à l'équation humoristique et savante qu'a énoncée l'économiste John Leger dans la *Far Eastern Economic Review* :

$$HW + LT + HSR + MG = EB$$

Hard Work + Low Taxes + High Saving Rates + Minimal Government = Economic Boom. C'est-à-dire : Beaucoup de travail + peu d'impôts + forte épargne + dirigisme minimal = croissance économique rapide. Le résultat est au rendez-vous de l'effort.

Certes, les scénarios du développement que nous venons de passer en revue sont appelés à être démentis dans le détail. Reste que ce scénario d'ensemble paraît acquis : quels que soient les échecs locaux, les lenteurs inattendues, les crises certaines, le centre de l'économie mondiale se déplacera, dans les prochaines décennies, de l'Atlantique Nord aux rivages du Pacifique ; tout comme il s'est déplacé, au XVIe siècle, de la Méditerranée à l'Atlantique Nord. Nulle autre zone d'activité humaine ne peut, à moyenne échéance, prétendre à la prédominance économique.

Dans la concurrence, pas de droits acquis

La prochaine guerre du Pacifique sera commerciale. Pas de neutralité ni de complaisance possible. Quand ils auront pris leur essor, les pays asiatiques ne connaîtront que des fournisseurs et des clients. Des fournisseurs de qualité et des clients solvables : l'Extrême-Orient, mobilisé par l'appel démographique d'une Chine, tournée tout entière vers la création de richesses, et par une technologie japonaise capable de se renouveler sans cesse, est à la veille de lancer à l'Occident un défi sans précédent, beaucoup plus difficile à relever que celui que l'Occident avait, en son temps, lancé au monde.

Seul l'éclatement de la Chine, dès lors qu'elle est entrée dans le même mouvement, compromettrait durablement l'essor général de l'Extrême-Orient. Mais chacun des pays a la responsabilité de ses propres risques.

Le 8 décembre 1994, Shanghai inaugurait un boulevard circulaire à quatre voies de 48 kilomètres, dont 29 en aérien. Les travaux avaient été achevés en deux ans et demi et avaient coûté 529 millions de dollars. À titre de comparaison, une dizaine de kilomètres de Métroval, à Bordeaux, coûte le double... Il ne suffit pas d'expliquer cette différence de coût par les conditions inhumaines auxquelles seraient soumis les ouvriers asiatiques.

On n'en est plus à l'époque où Mao envoyait des dizaines de milliers de travailleurs aux mains nues bâtir les barrages ou percer les montagnes. Le chantier de Shanghai a été réalisé, par 1 200 ingénieurs, techniciens et ouvriers, d'une façon qui autorise la comparaison. Or celle-ci montre que, si l'on aligne sur les prix de revient occidentaux le temps demandé et le nombre des hommes employés à cet ouvrage, on obtient un assez faible surcoût, par rapport au coût chinois. La ligne ferroviaire Pékin-Hongkong (2 370 kilomètres) devrait être achevée en trois ans, pour un prix de revient équivalent à 20 % de ce qu'il serait en Europe. Le pont de Shanghai, le plus long du monde, a requis deux ans et demi de travail, contre plus de six ans pour le pont de Normandie, du même type, mais plus court, entre Le Havre et Honfleur...

Nous ne combattrons pas cette concurrence en agitant les droits de l'homme, moins encore nos droits acquis. Peut-être faudra-t-il, en revanche, que nous retrouvions le goût de prendre de la peine, et que nous nous imposions le devoir de l'enseigner aux générations montantes...

Quand le maître est renvoyé à l'école

La réponse que la France doit apporter à cette délocalisation de la puissance, c'est un surcroît d'activité dans cette région où nous sommes encore très insuffisamment présents.

Il ne sert à rien de voir midi à sa porte, surtout quand on se trouve face à une civilisation aussi ancienne, aussi originale, et dans laquelle baignent aujourd'hui un milliard et quart d'hommes et de femmes.

Si l'on parle de développement, celui de nos pays, industrialisés depuis longtemps, est aujourd'hui mis en question pour ses langueurs structurelles, ses impasses fiscales, ses contradictions sociales ; nous serions mal venus à prétendre leur imposer nos manières de concevoir l'organisation de la société. Les Chinois ne sont pas nés de la dernière mousson. Leur politesse mandarinale ne leur interdit pas de rembarrer les donneurs de leçons.

Si l'on parle des droits de l'homme, pouvons-nous ériger notre histoire en modèle ? Dans le modèle des modèles, la démocratie athénienne, régnait une oligarchie, appuyée sur une économie qui ne fonctionnait que grâce aux esclaves et aux métèques, cyniquement exploités. L'Église du Christ n'a pas seulement montré le visage de l'amour. Après avoir proclamé les droits de l'homme, la Révolution française a versé d'ignobles torrents de sang. La très dynamique société britannique du XIXe siècle était cruelle aux faibles. Les États-Unis sont passés allégrement de l'esclavage des Noirs aux massacres d'Indiens. Et les Occidentaux ont mis la Chine en coupe réglée. Ne nous contentons pas de répliquer à ceux qui nous en incrimineraient : « C'était il y a un siècle, ou deux, ou vingt-cinq. »

Si l'on parle de modèle social, le nôtre, qui se dit fondé sur la solidarité n'est pas dépourvu d'effets pervers : en son nom s'est instauré l'État-Providence qui, se substituant aux solidarités antérieures, nous conduit à une forme d'euthanasie collective. Si nous n'avons pas le courage de le voir nous-mêmes, pourquoi les Chinois ne le verraient-ils pas ? Le maire de Ningbo me disait : « Le jour où nous construirons des maisons de retraite, cela signifiera que nous aurons été pourris par l'Occident. » Pékin nous donne une jolie leçon, en tenant la main à l'application de l'article 15 de la Constitution, qui stipule que les enfants doivent participer financièrement aux besoins et au bien-être de leurs parents. Liberté dans la responsabilité : leçon de dignité humaine.

Les procès sont réversibles ; les maîtres sont parfois renvoyés à l'école. Les Chinois de Chine et d'ailleurs ne manquent pas, avec toute la courtoisie voulue, de nous objecter la dilution de nos cellules familiales, le triste état des vieillards que nous abandonnons à une retraite solitaire, le gâchis de nos systèmes éducatifs qui façonnent des inadaptés, l'exagération délétère du culte de l'individu et des libertés individuelles, au risque d'oublier la liberté collective qui les couronne, c'est-à-dire l'indépendance nationale.

Le droit des peuples à être eux-mêmes

La liberté elle-même n'a pas le même goût sous tous les cieux. Le Chinois n'en éprouve pas le sentiment selon les mêmes références que nous.

L'ambassadeur américain Hitchcock a fait une enquête dans cinq villes asiatiques sur les valeurs qui doivent guider la société. À Pékin, Shanghai, Bangkok, Kuala Lumpur et Tokyo, il ne posa qu'une question : « À vos yeux, qu'est-ce qui compte le plus, les droits de l'individu ou l'ordre social ? » 71 % des personnes interrogées optèrent pour l'ordre social ; 29 %, pour les droits de l'individu. Dans un monde ravagé depuis plus d'un siècle par les conflits internes et externes, les dictatures militaires et les révolutions, le désordre apparaît comme la pire entrave à la liberté. Lee Kuan Yew n'avait pas besoin d'enquête pour déclarer : « Si vous n'avez pas d'ordre collectif, vous n'avez que des individus qui se sentent parfaitement libres de faire tout ce qu'ils veulent et vous apportent le chaos. »

Francis Fukuyama était fondé à remarquer en 1992 : « Après l'effondrement du communisme, il est clair que la démocratie libérale doit faire face à une concurrence potentielle : le *soft authoritarism*, que l'on dit exister à Singapour, au Japon et dans les autres États en progrès rapide de cette région. »

Mais gardons-nous de sombrer dans la sinolâtrie, à l'instar de ceux qui, il y a trente ans, se firent une fête de la Révolution culturelle. De ceux qui l'observent et la jugent, la Chine refuse les anathèmes et n'attend pas de louanges. Elle a extirpé d'elle-même le démon de l'idéologie et ne demande qu'une chose : que ses critiques en fassent autant. N'est-ce pas l'esprit du temps ? Car le XXIe siècle pourrait être — après le XIXe et le XXe, siècles sanglants de l'idéologie — le siècle du droit des peuples à être eux-mêmes.

La Chine sera chinoise

On peut, certes, dénoncer dans le confucianisme une force d'inhibition qui infantilise les Chinois. Mais est-il moins infantilisant de ponctionner indéfiniment les citoyens par le truchement d'un État qui s'érige en seul redistributeur des richesses et vise à l'égalité selon les méthodes de Procuste ? Deng disait, en 1984 : « Le rendement, c'est la vie. Il faut se mettre en conformité avec la loi du développement. Nul besoin de pratiquer l'égalitarisme. »

Li Peng peut suggérer, sans outrecuidance, que si la Chine a des leçons à prendre de l'Occident, l'Occident a, lui aussi, à apprendre de l'Orient. Ce fils adoptif de Zhou Enlai se donne malicieusement le rôle de beau joueur ; il affirmait, en 1994, lors de sa visite en Allemagne : « Si un homme politique occidental se déclare capable de nourrir et de vêtir douze cents millions de Chinois avec des méthodes occidentales, c'est avec joie que la Chine le reconnaîtrait comme président ! »

De Gaulle s'amusait du caractère dérangeant des évidences : « Quand on dit que l'Angleterre est une île, personne n'en revient. » Oui, on n'en revient pas de constater que la Chine est chinoise, et qu'elle entend bien le rester. Cette affirmation d'identité ne s'accompagne plus du repliement sur soi des empereurs des deux dernières dynasties Ming et Qing, ni du premier empereur de la dynastie communiste. La Chine chinoise est enfin une Chine ouverte, une Chine en marche, une Chine bien éveillée.

La Chine des Chinoises

Et les femmes, dans tout cela ? Leur place dans la société chinoise — comme aussi sans doute, dans la société occidentale — a toujours été ambiguë.

Regardons-la, par exemple, dans le miroir de ses femmes — ce miroir si vrai de toute société.

Vous vous promenez dans Shanghai, dans Pékin, dans Wuhan même, vous rencontrez des milliers de jeunes filles ou de jeunes femmes sur une bicyclette à douze vitesses, vêtues d'un short court et coloré, cheveux au vent : elles représentent les classes moyennes naissantes. Privilégiées encore aujourd'hui, elles compteront leurs semblables par centaines de millions au siècle prochain. John Barrow écrivait à son retour de Chine, en 1803, que la condition faite aux femmes — claustration, asservissement à leur père ou à leur mari, pieds bandés — était le reflet fidèle du régime qui pesait sur ce peuple innombrable. Si l'on se réfère à ce baromètre de la tyrannie — il en vaut un autre —, la Chine s'émancipe : à l'image de sa *superstar* Gong Li, qui s'avoue « libérée de nombreux tabous, mais demeure très proche de sa grand-mère paysanne ».

Encore convient-il de relativiser, pour mesurer la vraie place tenue par la femme dans la société chinoise, pour estimer le chemin parcouru. Sans doute, chez les paysans les plus humbles, travaille-t-elle encore comme une bête de somme. Mais sa situation s'améliore à mesure que l'on monte dans l'échelle sociale. « Pourquoi as-tu tellement peur de ta femme ? » demande à son cadet un lettré qui lui-même n'en mène pas large devant la sienne. Et ses compagnons de jeu raillent en ces termes le perdant : « Quelle mine tu fais, grand frère ! Ta femme va encore te passer un savon ! » Vérité d'hier et de toujours.

Li Peng lui-même, dont la femme, brillant ingénieur, était directeur de ministère bien avant qu'il ne devînt Premier ministre, avouait, avec le sourire : « Je suis entièrement soumis à mon épouse ; j'écoute tout ce qu'elle me dit. » L'instruction généralisée des filles, l'évolution économique vers une aisance plus grande, l'émergence d'une classe moyenne toujours plus étendue, signifient bien l'émancipation d'une proportion toujours plus élevée de Chinoises.

Le retour de Confucius

Une forme essentielle de la sinité, n'est-ce pas l'éthique confucéenne ? Ne demeure-t-elle pas en permanence dans le tréfonds des mentalités, même si elle fait toute sa part au bouddhisme et au taoïsme, et donc à la tolérance culturelle, qui n'est pas incompatible avec le syncrétisme culturel ? N'est-elle pas une variable — ou un invariant — à ajouter à l'équation de John Leger ?

Avec une franchise qui peut paraître cynique, mais qui est dans l'esprit du Maître de Qufu, un de ses interprètes modernes explique : « Réhabiliter Confucius, c'est faire coup double : répudier définitivement l'Européen Marx et restaurer un ordre moral qui ne cesse de se dégrader depuis l'échec de la révolution marxiste. »

Le confucianisme est plus fort que la mode, plus fort que les troubles, plus fort qu'un demi-siècle de soviétisation ou d'américanisation, tant il est profondément ancré dans les mentalités. Un magazine américain a posé cette question à des cadres taiwanais : « Lors d'un naufrage, vous êtes à la mer entouré de votre mère, de votre femme et de votre fille ; laquelle choisissez-vous d'aider ? » « Notre mère ! » ont-ils répondu massivement. Il est probable que les Chinois du continent ne réagiraient pas différemment.

Une équipe de sociologues de l'université de Chicago constate, pour s'en offusquer, que « malgré les campagnes du gouvernement chinois contre les châtiments corporels, les parents continuent d'appliquer le bambou aux enfants indisciplinés et n'accordent aucune importance aux méthodes modernes de persuasion[5] ». Les Chinois ne cessent jamais d'être les enfants de leurs parents, l'âge ne faisant rien à l'affaire. Il est vrai que les parents chinois sont responsables du comportement de leur progéniture, et que les fautes commises par un fils ou une fille peuvent leur faire perdre la face, ce qui est beaucoup plus grave qu'une amende.

La courtoisie demeure une valeur clé. Si la Révolution culturelle a tant traumatisé les Chinois, est-ce à cause des exécutions sommaires et de la rééducation forcée ? Ce sont là de vieilles traditions chinoises. Peut-être davantage, parce qu'on foulait aux pieds cette vertu cardinale et presque sacrée : le respect dû aux vieillards.

Un ami de Shanghai me demandait un jour pourquoi les commerçants parisiens avaient l'air aussi renfrogné. « Ne font-ils pas de bonnes affaires ? — Peut-être n'en font-ils pas d'aussi bonnes qu'ils le souhaiteraient, répondis-je à tout hasard. — Alors, ils devraient commencer par apprendre à sourire : c'est une question de courtoisie. À qui sourit, la chance finit par sourire. »

Qui ne sait, en Chine, combien la courtoisie facilite les rapports sociaux et comme elle est en même temps une école de maîtrise de soi ? Au point que lorsqu'on a perdu un être cher, on arbore un visage réjoui, pour ne pas infliger à autrui le chagrin que l'on ressent.

Le confucianisme enseigne encore le dépassement de soi. Un manuel scolaire de morale, à Singapour, édicte gravement : « Trois habitants de Singapour sur quatre sont Chinois ; la Chine est attentive à ce qui se fait à Singapour. » À l'inverse, Singapour regarde ce que fait la Chine. Les Chinois de partout sont à l'école de leur propre grandeur.

L'héritage et l'ambition

La sinité, on pourrait dire encore qu'elle réside dans un lourd héritage de misère besogneuse, de misère qui ne s'abandonne jamais. Et comme cet héritage est présent ! Face à des réalisations gigantesques, le système D à la chinoise demeure. Des camions hors d'âge bringuebalent toujours dans les rues défoncées. Sur les boulevards des métropoles bordés de *buildings*, les voitures étrangères disputent l'espace à des bicyclettes surchargées de colis.

Les chantiers n'ont plus le même aspect aujourd'hui qu'il y a seulement dix ans. Les *bulldozers* prennent de plus en plus le relais des palanches à deux paniers de bambou. Mais toujours, ici et là, un outil, une brouette, un porteur, dont la silhouette surgit de la nuit des temps. Dans les campagnes, où les machines se répandent peu à peu, l'exiguïté de nombreuses terres les rend assez inutiles : les outils traditionnels demeurent — houe, râteaux, plantoirs. Le paysan ressemble à ses aïeux des dynasties passées. Le voir à l'ouvrage nous replonge dans la Chine des empereurs et des mandarins — n'étaient ici une bicyclette, là une moto ; et partout, même dans les maisons de terre, voire dans les habitats troglodytes, un poste de radio, un réfrigérateur, une machine à coudre...

Si l'ambition chinoise demeure, si le pari de Deng est tenu, les images du passé, l'environnement de misère, vont peu à peu s'effacer derrière d'autres images, se muer en un autre environnement. Les Chinois du continent vont changer de mode de vie. Mais, comme les Taiwanais, comme les Japonais, ils ont de fortes chances de conserver leurs valeurs fondamentales, assises sur l'éducation, le civisme, le travail, les sacrifices au profit des générations futures — comme nos ancêtres en acceptaient pour bâtir des cathédrales ; mais ils avaient la foi. Nous l'avons perdue et nous ne voyons plus au-delà de notre propre existence. Les Chinois, eux, se savent encore les maillons d'une interminable chaîne.

Sur ce point, il est probable qu'ils ne changeront guère, car c'est leur culture de base... Ce qui peut sauver les Chinois de la tentation — qui pèse si lourd sur l'Occident — du plaisir immédiat de consommation, c'est leur masse immense, bien sûr : elle les contraindra longtemps encore à une certaine frugalité. Mais c'est aussi leur sens aigu de la solidarité des générations à travers le temps.

De la bureaucratie céleste à l'État frugal

N'empêche : depuis décembre 1978, les Chinois ont compris qu'ils ne pouvaient progresser qu'à condition de s'ouvrir à la modernité occidentale. Deng Xiaoping a appelé les Chinois à changer de mentalité ; à renoncer à la « grande marmite » collective, où il n'y a rien à puiser, au profit de la « petite marmite » familiale ; à inviter les étrangers à participer à la construction de leurs ouvrages clefs.

Mentalement, la Chine a donc rompu avec l'économie communiste. Pratiquement, elle s'est efforcée, par exemple, de séparer propriété industrielle et responsabilité de la gestion. Les municipalités louent les entreprises dont elles sont propriétaires à des entrepreneurs privés, qui les gèrent à leurs risques et périls ; Pékin fait jouer les lois du marché dans le secteur public, où sa politique audacieuse vise, dans les entreprises non rentables, à contenir les hausses salariales.

Le pays a pris conscience de son grave déficit en matière de structures juridiques et financières. Les investissements demeurent majoritairement le fait de la diaspora, parce que les Chinois d'outre-mer ne sont pas rebutés par les complications administratives qui effraient les Occidentaux. Dans l'attente d'une législation appropriée, la « Commission chinoise d'arbitrages internationaux pour l'économie et le commerce » est aujourd'hui l'une des juridictions les plus affairées du monde. La pratique précède la loi ; l'initiative bouscule le règlement.

À terme, c'est un État de droit qui sortira de cette confrontation.

État de droit, mais non État-providence. La Chine a fait depuis des siècles l'expérience de l'État-providence, avec sa bureaucratie céleste, avec ses fonctionnaires-lettrés destinés à veiller à tout, que nos philosophes du siècle des Lumières, Voltaire en tête, présentaient comme un modèle insurpassable. L'histoire de la Chine sous l'Empire, et encore sous Mao, est précisément la contre-performance que nous, Français, devrions avoir en tête, quand nous songeons à demander à l'État de nous soulager de tous les imprévus de la vie quotidienne.

L'avenir de la Chine est dans la prudente et progressive instauration d'un État moderne, mais où les principales formes de solidarité seront dévolues aux noyaux naturels que sont la famille, le village, le clan, selon l'ordre confucéen. À l'État ne devrait incomber que de conserver à la Chine son unité politique et sociale, en veillant, par une politique avisée, à ce que l'écart entre riches et pauvres, qui est en train de se creuser, ne devienne pas un gouffre. Souhaiter la brusque disparition des actuelles structures de la Chine, au bénéfice d'une démocratie à l'occidentale, relève d'une utopie irresponsable et, de surcroît, funeste. Ne recommençons pas, avec ce peuple si hautement et anciennement civilisé, de nous conduire comme ces pères blancs ou ces hussards noirs qui enseignaient aux petits Africains que leurs ancêtres étaient les Gaulois...

L'État chinois est frugal — c'est peu dire —, puisqu'il ne prélève guère sur le pays que 14 % du P.N.B. Une telle modération permet aux Chinois d'en économiser 42 %.

Dites à un économiste chinois qu'en France, c'est en somme l'inverse — les Français épargnent moins de 14 % du P.N.B., tandis que les divers prélèvements obligatoires dépassent les 46 %. Il vous demandera : comment vous en sortez-vous ? Le Chinois, dès qu'il a fait quelque gain, cherche à renforcer la stabilité financière de sa famille : toute la communauté nationale en bénéficie. Si l'on veut que le *boom* ne soit pas un feu de paille, l'épargne doit l'accompagner ; elle est la garantie de durée.

La révolution bourgeoise

Tel est bien le comportement des classes moyennes, dont il faut attendre la masse de production, de consommation et d'ambition, sans laquelle le développement ne durerait pas. Les classes moyennes ont fait en Occident, et sont en train de faire en Extrême-Orient, la révolution bourgeoise. Elles épargnent, entreprennent, constituent un patrimoine. Elles n'attendent rien d'autre de l'État que la stabilité pour faire durer le miracle ; elles pourraient compter 500 millions d'acteurs économiques dans tout l'Extrême-Orient, avant l'an 2020. Elles en comptent déjà 100 millions en Chine. Elles ont une volonté commune de passer d'une histoire immobile et subie à la maîtrise de leur destin.

Un soleil familier

Derrière les défis économiques, y aura-t-il un jour un défi politique ?

Déjà, les États-Unis ne sont plus la seule superpuissance. La Chine partage ce titre avec eux. On pourrait dire qu'elle est même, *devant eux*, la première puissance du monde. Mais elle ne l'est encore qu'*à l'état virtuel*. Comme on parle des tableaux de maîtres qui ne sont que sur Internet « virtuels », mais qu'achètent déjà aux enchères des clients bien réels.

Première puissance économique de l'univers, la Chine échappera-t-elle à l'ambition de s'en proclamer le centre ?

La puissance de la Chine lui vient de ces douze ou treize cents millions d'hommes, fiers à nouveau d'être chinois et décidés à le traduire dans les faits. « La civilisation asiatique, dit Jiang Zemin, fut pendant un temps le moteur de l'Histoire ; elle recouvrera sa gloire en promouvant le développement de l'Humanité au cours du nouvel âge à venir. »

Le peuple chinois rendra à la Chine le rôle phare que les Occidentaux croyaient lui avoir ravi, en vertu de leur précoce développement technique, de leur avance scientifique et de leur conviction qu'ils détiennent la seule idée de l'homme qui mérite d'être déclarée universelle. Souvenons-nous cependant que si le « péril jaune » a existé pour l'Occident, il fut hun, mongol ou japonais, jamais chinois. Ce n'est pas à nos terres et à nos biens que s'en prendra la puissance de la Chine, mais sa splendeur retrouvée peut devenir cruelle à notre arrogance. Ses voisins le sentent mieux que nous : pour eux, la Chine n'a jamais été « une autre planète » — plutôt un soleil familier.

Puisse-t-elle, comme au fil des siècles, se contenter de rayonner sa puissance, sans céder à la tentation de faire peser son hégémonie aux quatre coins du monde, assez occupée à faire vivre ensemble — entre le désert, les montagnes et l'océan — son quart d'humanité !

FIN

NOTES ET RÉFÉRENCES

Exergues

1. Shang Yang, *Le livre du prince Shang*, chap. 5, trad. Jean Lévi, Paris, Flammarion, 1981, p. 83.
2. Entretien avec Edgar Snow, 1965.

Avant-Propos

1. 1985. Deng Xiaoping, *Les Questions fondamentales de la Chine d'aujourd'hui*, (ci-après *Q.f.*), Pékin, Éditions en langues étrangères, 1987, p. 141. Cf. *Ibid*, 30-12-1986, p. 182.
2. Pierre Gentelle, dans un entrefilet suggestif de *L'État de la Chine*, Éditions de la Découverte, 1989, privilégie trois facteurs dominants : l'espace, la population, la durée. Ces trois facteurs suffisent en effet à faire apparaître la singularité chinoise. Mais les sept autres ne nous paraissent pas devoir moins figurer dans le combinatoire.

Première Partie
Chapitre Premier

1. In *Proverbes chinois*, trad. Roger Darrobers, Seuil, 1996, p. 175.
2. Deng Xiaoping, 30-4-1987, p. 20.
3. Dr Li Zhisui, *La vie privée du Président Mao*, Paris, Plon, 1994.

Chapitre 2

1. In *Diplomatie*, trad. Marie-France de Paloméra, Paris, Fayard, 1996, p. 758.
2. *Renminribao*, 23-9-1974.
3. *Ibid*.
4. Film de Jean Yanne.
5. *Renminribao*, 17-10-1974.
6. Deng, *Textes choisis*, Pékin 1985, note 39, p. 423.

Chapitre 3

1. 22-10-1984, *Q.f.*, p. 88.

Chapitre 4

1. In *Proverbe chinois, op. cit.*, p. 171.
2. 21.8.1980, *Textes choisis*, Pékin, 1985, p. 344.
3. *Le Figaro Magazine*, 13.10.1984.
4. La vie de Jiang Qing a été contée dans des ouvrages sur Mao. Le plus intéressant à ce point de vue est sans doute *Mao intime* par Quan Yanchi, traduit par Roger Darrobers, Éditions du Rocher, 1991. Mais celui qui a le plus de succès, notamment en Chine, est celui du médecin de Mao, le Dr Li Zhisui, *La vie privée du Président Mao, op. cit.*
5. *Ibid.*, p. 130.
6. *Questions fondamentales*, 1.10.1984, p. 143.
7. *Q.f.*, 23.9.1985, p. 120.
8. *Q.f.*, 15.4.1985, p. 120.
9. *L'Ancien Régime et la Révolution*, Paris, Gallimard, 1981, Introduction.
10. *Q.f.*, 2.1984, p. 49 note.
11. *Q.f.*, 30.6.1984, p. 63.

Chapitre 5

1. In *Proverbes chinois, op. cit.*, p. 173.
2. 1-9-1982, *Q.f.*, p. 4.
3. 12-10-1983, *Q.f.*, p. 44.
4. 19-9-1977, *Textes choisis*, Pékin, 1985, p. 83.
5. 12-1-1983, *Q.f.*, p. 15.
6. 23-9-1985, *Q.f.*, p. 144.
7. 31-7-1984, *Q.f.*, p. 69.
8. 20-5-1985, *Q.f.*, p. 131.
9. 1-9-1982, *Q.f.*, p. 4.

Chapitre 6

1. Cité *in* Jean Lévi, *Les Fonctionnaires divins*, Seuil, 1989, p. 105.

Chapitre 7

1. In *Manifeste à l'empereur*, trad. R. Darrobers, Paris, Éditions Youfeng, 1996.

Chapitre 9

1. In *Proverbes chinois, op. cit.*, p. 208.
2. 12-10-1983, *Q.f.*, p. 31.
3. 12-10-1983, *Q.f.*, p. 34.
4. 12-10-1983, *Q.f.*, p. 39.
5. *Q.f., passim.*
6. 23-9-1985, *Q.f.*, p. 147.
7. 30-12-1986, *Q.f.*, p. 183.
8. 13-1-1987, *Q.f.*, p. 188.
9. 13-1-1987, *Q.f.*, p. 188.

Chapitre 10

1. Staunton, *Ambassade de Lord Macartney*, trad. Breton, t. III, p. 59.
2. Shen Fu, *Récits d'une vie fugitive*, trad. Reclus, p. 61.
3. Shen Fu, *ibid.*, p. 63.

Chapitre 11

1. *In* Proverbes chinois, *op. cit.*, p. 175.

2. 30-10-1979, *Textes choisis*, Pékin, 1985, p. 210.
3. In *Van Gogh, le suicide de la société*.
4. Œuvres posthumes de Paul Pelliot, présentées par Jean Dauvillier, *Recherches sur les chrétiens d'Asie centrale et d'Extrême-Orient*, II, 1, « La Stèle de Si-ngan-fou », p. 45.
5. 30-10-1979, *Textes choisis*, Pékin, 1985, p. 210.
6. 10-1-1990, Li Ruihuan, membre permanent du Comité central chargé des arts, in *Le Figaro*, 25-1-1990.

Deuxième partie
Chapitre 13

1. Marmontel, *Apologie du théâtre*, in *Contes moraux*, tome I, p. 119, Louis Chambeau, imprimeur - Libraire, Avignon, 1763.
2. 22-10-1984, *Q.f.*, pp. 92-93.
3. *Entretiens de Confucius*, trad. Pierre Rijekmans, Paris, Gallimard, 1987, III, 7.
4. Charpentier-Cossigny, *Observations sur l'ambassade à Pékin*, p. 338.
5. Huc, *Dans la Chine*, IV, p. 233.

Chapitre 14

1. In *Le livre du prince Shang*, trad. Jean Lévi, Paris, Flammarion, 1981, p. 91.
2. *Entretiens de Confucius, op. cit.*, IX, 18.
3. Shen Tong, *Presque une révolution*, Paris, R. Laffont, 1991, p. 145.
4. *Petites variations, in Œuvres choisies*, Pékin, Éd. Langues étrangères, t. II, p. 392.
5. Shen Tong, *ibid.*, p. 146.
6. *Id.*, p. 146.
7. Antenne 2, 7-5-1990, *Les Amoureux de Shanghai*.
8. Liu E (Lieou Ngo), *Pérégrinations d'un clochard*, Paris, Gallimard (coll. Folio), 1984, p. 298.

9. *Chine News Analysis*, n° 1434, 1-5-1991.
10. *La Belle et le lettré*, Éd. Picquier, *in* « Le Cheval de Jade », p. 27.
11. L. Dermigny, *Les Manuscrits de Charles de Constant*, SEVPEN, 1964, note, p. 390.
12. Éd. Pléiade, trad. André Lévy, t. II, p. 730.
13. *Prisoner of Mao*, New York, 1973 (trad. fr. 1975).
14. *Renminribao*, 14-10-1964.

CHAPITRE 15

1. Xun Zi ch. XXIII, trad. Ivan Kamenarovic, Paris, Le Cerf, 1987, p. 271.
2. 31-10-1980, *Textes choisis*, Pékin, 1985, p. 386.
3. *China News Analysis*, n° 1447, 15-11-1991.
4. 3-3-1985, *Q.f.*, p. 116.
5. *Crime in People's Republic of China*, rapport du Jianaguo, dactylographié, Montréal, 1989.
6. *Le Petit Livre rouge*, II, citation 20.
7. 20-10-1983, *Q.f.*, p. 39.
8. 20-5-1985, *Q.f.*, p. 130.
9. Cité in *La Lettre de Hongkong et de Chine*, 1-9-1991.
10. Cité *in* Balazs, *La Bureaucratie céleste : recherches sur l'économie et la société de la Chine traditionnelle*. Paris, Gallimard, 1988, p. 135.
11. *Q.f.*, p. 141.

CHAPITRE 16

1. In *Proverbes chinois, op. cit.*, p. 175.
2. 13-12-1978, *Textes choisis*, Pékin, 1985, p. 155.
3. 30-10-1979, *ibid.*, p. 211.
4. 16-1-1980, *ibid.*, p. 255.
5. 23-8-1980, *ibid.*, p. 345.
6. 17-7-1981, *ibid.*, p. 372.
7. 27-3-1981, *ibid.*, p. 372
8. 1-9-1982, *Q.f.*, p. 4.

9. 12-10-1983, *Q.f.*, p. 28.
10. 13-1-1987, *Q.f.*, p. 188.
11. 17-1-1986, *Q.f.*, p. 156.
12. 12-10-1983, *Q.f.*, p. 31.
13. 28-8-1985, *Q.f.*, p. 141.
14. 17-1-1986, *Q.f.*, p. 155.
15. 17-1-1986, *Q.f.*, p. 156.
16. 23-9-1985, *Q.f.*, p. 148.
17. 23-9-1985, *Q.f.*, p. 149.
18. *Entretiens de Confucius*, II, 13.
19. 12-10-1983, *Q.f.*, p. 41.
20. 12-10-1983, *Q.f.*, p. 45.
21. Juin 1985, *Q.f.*, p. 130.
22. 17-1-1987, *Q.f.*, pp. 157-158.
23. 13-12-1978, *Textes choisis*, p. 158.

CHAPITRE 18

1. In *Les entretiens de Confucius*, I, 1, p. 13, op. cit.
2. 22-10-1984, *Q.f.*, p. 94.
3. 12-1-1983, *Q.f.*, p. 13.
4. 24-2-1984, *Q.f.*, p. 50.
5. 24-2-1984, *Q.f.*, p. 52.
6. *La Lettre de Hongkong et de Chine*, 1-12-1990.
7. 24-2-1984, *Q.f.*, p. 51.

CHAPITRE 19

1. *In* Backhouse et Bland, *Annals and Memoirs of the Court of Pekin*, p. 328.
2. 22-6-1984, *Q.f.*, pp. 60-61.
3. 26-6-1983, *Q.f.*, p. 23.
4. 26-6-1983, *Q.f.*, p. 23.
5. *Politique internationale*, spécial Taiwan, été 1991, n° 52.

CHAPITRE 21

1. *Souvenirs d'un voyage dans la Tartarie, Le Tibet et la Chine, pendant les années 1844, 1845 et 1846*. 2 vols, Paris, A. Le Cléré, 1850, I, p. 79.
2. *Jin Ping Mei*, *op. cit.*, t. II, pp. 1262-1263.

399

3. *Lettres de voyages*, Paris, Grasset, 1962, t. I, pp. 60-61.
4. *Dans la Tartarie, op. cit.*, I, p. 58.
5. Sven Hedin, *Jehol, city of emperors*, London, 1932, p. 215.
6. *China News Analysis*, n° 1440, 1ᵉʳ août 1991.

Chapitre 23

1. *Hanfeizi*, trad. Tchang Fou jouei, éd. Librairie Youfeng, 1987, p. 55.
2. *Dans la Chine*, IV, p. 249.
3. *Zhang Mingyne*, 1990, n° 12; p. 21.
4. *China News Analysis*, n° 1441, 15 août 1991.
5. *Entretiens de Confucius*, VII, 1.

Chapitre 27

1. *Hongkong News*, janvier 1992.
2. *Le Quotidien du Peuple*, 4-3-1985.
3. 19-12-1984, *Q.f.*, p. 111.

Chapitre 30

1. Deng Rong, *Mon père Deng Xiaoping*, Paris, Fayard, 1995.
2. Entretien publié partiellement dans le *Figaro* du 10 février 1995.

Troisième Partie
Chapitre 32

1. *L'État de la Chine*, 1989; *L'État du monde*, 1991, article Chine: « L'élan brisé ».

Quatrième Partie
Chapitre 43

1. Entretien paru dans *Le Figaro* du 28 février 1996.

Chapitre 55

1. Entretien publié en partie dans le *Figaro* du 6 septembre 1996.

REMERCIEMENTS

À Rozenn Le Corre et Marialys Bertault, qui ont effectué maintes vérifications et ont rassemblé une abondante documentation, ainsi qu'à Xavier Walter qui l'a mise en ordre.

À Nathalie Brochado, Isabelle Gobron, Michelle Levieil, Sophie de Marolles, qui ont frappé chacune une fraction du manuscrit.

À Roger Darrobers, qui l'a relu avec toute sa science sinologique.

À quelques amis, qui m'ont fait discrètement bénéficier de leurs conseils.

Il va de soi, cependant, que ce livre engage seulement son auteur.

Alain PEYREFITTE

Table

Avant-propos. Un quart de siècle entre deux enfants 9
Introduction 13

Première Partie
LE TÊTE-A-QUEUE

1. Le retour de Deng (1973-1976) 21
2. « Insolentes provocations de l'Occident » (1974) 29
3. Mort de deux géants (1976) 37
4. Le Capitole et la roche Tarpéienne (1976-1977) 45
5. Gouverner au centre (1977-1978) 54
6. Paradoxes de la démaoïsation (décembre 1978-1979) 62
7. Demi-tour, droite ! (1980) 66
8. La Chine à deux vitesses (1984) 73
9. À chacun sa marmite (1984-1988) 79
10. Jardins de poche (1984-1988) 86
11. Quand la culture n'est plus révolutionnaire (1984-1989) . 90
12. Les deux empereurs (1984-1987) 97

Deuxième Partie
L'IRRUPTION DES MOUSTIQUES

13. Tant pis s'il entre des moustiques 105
14. Une piqûre qui démange : la liberté sexuelle (1988-1989) 110
15. Les piqûres dangereuses : délinquance et démocratie 118

16. « Balayer les ordures du capitalisme » (1978-1989) 124
17. La Chine peut-elle se convertir aux idées d'Occident ? (1992) 129
18. Pour réveiller le Grand Dragon (1984-1993) 133
19. Les territoires perdus (1984-1989) 139
20. Sur le Toit du monde (1986) 146
21. La Chine des Tartares (1987) 155
22. Une Chine de poche ou la tentation impériale (1993) 165
23. La démographie sans contrainte (1988) 169
24. La génération des pieds bandés (1993) 178
25. Brève rencontre et longs ébranlements (1988-1990) 182
26. La deuxième superpuissance (1993) 187
27. Douze ressorts (1993) 195
28. Manhattan d'Asie (1993) 200
29. Le grand silencieux (1994) 203
30. Deng, mon père 208

Troisième Partie

DU « DROIT D'INGÉRENCE » À LA SECONDE RECONNAISSANCE

31. Un petit signe d'éloignement (1986) 217
32. Des missiles français pour Taiwan 221
33. « La Chine est incontournable » (1990) 226
34. La « seconde reconnaissance » (1993) 230
35. « Dans trente ans, on saura la vérité » (1993) 235
36. Un problème de confiance (1993) 241
37. Plongée au cœur de la centrale de Daya Bay (1993) 246
38. L'équation énergétique (1993) 254
39. Un voyage controversé (1994) 259
40. Les deux premiers Chinois à Paris (1994) 264
41. Un chantier pour la France (1996) 269
42. « Se jeter à la mer » (1996) 275

Quatrième Partie

LA MÉTAMORPHOSE CHINOISE
Carnets de route 1996

43. Le sage de Singapour (1996) 287
44. La métamorphose chinoise 296
45. Une fièvre de conférences internationales 299
46. Frénésie d'emprunts 303
47. Un dimanche à la campagne 307

48. Le Ciel s'est dégagé 312
49. « Les Chinois peuvent dire non » 316
50. La levée du secret 319
51. Li Peng : signes discrets d'allégeance au chef 323
52. Idéologiquement apaisée 329
53. « Réévaluation » de Tiananmen ? 335
54. Sur le trône de l'Empereur 344
55. Jiang Zemin explique le Grand Bond chinois 349
56. Bouleversements dans une vallée reculée 359
57. Le compte à rebours 365
58. Fragilités 371

    Conclusion. La première puissance mondiale 377

    Notes et références 395
    Remerciements 401

Cet ouvrage a été composé par
PARIS PHOTOCOMPOSITION
75017 Paris

pour le compte des Editions Fayard
en novembre 1996

Impression réalisée sur Cameron par
BRODARD ET TAUPIN
La Flèche

pour le compte des Editions Fayard
en novembre 1996

Imprimé en France
Dépôt légal : novembre 1996
N° d'édition 8549 - N° d'impression : 1198R-5
ISBN : 2-213-59796-0
35-57-9796-01/0

QUELQUES JUGEMENTS SUR
« Quand la Chine s'éveillera... »

Le succès de cet énorme pavé s'explique par l'intelligence et le talent indéniables que Peyrefitte démontre tout du long. Mais une intelligence, un talent pernicieux ! Le grand reproche, chez Peyrefitte comme chez les autres auteurs bourgeois, c'est celui du non-respect, en Chine, des « libertés individuelles ». Mais le meilleur garant des libertés individuelles n'est-il pas la suppression d'un système capitaliste oppressif ? (...) Toutes questions qui n'effleurent pas l'esprit de Peyrefitte, ni de ses confrères en dénigrement du « miracle » chinois.

Marcel BARANG,
Politique Hebdo.

Ce best-seller déjà célèbre mérite son succès, tant il brille à la fois — impossible gageure ! — par l'étendue de l'information, le brio de l'intelligence et l'honnêteté de l'esprit critique.

Pierre DE BOISDEFFRE,
La Revue des Deux Mondes.

Témoignage hors de pair par la mesure, la perspicacité, une vision à la fois avertie et fraîche. Je veux dire sans tarder mon constant plaisir et profit ; et comme est juste, à mon sens, ce qu'avance la conclusion sur la pluralité des races humaines.

Roger CAILLOIS,
de l'Académie française.

Grâce à lui, avec lui, me voici riche de la Chine. Je voudrais aussi dire mon admiration entière pour le style de ce livre : style de vision, de réflexion, de compréhension. Lorsqu'on a sous la main l'un des plus *grands* voyageurs du monde, on aimerait qu'après la Chine, il nous parlât du monde entier.

Jean CAU,
Paris-Match.

L'ouvrage le plus important et le mieux équilibré paru sur la Chine. Il n'est pas fréquent qu'un « best-seller » soit un écrit d'une telle valeur.

Jean CAZENEUVE,
La France catholique.

Peyrefitte ne se scandalise pas de ce qu'il raconte : il nous en laisse le soin. Le livre achevé pourtant, nul ne peut douter de l'effroyable contre-civilisation que représente l'expérience chinoise.

Marcel CLÉMENT,
L'Homme nouveau.

Un livre riche (...) Un débat aussi passionnant qu'utile.

Jean DAUBIER,
Le Monde diplomatique.

Un monument intelligent et passionnant (...) Une formidable interpellation.

J.-P. DUBOIS-DUMÉE,
Télérama.

Une surprise heureuse : après tant d'enfers ou de paradis chinois, quel réconfort de lire un ouvrage qui se garde avec probité du manichéisme, de l'anathème, du zélotisme (...). Un bilan intelligent, alerte, objectif, touchant l'état de la Chine en 1971, au reflux de la « grande révolution culturelle » (...). Peyrefitte évalue le coût et l'évalue justement : des morts par millions ; l'activisme brouillon, l'enthousiasme candide ; la mort de tout esprit critique ; la mort de beaucoup d'esprits critiques ; de la vertu certes, mais au prix de la sainte règle des ordres monastiques : le mouchardage mutuel (...). On lit ce livre, ce fut mon cas, d'une traite nocturne.

ÉTIEMBLE,
Le Monde.

Fait l'unanimité des sinologues sur ses qualités de synthèse, de clarté, d'observation.

Jean-Louis ÉZINE,
Nouvelles littéraires.

Un ouvrage très fouillé, très équilibré, très subtil et très clair à la fois, très bien écrit (...) Un tour de force.

Alfred FABRE-LUCE,
Historia.

Enquête sérieuse, consciencieuse, intelligente. Il faut admettre que Peyrefitte s'est tiré d'affaire avec habileté et qu'il est sorti vainqueur de cette navigation au milieu des récifs. Il nous laisse libres de conclure.

François FONVIEILLE-ALQUIER,
Témoignage chrétien.

Une œuvre appelée à faire date. Pas seulement un récit de voyage réussi, mais une analyse fine et équilibrée, nourrie d'histoire, de psychologie collective et d'économie (...) Les développements les plus novateurs (...) La dimension religieuse du communisme chinois est magistralement établie.

Bruno GRÉMILLOT,
Combat.

Un compte rendu d'enquête impartial, inspiré par l'« esprit de relativité ». On n'y prétend pas avoir tout vu : mais on a assez vu pour poser les problèmes fondamentaux.
Jean GUÉHENNO,
Le Figaro.

« Rapport d'enquête » brillant, vivant et dense, froidement objectif (...) mais en même temps si personnel et si brûlant que la réflexion, l'interrogation, parfois le doute suivent sans cesse le témoignage comme autant d'ombres. Les mécanismes par lesquels s'exerce l'action du pouvoir sur l'individu et sur la société sont décrits avec une précision bouleversante mais exempte de sensiblerie. L'auteur prend grande pitié des intellectuels formés à nos valeurs et il reviendra longuement dans sa quatrième partie sur le coût de la réussite. Un livre lucide, salutaire et durable, que rehausse encore un style aisé et pur, parsemé de saisissants raccourcis et d'éblouissantes formules. Il aidera les hommes à mieux se connaître et, quand les temps seront accomplis, à se rapprocher davantage.
Jacques GUILLERMAZ,
Le Point.

J'y ai retrouvé cette grande tradition d'intelligence, qui passe par Montesquieu, Mme de Staël, Tocqueville, Taine. Ce sera plus tard un classique. Que de pensées se lèvent en lisant cette admirable étude !.
Jean GUITTON,
Le Figaro.

Peyrefitte se situe dans la grande tradition des voyageurs prestigieux : Marco Polo pour la Chine, Custine pour la Russie ou Tocqueville pour l'Amérique. L'ouvrage tient ses promesses. Il s'impose par sa profondeur et sa dimension (...). Par l'équilibre de ses jugements et la vigueur de son style, restera l'une des réflexion les plus pénétrantes qui aient jamais été publiées sur la Chine.
François JOYAUX,
Politique étrangère.

Ce livre fera pour longtemps partie du bagage minimal de celui qui voudra découvrir la Chine (...). Tout est dit ou suggéré par Peyrefitte, souvent avec verve, parfois avec éclat. Livre intelligent, informé et ambigu.
Jean LACOUTURE,
Nouvel Observateur.

On ne sait trop qu'admirer davantage : l'acuité de son regard, la richesse de son information, la vivacité de son récit. Il donne là une très belle leçon aux ethnologues, qui pourront apprendre de lui comment marier un souci scrupuleux d'exactitude avec une narration sans lourdeur et même, souvent, pleine de gaieté.
Claude LÉVI-STRAUSS,
de l'Académie française.

Cette éclatante publication frappe dès l'abord par la culture, la sagacité, l'honnête travail de l'esprit : une virtuosité intellectuelle.
Jean MARIN,
A.F.P..

Crépitant d'intelligence, riche de vues contrastées, assez compréhensif pour reconnaître les éléments positifs du bilan d'une fantastique évolution, mais assez lucide pour s'inquiéter de la mutation orientée de tout un peuple, ce livre est passionnant.
Christian MELCHIOR-BONNET,
Historia.

Contre ces fascinations tout autant que pour l'édification du lecteur, il dresse le coût, à vrai dire effrayant, de tous ces bouleversements révolutionnaires. Il a l'œil vif et l'esprit averti. C'est bien agréable, un homme intelligent, même quand il n'est pas de votre paroisse.
Marcel PAILLET,
L'Express.

Une densité exceptionnelle ; des portraits magistraux ; une psychanalyse très convaincante du peuple chinois ; une prose irréprochable, qu'anime seulement la sourde passion de comprendre. Peyrefitte est très lucide sur le passif du bilan : les violences, les épurations (...). L'utopie la plus maléfique qu'un cerveau de révolutionnaire ait jamais conçue : l'arasement intégral de tout individu au niveau inférieur des « masses ». L'âge magdalénien, plus la bombe atomique ! C'est terrifiant.
José VAN DEN ESCH,
L'Aurore.

QUELQUES JUGEMENTS SUR
« L'Empire immobile »

Ce qui rend ce livre exceptionnel, c'est l'autre face, le regard chinois sur l'ambassade (...). Une splendide illustration de ce que Peyrefitte appelle « un autisme collectif ».

Jean-Robert ARMOGATHE,
La Croix.

Superbe ! Peyrefitte excelle à dépeindre les ressorts profonds des nations. Extraordinaire ! (...) Fantastique travail sur cette aventure. Une documentation inouïe. De tous ces éclairages, organisés en chapitres concis et percutants, naît une lumière crue, éblouissante, celle-là même du roman vrai. S'en dégage une impression extraordinaire, celle de la permanence de la Chine.

Lucien BODARD,
Le Point.

L'Empire immobile m'a ébloui.

P.-A. BOUTANG,
Océaniques-FR3.

Avec rigueur et talent, il serre au plus près l'exactitude historique. Il ouvre des perspectives surprenantes. Ce récit plein de sève est ponctué de réflexions percutantes sur les mentalités des Chinois d'hier et d'aujourd'hui.

M.-H. BRACK,
Gazette de Lausanne.

Ouvrage dense, passionnant et précieux. De cette exploration d'une terre inconnue, le lecteur sort éberlué et ébloui. De bout en bout fascinant, il incline à réfléchir sur notre temps.

Hélène CARRÈRE D'ENCAUSSE,
Figaro littéraire.

Un ouvrage très neuf, jetant une lumière inhabituelle sur un événement dont les spécialistes ne connaissaient que la version britannique. Ce qui m'a passionné, c'est de découvrir que les moindres faits et gestes des Anglais sont soumis à l'appréciation de l'Empereur.

Michel CARTIER,
Aujourd'hui la Chine.

Peyrefitte s'engage dans l'expédition Macartney — ahurissante « longue marche ». Il nous tient par la main. Et c'est une main de maître. On reste stupéfait.

Jean CAU,
Paris-Match.

Voltaire fut historien, philosophe, conteur, maître de la langue. Il n'a pas emporté son secret dans la tombe : Alain Peyrefitte a su le retrouver (...) La réussite est totale. On ne peut faire mieux. Ce qui est vraiment sans pareil, c'est marier à ce point la science et l'art de conter. Secret égaré, secret retrouvé.

Pierre CHAUNU,
Le Figaro.

Une extraordinaire stéréoscopie (...) Un livre intelligent, admirablement informé.

Pierre DAIX,
Le Quotidien de Paris.

Peyrefitte choisit l'altitude. Grâce à des documents souvent inédits, il restitue fort bien « le regard anglais, l'œil missionnaire, la vision des Chinois ». Il étend le débat aux problèmes actuels. Habile, étayée par un réseau serré de citations et de références, la théorie impressionne.

Philippe FRANCHINI,
L'Express.

Cette érudition vertigineuse, Peyrefitte la distille avec un art du récit à la Simenon. Avec, toujours, le détail significatif. Un modèle. Une étonnante aventure intellectuelle. Et une thèse irréfutablement démontrée.

R. GUYONNET,
Le Nouvel Économiste.

Pour la première fois, l'affaire est vue par l'autre. Le regard chinois est confronté au regard anglais. Et c'est aveuglant. Ces pages, aussi denses que lumineuses, expliquent, racontent, émerveillent et inquiètent (...) Va-t-on retenir l'avertissement ?

Marcel JULLIAN,
Le Parisien.

Voici Alain Peyrefitte secouant la poussière de l'histoire comme un cavalier celle de la route, maître d'un récit scintillant d'anecdotes. On ne saurait ressusciter avec un plus minutieux brio, plus de saveur dans le choix des scènes et des traits, plus de virtuosité dans la manipulation des personnages, cet opéra de Pékin (...) Fascinante plongée (...) Éblouissantes variations sur l'incommunicabilité des visions du monde.

Jean LACOUTURE,
Nouvel Observateur.

Cette étonnante exploration du passé se révèle d'abord comme le plus passionnant des romans d'aventures. Une mine de réflexions sur la permanence des réactions dans un pays où le despotisme n'a peut-être fait que changer d'idéologie.
Bertrand LAGAILLARDE,
Sud-Ouest.

Alain Peyrefitte aurait-il le don de double vue ? Rien n'illustre mieux l'incompréhension réciproque de deux mondes que les péripéties de cette extraordinaire équipée.
Marcel MARSAL,
La Voix du Nord.

Le célèbre écrivain et homme d'État se penche sur l'un des épisodes les plus curieux, les plus instructifs de l'histoire moderne, mais les plus ignorés. Il nous offre avec éclat un magnifique contraste entre la plus avancée des sociétés ouvertes et la plus prestigieuse des sociétés fermées.
J.O. de MEIRA PENNA,
Estado de Sao Paulo.

Moi, j'ai trouvé ce livre vraiment extraordinaire. Cela m'a appris mille choses (...) Si c'était signé par n'importe quel jeune historien, on dirait : quel livre magnifique ! (...) Je rêve d'un film fait à partir de votre livre.
Bernard PIVOT,
Apostrophes.

Son énorme succès immédiat s'explique par une reconstitution historique savante, à partir de témoignages inédits, et par une réflexion profonde et fascinante sur l'incommunicabilité des cultures.
F. RAMPINI,
Il Sole - 24 Ore (Milan).

L'époustouflante diversité de l'information, les voix européennes et chinoises qui se croisent et se répondent en font un document exceptionnel en même temps qu'un discours prémonitoire. Mais aussi un roman d'aventures admirablement ficelé. L'écriture est d'une étonnante fluidité, jouant avec l'espace et le temps (...) Une histoire qui balaie les mille et une anecdotes qui font le tous-les-jours de nos chroniqueurs. La gageure, c'est que le livre n'est fait que d'anecdotes ; mais Peyrefitte élève l'anecdote au rang d'histoire universelle (...) Une fabuleuse somme, un livre clef, un tour de force.
Pierre-Jean REMY,
Le Monde.

On partage la délectation qu'a éprouvée Alain Peyrefitte à utiliser des textes qui se complètent, demeurés pour la plupart inédits. Le malentendu est cocasse entre ces Chinois, pour qui l'empire se suffit à lui-même, et ces Anglais qui s'imaginent qu'ils peuvent faire profiter la Chine de leurs bienfaits.
Guy ROSSI-LANDI,
Lu.

Je ne saurais trop conseiller L'Empire immobile, pour le plaisir d'une extraordinaire balade dans la Chine du XVIIIe siècle. Un régal, qui en apprend plus sur la Chine que bien des discours de sinologues patentés.
Liliane SICHLER,
L'Événement du Jeudi.

En 45 ans de vie de courriériste littéraire, jamais je n'ai lu un livre de cette qualité. Une lecture passionnante, un prodigieux suspense, une extraordinaire leçon, un livre qui fera date.
Pierre SIPRIOT,
France-Culture - Lundis de l'histoire.

Un grand livre d'histoire, parce qu'il donne à réfléchir et éclaire le présent.
Jean TULARD,
Spectacles du Monde.

Découvrir une passionnante et excitante aventure, un feuilleton irrigué d'érudition, une méditation opportune sur un univers qui n'en finit pas de nous intriguer.
Pierre YSMAL,
La Charente libre.

Franz-Olivier GIESBERT : Sur les événements en Chine, on aurait pu faire preuve d'un peu plus de recul. Alain Peyrefitte, dans Le Figaro, avait écrit que Deng finirait par avoir le dernier mot. Les confrères, à l'époque, avaient reçu ça avec beaucoup de surprise. C'est ce qui est arrivé. Quand l'histoire est là, nous aussi, on doit faire preuve d'un peu plus de distance par rapport à l'événement.
Alain GENESTAR : Effectivement, quand Peyrefitte a dit : « Attention, vous allez voir, il va les reprendre en mains », il était tout seul, j'étais de ceux qui disaient : « Il a une conception un peu XIXe siècle de la Chine. »
Europe N° 1 (10 juin 1989)